I0693718

Auguste le Rouge

Chronique d'une famille

Entre révolte et tradition

AVANT-PROPOS *Édition 2024*

En 1984, j'écrivais les premières lignes de cette saga familiale. Le carnet noir de mon ancêtre et la peau de loup accrochée au mur guidaient déjà ma plume. Quarante ans plus tard, je reprends ce récit, enrichi par le temps et de nouvelles découvertes.

Ce livre n'est pas une simple fiction historique. C'est l'histoire de ma famille, transmise de génération en génération. Je la tiens de mon père, qui lui-même l'avait reçue de sa grand-mère, Marie Boursier, née Gendry. Un héritage oral devenu écrit, mûri par les années.

Marie était plus qu'une simple grand-mère pour mon père. Elle incarnait cette force tranquille des femmes qui ont traversé les tempêtes sans jamais plier. Ses mains, que mon père décrivait souvent, portaient les marques de toute une vie de travail - calleuses comme celles d'une paysanne mais précises comme celles d'une artisane. Quand elle racontait son histoire, sa voix prenait des inflexions particulières, comme si chaque souvenir remontait avec sa propre musique."

Avesnières n'était pas un quartier ordinaire. Niché entre la Mayenne et les premières collines, il formait un microcosme à part, avec ses propres codes, ses habitudes bien ancrées et une hiérarchie subtile mais omniprésente. Les maisons, alignées serrées les unes contre les autres, semblaient vouloir s'unir pour résister aux vents qui s'engouffraient en remontant la rivière.

Au 32, rue de l'Huisserie, notre maison se démarquait par un grand portail en bois, encadré de deux imposants piliers en granit, vestiges pratiques d'une époque où l'on attachait encore les chevaux. Rien n'avait changé de cet aspect jusqu'aux années 1980. Passé ce portail, on découvrait la demeure elle-même, puis, à l'arrière, un vaste jardin maraîcher où mon arrière-grand-père cultivait avec soin ses légumes.

"Je me souviens encore du jour où, enfant, j'ai compris que mon nom me liait à toute une lignée d'hommes et de femmes que je ne connaîtrais jamais. Dans le grenier du 32 rue de L'Huisserie à Laval, j'avais trouvé de vieux papiers jaunis, des actes notariés, des livrets militaires. Chaque document racontait un fragment de notre histoire familiale, comme les pierres d'un mur qui se construit génération après génération."

Au cœur de cette chronique demeure ce petit carnet relié de cuir noir, usé par le temps et les voyages. Dans ses pages, mon ancêtre consignait bien plus que ses observations sur les chevaux qu'il expertisait pour l'armée. De son écriture fine et serrée, économe de papier mais prodigue de détails, il y couchait sa vision d'un monde en mutation, ses réflexions sur les injustices de son temps, ses espoirs de changement social.

"Les détails les plus intimes de cette histoire m'ont été transmis lors de longues soirées d'hiver, quand la famille se rassemblait autour du feu. La cravate rouge d'Auguste à l'enterrement de son père n'était pas qu'un acte de rébellion - c'était l'affirmation d'une identité forgée dans la lutte. Les cours du soir clandestins dans les casernes témoignaient de cette soif de savoir qui ne l'a jamais quitté. Les accouchements dans les quartiers ouvriers racontaient la solidarité qui unissait ces femmes face à la vie et à la mort."

"J'ai décidé de consigner cette histoire avant qu'elle ne s'éteigne" : "Le temps emporte tout, même les souvenirs les plus tenaces. Chaque jour qui passe efface un détail, estompe une voix, brouille un visage. J'ai commencé à écrire quand j'ai réalisé que certains souvenirs de mon père devenaient flous, que les histoires qu'il me racontait risquaient de se perdre dans le grand silence de l'oubli. Le premier jet, rédigé dans les années 1980, était maladroit, hésitant, comme si ma plume craignait de trahir la vérité de leurs vies. Mais l'urgence de transmettre était plus forte que mes doutes."

"Chaque famille porte en elle une constellation d'histoires, certaines brillantes comme des étoiles, d'autres sombres comme des trous noirs. L'histoire d'Auguste et Marie n'est pas qu'une saga familiale - c'est le récit d'un choix, celui de ne pas subir son destin mais de le forger. Quand ils ont décidé de changer leur nom de Bourcier à Boursier, ce n'était pas une simple modification orthographique, c'était l'affirmation d'une identité nouvelle, choisie plutôt qu'héritée. Je veux que mes enfants, mes petits-enfants, comprennent que leur nom même est né d'un acte de liberté."

"Cette histoire résonne au-delà de notre cercle familial parce qu'elle parle de choix universels. Quand Auguste refusait de courber l'échine, quand Marie-Anne défendait ses droits à la filature, ils ne se battaient pas seulement pour eux-mêmes. Ils rejoignaient cette longue lignée d'hommes et de femmes qui, à travers les âges, ont choisi la dignité plutôt que la soumission, la justice plutôt que le confort de l'obéissance. Leurs luttes d'hier éclairent celles d'aujourd'hui - les visages et les noms changent, mais le combat pour la dignité reste le même."

"En écrivant cette histoire, je mesure la responsabilité de la transmission. Il ne s'agit pas seulement de raconter des événements, mais de faire comprendre l'esprit qui animait ces hommes et ces femmes. Leurs espoirs, leurs colères, leurs rêves doivent continuer à vivre à travers ces pages. La vraie fidélité à leur mémoire n'est pas dans la simple répétition des faits, mais dans la compréhension profonde de ce qui les faisait agir, de ce qui donnait sens à leurs luttes."

"Si je raconte leur histoire aujourd'hui, c'est aussi parce qu'elle parle de notre présent. Les combats d'Auguste et Marie-Anne pour la justice sociale, pour l'éducation, pour la dignité du travail ne sont pas des reliques du passé. Ils trouvent leur écho dans les luttes contemporaines. Comprendre leur parcours, c'est peut-être mieux saisir les enjeux de notre propre époque, où la question de la dignité humaine face aux forces économiques reste cruellement d'actualité."

Cette nouvelle édition est plus qu'une simple reprise. C'est un dialogue entre le jeune homme que j'étais en 1984 et celui que je suis devenu, toujours habité par ces récits familiaux, mais avec un regard enrichi par quatre décennies de réflexion et de recherches supplémentaires.

Cette saga familiale traverse non seulement la France, de la Bretagne aux Pyrénées, mais aussi le temps, portée par des hommes et des femmes qui, à chaque génération, ont su adapter leurs rêves sans jamais renoncer à leurs idéaux. C'est leur histoire, notre histoire, que je vous invite à redécouvrir

"La mémoire est le parfum de l'âme"

- George Sand

Dédicace

À ceux qui refusent les chemins tracés d'avance et qui, malgré les obstacles, choisissent d'emprunter des routes inconnues.

À la mémoire de ces anonymes, artisans des luttes ouvrières, qui ont gravé l'histoire de leurs mains, leur sueur et leur courage quotidien.

À celles et ceux qui se battent pour leur dignité, qui avancent chaque jour, debout et la tête haute, même face à l'adversité.

À ces femmes et ces hommes qui transforment leurs blessures en force, qui façonnent leurs défaites en victoires et font de l'exil un territoire de liberté.

À ceux qui résistent en silence, dans les usines, sur les chantiers et qui lèguent à leurs enfants, non pas leur résignation, mais un éclat d'espoir.

À ces rebelles discrets qui, comme Auguste et Marie, bâtissent patiemment un monde plus juste, pierre après pierre, jour après jour.

Et surtout, à nos enfants. Pour qu'ils se rappellent d'où ils viennent, afin qu'ils puissent choisir, en toute liberté, où ils veulent aller et comment y parvenir sans sacrifier la beauté du monde.

TABLE DES MATIÈRES

Prélude

Plongeons-nous à la fin du XIXe siècle, en pleine révolution industrielle, quand chaque innovation semblait réinventer le monde. L'électricité illuminait timidement les villages, les machines commençaient à rythmer le quotidien des paysans et dans Paris, la Tour Eiffel dressait son imposante structure métallique à l'Exposition universelle.

"Les cheminées d'usine redessinaient l'horizon des villes, leurs fumées noires marquant l'avènement d'un nouveau monde. Dans les campagnes, le rythme millénaire des saisons cédait peu à peu devant la cadence implacable des machines. Les paysans regardaient avec un mélange de méfiance et de fascination ces monstres de fer qui promettaient de remplacer le travail de dix hommes. La révolution industrielle ne transformait pas seulement les paysages - elle bouleversait les certitudes les plus anciennes, ébranlait des modes de vie séculaires. Chaque innovation technique portait en elle la promesse d'un progrès et la menace d'un déracinement."

Cette époque, c'était aussi celle de Pasteur, qui, après des années d'étude, administrait sa première vaccination contre la rage, inaugurant une nouvelle ère de la médecine. Le monde changeait — et pas seulement à travers la science ou l'architecture. La révolution industrielle transformait chaque pan de la vie humaine, secouant les coutumes les plus anciennes.

"Le combat entre l'Église et les idées nouvelles se jouait jusque dans l'intimité des familles. À la messe du dimanche, les curés tonnaient contre ces 'doctrines pernicieuses' qui détournaient la jeunesse des chemins de la foi. Mais dans les arrière-salles des cafés, dans les bibliothèques clandestines des casernes, une autre parole circulait. Les écrits de Proudhon passaient de main en main, les journaux socialistes étaient lus à haute voix pour ceux qui ne savaient pas déchirer les mots. Une soif de comprendre, de questionner, de remettre en cause l'ordre établi s'emparait des esprits les plus vifs."

L'Église, autrefois puissante, commençait à perdre de son emprise et de nouvelles idées se glissaient dans l'esprit des jeunes générations. Les idéaux socialistes, communistes et anarchistes circulaient avec ferveur parmi les étudiants, en particulier après les événements de la Commune de Paris. L'Association internationale des travailleurs (AIT), ou Première Internationale, était née en 1864, unissant ouvriers et militants de plusieurs pays industriels pour soutenir les luttes des travailleurs. Malgré les répressions, ce mouvement s'était étendu rapidement, de l'Europe aux États-Unis, inspirant des générations entières.

Et dans un village de Bretagne, à Noyal-sur-Vilaine, mes ancêtres, les Bourcier, vivaient en témoin de cette époque de bouleversements. Propriétaires terriens de génération en génération, ils cultivaient leurs terres avec une certaine fierté. La ferme du Chêne Creux semblait un îlot de stabilité dans ce monde en mutation. Ses murs épais de granit, ses champs ordonnés selon des pratiques ancestrales, son rythme de vie calqué sur le soleil et les saisons représentaient tout ce qu'Auguste allait bientôt rejeter. Pourtant, même ici, le changement s'infiltrait insidieusement. Les journaux apportaient l'écho des débats parisiens, les colporteurs racontaient les transformations des villes, les foires exposaient des machines toujours plus perfectionnées. Le père d'Auguste tentait de maintenir son domaine à l'écart de ces bouleversements, comme si les murs du Chêne Creux pouvaient arrêter la marche du temps."

À la génération précédente, un ancêtre avait même occupé la fonction de maire, mais avec cinq enfants à sa charge, son héritage n'avait pu profiter de la même manière à chacun d'eux.

C'est dans cette famille, dans la ferme du Chêne Creux, qu'Auguste Bourcier grandit. Auguste, brillant élève, eut la rare chance d'être envoyé comme pensionnaire chez les Frères de Ploërmel à Rennes, ces religieux enseignants que l'on surnommait avec un mélange de respect et de moquerie les "Frères quatre bras".

À Rennes, malgré la rigueur de l'enseignement religieux, Auguste découvrit un monde nouveau. Dans les couloirs austères de l'établissement circulaient aussi, subrepticement, les échos du socialisme et des idéaux républicains. Les lectures clandestines nourrissaient son esprit curieux : Hugo, Michelet, les philosophes des Lumières. Chaque page lue en secret était une fenêtre ouverte sur un monde de possibles, un monde où l'individu pouvait choisir son destin plutôt que de le subir.

Ces influences modernes, bien éloignées des valeurs traditionnelles de la famille, finirent par transparaître lors des retours d'Auguste à la ferme. Ses questionnements, ses débats enflammés inquiétèrent son père, qui voyait son fils aîné s'éloigner du chemin tout tracé qui aurait dû être le sien. Dans la région, le clergé menaçait d'excommunication les familles qui osaient envoyer leurs enfants dans des écoles laïques et les propriétaires terriens n'hésitaient pas à brandir la menace d'expulsion envers leurs fermiers pour les mêmes raisons. Mais même l'éducation religieuse des Frères n'avait pas suffi à brider l'esprit indocile d'Auguste.

En ce printemps de 1878, les cloches de Noyal-sur-Vilaine sonnaient les vêpres quand le jeune Auguste Bourcier, treize ans à peine, aperçut pour la première fois la locomotive. Le monstre de fer et d'acier traversait les terres du Chêne Creux dans un fracas de tonnerre, crachant sa fumée noire vers le ciel d'avril. Les chevaux dans le pré hennirent de peur, les vaches relevèrent leurs têtes lourdes et le garçon resta figé au milieu du champ, sa houe à la main, fasciné par cette apparition qui semblait venue d'un autre monde.

"Auguste ! Au travail !" La voix de François Bourcier ramena brutalement son fils à la réalité. "La terre n'attend pas !"

Le père se tenait en haut du sillon, massif comme les chênes qui donnaient leur nom au domaine. Ses mains calleuses, durcies par trente années de labour, agrippaient le manche de la charrue avec cette autorité tranquille des hommes habitués à commander à la terre et aux bêtes. Son regard sévère suivit un instant la locomotive qui s'éloignait vers Rennes, puis revint sur son fils aîné qui reprenait lentement son travail de désherbage.

"Ces machines," grommela-t-il, "elles nous prennent nos meilleures terres et effraient le bétail. Ton grand-père aurait dû s'opposer plus fermement quand ils ont tracé la ligne."

Auguste ne répondit pas, mais ses yeux restaient tournés vers l'horizon où la fumée noire se dissipait lentement. Cette fascination pour ce qui venait de la ville inquiétait sourdement François Bourcier. L'aîné de ses trois enfants montrait depuis toujours une curiosité qui le dépassait. Toujours à poser des questions, à vouloir comprendre le pourquoi des choses, à rêver devant les gravures des journaux que le facteur apportait parfois jusqu'au Chêne Creux.

À l'école des curés du village, où il reçut son instruction primaire, ses maîtres ne cessaient de louer son intelligence vive et sa soif d'apprendre. Julienne, sa femme, disait que c'était un don du ciel, cette intelligence vive qui brillait dans les yeux de leur fils. L'instituteur du village, Monsieur Bernard, ne cessait de répéter que le garçon avait des capacités exceptionnelles, qu'il serait criminel de ne pas les développer. Mais François, lui, y voyait plutôt une menace. L'intelligence, quand elle n'était pas tournée vers les choses de la terre, pouvait devenir dangereuse.

Le soir, autour de la soupe, Auguste observait les mains de son père. Des mains énormes, noueuses comme des racines, qui savaient d'instinct quand la terre était prête pour les semailles, quand le blé devait être coupé, quand une bête allait mettre bas. Ces mains-là n'avaient pas besoin de livres ni de machines. Elles portaient en elles la sagesse de quatre générations de Bourcier.

"Monsieur Bernard dit que je devrais aller faire mes études à Rennes," osa-t-il dire un soir alors que sa mère servait le ragoût.

Le silence qui suivit était plus lourd que la fumée du foyer. Marie, sa sœur de huit ans, arrêta sa cuillère à mi-chemin de sa bouche. Ange, le petit dernier qui n'avait que cinq ans, sentit instinctivement la tension et se rapprocha de sa mère.

L'instituteur du village, Monsieur Bernard, conscient des capacités exceptionnelles de son élève, vint régulièrement au Chêne Creux. Il plaida auprès de François Bourcier, le père d'Auguste, pour que le garçon poursuive ses études à Rennes, chez les Frères de Ploërmel - ces religieux enseignants que l'on surnommait avec un mélange de respect et de moquerie les "Frères quatre bras", tant leur dévouement à l'éducation semblait surhumain.

La décision ne fut pas simple pour François Bourcier, homme profondément pieux mais tout aussi attaché aux traditions. D'un côté, l'éducation chrétienne des Frères garantissait le maintien des valeurs traditionnelles ; de l'autre, envoyer son fils aîné loin de la ferme allait à l'encontre des usages. Les discussions au repas du soir devinrent le théâtre de débats tendus.

"A Rennes ?" François reposa lentement son verre de cidre. "Et pourquoi faire ? Pour devenir un de ces beaux messieurs qui ne savent même pas distinguer le blé de l'avoine ?"

Julienne intervint doucement, de cette voix qui savait parfois apaiser les orages :
"L'instruction est un droit maintenant, avec les nouvelles lois. Et Auguste est si doué..."

"Doué pour quoi ? Pour rêvasser devant les trains ? Pour lire des journaux au lieu de travailler ?" François se leva, sa grande ombre projetée par le feu dansant sur les murs de la cuisine. "La vraie science est dans la terre, pas dans les livres. C'est elle qui nous nourrit, pas les belles phrases des instituteurs."

Cette scène se répéta, avec des variantes, pendant des mois. L'instituteur venait régulièrement au Chêne Creux, parlait des nouvelles méthodes agricoles qu'on enseignait dans les écoles, des machines qui permettaient de faire le travail de dix hommes, de l'importance du savoir dans ce monde qui changeait si vite.

Peu à peu, François Bourcier se laissa ébranler. Non pas qu'il fût convaincu par les arguments de l'instituteur, mais les temps changeaient, c'était indéniable. Les grandes propriétés commençaient à utiliser des machines. Les banques s'intéressaient à l'agriculture. Peut-être qu'un peu d'instruction permettrait au moins à son fils de comprendre ces changements, de protéger le domaine.

L'automne 1878 vit donc Auguste prendre pension chez les Frères de Ploërmel à Rennes. La ville le frappa d'abord par son bruit, son agitation perpétuelle. Les rues pavées résonnaient du trot des chevaux, du grincement des charrettes, des cris des marchands. Les cloches des églises répondaient au sifflet des locomotives, créant une étrange symphonie qui n'avait rien à voir avec le silence ouaté du Chêne Creux.

L'établissement des Frères constituait un monde à part, rythmé par les prières et l'étude. Derrière ses hauts murs austères, les Frères maintenaient une discipline stricte, forgée par leur fondateur Jean-Marie de La Mennais. Leur dévouement à l'éducation chrétienne était légendaire.

Auguste y découvrit un enseignement rigoureux, bien différent de celui des curés de son village. Les Frères excellaient particulièrement dans l'enseignement des sciences et des mathématiques, considérant que la compréhension de l'ordre naturel menait à celle du divin. Mais paradoxalement, c'est dans cette atmosphère pieuse qu'Auguste commença à s'ouvrir à des idées nouvelles.

Le Frère Théophile, son professeur de sciences naturelles, remarqua rapidement cet élève inhabituel. Il le surprit un jour en train d'examiner des échantillons de terre qu'il avait apportés du Chêne Creux.

"Que cherchez-vous, Bourcier ?"

"À comprendre, mon Frère. Mon père dit que certaines terres donnent mieux que d'autres, mais il ne sait pas pourquoi. Il le sent, c'est tout." "La science n'oppose pas la connaissance à la foi, mon garçon," répondit le Frère. "Elle nous aide à comprendre l'œuvre du Créateur."

Dans le laboratoire de l'école, le Frère Théophile lui montra comment analyser la composition du sol, mesurer son acidité, comprendre sa structure. Ces connaissances nouvelles fascinaient Auguste, qui y voyait un moyen de faire le pont entre le savoir ancestral du Chêne Creux et la modernité.

Mais l'éducation des Frères ne se limitait pas aux sciences. Auguste découvrit aussi la littérature, l'histoire, la philosophie. Si les lectures étaient soigneusement choisies pour leur conformité avec la doctrine catholique, elles ouvraient néanmoins des horizons nouveaux. Les récits des missionnaires lui faisaient entrevoir un monde bien plus vaste que sa Bretagne natale.

Les retours au Chêne Creux pour les vacances devinrent des moments de tension croissante. Auguste ne pouvait s'empêcher de parler de ce qu'il apprenait, de suggérer des améliorations. François écoutait d'abord avec un intérêt poli - après tout, c'était une éducation chrétienne – mais ensuite avec une irritation grandissante.

"Tu crois tout savoir mieux que tout le monde maintenant ?" explosa-t-il un jour qu'Auguste parlait de nouvelles méthodes de rotation des cultures. "Ces terres nourrissent notre famille depuis quatre générations, sans avoir besoin de tes théories !"

C'est à cette époque qu'il commença à fréquenter un groupe d'étudiants qui se réunissaient en cachette. Là, on discutait politique, on lisait les journaux socialistes, on débattait des changements qui traversaient la France.

"La terre devrait appartenir à ceux qui la travaillent," affirmait Jules Morvan.

"Pourquoi les grands propriétaires s'enrichissent-ils pendant que nos pères s'usent sur leurs terres ?"

Auguste pensait au Chêne Creux, où sa famille était propriétaire depuis des générations. Leur situation était différente, mais il comprenait la colère de Jules. Il voyait comment les banques commençaient à acheter les terres, comment les machines remplaçaient peu à peu les bras, comment l'argent devenait plus important que le savoir-faire.

L'été, de retour à la ferme, il retrouvait Marie qui buvait ses paroles. En cachette de leur père, il lui apprenait ce qu'il savait, lui prêtait des livres qu'il ramenait de Rennes. Sa sœur montrait la même soif de savoir que lui.

"Un jour," lui promettait-il, "les femmes aussi iront au lycée. Tu verras, le monde change."

Mais ce monde en changement faisait peur à François Bourcier. Il voyait son fils aîné s'éloigner peu à peu de la terre, s'intéresser à des idées qu'il jugeait dangereuses. Les discussions au repas du soir devenaient de plus en plus tendues.

"L'instruction, c'est bien," disait-il souvent, "mais ça ne doit pas faire oublier qui on est. Un Bourcier, ça travaille sa terre, ça ne rêve pas de bouleverser le monde."

En 1883, la situation atteignit son point de rupture. Un soir de juin, François l'attendait dans la cuisine, une lettre à la main.

"Le fils Morvan a été arrêté à Rennes," dit-il sans préambule. "Pour activités socialistes. C'est avec ces gens-là que tu passes ton temps ?"

Auguste ne nia pas. À quoi bon ? Les nouvelles allaient vite, même à la campagne.

"C'est fini," déclara François. "Tu ne retournes pas au lycée. Tu as dix-huit ans, il est temps que tu prennes ta vraie place ici."

"Père, je suis si près du baccalauréat... Encore un an et..."

"Un an de plus à te remplir la tête d'idées dangereuses ? Non. Ta place est ici, aux champs. Les études, c'est terminé."

Le retour forcé au Chêne Creux marqua le début des années les plus difficiles. François Bourcier, déterminé à "remettre son fils dans le droit chemin", imposait à Auguste les tâches les plus rudes. Levé avant l'aube, couché après le crépuscule, le jeune homme devait réapprendre le rythme de la ferme.

Mais la nuit, dans sa chambre sous les combles, Auguste continuait à lire. Marie avait trouvé des cachettes sûres dans le grenier, derrière les bottes de foin, où même leur père ne pensait pas à chercher.

"Tu prends des risques," lui disait souvent Auguste.
"Je veux apprendre aussi," répondait-elle simplement. "Et puis, c'est ma façon de résister."

La résistance... Le mot résonnait différemment maintenant qu'Auguste avait lu Proudhon et Hugo. Au Chêne Creux, elle prenait des formes subtiles. Quand son père exigeait qu'il travaille comme un simple valet, Auguste transformait chaque tâche en observation scientifique. En labourant, il étudiait la composition du sol. En soignant les bêtes, il mettait en pratique ce qu'il avait appris en sciences naturelles.

"Regarde cette jument," expliquait-il à Ange qui le suivait partout. "Tu vois comment elle pose sa patte ? C'est son muscle extenseur qui est tendu. Au lycée, on a étudié l'anatomie..."

Le petit frère buvait ses paroles. À dix ans, Ange montrait déjà cette curiosité qui caractérisait les enfants Bourcier. Mais lui savait mieux la dissimuler, comprenant d'instinct qu'il valait mieux ne pas attirer l'attention du père.

Julienne observait tout cela avec un mélange d'inquiétude et de fierté. Elle voyait son fils aîné lutter pour maintenir vivant ce qu'il avait appris, tout en essayant de ne pas rompre totalement avec la tradition familiale. Le soir, quand François était au village, elle laissait Auguste lui expliquer les nouvelles méthodes agricoles.

"Si on drainait le champ du bas," disait-il en dessinant des plans sur un bout de papier, "on pourrait y faire pousser du trèfle. J'ai lu que ça enrichit la terre en azote."

"L'azote ?" Julienne ne comprenait pas le mot mais saisissait l'idée. "Comme le fumier enrichit les sols ?"

"Exactement ! La science explique ce que les paysans savent depuis toujours. Elle ne remplace pas l'expérience, elle l'éclaire."

Mais ces moments de complicité étaient rares. La plupart du temps, une tension sourde régnait au Chêne Creux. François surveillait son fils, guettant les signes de rébellion. Auguste se contenait, mais chaque soir, il s'échappait vers Rennes dès qu'il le pouvait.

Dans l'arrière-salle du Café du Commerce, il retrouvait ses anciens camarades du lycée. La plupart avaient continué leurs études. Ils parlaient maintenant de politique, de révolution sociale, de modernisation agricole.

"Les banques achètent les terres partout," annonçait un soir Jules Morvan, sorti de prison et plus radical que jamais. "Bientôt, il n'y aura plus que des ouvriers agricoles et des actionnaires."

"Mon père ne vendrait jamais," répondait Auguste. "Pour lui, la terre est sacrée."

"La terre est sacrée, oui, mais l'argent est plus fort. Regarde les Croyal..."

Les Croyal... Cette famille qui possédait le plus grand domaine de la région commençait à avoir des difficultés. On disait que le père s'était trop endetté pour maintenir un train de vie de grand propriétaire. Ses terres étaient hypothéquées, ses ouvriers mal payés.

"Même ta ferme modèle du Chêne Creux devra changer," insistait Jules. "Le monde ne peut pas rester figé."

Ces discussions se poursuivaient tard dans la nuit. Auguste rentrait à l'aube, juste à temps pour la première traite. Son père faisait semblant de ne rien voir, mais la colère couvait.
La confrontation éclata un soir d'hiver 1881. Auguste avait rapporté un traité d'agronomie moderne qui parlait des engrais chimiques et des nouvelles machines agricoles. François le découvrit dans la grange.

"Alors c'est ça que tu caches ?" Le livre vola à travers la pièce. "Des théories pour nous dire comment travailler ? La terre n'a pas besoin de tes livres !"

"Le monde change, père ! Même ici, nous ne pourrons pas continuer comme avant éternellement."

"Le monde change ? Et qu'est-ce qu'il apporte de bon, ton progrès ? Des machines qui remplacent les hommes ? Des banques qui volent les terres ? Des fils qui méprisent le travail de leurs pères ?"

La dispute attira toute la famille. Marie se tenait dans l'encadrement de la porte, tremblante. Ange s'accrochait au tablier de leur mère. Dans la lueur des lampes, les ombres dansaient sur les murs comme des spectres du passé.

"Je ne méprise rien !" protesta Auguste. "Je veux comprendre, améliorer..."

"Améliorer ? Le Chêne Creux nourrit notre famille depuis quatre générations ! Ton grand-père a été maire sans avoir besoin de tes livres et de tes théories !"

François se pencha pour ramasser le livre. Ses mains tremblaient de rage.

"Tu veux tant ressembler aux beaux messieurs de la ville ? Très bien. Dans six mois, tu auras vingt ans. Tu feras ton service militaire, non pas comme les fils de riches qui paient pour y échapper, mais comme simple soldat. Peut-être que l'armée t'apprendra le respect !"

Les six mois qui précédèrent le départ d'Auguste furent marqués par un étrange mélange de tension et de mélancolie. Le printemps 1882 parait le Chêne Creux de couleurs nouvelles, comme si la nature voulait graver dans la mémoire du jeune homme chaque détail du domaine avant son départ.

François Bourcier semblait animé d'une énergie fébrile, multipliant les projets comme pour prouver que la ferme pouvait prospérer sans les idées nouvelles de son fils. Il fit réparer le toit de la grange, creuser un nouveau puits, replanter la haie du champ nord. Chaque soir, il détaillait ses décisions pendant le repas, défiant silencieusement Auguste de les critiquer.

"Le père se trompe," confiait le jeune homme à Marie lors d'une de leurs conversations nocturnes dans le grenier. "Il croit que je veux tout détruire, alors que je veux juste améliorer les choses. La tradition et le progrès pourraient s'enrichir mutuellement."

Marie, qui avait maintenant seize ans, comprenait mieux que quiconque le déchirement de son frère. Plus fine que les garçons, elle percevait les nuances que les hommes de la famille, enfermés dans leur orgueil, ne voyaient pas.

"Père a peur," dit-elle un soir. "Pas seulement du changement, mais de perdre son monde.
Pour lui, moderniser la ferme, c'est comme trahir les ancêtres."

Ces mois furent aussi marqués par l'évolution des relations dans la famille. Julienne, sentant que le départ de son fils aîné était inévitable, s'efforçait de transmettre tout ce qu'elle pouvait.
Elle lui apprit à tenir les livres de compte de la ferme, lui expliquant comment elle gérait le budget, négociait avec les marchands, prévoyait les dépenses.

"Une ferme ne vit pas que de sueur," disait-elle en lui montrant ses cahiers soigneusement tenus. "Il faut aussi savoir compter, prévoir, négocier. Ton père ne comprend pas ces choses-là, il ne voit que le travail de la terre."

Ange, du haut de ses douze ans, suivait son frère comme une ombre, conscient que chaque moment était précieux. Auguste lui transmettait ce qu'il pouvait, non pas les grandes théories qui avaient tant effrayé leur père, mais des observations pratiques, des façons de comprendre les bêtes et les cultures.

"Regarde comment le blé pousse plus dru ici," expliquait-il en parcourant les champs. "C'est parce que l'an dernier, on y avait mis du trèfle. La science explique pourquoi, mais les paysans le savaient depuis toujours."

Les visites à Rennes continuaient, plus discrètes mais plus intenses. Auguste y retrouvait non seulement ses amis, mais aussi leurs idées, leurs espoirs d'un monde plus juste. Jules Morvan organisait maintenant des réunions secrètes où l'on discutait de l'avenir de l'agriculture.

"Les grandes exploitations industrielles arrivent," prévenait-il. "Elles ont l'argent, les machines, le soutien des banques. Les petits propriétaires devront s'adapter ou disparaître."

Ces paroles résonnaient dans l'esprit d'Auguste alors qu'il regardait le Chêne Creux. La ferme était prospère, certes, mais pour combien de temps ? Les méthodes traditionnelles suffiraient elles face aux changements qui s'annonçaient ?

Un soir d'avril, environ deux mois avant son départ prévu, Auguste surprit une conversation entre ses parents. Il rentrait tard de Rennes et s'arrêta dans l'ombre de la grange en entendant leurs voix.

"Il va nous quitter, François," disait sa mère. "Pas seulement pour le service militaire. Il ne reviendra pas pour vivre comme tu l'entends."

"C'est un Bourcier," répondit son père avec une colère qui masquait mal son inquiétude. "La terre le rappellera."

"La terre, oui, mais pas comme tu le crois. Il l'aime différemment. Il veut la faire grandir, pas seulement la conserver."

"Grandir ? En reniant tout ce que nos pères ont bâti ?"

"Non, en continuant autrement. Le monde change, François. Nous ne pouvons pas arrêter le temps."

Ces mots accompagnèrent Auguste pendant ses dernières semaines au Chêne Creux. Il observait chaque détail de la ferme avec une attention nouvelle, comme pour emporter avec lui non seulement des souvenirs, mais aussi une compréhension plus profonde de ce qu'il voulait préserver et de ce qu'il fallait changer.

Le jour du départ arriva avec la brume d'une aube de juin. L'aube n'avait pas encore percé la nuit quand Auguste commença à préparer son baluchon. Marie, sa sœur cadette, le rejoignit dans l'écurie où il rassemblait ses affaires. À douze ans, elle avait déjà cette gravité particulière des enfants qui comprennent trop tôt les drames des adultes.

"Tu te souviens," murmura-t-elle, "quand tu me lisais en cachette ? Ces histoires de Paris, de barricades, de gens qui se battaient pour leurs droits..."

"Garde les livres," répondit Auguste en serrant sa main. "Cache-les bien. Continue à lire, à apprendre. Un jour..." Il ne finit pas sa phrase. Dans l'obscurité de l'écurie, leurs mains jointes étaient comme une promesse silencieuse - celle de ne jamais renoncer à la quête du savoir.

Le vieux Marcel attendait dans la cour avec sa charrette, le cheval somnolant dans la brume matinale. L'air était chargé d'une humidité qui présageait la pluie, comme si le ciel lui-même voulait pleurer ce départ. De la cheminée de la cuisine montait l'odeur familière du pain grillé. Julienne, fidèle à ses habitudes, préparait le petit-déjeuner malgré le drame qui se jouait.

Les sabots du cheval sur les pavés de la cour résonnaient avec une étrange solennité. Chaque coup semblait marteler la fin d'une époque, le glas d'une innocence perdue.

Sa mère se dirigea près du portail, son châle serré autour de ses épaules dans l'air froid du matin. Sans un mot, elle glissa dans sa poche un chapelet usé - celui de sa propre mère - et quelques pièces enveloppées dans un mouchoir brodé. Ses gestes avaient la précision tremblante de ceux qui retiennent leurs larmes.

"Que Dieu te protège," murmura-t-elle en faisant un signe de croix sur son front.

Auguste sentit sa gorge se serrer. Dans ce geste simple se concentrait tout l'amour maternel, toute l'impuissance aussi face aux chemins divergents que prennent parfois les enfants.

Marie serra brièvement sa main, glissant une lettre avant de reculer, effrayée par le regard de leur père.

Alors qu'il montait dans la charrette, le coq lança son cri, saluant les premières lueurs de l'aube. Le Chêne Creux se découpait sur le ciel pâlissant, masse sombre et familière qui avait abrité son enfance. Les branches du vieux chêne qui avait donné son nom à la ferme se balançaient doucement dans la brise, comme pour un dernier adieu.

François, droit et immobile devant la porte de la ferme, observa son fils monter dans la charrette. L'espoir, mêlé à la peur, le traversait : peut-être que ces années de service militaire changeraient cet esprit rebelle en un homme digne de leur lignée. Mais dans son cœur, il savait qu'Auguste, avec sa détermination inébranlable, reviendrait, pour défier encore une fois les traditions de la ferme du Chêne Creux.

La charrette s'ébranla sur le chemin boueux, chaque cahot éloignant un peu plus Auguste du Chêne Creux. Le vieux voiturier, habitué aux silences lourds des départs, laissait ses pensées vagabonder à voix haute :

"J'en ai vu partir, des gars comme toi, pour l'armée. Certains reviennent changés, d'autres ne reviennent pas du tout. Mais toi..." Il jeta un regard en coin à Auguste. "Toi, t'es différent. T'as déjà le changement dans le sang."

Auguste ne répondit pas, observant le paysage familier qui défilait comme un adieu : le grand orme au carrefour des quatre chemins, le calvaire penché où sa mère s'arrêtait toujours pour prier, les champs où il avait appris à labourer droit sous l'œil exigeant de son père.
Dans la poche de sa veste, sa main serra le petit carnet où il avait commencé à noter ses pensées. Le chapelet de sa mère côtoyait les quelques pièces économisées et la lettre de Marie. Trois talismans pour sa nouvelle vie : la foi qu'il quittait, l'argent dont il aurait besoin et l'espoir qu'il emportait.

La gare de Rennes s'élevait comme une cathédrale de fer et de verre, symbole de ce monde nouveau qui fascinait tant Auguste. La foule s'y pressait dans un ballet incessant : paysans venus vendre leurs produits, bourgeois en redingote, ouvriers rejoignant les usines, soldats en uniforme. La locomotive crachait sa vapeur, créant un brouillard artificiel qui donnait à la scène des allures de théâtre d'ombres.

'Wagon de troisième classe,' annonça le contrôleur en vérifiant son billet. 'Au fond du quai.'

Auguste hissa son maigre baluchon. Les bancs de bois dur du wagon étaient déjà occupés par d'autres jeunes hommes, certains en route comme lui vers leur service militaire. Dans leurs regards, il lisait le même mélange d'appréhension et d'excitation.

Le train serpentait à travers la campagne bretonne, chaque gare marquant une étape vers l'inconnu. Des paysannes en coiffe montèrent avec leurs paniers de volailles. Auguste regardait ces scènes familières s'éloigner, une mélancolie sourde pesant sur son cœur. L'odeur du charbon brûlé et le mouvement rythmé du train le berçaient, lui offrant un répit temporaire avant l'inconnu.

Dans le bercement monotone du train, Auguste sortit la lettre de Marie, la relisant une énième fois :

'Mon cher Auguste, Je t'écris ces mots à la hâte, pendant que Père est aux champs. Ne leur laisse pas éteindre ta flamme...'

Les mots de sa sœur résonnaient étrangement avec le rythme des roues sur les rails. Ne pas laisser éteindre sa flamme... Il repensa aux livres cachés dans la grange, aux discussions passionnées avec ses camarades de Rennes, à tous ces rêves qu'il refusait d'abandonner.

Dans sa poche, le chapelet de sa mère semblait peser plus lourd à mesure qu'il s'éloignait. Non pas par le poids de la culpabilité, mais par celui de la responsabilité - celle de justifier un jour ce départ qui brisait le cœur des siens.

Il mangea un repas frugal, se préparant pour le dernier segment de son périple.

Le dernier tronçon était le plus difficile. Les kilomètres semblaient interminables, chaque secousse rappelant à Auguste le poids de son destin.

L'arrivée à Dinan fut comme une révélation. Le quartier Guesclin, avec ses nouvelles constructions militaires, incarnait cette modernité qu'Auguste avait tant rêvée. Les drapeaux tricolores claquaient dans le vent chaud du sud, comme un appel à une vie nouvelle.

Auguste se présentât, son sac sur l'épaule, prêt à embrasser cette nouvelle vie. Sa détermination inébranlable le poussait à avancer, avec la ferme résolution de revenir un jour, changé mais fidèle à ses idéaux.

'Engagé volontaire ?' demanda le caporal à la grille de la caserne.

'Non. Envoyé par mon père.' La réponse d'Auguste contenait toute l'ironie de sa situation

Chapitre 2 : Les Années en Uniforme

Dinan, automne 1886

La diligence déposa Auguste devant la caserne de Dinan par une matinée brumeuse d'octobre. Le quartier du Guesclin se dressait devant lui comme une forteresse de, ses murs massifs percés de fenêtres régulières semblant avoir été conçus pour écraser toute velléité d'individualité. Les premières feuilles mortes tourbillonnaient dans la cour, portées par un vent frais qui faisait claquer les drapeaux au sommet des bâtiments.

Auguste rajusta son col, ses doigts encore habitués au contact rugueux des vêtements de paysan mal à l'aise avec le tissu raide de sa nouvelle tenue. Dans son baluchon, soigneusement dissimulés sous quelques effets personnels, se trouvaient les livres qu'il n'avait pu se résoudre à abandonner : un recueil de Victor Hugo, quelques ouvrages de philosophie glanés pendant ses années d'études et ce petit carnet à la couverture usée où il consignait ses pensées depuis l'adolescence.

Un caporal à la moustache soignée l'accueillit au poste de garde, un registre à la main. Son regard, déjà blasé par des années à voir défiler les nouvelles recrues, parcourut rapidement la silhouette d'Auguste.

"Nom ?" demanda-t-il d'une voix monotone.

"Auguste Bourcier."

"Ah, le Breton à la forte tête." Le caporal eut un sourire sans joie en consultant ses papiers. "Votre réputation vous précède, Bourcier. Le fils du fermier qui voulait devenir savant, c'est ça ?"

Auguste serra les dents, surpris que ses antécédents l'aient déjà rattrapé. "Je suis ici pour servir, mon caporal."
"On verra ça. Descendez. Laissez vos affaires ici, on s'en occupera."

L'entrée dans la cour principale fut comme une gifle. Des dizaines de jeunes hommes attendaient, certains raides comme des piquets dans un effort visible pour paraître déjà militaires, d'autres affalés contre les murs avec une nonchalance qui ne durerait pas.

Un adjudant surgit, sa voix claquant comme un fouet dans l'air immobile : "Les nouvelles recrues, en rang ! Plus vite que ça !"

Auguste se plaça dans la file, observant ses compagnons d'infortune. Il y avait là toute la France : des paysans aux mains calleuses comme les siennes, des fils d'artisans aux regards déjà endurcis par le travail, quelques citadins plus pâles mais non moins perdus dans cet univers nouveau. À sa droite, un grand gaillard au visage marqué par la petite vérole lui chuchota :

"T'es d'où, toi ?"

"Bretagne. Noyal-sur-Vilaine."

"Jamais entendu parler. Moi c'est François, de Montauban. Mon père est forgeron."

Ces premières conversations étaient comme des bouteilles jetées à la mer, des tentatives de maintenir un lien avec le monde qu'ils venaient de quitter. Chacun racontait son histoire, sa famille, son métier d'avant, comme pour s'assurer que tout cela existait encore quelque part.

L'odeur fut la première chose qui le frappa vraiment - un mélange âcre de cuir, de chevaux, de métal et de sueur qui serait désormais l'air même qu'il respirerait pendant cinq ans. Les dortoirs, longs et austères, s'alignaient avec une précision militaire qui donnait le vertige. Chaque lit, composé d'un simple cadre en fer et d'un matelas rudimentaire, était identique au suivant. Les casiers en bois, étiquetés par numéro, attendaient les maigres possessions des soldats. Les fenêtres, hautes et étroites, laissaient à peine filtrer la lumière du jour, ajoutant à l'atmosphère oppressante du lieu.

"Matricule 2847," annonça le sergent en lui tendant ses effets militaires. "C'est votre nom maintenant."

Auguste regarda l'uniforme soigneusement plié : la rudesse du drap militaire, le cuir neuf des brodequins, tout respirait cette volonté de transformer des individus en soldats. Ses livres, soigneusement dissimulés au fond de son baluchon, semblaient soudain appartenir à une autre vie.

Le soir tombait sur la caserne quand les hommes commencèrent à s'installer. Dans le dortoir, les conversations s'engageaient à voix basse, comme si personne n'osait encore briser vraiment le silence militaire. Auguste observait les visages autour de lui, ces jeunes hommes venus de toutes les régions de France, chacun portant en lui une histoire unique. À sa gauche, un petit homme nerveux du nom de Marcel Durand déballait ses affaires avec des gestes précis, presque maniaque. C'était un instituteur de village des Ardennes et ses mains fines tremblaient légèrement en manipulant l'uniforme militaire.

"C'est étrange," murmura Marcel en pliant soigneusement sa chemise civile, "j'étais habitué à avoir une classe sous mes ordres et me voilà réduit à obéir comme un écolier."
De l'autre côté, François le forgeron s'était déjà approprié son espace, étalant sur son lit un petit couteau de poche qu'il astiquait avec attention. "Mon père dit que l'armée fait les hommes," dit-il en testant le fil de la lame. "Mais je me demande quel genre d'hommes."

La première nuit fut étrange, peuplée de bruits inconnus. Les ronflements de ses camarades se mêlaient aux pas réguliers des sentinelles dans la cour et aux hennissements lointains des chevaux. Auguste sortit discrètement son carnet - celui qui deviendrait son confident pendant ces années de service.

"Premier jour aux dragons," écrivit-il. "Ils croient nous transformer en machines obéissantes. Mais les livres cachés dans mon paquetage me rappellent qu'on peut porter l'uniforme sans renoncer à penser."

Le réveil fut brutal. Le clairon déchira l'aube, arrachant les hommes à leur sommeil avec une violence qui fit sursauter tout le dortoir. Le sergent Marceau, un homme de haute taille au regard froid et à la mâchoire serrée, fit son entrée dans le dortoir.

"Debout, bande de limaces ! Vous avez trois minutes pour être en tenue dans la cour !"

La panique s'empara des hommes encore ensommeillés. Dans la confusion générale, certains cherchaient désespérément leurs brodequins tandis que d'autres luttaient avec les boutons récalcitrants de leur uniforme. Auguste, habitué aux levers précoces de la ferme, s'habilla rapidement et aida Marcel qui bataillait avec ses guêtres.

La cour était glaciale en ce matin d'automne. La brume matinale enveloppait encore les bâtiments, donnant à la scène une atmosphère irréelle. Les hommes tremblaient dans leurs uniformes neufs, formant des rangs approximatifs sous les ordres aboyés des sous-officiers.

Le capitaine de compagnie, un certain Dufour, fit son apparition. C'était un homme d'une cinquantaine d'années, le visage buriné par les campagnes d'Afrique, une cicatrice blanchâtre barrant sa joue gauche. Il passa lentement devant les rangs, examinant chaque recrue avec une attention qui mettait mal à l'aise.

"Messieurs," commença-t-il d'une voix qui portait loin malgré son calme apparent, "vous n'êtes plus des civils. Vous êtes maintenant des soldats de la République. Certains d'entre vous pensent peut-être que leur éducation ou leur situation sociale les place au-dessus de leurs camarades." Son regard s'attarda sur Auguste. "Détrompez-vous. Ici, vous n'êtes rien d'autre que ce que vous prouvez être."

La journée qui suivit fut un tourbillon d'activités. On leur distribua leur paquetage complet : fusil Gras modèle 1874, baïonnette, cartouchières, bidon, gamelle, tout le matériel qui serait désormais leur compagnon quotidien. Le sergent d'armes, un petit homme sec nommé Pelletier, leur enseigna les premiers gestes de l'entretien des armes.

"Le fusil, c'est comme une femme," expliqua-t-il avec un sourire en coin. "Si vous ne prenez pas soin d'elle tous les jours, elle vous trahira au moment crucial."

Les exercices commencèrent immédiatement. Marcher au pas, tourner sur ordre, présenter les armes - chaque geste devait être appris et répété jusqu'à l'automatisme. La sueur coulait dans le dos d'Auguste, son fusil pesait de plus en plus lourd, mais il serrait les dents. Autour de lui, certains commençaient déjà à montrer des signes de fatigue.

Le midi, les hommes découvrirent le réfectoire, une vaste salle aux murs blanchis à la chaux où résonnaient les bruits métalliques des gamelles et les conversations étouffées. C'est là qu'Auguste rencontra pour la première fois Marie-Louise, la cuisinière. Elle se tenait derrière les grandes marmites fumantes, une femme robuste aux traits burinés par les années, distribuant les portions avec une efficacité silencieuse. Quand elle servit Auguste, leurs regards se croisèrent brièvement et il fut surpris par l'intelligence vive qui brillait dans ses yeux clairs.

"Tu es trop maigre pour un Breton," dit-elle simplement en lui servant une portion plus généreuse que la normale. "Il faut manger pour supporter ce qui t'attend."

Les après-midis étaient consacrés à l'instruction militaire théorique, mais ce qui intéressait le plus Auguste, c'était les leçons d'équitation. La première fois qu'il entra dans les écuries du régiment, une émotion familière l'envahit. L'odeur du foin, le souffle chaud des chevaux, les craquements du cuir - tout cela lui rappelait le Chêne Creux et les longues journées passées à travailler avec les percherons de son père.

Le maître d'équitation, l'adjudant-chef Leblanc, était un cavalier émérite qui avait participé aux campagnes d'Algérie. Son visage tanné portait la marque des longues chevauchées sous le soleil d'Afrique et sa façon de parler aux chevaux trahissait une compréhension profonde de ces animaux.

"Bourcier !" appela-t-il un jour, alors qu'Auguste brossait méthodiquement un grand alezan. "On m'a dit que vous aviez l'habitude des chevaux ?"

"Oui, mon adjudant. J'ai grandi dans une ferme."

Leblanc observa la manière dont Auguste maniait l'étrille, ses gestes précis et assurés. "Ça se voit. Vous n'avez pas peur d'eux. C'est rare chez les nouveaux." Il fit une pause, semblant réfléchir. "À partir de demain, vous aiderez à l'écurie avant l'appel du matin. Ces bêtes ont besoin de quelqu'un qui les comprend."

Cette affectation était une aubaine pour Auguste. Les écuries devinrent son refuge, un endroit où il pouvait échapper pendant quelques heures à la rigidité militaire. Il y retrouvait quelque chose de la liberté de sa vie d'avant, dans ces moments calmes où il n'y avait que lui et les chevaux.

Un matin, alors qu'il pansait un jeune cheval nerveux, le sergent Marceau fit son apparition dans l'écurie. Il observa Auguste un moment en silence avant de parler.

"On dit que vous savez lire, Bourcier. Que vous avez même fait des études."

Auguste continua son travail, gardant un visage neutre. "C'est exact, mon sergent."

"Et maintenant vous voilà à brosser des chevaux. Ça ne vous fait pas étrange ?"

"Les chevaux ne jugent pas un homme sur ce qu'il a lu, mon sergent. Seulement sur la façon dont il les traite."

Marceau eut un rictus. "De la philosophie maintenant ? Prenez garde, Bourcier. L'armée n'aime pas les soldats qui pensent trop."
Cette conversation fut la première d'une longue série de confrontations subtiles avec Marceau. Le sergent semblait voir en Auguste une menace pour l'ordre établi, comme si le simple fait qu'un soldat puisse avoir une éducation représentait un danger.

Les journées suivaient un rythme immuable. Lever avant l'aube pour s'occuper des chevaux, puis exercices militaires jusqu'au soir. Auguste observait ses camarades s'adapter différemment à cette nouvelle vie. Marcel, l'instituteur, souffrait particulièrement de la rudesse physique du régime. François, en revanche, s'épanouissait dans cette atmosphère masculine et disciplinée.

Un soir, alors que le crépuscule enveloppait la caserne, Auguste surprit une conversation entre deux officiers qui discutaient près des écuries.

"Ces nouvelles recrues sont molles," disait l'un d'eux. "La République nous envoie des fils de paysans qui ne savent même pas tenir un fusil correctement."

"C'est l'époque qui veut ça," répondit l'autre. "Ils arrivent avec des idées dans la tête. Comme ce Bourcier. Vous avez vu son dossier ? Un paysan qui se prend pour un intellectuel."

Auguste serra les poings mais continua son travail en silence. Ces paroles confirmaient ce qu'il commençait à comprendre : l'armée n'était pas seulement une institution militaire, mais un instrument de contrôle social, cherchant à modeler les hommes selon un idéal bien précis.

Dans son carnet, ce soir-là, il écrivit : "Ils nous veulent dociles comme leurs chevaux de parade. Mais un cheval n'obéit vraiment que lorsqu'il fait confiance à son cavalier. Et la confiance ne se gagne pas par la force."

La première rencontre significative avec le capitaine Rénier se produisit un soir d'automne particulièrement froid. Auguste venait de finir le pansage des chevaux quand il aperçut une silhouette inhabituelle dans l'embrasure de l'écurie. La lumière déclinante dessinait la silhouette élancée d'un officier qu'il n'avait vu que de loin jusqu'alors.

"Ne vous interrompez pas pour moi, Bourcier," dit Rénier en s'avançant dans la pénombre. Il portait sous le bras un livre relié de cuir, détail qui n'échappa pas à Auguste. "J'aime venir ici le soir. Les chevaux sont plus vrais que les hommes, vous ne trouvez pas ?"

"Ils ne mentent jamais, mon capitaine," répondit Auguste, continuant à brosser méticuleusement le flanc d'un grand hongre noir.

"Et ils ne jugent pas non plus." Rénier s'approcha du box, caressant doucement l'encolure du cheval. "Savez-vous que ce hongre a une histoire particulière ? Il appartenait à un officier tué pendant la Commune. Certains voulaient l'abattre, considérant qu'un cheval qui avait servi contre Paris ne pouvait plus être monté."

Auguste sentit la conversation prendre un tour dangereux. La Commune restait un sujet tabou, une plaie encore vive dans la mémoire de l'armée. "Et vous, mon capitaine, qu'en pensiez-vous ?"

"Je pense qu'un cheval ne choisit pas son cavalier, pas plus qu'un homme ne choisit sa naissance." Rénier fit une pause, son regard perçant fixé sur Auguste. "Tout comme un paysan ne choisit pas d'être paysan, ou un noble d'être noble. Ce sont nos actes qui nous définissent, pas notre condition." Cette conversation marqua le début d'une relation singulière. Rénier n'était pas un officier ordinaire. Vétéran de la guerre de 1870, il avait vu l'Empire s'effondrer et la République naître dans le sang. Ces expériences l'avaient marqué d'une sagesse amère, d'un regard lucide sur les institutions qu'il servait.

Les visites du capitaine aux écuries devinrent plus fréquentes. Parfois, il restait silencieux, observant simplement Auguste travailler avec les chevaux. D'autres fois, il engageait des conversations qui, sous leur apparente banalité, cachaient des réflexions plus profondes.

Un soir, alors qu'Auguste démêlait la crinière emmêlée d'une jument, Rénier aborda un sujet plus personnel.

"J'ai lu votre dossier, Bourcier. Vous avez fait des études avant de venir ici. Pourquoi avoir choisi l'armée ?"

Auguste hésita avant de répondre. "Je ne sais pas si on peut parler de choix, mon capitaine."

"Mais vous continuez à lire." Ce n'était pas une question. "Je vous ai vu dans la cour, pendant les pauses. Vous avez toujours un livre avec vous."

"La lecture aide à supporter certaines choses, mon capitaine."

Rénier sourit légèrement. "Comme l'absurdité de certains ordres ? L'arbitraire de la discipline ?" Il s'approcha, baissant la voix. "Venez me voir ce soir, après l'appel. J'ai quelque chose à vous montrer."

Cette invitation allait changer le cours du service militaire d'Auguste. Les quartiers de Rénier, situés dans l'aile est de la caserne, étaient différents de ce qu'il imaginait. Loin du décorum martial habituel, la pièce principale ressemblait davantage à une bibliothèque. Des étagères croulaient sous les livres, certains visiblement anciens et précieux. Une carte de France couvrait un mur entier, parsemée de petites épingles dont la signification échappait à Auguste.

"Asseyez-vous," dit Rénier en désignant une chaise usée. Il se dirigea vers une étagère et en sortit un volume. "Connaissez-vous Rousseau ?"

"De nom seulement, mon capitaine, mes amis au lycée en parlaient. On ne le lisait pas beaucoup au Chêne Creux."

"Le Contrat Social." Rénier lui tendit le livre. "Une réflexion sur la nature du pouvoir et de l'autorité. Sur ce qui fait qu'un homme accepte d'être gouverné par d'autres." Il eut un sourire ironique. "Une lecture dangereuse pour un soldat, certains diraient."

Auguste prit le livre avec précaution, comme s'il s'agissait d'un objet sacré. "Pourquoi me le montrer alors ?"

"Parce que j'ai lu votre dossier, j'ai vu comment vous regardez ce qui vous entoure. Vous ne vous contentez pas d'obéir, vous cherchez à comprendre. C'est rare et précieux."

 Rénier s'assit face à lui. "Mais c'est aussi dangereux. Le sergent Marceau vous a déjà à l'œil, n'est-ce pas ?"

Auguste hocha la tête. Le sergent Marceau n'était pas le seul à le surveiller. Dans la caserne, les murs avaient des oreilles et la méfiance envers les soldats trop instruits était palpable. "Prenez garde, Bourcier," poursuivit Rénier en se levant pour servir deux verres d'un cognac ambré. "L'armée est comme un cheval ombrageux - il faut savoir quand le pousser et quand le laisser souffler." Il tendit un verre à Auguste. "Mais je pense que vous comprenez déjà cela, n'est-ce pas ?"

Cette première soirée dans le bureau de Rénier marqua le début d'une série de rencontres clandestines. Sous prétexte de travail administratif lié aux écuries, Auguste se rendait régulièrement dans l'antre littéraire du capitaine. Ils parlaient de philosophie, d'histoire, de politique, mais aussi de chevaux et de la vie quotidienne à la caserne. Rénier avait l'art de tisser des liens entre ces sujets apparemment disparates.

"Voyez-vous, Bourcier," expliquait-il un soir en désignant la carte de France, "chaque épingle représente un haras national. Un réseau qui couvre tout le pays, comme les veines d'un corps. Mais que transportent ces veines ? Pas seulement des chevaux, mais des idées, des nouvelles, des changements."

C'est à cette époque qu'Auguste fit la connaissance de Pierre Morvan. La rencontre se produisit un matin pluvieux, alors qu'Auguste revenait des écuries. Pierre était accroupi dans un coin de la cour, secoué par une quinte de toux violente. Sans réfléchir, Auguste s'approcha pour l'aider.

"Laisse-moi tranquille," grogna Pierre entre deux toux. "Je n'ai pas besoin de ta pitié."

"Ce n'est pas de la pitié," répondit Auguste en lui tendant son mouchoir. "C'est de la solidarité. On est tous dans le même bagne, non ?"

Cette réplique arracha un sourire à Pierre, le premier d'une longue série. Malgré leurs différences - Pierre était fils de pêcheur, plus jeune qu'Auguste et déjà marqué par la maladie - une amitié profonde se noua entre eux. Le soir, quand les autres dormaient, ils parlaient à voix basse dans le dortoir.

"Tu vois, Auguste," murmurait Pierre, "mon père disait toujours que la mer ne fait pas de différence entre les hommes. Elle peut engloutir un noble comme un pauvre. Mais ici..." Il désigna la caserne d'un geste las. "Ici, tout n'est que hiérarchie et privilèges."

Pierre avait une intelligence naturelle, aiguisée par les longues heures passées en mer à observer les étoiles et à écouter les récits des vieux marins. Sa tuberculose, qui l'empêchait souvent de participer aux exercices physiques, avait développé en lui une acuité particulière pour observer et comprendre les relations humaines.

Un jour, alors qu'ils étaient de corvée de nettoyage ensemble, Pierre surprit Auguste en train de lire furtivement quelques pages du "Contrat Social".

"Rousseau ?" chuchota-t-il avec un sourire complice. "Tu joues avec le feu, mon ami."

"Tu connais ?"

"Mon oncle était instituteur avant d'être emporté par la phtisie. Il avait quelques livres cachés dans son grenier. Je les ai tous lus pendant les tempêtes d'hiver."

Cette découverte d'intérêts communs renforça leur lien. Bientôt, d'autres soldats commencèrent à graviter autour d'eux. Marcel, l'instituteur, fut le premier à se joindre à leurs discussions nocturnes. Puis vint Louis, un ouvrier lyonnais dont le père avait participé à la révolte des canuts. François, le forgeron, malgré son apparente rudesse, se révéla être un auditeur passionné.

"Cette connaissance que vous partagez," dit-il un soir, "c'est comme le feu dans ma forge. Ça peut détruire, mais ça peut aussi forger quelque chose de nouveau."

C'est ainsi que naquit informellement ce qui deviendrait plus tard le "Cercle du Progrès". Au début, ce n'était que quelques hommes qui se réunissaient discrètement pour discuter et partager leurs lectures. Mais peu à peu, l'idée d'une véritable école clandestine commença à germer.

Le sergent Marceau, cependant, n'était pas dupe. Un soir, il surprit Auguste en train de prêter un livre à un jeune soldat.

"Encore en train de répandre vos mauvaises graines, Bourcier ?" siffla-t-il. "Un jour, cette insolence vous coûtera cher."

Le Cercle du Progrès prit véritablement forme dans une vieille étable désaffectée, à l'écart des bâtiments principaux. C'était un endroit que les officiers évitaient à cause de son odeur persistante de fumier et de son état de délabrement. Pour Auguste et ses compagnons, c'était un sanctuaire.

La première réunion officielle eut lieu un soir d'hiver. La neige qui tombait dru étouffait les bruits de leurs pas alors qu'ils se glissaient un par un dans le bâtiment. Auguste avait disposé quelques lanternes sourdes, créant des îlots de lumière tremblotante. Une couverture usée, don discret de Marie-Louise, servait à calfeutrer la porte pour empêcher la lumière de filtrer vers l'extérieur.

"Mes amis," commença Auguste à voix basse, regardant les visages rassemblés autour de lui. Ils étaient douze ce soir-là : Pierre Morvan, naturellement, Marcel l'instituteur, Louis l'ouvrier, François le forgeron et d'autres qui avaient rejoint le groupe par le bouche-à-oreille. "Ce que nous commençons ici n'est pas une simple réunion de lecture. C'est une école de la liberté."

Pierre, appuyé contre un poteau, la respiration sifflante, prit la parole : "Une école où chacun est à la fois élève et professeur. J'ai peut-être la phtisie, mais je connais les étoiles et la mer. Je peux apprendre cela à ceux qui veulent savoir."

Marcel s'avança à son tour : "Je peux enseigner la lecture et l'écriture à ceux qui ne les maîtrisent pas encore."

Louis proposa d'expliquer les principes des machines qu'il connaissait si bien, François offrit de parler de métallurgie. Chacun avait quelque chose à transmettre, une expérience à partager.

C'est ce soir-là aussi qu'Auguste rencontra Claire pour la première fois. Il revenait de la réunion, l'esprit encore bouillonnant des discussions, quand il la vit traverser la cour de l'infirmerie. La neige tourbillonnait autour d'elle, donnant à la scène une qualité presque irréelle. Elle portait l'uniforme sobre des infirmières volontaires, mais quelque chose dans son maintien trahissait une éducation privilégiée.

"Vous êtes bien tard dehors, soldat," dit-elle en s'arrêtant à sa hauteur. Sa voix était douce mais assurée. "Le service ne s'arrête jamais vraiment, mademoiselle," répondit Auguste, improvisent rapidement une excuse.

"Je sais." Elle eut un sourire énigmatique. "Les écuries, n'est-ce pas ? J'ai entendu parler de vous, le soldat qui comprend les chevaux mieux que les hommes."

Cette première rencontre aurait pu en rester là, mais le destin - ou peut-être la curiosité mutuelle - en décida autrement. Les jours suivants, Auguste remarqua que Claire semblait souvent présente lors de ses trajets entre les écuries et le quartier principal. Leurs échanges, d'abord brefs et formels, s'allongèrent progressivement.

Un soir, alors qu'il rentrait d'une nouvelle réunion du Cercle, il la trouva qui l'attendait près du vieux figuier qui masquait un coin du jardin de l'infirmerie.

"Je vous ai observé," dit-elle sans préambule. "Vous n'allez pas qu'aux écuries le soir, n'est-ce pas ?"

Auguste sentit son cœur s'accélérer. Si elle l'avait remarqué, d'autres pourraient aussi le faire. Mais avant qu'il puisse répondre, elle poursuivit :

"Ne vous inquiétez pas, je ne dirai rien. Je... je vous envie, en fait."

"Vous m'enviez ?"

"Cette liberté que vous prenez. Cette façon de défier les règles non par simple rébellion, mais pour quelque chose de plus grand." Elle hésita. "Mon père est le colonel Moreau. Toute ma vie n'a été qu'une suite de règles à suivre, de convenances à respecter."

Cette révélation aurait dû effrayer Auguste. La fille du colonel Moreau, connu pour sa rigidité et son attachement à la discipline militaire la plus stricte. Mais quelque chose dans la voix de Claire, une fêlure à peine perceptible, le toucha profondément.

"Les règles ne sont que des chaînes que nous acceptons de porter," dit-il doucement, citant sans le nommer Rousseau. "Mais nous pouvons choisir lesquelles méritent vraiment notre soumission."

Claire le regarda longuement, ses yeux brillant d'une émotion contenue. "Apprenez-moi," murmura-t-elle enfin. "Apprenez-moi à voir le monde comme vous le voyez."

Les rencontres avec Claire devinrent un rituel soigneusement orchestré. Le soir, après ses devoirs à l'infirmerie, elle se glissait dans le jardin où Auguste l'attendait, dissimulé dans l'ombre du vieux figuier. Ces moments volés avaient la saveur du fruit défendu, d'autant plus précieux qu'ils étaient interdits.

"Parlez-moi de vos réunions," demandait-elle souvent, assise sur le banc de pierre usé, ses mains jointes sur sa robe d'infirmière. "Comment apprenez-vous aux autres à lire ?"

Auguste lui décrivait les progrès de ses élèves, l'émotion dans leurs yeux quand ils déchiffraient leurs premiers mots. "Hier, François a lu son premier paragraphe complet. Si vous aviez vu sa fierté... C'était comme si on lui avait ouvert une porte qu'il croyait à jamais fermée."

"Et que lisez-vous avec eux ?"
"Nous commençons doucement. Des journaux, des lettres. Mais certains sont déjà prêts pour plus. Pierre leur a lu du Victor Hugo hier soir."

Claire écoutait, fascinée. Son éducation privilégiée lui avait donné accès aux livres depuis toujours, mais elle découvrait à travers Auguste une autre façon de voir la lecture : comme un outil d'émancipation, une arme contre l'ignorance.

"Mon père dit que l'instruction du peuple est dangereuse," confia-t-elle un soir. "Qu'elle ne peut mener qu'au désordre et à la révolte."

"Et vous, qu'en pensez-vous ?"

Elle resta silencieuse un moment, jouant avec un pli de sa robe. "Je pense... je pense que l'ignorance est bien plus dangereuse. Je le vois tous les jours à l'infirmerie. Des hommes qui ne peuvent pas lire les étiquettes des médicaments, qui ne comprennent pas les instructions les plus simples..."

Pendant ce temps, le Cercle du Progrès prenait de l'ampleur. Les réunions dans la vieille étable attiraient de plus en plus de soldats. Auguste avait organisé un système de surveillance élaboré : des sentinelles postées à des points stratégiques donnaient l'alerte en cas de danger, utilisant des signaux inspirés des codes maritimes que Pierre leur avait appris.

Un soir, alors que Marcel terminait une leçon sur les bases de l'arithmétique, un jeune soldat nommé Thomas prit la parole :

"Mes parents sont métayers dans le Périgord. Toute leur vie, ils ont signé des contrats avec une croix, sans pouvoir les lire. Le propriétaire en profite, change les termes comme il veut..." Sa voix tremblait de colère contenue. "Maintenant que je commence à lire, je comprends pourquoi ils voulaient tant nous garder dans l'ignorance."

Ces témoignages spontanés devenaient fréquents. Chaque homme qui apprenait à lire découvrait non seulement un nouveau pouvoir, mais aussi l'étendue de ce dont on l'avait privé jusque-là.

Auguste développa une méthode d'enseignement adaptée à chacun. Pour les ouvriers comme Louis, il utilisait des textes techniques, des plans de machines. Pour les paysans, des contrats agricoles et des almanachs. Pour ceux qui, comme François, aimaient les histoires, il choisissait des contes et des légendes.

Mais cette activité croissante ne pouvait pas rester totalement inaperçue. Le sergent Marceau rôdait de plus en plus souvent autour de l'étable désaffectée. Un soir, il intercepta Auguste alors qu'il rejoignait Claire.

"Tiens, tiens," ricana-t-il, "notre intellectuel qui se promène encore la nuit. Et près de l'infirmerie, comme c'est intéressant."

"Je vérifie les chevaux malades, mon sergent," répondit Auguste, le cœur battant.

"Les chevaux ? Ou peut-être... autre chose ?" Marceau s'approcha, menaçant. "Je vous observe, Bourcier. Vous et votre petit groupe de rêveurs. Un jour, vous ferez une erreur et ce jour-là..."
Il laissa sa phrase en suspens, mais la menace était claire. Cette rencontre troubla profondément Auguste. Le soir même, il en parla à Claire.

"Nous devons être plus prudents," dit-il, assis avec elle dans l'ombre du figuier. "Marceau nous surveille."

"Il surveille tout le monde," répondit Claire. "C'est un homme amer. Il déteste ce qu'il ne peut pas contrôler." Elle hésita avant d'ajouter : "Mon père parle de lui comme d'un chien fidèle. Trop fidèle peut-être.

L'hiver 1886 s'abattit sur la caserne avec une violence inhabituelle. Le froid s'infiltrait partout, transformant les dortoirs en glacières et les cours en patinoires traîtresses. C'est dans ce contexte que les premiers signes de l'épidémie apparurent.

Au début, ce n'étaient que des toux isolées, des fièvres qu'on mettait sur le compte du froid. Mais Auguste, habitué à observer les chevaux, reconnaissait les signes avant-coureurs d'un mal plus profond. Dans les écuries, il avait appris à repérer les premiers symptômes d'une maladie avant qu'elle ne se propage. Et ce qu'il voyait dans les dortoirs l'inquiétait profondément.

Un matin, alors qu'il soignait un cheval fiévreux, Claire vint le trouver en urgence.

"L'infirmerie est pleine," murmura-t-elle, le visage tendu par l'inquiétude. "Trois nouveaux cas cette nuit. La fièvre typhoïde, Auguste. Et les conditions..." Elle s'interrompit, cherchant ses mots. "Les conditions sanitaires sont épouvantables."

Auguste hocha gravement la tête. Il avait remarqué depuis longtemps l'état déplorable des latrines, leur proximité avec les cuisines, le manque de ventilation dans les dortoirs. Ses voyages pour l'achat de chevaux lui avaient montré que même les écuries des haras nationaux étaient mieux entretenues que les quartiers des soldats.

"Il faut faire quelque chose," dit-il. "J'ai vu comment les grands élevages gèrent ce genre de situation. Il y a des mesures simples qui pourraient..."

"Mon père ne voudra jamais écouter un simple soldat," coupa Claire. "Même moi, il refuse de m'entendre quand je parle des conditions à l'infirmerie."

C'est alors que Pierre, qui souffrait déjà de la tuberculose, contracta la fièvre. Son état, déjà fragile, se détériora rapidement. Auguste le veillait aussi souvent que possible, partageant ce devoir avec Claire qui avait pris le jeune Breton en affection.

"Tu sais," murmura Pierre un soir, entre deux quintes de toux, "c'est ironique. Je pensais que ce serait la mer qui me prendrait, comme mon père. Pas cette fièvre de caserne."

La situation devenant critique, Auguste décida d'agir. Il rédigea un rapport détaillé, comparant les conditions d'hygiène des haras qu'il visitait avec celles de la caserne. Le document était précis, technique, évitant soigneusement toute critique directe de la hiérarchie. Il le présenta d'abord au capitaine Rénier, espérant trouver en lui un allié.

Rénier lut le rapport en silence, son visage s'assombrissant à chaque page. "C'est excellent, Bourcier," dit-il enfin. "Et c'est précisément ce qui le rend dangereux. Vous montrez trop clairement l'incompétence de certains."
"Mais des hommes meurent, mon capitaine !"

"Je sais." Rénier se leva, arpentant son bureau. "Et croyez-moi, je partage votre colère. Mais la hiérarchie militaire est comme un vieux chêne - si vous l'attaquez de front, vous ne ferez que vous briser contre lui."

Malgré cet avertissement, Auguste décida de transmettre son rapport par la voie officielle. La réaction fut immédiate et brutale. Le sergent Marceau, porteur de l'ordre, vint le chercher au milieu de la nuit.

"Le colonel veut vous voir," annonça-t-il avec un plaisir visible. "Immédiatement."

Le bureau du colonel Moreau - le père de Claire - était une pièce austère, dominée par une immense carte d'état-major. Le colonel lui-même se tenait debout devant la fenêtre, dos à la pièce, les mains croisées derrière lui.

"Soldat Bourcier," commença-t-il sans se retourner, "savez-vous ce qu'est la discipline militaire ?"

"Oui, mon colonel."

"J'en doute." Il se retourna enfin, le rapport d'Auguste à la main. "Car un soldat qui comprend la discipline ne se permettrait pas de critiquer ses supérieurs, même indirectement."

"Mon colonel, ce rapport ne critique personne. Il propose des solutions basées sur mon expérience..."

"Silence !" Le colonel frappa du poing sur son bureau. "Votre expérience ? Vous n'êtes qu'un palefrenier qui se prend pour un médecin ! Et j'ai entendu parler de vos autres activités. Ces réunions nocturnes, ces leçons clandestines..."

Le colonel contourna lentement son bureau, le rapport toujours à la main. Dans la lumière grise de l'aube qui filtrait par les fenêtres, son visage semblait taillé dans la pierre.

"Vous savez ce qui est le plus dangereux dans votre initiative, Bourcier ?" Il agita le rapport. "Ce n'est même pas son contenu. C'est l'exemple que vous donnez. Un simple soldat qui se permet de juger, de critiquer, de suggérer... Où irions-nous si chacun se mettait à penser par lui-même ?"

Auguste sentit la colère monter en lui, mais la contint. "Mon colonel, quand les chevaux tombent malades dans un haras, on ne blâme pas celui qui signale le problème."

"Les chevaux ?" Le colonel eut un rire sec. "Voilà bien votre problème, Bourcier. Vous croyez que l'armée est une écurie qu'on peut gérer avec du bon sens paysan. L'armée est une institution qui repose sur l'ordre, la hiérarchie, l'obéissance absolue."

La porte s'ouvrit doucement et Claire entra, portant des documents. Elle se figea en voyant Auguste, puis son père. Le colonel la regarda à peine.

"Plus tard, Claire."

Mais elle ne bougea pas. "Père, l'infirmerie est débordée. Trois nouveaux cas cette nuit et le médecin-chef dit..."
"J'ai dit plus tard !" Le colonel se tourna vers elle et quelque chose dans son regard la fit taire. Elle sortit, non sans avoir jeté à Auguste un regard lourd de sens.

"Une semaine au cachot," déclara le colonel en se rasseyant. "Pour vous apprendre la discipline. Et considérez-vous chanceux - d'autres voudraient vous voir transféré dans un bataillon disciplinaire en Afrique."

Le cachot était une cellule étroite dans les sous-sols de la caserne. L'humidité suintait des murs et le froid y était encore plus mordant qu'à l'extérieur. Allongé sur la paillasse moisie, Auguste entendait les pas des gardes résonner dans le couloir, rythmant ses longues heures de solitude.

Le troisième jour, il reçut une visite inattendue. Marie-Louise, la cuisinière, avait convaincu un garde de la laisser lui apporter une soupe chaude.

"Les rats courent plus vite que les nouvelles ici," murmura-t-elle en lui tendant le bol fumant. "Tout le monde parle de votre rapport. Même les officiers commencent à s'inquiéter, il y a eu deux nouveaux morts hier."

"Et Pierre ?" demanda Auguste. "Comment va-t-il ?"

"Il tient bon, le petit. Claire le soigne elle-même." Marie-Louise hésita. "Elle prend des risques, vous savez. Son père commence à se poser des questions sur ses longues heures à l'infirmerie."

Cette nuit-là, incapable de dormir, Auguste entendit un bruissement près de la minuscule fenêtre qui donnait au ras du sol. Une voix chuchota son nom : Claire.

"Je ne peux pas rester," dit-elle précipitamment. "Mais je voulais que vous sachiez... Votre rapport n'a pas été complètement ignoré. Le capitaine Rénier l'a fait circuler discrètement parmi les officiers. Certains commencent à réagir."

"Claire..." Auguste s'approcha de la fenêtre, tentant d'apercevoir son visage dans l'obscurité. "Votre père..."

"Mon père est un homme borné qui préfère voir des hommes mourir plutôt que d'admettre ses erreurs." Sa voix tremblait. "Mais je ne suis pas comme lui. Je ne peux pas rester aveugle devant la souffrance."

Des pas résonnèrent au loin. Claire disparut aussi silencieusement qu'elle était venue, laissant Auguste troublé par cet échange.

Les jours suivants furent un tourbillon d'événements dont Auguste, dans sa cellule, ne percevait que des échos. L'épidémie continuait à se propager, mais des changements commençaient à s'opérer. Sous la pression croissante des officiers inquiets pour leurs hommes, des mesures d'hygiène furent enfin mises en place. Les latrines furent déplacées, les dortoirs désinfectés, l'accès à l'eau potable amélioré.

À sa sortie du cachot, Auguste découvrit une caserne transformée. Non seulement par les mesures d'hygiène mises en place, mais aussi par l'attitude des hommes à son égard. Son emprisonnement, loin de le discréditer, avait fait de lui une figure de résistance. Les soldats le saluaient discrètement, certains officiers subalternes lui témoignaient un respect nouveau, bien que silencieux.
Le sergent Marceau, cependant, redoubla de surveillance. Il avait pris l'habitude de surgir à l'improviste près des écuries ou dans les couloirs, espérant surprendre Auguste en faute.

"Ne croyez pas que votre petit séjour au cachot vous a rendu intouchable," siffla-t-il un matin. "Je sais que vous continuez vos activités séditieuses. Ce n'est qu'une question de temps avant que je n'en apporte la preuve."

Le Cercle du Progrès avait dû s'adapter. Ils ne se réunissaient plus dans la vieille étable, devenue trop surveillée. Au lieu de cela, ils avaient fragmenté leurs rencontres en petits groupes qui se retrouvaient dans différents endroits : les combles du magasin d'intendance, l'arrière de la chapelle, parfois même dans les caves à vin désaffectées sous la cuisine.

C'est Marie-Louise qui avait suggéré ce dernier endroit. "Les rats y sont plus honnêtes que certains hommes," avait-elle dit en donnant à Auguste la clé rouillée. "Au moins, eux ne dénoncent personne."

Les leçons continuaient, mais sous une forme différente. Auguste avait formé plusieurs élèves avancés qui, à leur tour, enseignaient aux autres. Marcel supervisait l'apprentissage de la lecture, Pierre - quand sa santé le permettait - parlait d'astronomie et de navigation, Louis expliquait les principes de la mécanique.

Un soir, alors qu'il supervisait une de ces sessions dans les caves, Auguste reçut la visite de Claire. Elle descendit les marches de pierre usées avec précaution, sa lanterne projetant des ombres dansantes sur les murs humides.

"Je devais voir par moi-même," dit-elle doucement, observant le petit groupe d'hommes penchés sur leurs livres. "C'est donc ça que mon père craint tant ? Des hommes qui apprennent à lire ?"

"Il ne craint pas la lecture en elle-même," répondit Auguste. "Il craint ce qu'elle permet : la capacité de penser par soi-même, de remettre en question, de comprendre."

Claire s'approcha d'un jeune soldat qui s'efforçait de déchiffrer un texte. "Qu'est-ce que vous lisez ?"

"Victor Hugo, mademoiselle. Les Misérables." Le soldat rougit légèrement. "C'est la première fois que je comprends vraiment une histoire aussi longue."

Claire s'assit près de lui et commença à l'aider, expliquant patiemment les mots difficiles. Auguste l'observait, ému par cette scène qui incarnait tout ce qu'il espérait : l'effacement des barrières sociales devant le partage du savoir.

Plus tard, remontant ensemble des caves, Claire lui confia : "Mon mariage est prévu pour octobre." Sa voix était calme, mais ses mains tremblaient. "Un capitaine de cavalerie. Un bon parti, selon mon père."

"Et selon vous ?"

"Selon moi..." Elle s'arrêta au milieu de l'escalier, la lumière de sa lanterne creusant des ombres sur son visage. "Selon moi, c'est une prison. Une prison dorée, mais une prison quand même."

"On peut toujours refuser," suggéra Auguste, sachant bien que ce n'était pas si simple. "Comme on peut refuser d'obéir à un ordre injuste ?" Elle eut un sourire triste. "Nous sommes tous prisonniers, Auguste. Vous dans votre uniforme, moi dans ma condition de femme de bonne famille. La seule différence, c'est que vous vous battez contre vos chaînes, alors que moi..."

Elle ne termina pas sa phrase, mais Auguste comprit. Dans ce monde rigide où chacun devait tenir son rang, la rébellion n'était pas une option pour tous.

Les semaines qui suivirent prirent un caractère fiévreux. Le mariage approchant de Claire pesait sur chacune de leurs rencontres, donnant à leurs conversations une urgence nouvelle. Ils se voyaient maintenant non plus seulement dans le jardin de l'infirmerie, mais partout où ils pouvaient voler quelques minutes : près des écuries, dans les coins sombres des couloirs, parfois même pendant les cours clandestins dans les caves.

Un soir, Claire arriva bouleversée aux caves. Elle venait de rencontrer son futur époux, le capitaine Valentin, lors d'un dîner organisé par son père.

"Il parlait des ouvriers comme on parle du bétail," murmura-t-elle, assise sur une vieille caisse de vin. "Il racontait comment il avait réprimé une grève l'année dernière, avec une telle... satisfaction dans la voix."

Auguste, qui rangeait des livres après une leçon, s'arrêta net. "Quelle grève ?"

"À Carmaux, dans les mines. Il se vantait d'avoir fait charger ses hommes sans sommation. Il y a eu des morts, Auguste." Sa voix tremblait. "Et mon père l'écoutait avec approbation, comme si écraser des hommes qui demandaient juste à manger à leur faim était un exploit." Auguste s'approcha d'elle, combattant l'envie de la prendre dans ses bras. "Claire..."

"Non, ne dites rien." Elle leva une main pour l'arrêter. "Je sais ce que vous pensez. Que je devrais refuser, m'enfuir, choisir ma propre vie. Mais ce n'est pas si simple." Elle eut un rire amer. "Où irais-je ? Que ferais-je ? Je n'ai aucune formation, aucun métier. Je ne sais qu'être la fille bien élevée qu'on m'a appris à être."

"Vous pourriez apprendre. Vous êtes intelligente, vous avez déjà prouvé que vous pouviez enseigner..."

"Et vivre de quoi ? De leçons données en cachette ?" Elle secoua la tête. "Non, Auguste. Nous ne vivons pas dans un de ces romans où l'amour triomphe de tout."

Le mot "amour" flotta entre eux, jamais prononcé auparavant si directement. Auguste sentit son cœur se serrer.

Pendant ce temps, le Cercle du Progrès continuait à évoluer. Les élèves des premiers temps devenaient des professeurs à leur tour. François, le forgeron, avait particulièrement surpris Auguste par ses talents pédagogiques.

"C'est comme la forge," expliquait-il à ses élèves. "Chaque lettre est un morceau de métal. Seule, elle n'est rien. Mais quand on les assemble correctement, on crée quelque chose de solide, d'utile."

Un système de rotation s'était mis en place pour les guetteurs. Chaque réunion était protégée par un réseau complexe de sentinelles qui s'avertissaient mutuellement en cas de danger.
Pierre, malgré sa santé fragile, coordonnait ce système avec une précision née de ses années en mer.

"Les signaux que nous utilisions pour prévenir des tempêtes servent maintenant à nous protéger des gradés," plaisantait-il entre deux quintes de toux. "La vie a parfois un drôle d'humour."

Mais le sergent Marceau se rapprochait. Un soir, il faillit surprendre une réunion. Seule la vigilance d'un jeune guetteur, qui renversa "accidentellement" un seau d'eau dans l'escalier des caves, leur donna le temps de dissimuler leurs activités.

"Il devient plus malin," observa Pierre après l'incident. "Il ne cherche plus au hasard. Il observe, il réfléchit. C'est plus dangereux."

Auguste savait qu'il avait raison. Marceau n'était plus le simple sbire zélé qu'il avait d'abord cru voir en lui. C'était un homme patient, méthodique, qui construisait peu à peu son piège.

Le capitaine Rénier, qui suivait tout cela de loin, convoqua Auguste dans son bureau. Le bureau de Rénier était plongé dans la pénombre du soir, éclairé seulement par une lampe à huile qui projetait des ombres mouvantes sur les livres alignés.

Le capitaine se tenait debout devant sa fenêtre, contemplant la cour de la caserne où les dernières activités de la journée s'éteignaient peu à peu.

"Asseyez-vous, Bourcier," dit-il sans se retourner. "Nous devons parler sérieusement."

Auguste prit place, remarquant sur le bureau un rapport qu'il reconnut immédiatement - le compte-rendu détaillé des activités suspectes dans la caserne, rédigé par Marceau.

"Il sait beaucoup plus qu'il ne le montre," continua Rénier en se tournant enfin vers lui. "Et il n'est plus seul. D'autres officiers commencent à s'inquiéter de ce qu'ils appellent 'l'esprit d'insubordination' qui se répand dans le régiment."

"Mon capitaine, nous ne faisons qu'enseigner..."

"Je sais ce que vous faites, Bourcier."

Rénier s'assit lourdement dans son fauteuil.

"Et croyez-moi, je comprends mieux que vous ne le pensez l'importance de votre travail. Mais vous jouez un jeu dangereux et pas seulement pour vous."

Il sortit d'un tiroir une lettre cachetée. "Ceci est arrivé ce matin. Une demande de transfert vous concernant. Le colonel Moreau veut vous envoyer en Algérie, dans un bataillon disciplinaire."

Auguste sentit son sang se glacer. Les bataillons disciplinaires d'Afrique étaient connus pour être des endroits où l'on envoyait les soldats "difficiles", dont beaucoup ne revenaient jamais.

"Pour l'instant, j'ai réussi à bloquer cette demande," poursuivit Rénier. "Mais je ne pourrai pas le faire éternellement. Et il y a autre chose..." Il hésita. "La fille du colonel."

"Claire n'a rien à voir avec..."
"Ne me mentez pas, Bourcier. Je ne suis pas aveugle. Ces rencontres dans le jardin de l'infirmerie, ces regards échangés... Vous croyez que personne d'autre ne les a remarqués ?" Rénier se pencha en avant. "Le colonel prépare le mariage de sa fille avec le capitaine Valentin. C'est une alliance importante pour lui, politiquement et socialement. S'il apprend que sa fille..."

"Il ne peut pas la forcer à épouser un homme qu'elle n'aime pas !"

"Bien sûr que si, il le peut. Et il le fera." Rénier se leva, s'approchant de sa bibliothèque. "Vous lisez Rousseau, vous parlez de liberté et de droits naturels. Mais la réalité, Bourcier, c'est que nous vivons dans un monde où les conventions sociales sont aussi solides que les murs de cette caserne."

Il prit un livre sur une étagère - un vieil exemplaire relié de cuir de "Les Misérables" de Victor Hugo. "Vous connaissez l'histoire de Jean Valjean ? Un homme qui essaie de changer le monde par la bonté, par l'éducation. Mais même lui doit apprendre que certaines batailles ne peuvent pas être gagnées frontalement."

"Que suggérez-vous alors, mon capitaine ?"

"Je suggère que vous réfléchissiez à la manière dont vous menez votre combat." Rénier lui tendit le livre. "Les idées sont comme l'eau : elles trouvent toujours un chemin, mais parfois il faut savoir contourner les obstacles plutôt que de les affronter directement."

À cet instant, des pas précipités résonnèrent dans le couloir. Quelqu'un frappa urgemment à la porte. C'était un jeune soldat, le visage rouge d'avoir couru.

"Mon capitaine ! Le sergent Marceau... Il a trouvé les caves ! Il arrête tout le monde !"

Auguste se précipita hors du bureau de Rénier, son cœur battant à tout rompre. Dans les couloirs de la caserne, une agitation inhabituelle régnait pour cette heure tardive. Des bruits de bottes, des ordres criés, des portes qui claquaient, tout indiquait que Marceau avait lancé une opération d'envergure.

Quand il arriva près des caves, la scène qui l'accueillit lui glaça le sang. Une dizaine de soldats étaient alignés contre le mur, sous la garde de plusieurs sous-officiers. Le sergent Marceau, une lanterne à la main, dirigeait la fouille méthodique des lieux. Des livres, des cahiers, des ardoises gisaient éparpillés sur le sol, piétinés par les bottes des soldats.

Pierre était là, maintenu fermement par deux hommes malgré sa faiblesse évidente. Son visage était encore plus pâle que d'habitude et sa respiration sifflante résonnait dans le silence tendu.

"Ah, Bourcier !" La voix de Marceau claqua comme un fouet. "Je me demandais quand vous alliez nous rejoindre. Venez voir ce que nous avons trouvé dans votre petite école clandestine."

Il brandit triomphalement plusieurs volumes : Rousseau, Hugo, mais aussi des journaux socialistes et des pamphlets politiques que certains membres du Cercle avaient apparemment introduits sans qu'Auguste le sache.
"Sédition, propagande subversive, remise en cause de l'autorité militaire..." Marceau énumérait les charges avec une satisfaction visible. "Cette fois, Bourcier, pas même votre protecteur Rénier ne pourra vous sauver."

C'est alors qu'une voix féminine retentit dans l'escalier des caves : "Arrêtez !"

Claire descendait les marches, suivie de près par Marie-Louise qui tentait en vain de la retenir. Dans la lumière tremblotante des lanternes, son visage était d'une pâleur de marbre, mais ses yeux brillaient d'une détermination farouche.

"Mademoiselle Moreau," dit Marceau, momentanément déstabilisé. "Vous ne devriez pas être ici."

"Je suis exactement où je dois être, sergent." Elle s'avança au milieu de la cave. "Ces livres m'appartiennent. C'est moi qui les ai apportés ici."

Un murmure stupéfait parcourut l'assemblée. Auguste sentit son cœur s'arrêter. "Claire, non..."

"C'est la vérité," poursuivit-elle d'une voix claire. "J'ai utilisé ma position à l'infirmerie pour organiser ces leçons. Ces hommes n'ont fait qu'obéir à mes ordres."

Marceau la regardait avec un mélange d'incrédulité et de calcul. La fille du colonel venait de lui offrir soit une victoire encore plus éclatante, soit un problème insoluble.

"Dans ce cas, mademoiselle," dit-il lentement, "je dois en référer à votre père."

"Faites donc, sergent." Elle se tenait droite, presque royale dans sa simplicité. "Je lui expliquerai pourquoi je pense que l'éducation est un droit, pas un privilège."

Marie-Louise s'avança à son tour. "Si vous arrêtez quelqu'un, il faudra m'arrêter aussi. Ces caves sont sous ma responsabilité. Rien ne s'y passe sans mon accord."

Une à une, d'autres voix s'élevèrent. François le forgeron, Marcel l'instituteur, même des soldats qui n'avaient fait que suivre les leçons - tous se déclaraient responsables. C'était une mutinerie d'un genre nouveau, pacifique mais non moins déterminée.

Le sergent Marceau, pour la première fois peut-être de sa carrière, semblait dépassé par les événements. Son triomphe anticipé se transformait en situation incontrôlable.

C'est à ce moment que des pas lourds résonnèrent dans l'escalier. Le colonel Moreau descendait les marches, suivi du capitaine Rénier.

Le colonel Moreau s'arrêta au bas des marches, embrassant la scène d'un regard glacial. Les livres éparpillés, les soldats alignés contre le mur, sa fille au centre de ce chaos - tout cela formait un tableau qu'il observa en silence pendant ce qui sembla une éternité.

"Claire," dit-il enfin, d'une voix dangereusement calme. "Remontez immédiatement."

"Non, père." La réponse de Claire, bien que douce, était ferme. "Je dois d'abord vous expliquer..."
"Il n'y a rien à expliquer !" Le colonel explosa soudain, sa voix résonnant contre les murs de pierre. "Ma propre fille, impliquée dans... dans cette subversion ! Avez-vous la moindre idée du déshonneur que vous jetez sur notre nom ?"

"Le déshonneur ?" Claire fit un pas en avant. "Est-ce déshonorant d'enseigner à lire à des hommes qui risquent leur vie pour la France ? Est-ce déshonorant de vouloir qu'ils comprennent les ordres qu'ils exécutent, les lettres qu'ils reçoivent de leurs familles ?"

Le colonel se tourna vers Marceau. "Combien sont-ils impliqués ?"

"Une vingtaine au moins, mon colonel. Nous avons trouvé des listes, des cahiers..."

"Père," interrompit Claire, "si vous devez punir quelqu'un, punissez-moi. J'ai initié tout cela.
J'ai utilisé ma position à l'infirmerie pour..."

"Silence !" Le colonel la foudroya du regard. "Vous mentez. Je reconnais là l'influence néfaste de certains éléments." Son regard se posa sur Auguste. "Des éléments qui auraient dû être éliminés depuis longtemps."

Le capitaine Rénier s'avança alors. "Mon colonel, si je peux me permettre..."

"Vous ne pouvez pas, Rénier ! Votre complaisance envers ces activités séditieuses n'a que trop duré. Je devrais vous faire traduire en conseil de guerre pour avoir fermé les yeux sur tout ceci."

"Dans ce cas," dit Rénier calmement, "vous devrez également expliquer pourquoi vous avez ignoré mes rapports sur les conditions sanitaires qui ont causé l'épidémie. Des rapports basés sur les observations de Bourcier, soit dit en passant."

Un silence pesant suivit ces paroles. Le colonel avait pâli légèrement.

"Mon colonel," intervint Marie-Louise, s'avançant avec une dignité tranquille, "ces hommes n'ont fait de mal à personne. Ils voulaient juste apprendre, comprendre. N'est-ce pas ce que l'armée devrait encourager ? Des soldats qui réfléchissent ne sont-ils pas plus utiles que des automates ?"

"Une cuisinière qui me donne des leçons sur la façon de diriger mes hommes ?" Le colonel eut un rire sans joie. "Le monde marche vraiment sur la tête !"

"Le monde change, père," dit doucement Claire. "Nous ne pouvons pas l'empêcher. Nous pouvons seulement choisir d'accompagner ce changement ou de le combattre."

Auguste observait cet échange avec un mélange d'admiration et d'angoisse. Claire, qu'il avait connue si prudente, si consciente des conventions, se tenait maintenant devant son père avec une assurance tranquille qui la transformait.

C'est alors que Pierre, toujours maintenu par deux soldats, fut secoué par une violente quinte de toux. Du sang apparut au coin de ses lèvres.

"Lâchez-le !" cria Claire en se précipitant vers lui. "Il est malade, vous ne voyez pas ?"

Le colonel observa la scène, son visage passant par différentes émotions. Pour la première fois peut-être, il voyait sa fille non plus comme une jeune personne à protéger et à guider, mais comme une femme capable de prendre position et d'agir selon ses convictions.
Le colonel Moreau resta silencieux un long moment, son regard passant de sa fille, qui soutenait toujours Pierre, aux livres éparpillés sur le sol. Finalement, il se tourna vers le sergent Marceau.

"Faites évacuer les caves. Tous les soldats impliqués seront consignés dans leurs quartiers jusqu'à nouvel ordre."

"Et pour Bourcier, mon colonel ?" demanda Marceau, une lueur d'anticipation dans les yeux.

Le colonel fixa Auguste avec une intensité presque physique. "Le soldat Bourcier sera transféré dans une autre unité. Immédiatement."

"Père, non !" protesta Claire. "Vous ne pouvez pas..."

"Je peux et je le fais. Pour votre bien à tous les deux." Il se tourna vers sa fille. "Quant à vous, vous rentrerez chez votre tante à Paris dès demain. Le capitaine Valentin sera informé que vous avez besoin de temps pour préparer le mariage."

Ces mots tombèrent comme des coups de marteau dans le silence de la cave. Claire se redressa lentement, son visage pâle mais déterminé.

"Je n'irai pas à Paris," dit-elle d'une voix calme. "Et je n'épouserai pas le capitaine Valentin."

"Ce n'était pas une suggestion, Claire. C'est un ordre."

"Un ordre ?" Elle eut un rire sans joie. "Comme ceux que vous donnez à vos soldats ? Je ne suis pas sous vos ordres, père. Je suis une femme adulte, capable de faire mes propres choix."

Le colonel fit un pas vers elle, mais Rénier s'interposa subtilement. "Mon colonel, peut-être devrions-nous discuter de tout ceci dans votre bureau, au calme. La situation est déjà suffisamment compliquée sans y ajouter un scandale public."

Marie-Louise s'approcha de Claire et lui prit doucement le bras. "Venez, mademoiselle. Pierre a besoin de soins et vous aussi avez besoin de repos."

Pendant que les soldats étaient escortés hors des caves, Auguste croisa le regard de Claire. Dans ce bref échange silencieux passa tout ce qu'ils ne pouvaient pas se dire : leur amour impossible, leur révolte partagée, leur détermination à ne pas laisser les conventions étouffer leurs idéaux.

Plus tard cette nuit-là, alors que la caserne était plongée dans un silence tendu, Auguste reçut la visite de Rénier dans sa cellule de détention provisoire.

"Le colonel a accepté un compromis," annonça le capitaine en s'asseyant sur le lit étroit. "Au lieu d'un transfert disciplinaire, vous serez envoyé en mission prolongée. Deux ans de service supplémentaires, deux ans à parcourir les haras du pays pour la remonte de cavalerie." "Et Claire ?"

Rénier soupira. "Elle a accepté d'aller à Paris, mais à ses conditions. Elle logera non pas chez sa tante, mais dans un couvent qui gère un hôpital. Elle veut continuer à travailler comme infirmière."

"Le mariage ?"
"Retardé, pour l'instant. Le colonel a compris qu'il ne pouvait pas forcer les choses sans risquer un scandale."

Rénier se leva et s'approcha de la petite fenêtre. "Vous savez, Bourcier, parfois la victoire ne ressemble pas à ce qu'on imaginait. Parfois, elle consiste simplement à gagner du temps, à créer des espaces de liberté dans les failles du système."

Auguste réfléchit à ces paroles. "Et le Cercle ? Les autres ?"

"Le colonel n'est pas stupide. Il sait qu'une répression trop sévère ne ferait que renforcer ce qu'il veut combattre. Les hommes seront punis légèrement - quelques jours de consigne, des corvées supplémentaires. Mais..." Rénier eut un petit sourire, "il n'a rien dit sur l'arrêt des leçons de lecture."

L'aube qui suivit cette nuit agitée trouva Auguste dans les écuries, préparant son départ. Il y avait une certaine ironie dans le fait que sa mission de remonte, celle-là même qui lui avait permis de découvrir les injustices du pays, devenait maintenant son échappatoire.

Claire vint le trouver alors qu'il sellait son cheval. Elle portait une simple robe noire, celle qu'elle utilisait pour son service à l'infirmerie et ses cheveux étaient strictement tirés en arrière. Cette austérité nouvelle semblait refléter sa détermination.

"Je pars pour Paris ce soir," dit-elle sans préambule. "L'hôpital Saint-Vincent accepte de me prendre comme infirmière régulière."

"C'est ce que vous voulez vraiment ?" demanda Auguste, continuant à ajuster les sangles pour masquer son émotion.

"Ce que je veux..." Elle eut un rire doux. "Ce que je veux, Auguste, c'est un monde où les femmes peuvent choisir leur vie, où les hommes ne sont pas emprisonnés pour avoir voulu apprendre, où l'intelligence n'est pas considérée comme une menace."

Elle s'approcha du cheval, caressant son encolure. "Mais en attendant ce monde-là, je dois créer mon propre espace de liberté, comme vous me l'avez appris."

"Le capitaine Valentin..."

"N'existe plus dans mon avenir." Sa voix était ferme. "Mon père devra l'accepter, tôt ou tard. Je ne serai pas un pion dans ses stratégies d'alliance."

Ils restèrent un moment silencieux, conscients que ces instants étaient peut-être les derniers qu'ils partageraient.

"J'ai quelque chose pour vous," dit enfin Claire, sortant un petit paquet de sa poche. C'était un carnet relié de cuir, semblable à celui qu'Auguste utilisait pour ses notes. "Pour que vous écriviez ce que vous verrez pendant vos voyages. Les changements, les luttes, les espoirs... Tout ce que nous devons garder en mémoire."

Auguste prit le carnet, leurs doigts se frôlant brièvement. "Et vous, écrirez-vous aussi ?"

"À l'hôpital, je verrai une autre face de notre monde - la souffrance, la misère, mais aussi la résistance et la solidarité. Oui, j'écrirai. Et peut-être qu'un jour, nos témoignages serviront à ceux qui continueront la lutte."
Le bruit de pas approchant les força à se séparer. Claire recula vers la porte, mais s'arrêta un instant.

"Auguste... Ce que nous avons commencé ici, dans cette caserne, ce n'était pas vain. Chaque homme qui a appris à lire, chaque esprit qui s'est éveillé... c'est une petite victoire que personne ne pourra nous enlever."

Elle disparut avant qu'il puisse répondre, le laissant avec le poids de ces mots et le carnet serré contre son cœur.

Le reste de la matinée fut consacré aux préparatifs du départ. Pierre, malgré sa faiblesse, insista pour venir lui dire au revoir. Il était accompagné de Louis et François, qui représentaient les membres du Cercle.

"Ne t'inquiète pas pour nous," dit Pierre entre deux toux. "L'arbre peut être élagué, mais les racines sont là, bien vivantes."

François hocha la tête. "Les leçons continueront, plus discrètement peut-être, mais elles continueront. Chacun de nous est maintenant un maître pour d'autres."

Louis ajouta avec un sourire : "Et nous avons appris plus que la lecture, Auguste. Nous avons appris à penser par nous-mêmes, à nous organiser, à résister intelligemment."

Marie-Louise vint le trouver aux écuries alors qu'il terminait ses préparatifs. Elle portait un panier couvert d'un linge propre et l'odeur qui s'en échappait rappela à Auguste tous ces moments où elle avait su apporter un peu de réconfort dans la dureté de la vie militaire.

"Pour le voyage," dit-elle simplement en posant le panier. "Et ceci aussi." Elle sortit de sa poche une petite bourse usée. "Les femmes de la cuisine ont cotisé. Ce n'est pas grand-chose, mais ça pourrait servir."

"Marie-Louise, je ne peux pas accepter..."

"Tu peux et tu dois." Sa voix était ferme. "Ce n'est pas de la charité, c'est de la solidarité. C'est ce que tu nous as appris, non ?"

Le capitaine Rénier fut le dernier à venir le voir. Il portait sous le bras plusieurs livres soigneusement emballés.

"Votre itinéraire," dit-il en lui tendant une carte annotée. "J'ai ajouté quelques détours... Des endroits où vous pourriez trouver des esprits réceptifs à vos idées. Et ceci..." Il dévoila les livres. "Considérez-les comme un prêt à long terme."

Auguste reconnut plusieurs ouvrages de sa bibliothèque personnelle, dont ce précieux exemplaire du "Contrat Social" qui avait tout commencé.

"Mon capitaine, je ne sais pas quoi dire..."

"Alors ne dites rien." Rénier eut un sourire las. "Contentez-vous de continuer votre œuvre, mais avec plus de prudence que jusqu'à présent. La France a besoin d'hommes comme vous, Bourcier, mais elle n'est pas toujours prête à l'admettre."

Le moment du départ arriva enfin. Dans la cour principale, une petite foule s'était discrètement rassemblée. Des soldats qui avaient participé aux leçons, des hommes qui avaient appris à lire grâce au Cercle, même quelques sous-officiers qui, sans jamais l'admettre ouvertement, avaient soutenu leur action.

Auguste monta en selle, sentant sous lui la force familière de son cheval. De ce point de vue surélevé, il observa une dernière fois cette caserne qui avait été, pendant ces années, le théâtre de sa transformation. Les murs de brique rouge ne lui semblaient plus aussi oppressants qu'à son arrivée. Ils avaient été témoins de tant de choses : des amitiés forgées, des esprits éveillés, des batailles silencieuses pour la dignité et le savoir.

Claire n'était pas dans la cour - elle avait déjà pris la route de Paris. Mais Augusta aperçut à une fenêtre de l'infirmerie un mouchoir blanc qui s'agitait doucement. Ce fut leur dernier au revoir.

Alors qu'il passait le porche de la caserne, Auguste sortit le carnet que Claire lui avait donné et y inscrivit ses premières lignes :

"Ce que j'ai appris ici va bien au-delà de l'art militaire. J'ai appris que la vraie force ne réside pas dans la capacité à donner des ordres, mais dans celle d'éveiller les consciences. Que le véritable courage n'est pas dans l'obéissance aveugle, mais dans la résistance réfléchie. Que le changement ne vient pas toujours des grands bouleversements, mais aussi des petites victoires quotidiennes, des lumières qu'on allume une à une dans les esprits."

La route s'étirait devant lui, poussiéreuse et prometteuse à la fois. Au fur et à mesure que la caserne s'éloignait derrière lui, Auguste sentait un mélange complexe d'émotions l'envahir. Ces années l'avaient transformé d'une façon qu'il n'aurait jamais pu imaginer en arrivant. Le jeune homme idéaliste et impétueux était devenu un homme mûr, conscient des subtilités de la lutte sociale.

Sa mission de remonte le conduirait à travers la France pendant deux ans. Deux ans pour observer, comprendre, témoigner des changements qui traversaient le pays. Dans les foires aux chevaux, il retrouverait cette France rurale qu'il connaissait si bien, mais avec un regard neuf, aiguisé par ses années d'apprentissage.

Il pensait à Pierre, dont la santé déclinante ne l'empêchait pas de continuer la lutte à sa manière. À Claire, qui avait choisi son propre chemin de résistance dans les salles austères d'un hôpital parisien. À Marie-Louise, qui continuerait à nourrir les corps et les esprits avec sa sagesse tranquille. Au capitaine Rénier, qui lui avait appris que la révolution pouvait prendre des chemins détournés.

Le Cercle du Progrès continuerait sans lui, il en était certain. Les graines semées ne demandaient qu'à germer. François, Louis, Marcel et les autres poursuivraient l'œuvre commencée, chacun à sa manière, chacun dans son domaine.

Alors qu'il atteignait le sommet d'une colline, Auguste arrêta son cheval et se retourna une dernière fois. La caserne n'était plus qu'une masse dans le lointain, presque irréelle dans la brume du matin. Il sortit le carnet offert par Claire et y ajouta quelques lignes :

"La lutte ne fait que commencer. Ce que nous avons fait dans cette caserne n'était qu'une répétition, un apprentissage. Le vrai combat est là-bas, dans les villes et les campagnes de France, partout où des hommes et des femmes cherchent à briser leurs chaînes, visibles ou invisibles. Les livres et les idées sont nos armes, la connaissance notre poudre et chaque esprit éveillé est une victoire."

La route qui s'ouvrait devant lui menait vers l'inconnu, mais Auguste n'avait plus peur. Ces années de formation lui avaient donné ce qu'aucun manuel militaire n'aurait pu lui enseigner : la certitude que le changement était possible, que les consciences puissent s'éveiller et que la plus grande des révolutions commençait dans les cœurs et les esprits.

Le soleil montait dans le ciel, promesse d'une chaude journée d'été. Auguste éperonna doucement son cheval. Il avait des chevaux à acheter, des hommes à rencontrer, des idées à semer. La France l'attendait, avec ses injustices et ses espoirs, ses traditions et ses révoltes. Il était prêt.

Les deux ans qui suivirent son départ de la caserne de Dinan furent pour Auguste une révélation. Sa mission officielle - sélectionner des chevaux pour l'armée - lui offrait un poste d'observation privilégié sur une France en pleine mutation.

Son premier arrêt fut en Normandie, aux grandes foires de Caen. Dans l'aube brumeuse, les maquignons s'affairaient déjà, leurs silhouettes se découpant dans la brume matinale. Auguste observait leurs manœuvres avec un œil nouveau. Ces hommes n'étaient plus seulement des vendeurs de chevaux à ses yeux, mais les acteurs d'un monde en transformation.

"Les prix ont encore augmenté," se plaignait le vieux Mathieu, éleveur réputé dont les écuries fournissaient traditionnellement l'armée. "Les Américains viennent avec leurs dollars, ils raflent nos meilleurs percherons. Comment voulez-vous qu'un petit éleveur survive ?"

Auguste notait tout dans le carnet offert par Claire. Non seulement les détails sur les chevaux - leur conformation, leur prix, leur origine - mais aussi les conversations entendues, les changements observés, les tensions qui montaient dans les campagnes.

À Lamballe, en Bretagne, il retrouva les petits bidets nerveux de son enfance. Mais là aussi, les choses changeaient. Les haras industriels commençaient à supplanter les élevages familiaux. Dans une auberge, un soir, il entendit un groupe d'éleveurs discuter à voix basse d'une "association" pour défendre leurs intérêts.

"Vous devriez venir à notre prochaine réunion," lui glissa l'un d'eux, reconnaissant en Auguste un esprit ouvert. "On parle de s'organiser, comme les ouvriers dans les villes."

Dans le Perche, la situation était encore plus tendue. Les grandes banques parisiennes rachetaient les terres, transformant les anciens propriétaires en métayers. Auguste rencontra un ancien camarade de régiment, devenu garde dans un grand domaine.

"Tu verrais ça, Auguste," lui dit-il autour d'une bouteille. "Les nouveaux propriétaires n'ont jamais mis les pieds ici. Ils envoient des comptables qui ne connaissent rien aux chevaux, qui ne voient que des chiffres sur du papier."

À Tarbes, dans les Pyrénées, Auguste découvrit une autre facette de la transformation du pays. Les anglo-arabes, chevaux de prédilection de la cavalerie légère, étaient élevés ici depuis des générations. Mais la modernisation forcée bouleversait les traditions.

"Regardez ces nouvelles écuries," lui montra Jean-Pierre Laffite, un éleveur local à la cinquantaine grisonnante. "Tout en fer et en béton. Plus de bois, plus de pierre. On dirait une usine." Il cracha par terre avec dégoût. "Le directeur du haras national nous dit que c'est le progrès. Moi, je dis que c'est la mort de notre métier."

Auguste passa plusieurs jours avec Laffitte, apprenant les subtilités de l'élevage des anglo-arabes. Le soir, autour de la cheminée, l'homme lui racontait comment les banques étranglaient peu à peu les petits éleveurs.

"Ils nous prêtent de l'argent pour moderniser, soi-disant. Mais les taux sont impossibles à rembourser. Et quand on ne peut plus payer, ils saisissent tout."

Dans son carnet, Auguste notait : "Même ici, loin des villes, le capital étend ses tentacules. L'argent devient le seul maître, remplaçant le savoir transmis de père en fils."

À Saint-Lô, Auguste découvrit une autre facette de cette transformation. Les haras nationaux imposaient de nouvelles normes d'élevage, bouleversant des pratiques séculaires. Le directeur du haras, un homme aux manières policées, lui présenta fièrement les nouvelles installations.

"Voyez-vous, monsieur Bourcier, l'élevage moderne doit être rationnel. Nous avons établi des critères précis, des mesures standardisées. Plus rien n'est laissé au hasard ou à l'intuition des éleveurs."

Mais dans les petites écuries qui entouraient la ville, Auguste entendait un autre son de cloche. Le vieux Marcel Lefort, dont la famille élevait des chevaux depuis quatre générations, lui confia ses inquiétudes.

"Ces messieurs de Paris nous prennent pour des ignorants," dit-il en soignant une jument pleine. "Ils ont des diplômes, des théories. Mais savent-ils reconnaître une bonne poulinière au premier coup d'œil ? Savent-ils quand un poulain a besoin d'être séparé du troupeau pour ne pas devenir vicieux ?"

Auguste passait ses soirées à noter ces conversations dans son carnet. Il voyait se dessiner un schéma : partout, le savoir traditionnel était dévalorisé au profit d'une approche plus "scientifique", plus industrielle. Les petits éleveurs, qui avaient forgé leur expérience au fil des générations, se trouvaient soudain considérés comme arriérés.

Dans les Ardennes, la transformation était encore plus brutale. Les grands industriels du textile investissaient dans l'élevage, créant d'immenses exploitations où les chevaux étaient traités comme des produits manufacturés.

"Regardez ce planning," lui montra le contremaître d'une de ces nouvelles installations.

"Chaque cheval a un numéro, un programme d'exercice, des rations calculées au gramme près. Nous avons même un système de fiches pour suivre leur développement."

Auguste nota dans son carnet : "Les chevaux deviennent des numéros, les hommes des opérateurs. Où est passée l'âme de ce métier ?

En Auvergne, Auguste découvrit une réalité différente. Dans les montagnes, l'isolement avait en partie préservé les traditions d'élevage. Les petits chevaux robustes qui paissaient sur les pentes escarpées n'intéressaient guère les grands investisseurs.

"Nos chevaux ne sont pas assez nobles pour ces messieurs," lui expliqua Antoine Dubrac, un éleveur de Salers. "Mais allez donc voir si leurs belles bêtes de concours peuvent porter un homme dans ces montagnes sans se rompre les jambes."

Dubrac lui fit découvrir un autre aspect de l'élevage : l'adaptation au terrain. Ces petits chevaux, moins prestigieux que les percherons ou les anglo-arabes, étaient parfaitement adaptés à leur environnement. Ils pouvaient travailler dans des pentes impossibles, survivre avec une nourriture frugale, résister au froid comme au soleil brûlant des plateaux.

"L'armée ne veut plus de nos chevaux," se plaignait Dubrac. "Ils disent qu'ils sont trop petits, pas assez rapides. Mais dans ces montagnes, un cheval qui sait où mettre les pieds vaut mieux qu'un pur-sang."

Auguste nota soigneusement ces observations. Il commençait à comprendre que la standardisation voulue par l'armée et les haras nationaux risquait de faire disparaître des races précieuses, adaptées à leurs terroirs.

Dans le Limousin, il rencontra une forme de résistance inattendue. Un groupe d'éleveurs avait créé une sorte de coopérative informelle pour préserver leurs méthodes traditionnelles tout en s'adaptant aux nouvelles exigences du marché.

"On s'est dit qu'il fallait s'organiser," lui expliqua Jean-Baptiste Maurin, l'un des initiateurs du projet. "Seuls, on ne peut pas lutter contre les grandes exploitations. Mais ensemble, on peut négocier les prix, partager les équipements coûteux, s'entraider pour les papiers administratifs."

Cette initiative intéressa particulièrement Auguste. Il y voyait une forme d'adaptation intelligente, qui permettait de préserver l'essentiel tout en évoluant avec le temps. Dans son carnet, il écrivit :

"Ces hommes ont compris quelque chose d'essentiel : le progrès n'implique pas nécessairement la destruction de l'ancien. Il peut y avoir une voie médiane, où tradition et modernité se complètent au lieu de s'opposer."

En Vendée, il fut témoin d'une autre transformation. Les grandes foires aux chevaux, autrefois au cœur de la vie rurale, devenaient de plus en plus des événements commerciaux standardisés. Les vieux rituels de négociation, les poignées de main qui scellaient les marchés, les discussions passionnées sur les lignées et les caractères, tout cela cédait la place à des transactions plus impersonnelles.

Les foires de Fontenay-le-Comte offraient un spectacle particulièrement révélateur de ces changements. Auguste y passa une semaine entière, observant comment les anciennes et nouvelles pratiques s'entremêlaient.

"Autrefois," lui raconta le père Giraud, un ancien maquignon à la retraite, "la foire était une fête. Les éleveurs venaient en famille, on discutait pendant des heures, on partageait le vin et les histoires. Maintenant, regardez..."

Il désigna d'un geste las les hommes en costume qui circulaient entre les boxes, chronomètre à la main, consultant des registres plutôt que regardant vraiment les chevaux.

"Ce sont des acheteurs pour les grandes compagnies," expliqua Giraud. "Ils ont des critères précis, des mesures à respecter. Un cheval pour eux, c'est comme une machine : il doit correspondre à des spécifications techniques."

Auguste nota dans son carnet comment ces nouveaux acheteurs procédaient. Ils mesuraient systématiquement chaque cheval - hauteur au garrot, tour de poitrine, longueur des canons - consignant tout dans des formulaires standardisés. Les qualités plus subtiles, comme le caractère de l'animal ou sa capacité à bien travailler avec l'homme, semblaient les intéresser beaucoup moins.

À Niort, il découvrit comment certains éleveurs s'adaptaient à ces nouvelles exigences tout en préservant leurs traditions. Les frères Martineau avaient développé un système ingénieux : ils présentaient leurs chevaux avec toute la documentation technique exigée par les acheteurs modernes, mais continuaient à les élever selon les méthodes traditionnelles.

"Le truc," lui confia l'aîné des Martineau, "c'est de leur donner les papiers qu'ils veulent voir, tout en gardant notre façon de faire. Nos chevaux ont les bonnes mesures, mais ils ont aussi ce qu'aucun formulaire ne peut mesurer : le cœur à l'ouvrage."

Cette adaptation intelligente impressionna Auguste. Dans son carnet, il nota : "Les plus avisés ne résistent pas frontalement au changement - ils apprennent à parler le nouveau langage tout en préservant l'essentiel de leur savoir."

En Charentes, il assista à un phénomène inquiétant. Les grandes compagnies commençaient à organiser leurs propres ventes privées, court-circuitant les foires traditionnelles. Dans ces événements sélectifs, seuls les acheteurs et vendeurs agréés étaient admis.

"C'est la mort des petits éleveurs," lui expliqua un vétérinaire local. "Comment voulez-vous qu'ils survivent s'ils n'ont même plus accès au marché ? Les grands acheteurs ne viennent plus aux foires publiques, ils préfèrent ces ventes privées où tout est standardisé, aseptisé."

Le long de la Loire, Auguste découvrit une autre dimension du changement. Les haras traditionnels se trouvaient confrontés à une nouvelle concurrence : les sociétés hippiques urbaines, qui développaient l'équitation comme un loisir pour la bourgeoisie montante.

À Tours, le directeur d'une de ces sociétés lui fit visiter ses installations modernes : "Voyez-vous, monsieur Bourcier, l'avenir n'est plus dans le cheval de travail. La machine le remplacera bientôt partout. Non, l'avenir est dans le loisir, le sport, la compétition."

Les écuries rutilantes, avec leurs boxes individuels et leurs équipements dernier cri, contrastaient fortement avec les installations traditionnelles qu'Auguste avait l'habitude de visiter. Mais ce qui le frappa le plus fut le changement dans la relation entre l'homme et l'animal.

"Ici, chaque cheval a sa fiche d'entretien," poursuivait le directeur. "Les palefreniers suivent des procédures précises, minutées. Plus rien n'est laissé au hasard ou à l'intuition."

Auguste nota dans son carnet : "Même le rapport à l'animal se transforme. D'être vivant avec lequel on travaille, il devient un objet de luxe, un symbole de statut social."

À Saumur, le contraste était encore plus saisissant. L'École de Cavalerie, fierté de l'armée française, maintenait ses traditions séculaires tout en s'adaptant aux nouvelles exigences. Un ancien instructeur, reconnaissant l'uniforme d'Auguste, l'invita à observer les entraînements.

"Nous devons faire un grand écart permanent," expliqua-t-il. "D'un côté, préserver l'art équestre traditionnel, ce savoir accumulé depuis des générations. De l'autre, répondre aux nouvelles normes, aux nouveaux besoins de l'armée moderne."

Dans les écuries de l'École, Auguste retrouva cette odeur familière de cuir et de paille qui lui rappelait son enfance au Chêne Creux. Mais même ici, le changement s'infiltrait. Les nouvelles recrues arrivaient avec des manuels imprimés, des théories apprises dans les livres plutôt que par l'expérience.

"Le problème," confia l'instructeur, "c'est que beaucoup de nos jeunes élèves n'ont jamais touché un cheval avant d'arriver ici. Ils connaissent la théorie, mais leurs mains sont ignorantes."

À Angers, Auguste rencontra un phénomène nouveau : les premiers syndicats d'éleveurs commençaient à s'organiser. Dans une auberge proche des haras, il assista à une réunion discrète où les hommes parlaient de prix minimums, de conditions de vente, de résistance aux pressions des grandes compagnies.

Dans le Berry, lors de sa dernière grande tournée d'inspection, Auguste fut témoin d'un moment qui résumait toutes les transformations qu'il avait observées pendant ces deux années. La foire de Lignières, autrefois l'une des plus importantes de France, se tenait pour la dernière fois sous sa forme traditionnelle.

"L'an prochain," annonça le maire lors de l'ouverture, "la foire sera reprise par la Société Générale d'Élevage. Tout sera modernisé."

Dans la foule, Auguste observa les réactions. Les anciens secouaient la tête, les plus jeunes semblaient partagés entre inquiétude et espoir. Un vieux maquignon, les yeux humides, regardait les chevaux alignés dans ce qui serait leur dernier grand rassemblement traditionnel.

Pourtant, au milieu de cette mélancolie, Auguste nota aussi des signes d'adaptation. Les jeunes éleveurs, tout en respectant les traditions, commençaient à intégrer les nouvelles méthodes. Ils gardaient le meilleur des deux mondes : l'expérience transmise par leurs aînés et les innovations qui leur permettaient de survivre dans ce nouveau marché.

Dans son carnet, Auguste écrivit ses dernières observations :

"Ces deux années m'ont montré une France en pleine mutation. Le monde que j'ai connu enfant au Chêne Creux disparaît peu à peu. Mais ce qui me frappe le plus, c'est la capacité des hommes à s'adapter sans se renier. Comme ces chevaux qui apprennent de nouveaux usages tout en gardant leur nature profonde.

L'avenir n'appartient peut-être ni aux traditionalistes qui refusent tout changement, ni aux modernistes qui veulent tout détruire, mais à ceux qui sauront préserver l'essentiel tout en embrassant le nouveau."

Ce fut sa dernière note avant que les événements ne prennent une tournure inattendue. Le lendemain, il reçut deux lettres qui allaient marquer la fin de sa mission : l'une de Claire à Paris, l'autre de Marie-Louise à Dinan, porteuse de nouvelles de Pierre.

La lettre de Claire arriva en premier :

"Mon cher Auguste, L'hôpital Saint-Vincent est devenu ma nouvelle maison. Les médecins m'ont confié la responsabilité de la petite bibliothèque que nous avons créée pour les malades. Certains viennent y chercher l'oubli de leurs souffrances, d'autres l'espoir d'un avenir meilleur. Je pense souvent à nos conversations dans le jardin de la caserne, à cette idée que le savoir peut être une forme de liberté.

Mon père a fini par accepter ma décision de ne pas épouser le capitaine Valentin. Je crois qu'il commence à comprendre qu'une femme peut choisir sa propre voie. Peut-être vos leçons ont elles porté leurs fruits même chez lui, bien qu'il ne l'admettrait jamais.

Mais je vous écris surtout parce que Marie-Louise m'a fait parvenir des nouvelles inquiétantes de Dinan..."

La lettre de Marie-Louise, arrivée le lendemain, était plus directe :

"Mon cher enfant, Pierre s'affaiblit de jour en jour. La tuberculose le ronge, mais son esprit reste vif. Même alité, il continue à coordonner les groupes de lecture. Les graines que vous avez semées ensemble ont germé plus profondément que vous ne l'imaginez.

Le capitaine Rénier le protège autant qu'il peut, lui assurant une place à l'infirmerie plutôt qu'un renvoi dans sa famille. 'Un soldat malade reste un soldat', dit-il pour faire taire les critiques. Le sergent Marceau enrage toujours, mais ne peut rien prouver.

Pierre parle souvent de vous. Il dit que votre mission actuelle est peut-être la plus importante : observer et comprendre les changements qui traversent notre pays. 'Auguste voit ce que nous vivrons demain', répète-t-il.

Mais soyez prudent. Le capitaine Rénier m'a confié que des rapports circulent à votre sujet. On s'intéresse de près à vos déplacements, à vos conversations avec les éleveurs..."

Un incident à la foire de Nogent-le-Rotrou marqua un tournant dans la mission d'Auguste. Ce jour-là, un conflit éclata entre un groupe d'éleveurs locaux et les représentants d'une grande compagnie d'élevage parisienne. Au cœur du différend : le prix dérisoire proposé pour des percherons de qualité.

"Ils s'entendent entre eux pour faire baisser les prix," expliqua un éleveur à Auguste. "Depuis qu'ils ont racheté les grands haras de la région, ils fixent les tarifs comme bon leur semble."

La tension montait. Les éleveurs, acculés par les dettes et la concurrence déloyale, menaçaient d'en venir aux mains. Auguste, fort de son expérience militaire et de sa connaissance du milieu, s'interposa.

"Messieurs," dit-il d'une voix forte qui rappelait ses années d'instruction, "la violence ne servira qu'à vous discréditer. Ces hommes n'attendent que ça pour vous faire arrêter et saisir vos biens."

Il proposa une réunion le soir même à l'auberge du Lion d'Or. Une vingtaine d'éleveurs s'y pressèrent, méfiants d'abord, puis de plus en plus intéressés par les idées qu'Auguste développait.

"Dans chaque région que j'ai visitée," leur expliqua-t-il, "je vois le même schéma. Les banques et les grandes compagnies s'enrichissent pendant que les petits éleveurs s'appauvrissent. Mais j'ai aussi vu des hommes qui s'organisent, qui apprennent à se défendre."

Il leur parla des associations d'éleveurs de Lamballe, des coopératives naissantes dans les Ardennes, des caisses de solidarité créées dans le Midi. Son carnet, rempli d'exemples et de contacts, devint un outil précieux.

"L'union fait la force," dit un vieil éleveur. "Nos pères le disaient déjà. Mais comment s'unir quand on peut à peine lire un contrat ?"

Cette remarque fit sourire Auguste intérieurement, lui rappelant les leçons clandestines du Cercle du Progrès. "Je peux vous aider avec ça aussi," proposa-t-il.

Ainsi, parallèlement à sa mission officielle, Auguste commença à organiser des séances de lecture et d'écriture dans les auberges où il logeait. Les éleveurs venaient d'abord par curiosité, puis restaient, fascinés par la possibilité de comprendre enfin les documents qui régissaient leur vie.

À Alençon, il retrouva un autre aspect de cette transformation sociale. Une grève avait éclaté dans une manufacture de tissage, et les ouvriers cherchaient à rallier les paysans des environs à leur cause.

"Les temps changent," lui dit un ancien ouvrier agricole reconverti dans l'industrie. "À l'usine, on apprend vite que seule la solidarité peut nous sauver. Mais nos frères des campagnes ont du mal à comprendre ça."

Auguste nota dans son carnet : "La France se divise de plus en plus entre deux mondes : celui de l'industrie, où les ouvriers commencent à s'organiser, et celui de la terre, où règnent encore l'isolement et la méfiance. Mais partout, je retrouve la même soif de comprendre, d'apprendre, de se libérer."

La réputation d'Auguste commença à le précéder. Dans chaque foire, on parlait de cet acheteur de l'armée pas comme les autres, qui s'intéressait autant aux hommes qu'aux chevaux. Son uniforme, qui aurait dû inspirer la méfiance, devenait paradoxalement un laissez-passer vers les confidences.

C'est à Montpellier, lors d'une foire régionale, qu'Auguste fit une rencontre qui allait marquer profondément sa compréhension des changements sociaux. Paul Brousse, alors figure montante du socialisme français, après une conférence, était venu observer l'organisation des petits éleveurs locaux qui tentaient de résister aux grandes compagnies d'élevage.

Brousse s'intéressait particulièrement à la façon dont les transformations économiques affectaient le monde rural. Voyant Auguste en uniforme noter méticuleusement ses observations dans son carnet, il s'approcha de lui, peux être avait-il entendu parler de lui car il reconnut un éleveur avec qui il avait discuté précédemment et qui le désignait du doigt.

"Ces petits éleveurs s'organisent de façon remarquable," dit-il en guise d'introduction. "Ils redécouvrent par eux-mêmes les principes de l'association ouvrière."

Auguste, qui connaissait le nom de Brousse par ses lectures, fut surpris de le trouver si accessible. "Ils n'ont pas le choix," répondit-il prudemment, conscient de son uniforme. "Les grandes compagnies les écrasent un à un."

"Exactement comme dans l'industrie," acquiesça Brousse. "Mais ici, nous voyons quelque chose d'intéressant : ils ne rejettent pas la modernisation en bloc. Ils cherchent à l'adapter à leurs besoins, à leurs traditions."

Cette observation rejoignait les propres notes d'Auguste. Pendant près d'une heure, tout en parcourant la foire, ils discutèrent des transformations qui traversaient la France.

"Voyez-vous," poursuivit Brousse en désignant un groupe d'éleveurs qui négociaient collectivement avec un acheteur, "ce qui se passe ici est un exemple parfait de ce que nous appelons le possibilisme. Ces hommes ne se révoltent pas ouvertement contre le système, ils le transforment de l'intérieur."

Auguste, intrigué, nota mentalement ce terme de "possibilisme" qui semblait décrire exactement ce qu'il observait depuis des mois.

"En tant qu'acheteur pour l'armée," dit-il, "je vois ces transformations dans chaque région. Les petits éleveurs qui s'organisent en coopératives, qui créent leurs propres systèmes de crédit..."

"Précisément !" s'anima Brousse. "Et c'est là que nous divergeons des marxistes orthodoxes. Nous ne croyons pas qu'il faille attendre le grand soir de la révolution. Le changement peut - doit - se construire pas à pas, réforme par réforme."

Un éleveur s'approcha d'eux, reconnaissant visiblement Brousse. "Monsieur, nous avons mis en place ce système d'entraide dont vous nous aviez parlé l'an dernier. Quand la banque refuse un prêt à l'un d'entre nous, nous nous cotisons..."

"Une caisse de solidarité," expliqua Brousse à Auguste. "Comme celles qui existent déjà dans certains quartiers ouvriers de Paris. Les solutions existent, il suffit de les adapter."

Auguste pensa aux leçons du Cercle du Progrès à Dinan. N'était-ce pas aussi une forme de transformation par l'intérieur ?

"Mais l'État..." commença-t-il.

"L'État peut être un outil autant qu'un obstacle," coupa Brousse. "Regardez ce qui se passe en Allemagne avec les premières lois sociales. Bien sûr, Bismarck ne les a pas accordées par bonté d'âme, mais parce que la pression sociale l'y a contraint. C'est ce que j'appelle la conquête des services publics."

Un officier passa non loin d'eux et Auguste se raidit instinctivement. Brousse remarqua sa réaction.

"Ne vous inquiétez pas," dit-il avec un sourire. "Je sais que votre position est délicate. Mais vous êtes bien placé pour observer ce qui se passe réellement dans le pays. Ces transformations que vous notez dans votre carnet, c'est l'histoire en marche."

La conversation se poursuivit alors qu'ils observaient les transactions de la foire. Brousse s'intéressait particulièrement aux détails pratiques qu'Auguste avait notés dans son carnet.

"Ces registres d'élevage que vous mentionnez," dit-il en feuilletant les notes d'Auguste, "ils sont plus qu'un simple outil administratif. C'est une façon pour les éleveurs de reprendre le contrôle de leur savoir, de le formaliser avant qu'il ne soit confisqué par les 'experts' des grandes compagnies."

Auguste repensa aux nombreux éleveurs qu'il avait vus apprendre à tenir leurs propres livres. "Certains m'ont dit que c'était la première fois qu'ils écrivaient autre chose que leur nom."

"Exactement !" s'exclama Brousse. "L'émancipation commence par là. Quand un homme peut lire son contrat, tenir ses comptes, comprendre les documents administratifs, il n'est plus à la merci des autres."

Un groupe d'éleveurs s'était formé discrètement autour d'eux, écoutant la discussion tout en feignant de s'intéresser aux chevaux.

"Le problème," intervint l'un d'eux, "c'est que les banques ne nous font pas confiance. Même avec des registres bien tenus, même avec des garanties..."

"C'est pourquoi nous devons créer nos propres institutions," répondit Brousse. "Dans certaines régions, des caisses mutuelles commencent à se former. Les ouvriers l'ont fait dans les villes, pourquoi pas les éleveurs ?"

Auguste nota l'intérêt soudain des hommes autour d'eux. Il avait vu cette même lueur dans les yeux des soldats du Cercle du Progrès quand ils découvraient qu'ils pouvaient agir sur leur destin.

"Mais attention," poursuivit Brousse en baissant la voix, "il ne s'agit pas de créer des structures parallèles isolées. L'objectif est de transformer les institutions existantes, de les démocratiser. C'est ce que nous appelons la conquête des services publics."

Il sortit de sa poche un petit opuscule qu'il tendit discrètement à Auguste. "Lisez ceci quand vous aurez un moment. C'est notre programme pour les municipalités. Nous y expliquons comment les communautés locales peuvent reprendre le contrôle de leurs services essentiels."

Alors que la conversation avec Brousse touchait à sa fin, un mouvement dans la foule attira l'attention d'Auguste. Un homme en costume sombre, au maintien caractéristique des policiers en civil, semblait les observer avec insistance.

Brousse le remarqua aussi. "Ah," dit-il avec un sourire désabusé, "je vois que nous avons de la compagnie. La Sûreté ne me quitte jamais vraiment des yeux."

"Vous le connaissez ?" demanda Auguste à voix basse.

"Dufresne. Un des meilleurs limiers de la Sûreté. Il me suit depuis des années." Brousse rangea tranquillement ses papiers. "Il a une haine particulière pour ce qu'il appelle le 'socialisme rampant'. Selon lui, nous sommes plus dangereux que les révolutionnaires déclarés, parce que nous transformons la société de l'intérieur."

Auguste vit Dufresne s'approcher lentement de leur groupe, fendant la foule avec une assurance tranquille.

"Je dois partir," dit rapidement Brousse. "Mais réfléchissez à ce que nous avons discuté. Ces éleveurs qui s'organisent, ces nouvelles formes de solidarité... c'est le véritable changement social en marche." Il ajouta plus bas : "Et faites attention à Dufresne. Il est aussi patient que dangereux."

À peine Brousse s'était-il éloigné que Dufresne arriva à la hauteur d'Auguste. Son visage affichait une expression de courtoisie forcée qui ne masquait pas totalement son hostilité.

"Monsieur Bourcier," dit-il d'une voix doucereuse. "Je vois que vous faites des rencontres... intéressantes dans le cadre de votre mission."

Auguste maintint un visage neutre. "Ma mission m'amène à rencontrer toutes sortes de personnes concernées par l'élevage équin."

"Bien sûr, bien sûr..." Dufresne sortit un petit carnet. "Paul Brousse s'intéresse beaucoup aux chevaux, ces derniers temps. Presque autant qu'il s'intéressait aux organisations ouvrières à Paris." Il fit une pause calculée. "Vous savez, pour un officier en mission, certaines fréquentations peuvent être... mal interprétées."

"Vous semblez bien informé sur mes mouvements, monsieur Dufresne," répondit Auguste, continuant d'examiner les chevaux comme si la conversation n'avait rien d'extraordinaire.

"C'est mon métier, monsieur Bourcier. Comme c'est le vôtre d'acheter des chevaux pour l'armée. Un métier qui, je suppose, ne nécessite pas de longues conversations avec des agitateurs socialistes ?"

Dufresne ouvrit son carnet, en tourna ostensiblement quelques pages. "Voyons... Dinan, le Cercle du Progrès. Une belle initiative éducative, selon certains. Une entreprise de subversion, selon d'autres. Puis ces deux années sur les routes... Tant de rapports intéressants sur l'organisation des éleveurs, les nouvelles formes de résistance aux grands propriétaires..."

Auguste continua son inspection du cheval devant lui, prenant son temps pour en examiner les jambes. "Je fais des rapports détaillés pour l'armée. Elle doit connaître l'état réel du marché des chevaux."

"Bien sûr, bien sûr..." Dufresne referma son carnet. "Mais certains de vos supérieurs s'interrogent sur la... nature de vos observations. Tenez, le colonel Darmont par exemple..."

La mention du père de Claire fit légèrement tressaillir Auguste, ce que Dufresne ne manqua pas de remarquer.

"Ah, je vois que ce nom vous est familier. Le colonel s'intéresse beaucoup à votre carrière, vous savez. Surtout depuis que sa fille a choisi une voie si... inhabituelle à Paris."

Il y eut un silence. Les bruits de la foire semblaient soudain lointains. Auguste se redressa lentement, faisant face à Dufresne.

"Que voulez-vous exactement, monsieur Dufresne ?"

"Moi ? Je ne veux que servir mon pays. Comme vous, j'en suis sûr."

Son sourire n'atteignait pas ses yeux. "Je serai dans les parages, monsieur Bourcier. La France traverse une période délicate. Nous devons tous être vigilants, n'est-ce pas ? Particulièrement envers ceux qui, sous couvert de réformes progressives, cherchent à saper nos institutions."

"Tenez," poursuivit Dufresne en sortant une coupure de journal de sa veste, "cet article sur les nouvelles méthodes d'élevage industriel est particulièrement intéressant. Signé d'un certain Jean Mercier... Un style qui me rappelle étrangement vos rapports."

Auguste reconnut un des articles qu'il avait écrit sous pseudonyme pour un journal agricole local, décrivant les transformations qu'il observait. Il garda un visage impassible.

"La presse s'intéresse naturellement aux évolutions du monde rural," répondit-il prudemment.

"Naturellement. Comme elle s'intéresse aux réunions 'techniques' qui se tiennent dans les auberges après les foires. Des réunions où l'on parle autant de solidarité ouvrière que de chevaux, selon mes informateurs." Dufresne fit une pause calculée. "Le capitaine Rénier vous a bien formé, je dois le reconnaître. Cette façon subtile d'utiliser votre position officielle..." La mention de Rénier surprit Auguste. Jusqu'où allaient les informations de Dufresne ?

"Vous savez," continua l'agent de la Sûreté, "il y a actuellement plusieurs postes à pourvoir en Algérie. Des postes difficiles, dans des régions... instables. Le genre d'endroit où l'on envoie les éléments problématiques. Mais je suis sûr qu'un homme intelligent comme vous saura éviter ce genre de désagrément."

Un groupe d'éleveurs s'était approché d'eux, feignant de discuter prix mais écoutant clairement la conversation. Dufresne les remarqua et sourit.

"Vos amis semblent inquiets," dit-il doucement. "Rassurez-les. La Sûreté ne s'intéresse qu'aux agitateurs, pas aux honnêtes travailleurs. Tant qu'ils restent à leur place, bien sûr."

Il sortit une carte de visite qu'il tendit à Auguste.

"Mon bureau à Paris reçoit tous les rapports concernant les mouvements sociaux dans les campagnes. Si vous observez des choses... intéressantes dans vos voyages, n'hésitez pas à me les signaler. Cela pourrait être... bénéfique pour votre carrière."

Auguste regarda la carte de visite un long moment avant de répondre. Ses années à la caserne lui avaient appris à mesurer ses mots, à peser chaque réponse.

"Monsieur Dufresne," dit-il finalement, "je suis officier de l'armée française. Ma mission est claire : évaluer et acheter des chevaux pour la cavalerie. Mes rapports vont à ma hiérarchie militaire, comme le veut le règlement."

Il rendit la carte à Dufresne d'un geste poli mais ferme.

"Quant à mes observations sur l'état des campagnes, elles sont nécessaires à ma mission. L'armée a besoin de savoir si ses fournisseurs traditionnels pourront continuer à lui fournir des chevaux de qualité. C'est une question de sécurité nationale, n'est-ce pas ?"

Dufresne émit un petit rire sec. "Très habile, Bourcier. Vous retournez l'argument du patriotisme. Le capitaine Rénier vous a vraiment bien formé."

Il rangea sa carte, mais son visage s'était durci.

"Soit. Continuez votre... mission. Mais n'oubliez pas que la Sûreté a les yeux partout. Tenez, pas plus tard qu'hier, j'ai reçu un rapport intéressant de l'hôpital Saint-Vincent à Paris. Il semble que certaines infirmières organisent des lectures peu conventionnelles pour leurs patients."

La mention à peine voilée de Claire fit bouillir le sang d'Auguste, mais il maintint son calme.

"Si vous tentez de me menacer, monsieur Dufresne..."

"Vous menacer ? Non, non, je partage simplement des informations avec un serviteur de l'État. Comme vous l'êtes. Comme vous souhaitez le rester, j'imagine."

Un mouvement dans la foule attira leur attention. Paul Brousse réapparut brièvement à l'autre bout de la foire, discutant avec un groupe d'éleveurs. Dufresne le suivit du regard.

"Ces possibilistes..." murmura-t-il avec dégoût. "Ils sont plus dangereux que les révolutionnaires déclarés. Ils s'infiltrent partout, changent les choses de l'intérieur, corrompent l'ordre établi petit à petit. Comme la mousse sur cette arbre devant nous.»

Le soir même, dans sa chambre d'auberge, Auguste rédigea trois lettres. La première était son rapport officiel pour l'armée, détaillant avec précision les chevaux examinés, leurs prix, la situation du marché. Rien que des faits techniques, inattaquables.

La deuxième était pour Claire :

"Ma chère amie, Je dois vous prévenir que vos activités à l'hôpital Saint-Vincent attirent l'attention. Un certain Dufresne, de la Sûreté, s'y intéresse particulièrement. Je sais que vous ne renoncerez pas à votre œuvre - je ne vous le demande pas - mais la prudence est de mise..."

La troisième était destinée au capitaine Rénier :

"Mon capitaine, La surveillance dont vous m'aviez averti se précise. Dufresne semble particulièrement bien informé sur nos activités à Dinan. Il tente de me recruter comme informateur, sous peine de mutation en Algérie. Je maintiens ma position et ma mission, comme vous me l'avez enseigné : droiture et discrétion..."

Les jours suivants, Auguste modifia subtilement sa façon de travailler. Ses inspections de chevaux devinrent encore plus méticuleuses, ses rapports encore plus techniques. Il continuait à observer les transformations sociales, mais gardait désormais ses réflexions dans un carnet personnel, distinct de ses rapports officiels.

Dans les foires, il remarquait maintenant la présence régulière d'hommes en civil qui l'observaient. Dufresne avait dit vrai : la Sûreté avait des yeux partout. Mais Auguste avait appris quelque chose d'important à Dinan : la résistance la plus efficace n'est pas toujours la plus visible.

Lors d'une transaction avec un groupe d'éleveurs du Perche, l'un d'eux lui glissa discrètement : "Monsieur Brousse nous a parlé de vous. Nous comprenons votre position. Continuez votre travail officiellement, nous nous occupons du reste."

Les semaines suivantes, Auguste s'appliqua à être l'acheteur de chevaux le plus irréprochable que l'armée ait jamais eu. Ses rapports étaient des modèles de précision technique. Il discutait ouvertement des prix, des conformations, des aplombs, toujours en présence de témoins.

C'est dans ce contexte qu'une lettre de Marie-Louise arriva de Dinan :

"Mon cher enfant, Pierre s'affaiblit rapidement. La fièvre ne le quitte plus. Mais son esprit reste vif, et il continue à coordonner nos activités depuis son lit d'infirmerie. Le capitaine Rénier lui rend visite chaque jour, sous prétexte d'inspection sanitaire.

Hier, dans un moment de lucidité, il m'a dit quelque chose qui vous concerne. 'Dites à Auguste que nous avons compris sa leçon. Le changement ne vient pas toujours d'en haut, mais de la base. Chaque homme qui apprend à lire, chaque groupe qui s'organise, c'est une petite victoire.'

Le sergent Marceau continue sa surveillance, mais il ne trouve rien. Nous avons appris à être discrets, comme vous nous l'avez enseigné..."

Le même jour, une note officielle du capitaine Rénier l'informait que sa mission de remonte était prolongée de six mois : "Pour assurer une transition efficace dans les régions du Nord." C'était une façon de le garder loin de Dinan, où la surveillance se resserrait.

Dans le Nord, la mission d'Auguste prit une nouvelle dimension. Les grandes compagnies industrielles commençaient à s'intéresser à l'élevage équin, voyant là une occasion d'expansion. Les petits éleveurs se trouvaient confrontés à une mécanisation croissante et à des méthodes de gestion importées des usines.

Un matin, alors qu'il inspectait les écuries d'une nouvelle exploitation industrielle près de Valenciennes, Auguste reçut deux lettres. La première venait de Claire :

"Mon cher Auguste, Les choses changent à Paris aussi. L'hôpital Saint-Vincent devient un carrefour d'idées et d'entraide, bien au-delà de ce que nous avions imaginé. Les ouvriers malades qui passent ici repartent avec plus que la santé retrouvée - ils emportent des idées, des contacts, des façons de s'organiser.

Mais je dois vous avertir : Dufresne est venu plusieurs fois, sous prétexte d'enquêtes sanitaires. Il pose des questions sur nos lectures, nos discussions. Je sais qu'il cherche à faire un lien avec vos activités..."

La seconde lettre, de Marie-Louise, était plus sombre :

"Mon enfant, Pierre ne passera pas l'hiver, les médecins sont formels. Il le sait, mais continue son travail avec une énergie qui nous stupéfie tous. 'Le temps presse,' dit-il souvent, 'mais les idées, elles, ne meurent pas.'

Le capitaine Rénier fait ce qu'il peut pour le protéger, mais la surveillance se resserre. Le sergent Marceau semble avoir reçu de nouvelles instructions. Il fouille systématiquement les casernements, interroge les hommes..."

Ces nouvelles confirmaient ce qu'Auguste pressentait : la Sûreté tissait sa toile, cherchant à établir des liens entre les différents foyers de résistance qu'elle avait identifiés. Son apparente docilité ne les avait pas trompés.

Pourtant, paradoxalement, cette surveillance accrue rendait son travail plus efficace. Forcé à la plus grande discrétion, il avait appris à utiliser sa position officielle comme une couverture parfaite. Ses inspections minutieuses de chevaux, ses discussions techniques interminables avec les éleveurs, tout cela créait une apparence de routine qui endormait la méfiance.

À Lille, lors d'une importante foire régionale, Auguste perfectionna sa méthode. Il passait des heures à examiner chaque cheval, discutant ouvertement des prix et des qualités des bêtes, pendant que les véritables échanges se faisaient à travers un système de signes convenus.

"Celui-ci est trop cher de trois cents francs," disait-il à voix haute, et les éleveurs savaient que la prochaine réunion aurait lieu dans trois jours.

"Le bai brun là-bas a de meilleurs aplombs," signifiait que le lieu de rendez-vous avait changé.

Un jour, alors qu'il examinait un lot de chevaux particulièrement prometteur, il reçut simultanément deux messages qui allaient bouleverser la suite des événements. Le premier venait de Claire :

"Les choses se compliquent à Paris. Dufresne a placé des informateurs parmi nos malades. Hier, l'un d'eux a tenté de voler nos registres de bibliothèque. Par chance, nous ne conservons que des listes de livres anodins. Les véritables documents circulent maintenant de mémoire, comme vous nous l'aviez suggéré..."

Le second message, plus urgent, venait du capitaine Rénier :

"Bourcier, La situation se dégrade à Dinan. Pierre est au plus mal, mais ce n'est pas le pire. La Sûreté a envoyé des agents spéciaux pour enquêter sur le Cercle. Ils remontent toutes les pistes, interrogent les hommes un par un. Marceau triomphe déjà, pensant tenir sa revanche.

Mais nous avons appris à être prudents. Les leçons que vous nous avez données n'ont pas été oubliées. Chaque homme sait quoi dire, comment paraître innocent sans trahir les autres. Les livres compromettants ont disparu, remplacés par des manuels d'équitation et des règlements militaires..."

Les dernières semaines de sa mission prirent pour Auguste une teinte particulière. La mort de Pierre donnait à chacun de ses actes une signification nouvelle. Dans son carnet, il notait désormais non seulement ses observations, mais aussi ses réflexions sur l'héritage qu'ils avaient construit ensemble.

La lettre qu'il écrivit à Claire reflétait cet état d'esprit :

"Claire, La disparition de Pierre me fait mesurer le chemin parcouru depuis nos premières réunions dans le jardin de l'infirmerie. Ce qu'il a accompli, même cloué sur son lit de malade, nous montre que la vraie force n'est pas dans la révolte ouverte, mais dans cette patiente transformation des esprits que vous poursuivez à l'hôpital Saint-Vincent.

Dufresne et ses hommes peuvent bien nous surveiller - ils ne comprennent pas que ce qu'ils cherchent à combattre n'existe plus sous la forme qu'ils imaginent. Comme l'eau qui s'infiltre partout, nos idées ont trouvé leur propre chemin..."

À Reims, lors de sa dernière grande foire, il revit plusieurs des éleveurs qu'il avait conseillés au début de sa mission. Ils avaient changé, comme lui. Plus organisés, plus conscients de leurs droits, ils avaient appris à naviguer dans ce nouveau monde sans perdre leur âme.

"Vous nous manquerez," lui dit l'un d'eux alors qu'ils examinaient un lot de chevaux. "Mais nous avons compris la leçon. Ce n'est pas un homme qui compte, c'est ce qu'il a semé."

Même Dufresne, qui continuait sa surveillance, semblait percevoir ce changement. Lors de leur dernière rencontre, son ton était presque respectueux :

"Vous retournez bientôt à Dinan, Bourcier. Votre dossier est... remarquablement vide d'incidents. Peut-être vous étions-nous fait des idées sur vos intentions."

Les derniers jours de sa mission, Auguste les passa à mettre de l'ordre dans ses affaires et ses pensées. Son dernier rapport officiel pour l'armée était un modèle de précision technique, détaillant l'état des élevages équins en France. Mais entre les lignes de statistiques et de recommandations, il avait subtilement glissé les leçons de ces deux années :

"L'évolution rapide des méthodes d'élevage nécessite une adaptation de nos critères de sélection. Les petits éleveurs, malgré des moyens limités, maintiennent souvent une qualité supérieure grâce à leur connaissance approfondie des lignées et du terrain. Il serait préjudiciable pour l'armée de les voir disparaître au profit exclusif des grandes exploitations industrielles."

Une dernière lettre de Claire lui parvint :

"La nouvelle de la mort de Pierre nous a tous bouleversés ici. Mais son exemple continue d'inspirer notre travail à l'hôpital. Chaque jour, je vois des hommes et des femmes découvrir la lecture, comprendre qu'ils peuvent changer leur vie. C'est peut-être ça, la vraie révolution dont il parlait.

Mon père, étonnamment, semble avoir changé d'attitude. Lors de sa dernière visite, il a regardé notre petite bibliothèque sans faire de commentaire, mais j'ai cru voir dans ses yeux une lueur de compréhension."

Le capitaine Rénier lui écrivit également :

"Votre retour à Dinan sera discret, comme il se doit. Vous trouverez le régiment changé - en apparence seulement. Les graines que vous et Pierre avez semées ont pris racine plus profondément que nos adversaires ne l'imaginent. Même Marceau, dans son acharnement à traquer les 'subversifs', n'a pas compris que ce qu'il cherche n'existe plus sous la forme qu'il connaissait.

J'ai obtenu que votre dernière semaine soit consacrée à la formation de votre remplaçant. Profitez-en pour transmettre ce que vous avez appris - pas seulement sur les chevaux."

Sa dernière semaine, Auguste la passa à former le lieutenant Mercier, un jeune officier prometteur choisi par le capitaine Rénier. Sans jamais dire explicitement ce qu'il avait accompli pendant ces deux ans, il lui transmit l'essentiel :

"La qualité d'un cheval ne se mesure pas seulement à sa conformation," expliquait-il en examinant une dernière fois les bêtes. "Il faut comprendre d'où il vient, qui l'a élevé, dans quelles conditions. Un bon acheteur doit savoir lire autant les hommes que les chevaux."

Mercier, intelligent, comprenait les sous-entendus. "J'ai entendu parler de votre façon de travailler," dit-il un soir. "Comment vous avez su maintenir le lien entre l'armée et les petits éleveurs, malgré la pression des grandes compagnies."

Dufresne fit une dernière apparition, la veille de son départ :

"Je dois reconnaître, Bourcier, que vous nous avez donné tort. Ces deux années n'ont vu aucun trouble, aucune agitation. Peut-être nous étions-nous alarmés pour rien."

Il eut un sourire ambigu. "Ou peut-être avez-vous simplement appris à être plus... subtil que vos amis socialistes."

Rennes, au printemps de mille huit cent quatre-vingt-neuf. La gare, encore récente avec ses structures métalliques et ses grandes verrières, symbolisait cette modernité qui transformait peu à peu la vieille cité parlementaire. La vapeur des locomotives se mêlait aux derniers rayons d'un soleil printanier, créant une atmosphère presque irréelle sous le ciel d'un bleu perçant.

Vers dix-sept heures, le train en provenance de Paris entra en gare dans un concert de sifflements et de jets de vapeur. Parmi les voyageurs qui descendaient des wagons, un homme se distinguait par son allure militaire. Grand et brun, le teint buriné par des années de service sous le soleil, il arborait de fières moustaches dont les pointes étaient savamment relevées, selon la mode des dragons. Son uniforme, soigneusement brossé pour ce dernier voyage officiel, contrastait avec le baluchon de toile usée qu'il portait sur l'épaule, témoin silencieux de ses cinq années de service.

Auguste Bourcier s'arrêta un instant sur le quai, observant les changements survenus pendant son absence. La gare elle-même était un symbole du progrès qu'il avait tant observé pendant ses années de service : les rails d'acier, les horloges synchronisées, l'éclairage au gaz, tout parlait d'une nouvelle ère. Mais au-delà des bâtiments modernes, il apercevait les vieux toits d'ardoise de Rennes, les clochers familiers, ce monde ancien qui persistait malgré tout.

En traversant la place de la gare, il remarqua les nouveaux immeubles qui avaient poussé comme des champignons, leurs façades cossues témoignant de la prospérité croissante de la ville. Des fiacres attendaient les voyageurs, leurs cochers haranguant la foule, mais Auguste préféra continuer à pied. Il voulait prendre le temps de redécouvrir sa Bretagne, de sentir sous ses semelles ce sol qu'il avait quitté cinq ans plus tôt.

S'engageant sur la route de Vitré, il fut frappé par les changements dans le paysage. De nouvelles maisons bordaient ce qui n'était autrefois qu'un chemin de terre. Des poteaux télégraphiques traçaient une ligne régulière vers l'horizon. Dans les champs, il aperçut même une machine à vapeur, monstre de métal qui remplaçait peu à peu les chevaux de trait.

L'air était différent de celui des casernes du Sud où il avait passé tant d'années. Ici, les effluves d'ajoncs en fleurs se mêlaient à l'odeur de la terre humide, cette senteur particulière qui n'appartenait qu'à la Bretagne. Chaque pas le ramenait un peu plus vers son passé, éveillant des souvenirs qu'il croyait endormis.

À mesure qu'il s'éloignait de Rennes, la campagne reprenait ses droits. Les champs s'étendaient de part et d'autre de la route, certains déjà verdissants des premières pousses du printemps. Son œil exercé d'acheteur de chevaux pour l'armée notait les changements dans les pratiques agricoles : ici, une charrue perfectionnée abandonnée près d'une haie ; là, des sillons plus profonds et plus réguliers que ceux de son enfance.

Quelques paysans le saluèrent sur son passage, intrigués par cet homme en uniforme qui marchait d'un pas décidé. La plupart ne le reconnaissaient pas - cinq ans, c'était long et il était parti presque un enfant. Il leur rendait leur salut, retrouvant instinctivement les codes de politesse rurale que l'armée n'avait pas effacés.

Lorsque les clochers de Noyal-sur-Vilaine apparurent au loin, baignés dans la lumière dorée du crépuscule, Auguste ralentit inconsciemment le pas. Dans son baluchon, outre ses effets personnels, il transportait des livres - ceux que le capitaine Rénier lui avait permis de garder et d'autres acquis pendant son service. Il se demanda comment son père réagirait en les voyant. Les premiers qu'il avait rapportés, avant son départ pour l'armée, avaient fini dans le feu ou caché par Marie.

Il passa devant l'école, fermée à cette heure. Le bâtiment était neuf, construit pendant son absence. Les lois Ferry sur l'instruction obligatoire commençaient à transformer même les campagnes les plus reculées. Auguste sourit en pensant aux leçons clandestines du Cercle du Progrès à Dinan. Peut-être que son père comprendrait maintenant l'importance de l'éducation.

Au détour du chemin qui menait à la ferme, il s'arrêta un instant. Un mouvement avait attiré son attention : au bout du sentier de terre, un jeune homme guidait deux juments robustes attelées à une charrue. C'était Ange, son jeune frère, qui n'était qu'un enfant à son départ.

" Hé, petit frère !" lança Auguste, sa voix portant plus loin qu'il ne l'aurait voulu, trahissant une émotion qu'il essayait de contenir.

Ange releva la tête brusquement, ses traits déjà marqués par le travail de la terre se détendirent dans une expression de surprise. Pendant un instant, il resta figé, comme si le temps lui-même s'était arrêté. Puis, lâchant les rênes de ses juments avec une précipitation peu habituelle, il s'avança vers son frère.

Le jeune homme qu'Auguste découvrait n'avait plus rien de l'enfant de neuf ans qu'il avait quitté. Ange avait grandi, ses épaules s'étaient élargies sous le poids du travail quotidien, son visage avait pris cette patine particulière que donne le soleil aux hommes de la terre. Ses mains, quand il les tendit vers son frère, étaient calleuses et fortes, marquées par les années passées à tenir les mancherons de la charrue.

"Auguste ? C'est toi ?" La voix d'Ange tremblait légèrement, hésitant entre la reconnaissance et l'étonnement. Ces cinq années avaient creusé entre eux un fossé d'expériences non partagées, de moments manqués, de confidences impossibles.

"Oui, moi-même. Eh bien, tu es devenu un vrai homme, à ce que je vois !" répondit Auguste, tentant de masquer son émotion derrière un sourire.

Ils se serrèrent la main d'abord, comme le veulent les usages entre hommes, une poignée ferme qui disait tout ce que les mots ne pouvaient exprimer. Mais l'instant d'après, dans un élan qui surprit Auguste, les bras d'Ange l'entourèrent dans une étreinte maladroite mais sincère. Ce geste spontané, si peu habituel dans leur famille où les démonstrations d'affection étaient rares, parlait des années perdues, du manque, de ce lien fraternel qui avait survécu malgré la distance.

Les juments, habituées à plus de rigueur dans leur travail, s'agitèrent légèrement, leurs sabots raclant la terre meuble du champ. Ce bruit familier ramena les deux hommes à la réalité.

"Allez, viens !" dit Ange, reprenant les rênes de ses juments avec des gestes précis qui révélaient des années de pratique. "Père sera fou de joie de te voir rentrer."

Auguste nota la légère hésitation dans la voix de son frère à l'évocation de leur père. Les derniers mois avant son départ pour l'armée avaient été tendus, marqués par des confrontations sur l'avenir de la ferme et ses lectures "dangereuses". Cinq ans avaient-ils suffi à apaiser ces tensions ?

Alors qu'ils remontaient le chemin vers la ferme, Auguste observait son frère diriger l'attelage. Les gestes d'Ange étaient sûrs, efficaces, témoignant d'une maîtrise acquise pendant son absence. C'était lui qui avait dû prendre la relève, assumant les responsabilités que l'aîné avait laissées en partant.

"Tu mènes bien les bêtes," remarqua Auguste. "Ces juments... ce sont les filles de Margot ?"

"Oui, Duchesse et Fauvette. Nées la même année où tu es parti. Père dit qu'elles sont aussi têtues que toi," ajouta Ange avec un petit rire. Puis, plus sérieusement : "On a beaucoup changé ici, tu sais. Père a acheté une nouvelle charrue l'an dernier. Et on parle même d'une batteuse mécanique pour la prochaine moisson."

Cette information surprit Auguste. Leur père avait toujours été méfiant envers les machines. "Père ? Accepter une batteuse ?"

"Les temps changent," répondit Ange en haussant les épaules. "Même lui doit s'y faire. Les Duhoux en ont une depuis deux ans et leurs rendements ont tellement augmenté que..."

Il s'interrompit, comme s'il venait de se rappeler quelque chose. "Tu sais, père parle souvent de toi. Surtout depuis que tu sélectionnes les chevaux pour l'armée. Ça l'a rendu fier, même s'il ne l'avouera jamais."

Auguste sentit sa gorge se serrer. Ces petits détails, ces changements progressifs qu'Ange lui décrivait, redessinaient un tableau familial qu'il avait figé dans sa mémoire. Le Chêne Creux n'était peut-être plus exactement la ferme qu'il avait quittée.

Le Chêne Creux apparut au détour du chemin, massif et familier dans la lumière déclinante. La ferme semblait ancrée dans le sol comme un vieil arbre, ses murs de granit gris portant la patine de générations de Bourcier. Le vieux chêne qui avait donné son nom au domaine se dressait toujours près de l'entrée, ses branches plus imposantes encore que dans les souvenirs d'Auguste.

L'odeur fut la première à le frapper; ce mélange si particulier de fumée de bois, de terre humide et de foin qui n'appartenait qu'au Chêne Creux. Les bruits aussi étaient restés les mêmes : le grincement de la pompe dans la cour, le roucoulement des pigeons sous le toit de l'étable, le meuglement lointain des vaches qu'on allait bientôt traire.

Mais il y avait des changements aussi. Un nouveau hangar, plus moderne, s'élevait près de la grange. Les tuiles du toit principal avaient été remplacées, leur couleur plus vive tranchant sur les anciennes. Et là, près de l'entrée, une installation pour le battage mécanique confirmait les paroles d'Ange sur la modernisation progressive de la ferme.

Sa mère apparut la première dans l'embrasure de la porte, s'immobilisant un instant comme si elle voyait un fantôme. Son visage s'était creusé de nouvelles rides, ses cheveux grisonnaient aux tempes sous sa coiffe traditionnelle. Elle essuya machinalement ses mains sur son tablier avant de s'avancer vers lui.

"Maudit garnement !" souffla-t-elle, riant et pleurant à la fois. " Cinq ans, Auguste... Cinq ans sans nouvelles !"

Ce n'était pas tout à fait vrai - il avait écrit, de temps en temps, des lettres courtes et factuelles que sa sœur Marie lui lisait. Mais il comprenait ce que sa mère voulait dire. Cinq ans sans voir son visage, sans pouvoir le serrer dans ses bras, sans entendre sa voix.

Leur étreinte fut brève mais intense, chargée de tous ces moments manqués. Auguste sentit l'odeur familière de pain frais et de lessive qui accompagnait toujours sa mère et pendant un instant, il redevint le petit garçon qui se réfugiait dans ses jupes après une réprimande de son père.

C'est alors qu'une ombre se dessina dans l'encadrement de la porte...

Lorsqu'il entra dans la pièce principale, l'odeur familière du feu de bois mêlée à celle de la terre battue le saisit. Là, près de la cheminée, se tenait son père. François Bourcier n'avait pas beaucoup changé, ou peut-être était-ce la mémoire d'Auguste qui avait préservé intacte cette image d'autorité. Plus vouté peut-être, les cheveux plus gris, mais son regard perçant gardait la même intensité qu'autrefois.

"Mon "gibier de potence, te voilà enfin" lança son père. Auguste se figea un instant. Ce surnom... Il le connaissait trop bien. Son père lui donnait toujours des sobriquets et "gibier de potence" revenait quand la colère grondait. C'était une forme de réprimande, teintée d'une amertume qui semblait s'être installée définitivement entre eux.

"Décidément, il n'a pas changé," pensa Auguste, en fronçant les sourcils. Ce retour à la ferme, il le savait, ne serait pas une simple réunion de famille. Derrière chaque mot, chaque geste, se cachait une lutte pour l'autorité, une vieille bataille pour le contrôle de leur destin familial.
Pourtant le ton n'était pas hostile, plutôt empreint d'une ironie affectueuse qui surprit Auguste.

La pièce n'avait pas changé. Le même crucifix en étain sur le mur, le fusil de chasse toujours accroché près de la cheminée, le sol de terre battue soigneusement balayé. Le lit clos des parents, avec ses portes coulissantes sculptées, occupait toujours le même angle. Seule la grande horloge semblait nouvelle, son balancier marquant le temps avec une précision mécanique qui contrastait avec l'atmosphère traditionnelle.

"Tu as bonne mine," poursuivit François, examinant son fils de la tête aux pieds. "L'armée t'a étoffé."

"Le service m'a appris beaucoup de choses, père," répondit Auguste, choisissant soigneusement ses mots. "J'ai vu du pays, j'ai appris à connaître les chevaux autrement..."

"Oui, j'ai entendu parler de ça. Acheteur pour la remonte... Tu as toujours eu l'œil pour les bêtes."

Il y avait une note de fierté dans sa voix que son père essayait de dissimuler. Auguste sentit quelque chose se détendre en lui. Ces sept années n'avaient peut-être pas creusé un fossé infranchissable entre eux.

François s'installa dans son fauteuil près de l'âtre, ce siège qui avait toujours semblé à Auguste être le trône depuis lequel son père gouvernait leur petit royaume. D'un geste, il invita son fils à s'asseoir.

"Ta mère a gardé de la soupe au chaud," dit-il tandis que Julienne s'affairait déjà près du fourneau. "Tu dois avoir faim après la route."

"Le train de Paris est long," acquiesça Auguste, "mais j'ai voulu faire le reste à pied. Pour revoir le pays."

"Et qu'est-ce que tu en dis, du pays ?" Le ton était neutre, mais Auguste percevait la question sous-jacente : qu'avait-il vu de différent, lui qui revenait avec son expérience du monde ?

"Ça change," répondit-il prudemment. "J'ai vu des machines dans les champs. Et la nouvelle école au village..."

François hocha lentement la tête. "Les temps changent, c'est vrai. Même ici, il faut suivre ou disparaître. Les Moreau ont perdu leur ferme l'an dernier. Ils n'ont pas su s'adapter."

Cette remarque surprit Auguste. Son père, qui autrefois fulminait contre toute innovation, semblait avoir évolué dans sa pensée. Était-ce la perte des Moreau, ces voisins de toujours, qui l'avait fait réfléchir ?

"J'ai vu qu'on a une installation pour le battage," hasarda Auguste.

"Ton frère Ange a insisté," répondit François avec un demi-sourire. "Il a des idées, lui aussi. Moins... bouleversantes que les tiennes à son âge, mais il sait voir ce qui est utile."

La comparaison n'était pas anodine. Auguste se souvint des disputes qui avaient précédé son départ, quand ses lectures et ses idées de changement radical heurtaient de front l'autorité paternelle.

Julienne posa un bol de soupe fumante devant lui, accompagné d'une généreuse tranche de pain frais. L'odeur familière fit remonter en lui une vague de souvenirs.

"Et toi," reprit son père après un moment, "ces chevaux pour l'armée... On dit que tu as du talent pour ça."

"Le talent, c'est surtout l'expérience," répondit Auguste en trempant son pain dans la soupe. "J'ai parcouru toute la France, vu différentes races, différentes méthodes d'élevage. Ça ouvre l'esprit."

"Ah, l'esprit..." François eut un petit rire qui n'était pas tout à fait moqueur. "Tu l'as toujours eu trop ouvert, justement. Mais au moins, cette fois, ça t'a servi à quelque chose de concret."

Julienne, qui s'affairait toujours autour d'eux, intervint doucement : "Il a toujours su voir les bonnes bêtes, François. Souviens-toi quand il n'avait que douze ans, pour la jument du père Lefèvre..."

"Oui, oui," coupa François, mais son ton était presque affectueux. "Il avait vu qu'elle boitait avant même que le vétérinaire ne le dise. Un bon œil, c'est sûr."

Auguste savoura sa soupe en silence, observant les regards échangés entre ses parents. Quelque chose avait changé dans leur dynamique. Sa mère semblait plus assurée, moins effacée qu'autrefois. Les années avaient peut-être adouci l'autorité de son père.

"J'ai vu aussi des choses qui pourraient nous être utiles ici," hasarda Auguste. "Des nouvelles méthodes de sélection, des façons d'améliorer les lignées..."

Son père se raidit imperceptiblement, mais se contenta de hocher la tête. "On en reparlera. Pour l'instant, il y a des choses plus importantes à discuter."

Auguste sentit venir le sujet qu'il redoutait. Il avait entendu parler des Duhoux par ses lettres familiales.

"Les Duhoux viendront dimanche," poursuivit François, confirmant ses craintes. "Leur fille Louise... tu te souviens d'elle ?"

"Vaguement," répondit Auguste, concentré sur son bol. "Elle était toute petite quand je suis parti."

"Elle a bien grandi," intervint sa mère avec un enthousiasme un peu forcé. "Une belle jeune fille maintenant. Et elle sait tenir une maison..."

Une belle jeune fille," répéta François avec insistance, "de bonne famille. Son père et moi, on a beaucoup parlé pendant ton absence."

Auguste reposa sa cuillère lentement. Le goût familier de la soupe de sa mère lui parut soudain moins réconfortant. "Parlé de quoi exactement, père ?"

"Tu as vingt-sept ans maintenant. Il est temps de penser à l'avenir. Les Duhoux ont une belle propriété qui jouxte la nôtre. Louise est leur unique enfant..."

"Et elle aide à l'école du village," ajouta rapidement Julienne, comme pour adoucir la discussion. "Elle donne des leçons aux enfants le jeudi."

Cette information retint l'attention d'Auguste. Une fille qui enseignait... Peut-être n'était-elle pas la campagnarde simple qu'il imaginait. Mais le ton de son père le ramena vite à la réalité.

"Ce serait une belle alliance," poursuivit François. "Les terres réunies, une dot conséquente... Et puis, les Duhoux sont respectés dans la région. Leur nom compte."

"Je viens à peine de rentrer, père," protesta doucement Auguste. "Je n'ai même pas encore défait mon baluchon."

"Justement," intervint sa mère, "tu auras le temps de faire connaissance dimanche. Louise est une jeune fille charmante, tu verras."

Auguste nota qu'elle ne mentionnait pas les qualités pratiques de la future épouse - sa capacité à participer aux travaux de la terre, à gérer une ferme. Seulement son charme... Cela l'inquiéta plus que les arguments terre-à-terre de son père.

"Et si nous ne nous plaisons pas ?" osa-t-il demander.

François fronça les sourcils. "Plaire ? Ce n'est pas de ça qu'il s'agit. C'est de l'avenir du Chêne Creux qu'on parle. De la continuité de ce que nos pères ont bâti."

Le vieux réflexe de rébellion démangea Auguste, mais sept ans d'armée lui avaient appris la patience. "Je comprends, père. Mais laissez-moi au moins le temps de la rencontrer, de voir si nous pouvons nous accorder."

François se redressa dans son fauteuil, un éclair de l'ancien autoritarisme traversant son regard. "S'accorder ? De mon temps, on ne parlait pas d'accord. On faisait ce qui devait être fait."

"Les temps changent, père," répondit doucement Auguste. "Vous l'avez dit vous-même tout à l'heure. Pour les machines, pour les méthodes de culture..."

"Les machines, c'est une chose. Le mariage, c'en est une autre. C'est sacré, ça."

Julienne, sentant la tension monter, intervint de nouveau : "Louise brode magnifiquement. Elle a fait toute la layette pour le dernier enfant des Morel. "

Auguste remarqua que sa mère évitait soigneusement de parler des qualités qui, pour lui, comptaient vraiment : l'intelligence, la capacité à comprendre les enjeux d'une ferme moderne, l'ouverture d'esprit. Son inquiétude grandit.

"Je ne dis pas non," précisa-t-il, choisissant ses mots avec soin. "Je demande juste du temps. Pour la connaître, pour comprendre si nous pourrons travailler ensemble."

"Travailler ensemble ?" François eut un rire bref. "Une femme n'a pas à se mêler du travail des hommes. Elle doit tenir sa maison, élever ses enfants..."

"Comme maman, qui connaît chaque bête par son nom ? Qui sait exactement quand vendre les veaux et quand les garder ? Qui tient les comptes de la ferme ?"

Le compliment inattendu fit rougir Julienne, mais François balaya l'argument d'un geste.

"Ta mère est... différente. Elle a appris avec le temps. Mais Louise Duhoux est une demoiselle bien élevée. Son père lui a donné de l'instruction, pas du travail."

"De l'instruction ?" Auguste se redressa légèrement. "Quel genre d'instruction ?"

"Le catéchisme, bien sûr. La broderie... tout ce qu'une jeune fille doit savoir. Et elle aide à l'école, comme ta mère l'a dit."

"Et pour l'école," demanda Auguste, "qu'enseigne-t-elle exactement ?"

"Oh, des choses de son rang," répondit sa mère avec empressement. "Elle apprend aux petites filles à être bien élevées. La couture, les bonnes manières..."

"Pas la lecture ? Pas le calcul ?" La déception perçait dans la voix d'Auguste.

François frappa la table du plat de la main. "Encore tes idées ! Une femme n'a pas besoin de tout ça pour être une bonne épouse. Ce qu'il faut, c'est qu'elle sache tenir une maison, élever des enfants dans la crainte de Dieu..."

"Et pendant ce temps, les fermes qui ne se modernisent pas disparaissent," répliqua Auguste. "Vous l'avez dit vous-même, père, pour les Moreau. Une ferme moderne a besoin de gens qui comprennent les nouveaux enjeux. Homme et femme."

"Les Duhoux sont des gens respectables," insista François, sa voix montant légèrement. "Leur fille a reçu l'éducation qu'il faut. Elle sera une épouse convenable."

"Convenable..." Auguste laissa le mot flotter dans l'air. "Et si je veux plus que convenable ? Si je cherche une compagne qui pourra comprendre mes projets pour la ferme, qui pourra participer aux décisions ?"

"Des projets ?" Le ton de François devint soudain méfiant. "Quels projets ?"

Auguste se rendit compte qu'il s'était peut-être trop avancé. Ce n'était pas le moment de parler de ses idées de modernisation, de ses plans pour transformer le Chêne Creux.

"Rien de précis encore, père. Je voulais d'abord voir comment les choses se passent ici."

Julienne, sentant le danger, tenta une diversion : "Louise a aussi un très joli jardin. Elle cultive des roses magnifiques..."

"Des roses ?" Auguste ne put masquer une pointe d'ironie dans sa voix. "Et combien de terre arable est sacrifiée pour ces fleurs ?"

"Auguste !" protesta sa mère. "Ce n'est qu'un petit jardin..."

"Un jardin qui pourrait produire des légumes, nourrir une famille," répondit-il plus doucement, conscient d'avoir peut-être été trop direct. "Pendant mes voyages pour l'armée, j'ai vu des fermes où chaque parcelle est utilisée efficacement."

François se redressa dans son fauteuil. "Tu parles comme un comptable, pas comme un paysan. Une ferme n'est pas qu'une question de rendement. C'est aussi un foyer, un lieu où vivre."

"Justement, père. Et comment vivrons-nous si nous ne nous adaptons pas ? Les banques n'acceptent plus les vieilles façons de faire. Elles veulent des comptes précis, des projections..."

"Les banques !" cracha François. "Voilà encore une de tes idées modernes. Nous n'avons jamais eu besoin des banques au Chêne Creux."

"Les temps changent," insista Auguste. "Les machines coûtent cher. Les nouvelles méthodes demandent des investissements. Et une femme qui ne s'intéresse qu'aux roses et aux broderies..."

"Louise est une fille pieuse," coupa Julienne, comme si la piété pouvait résoudre tous les problèmes. "Elle va à la messe tous les jours, elle aide Monsieur le Curé..."

Auguste regarda sa mère avec tendresse. Elle essayait si fort de construire des ponts, de trouver des points positifs. Mais chaque qualité qu'elle énumérait ne faisait que creuser davantage le fossé entre sa vision d'une ferme moderne et ce qu'on lui proposait.

"Dimanche," dit François d'un ton qui n'admettait pas la discussion, "tu verras par toi-même. Les Duhoux sont des gens bien et leur fille fera une épouse parfaite pour le Chêne Creux."

Il sortit sans un mot de plus, laissant Auguste seul avec sa mère, un silence lourd s'installant dans la pièce. Elle, habituée à ces éclats de voix, soupira doucement avant de répondre avec une tendresse simple : "Tes habits de travail sont toujours au même endroit, Auguste. Rien n'a bougé depuis ton départ. Mais j'ai donné une de tes vestes à Ange, tu sais, il en avait déchiré une dans les épines. Elle est un peu grande pour lui, mais ça fait l'affaire."

"Oui, j'ai remarqué qu'il avait bien grandi," murmura Auguste en se dirigeant vers la commode de noyer, au-dessus de laquelle reposait une plaque de marbre bleu foncé, comme si le temps avait suspendu son cours dans cette maison.

Il ouvrit les tiroirs et sortit ses vieux vêtements de travail, usés mais encore portables. Se changeant avec une lenteur presque cérémonielle, il laissait ses pensées vagabonder. Cinq ans... cinq longues années avaient passé, mais ici, tout semblait identique. Les murs blanchis à la chaux, le crucifix en étain accroché au mur, le fusil de chasse suspendu près de la cheminée, le sol de terre battue... Même le lit clos de ses parents, avec ses portes coulissantes, était toujours là, donnant à la pièce une aura de constance, comme si le monde extérieur n'avait aucune emprise sur cette ferme.

Alors qu'il boutonnait sa chemise, il se tourna vers sa mère. "Et ma sœur, où est-elle ?"

"Elle garde les vaches près du ruisseau, mais elle ne devrait plus tarder à revenir pour la traite," répondit sa mère, en rangeant quelques ustensiles près de l'âtre.

"Je vais lui donner un coup de main," dit Auguste, presque soulagé de sortir un moment de cette atmosphère lourde.

En sortant, il longea les champs, suivant les cris lointains des vaches et le bruissement de l'eau. Bientôt, il aperçut sa sœur, qui, en le voyant, lâcha tout et courut vers lui. Ses bras l'entourèrent avec une telle force qu'il vacilla.

"Oh, du calme," plaisanta-t-il, en riant. "Tu n'es plus une petite fille, mais une belle jeune femme maintenant."

Elle le dévisagea, souriant à travers ses larmes. "Peu importe," dit-elle en secouant la tête, "tu resteras toujours mon grand frère. Je suis tellement contente que tu sois revenu."

"Moi aussi," répondit Auguste, une chaleur sincère dans la voix. "Alors, on va s'occuper des vaches ensemble, comme avant ?"

"Ça tombe bien," dit-elle en riant, "tu arrives pile à l'heure de la traite !"

Ils travaillèrent côte à côte, en silence d'abord, puis peu à peu, les mots vinrent. Sa sœur, plus adulte qu'il ne l'aurait cru, lui parlait de la vie à la ferme, de leur père devenu plus taciturne, de son frère Ange qui avait dû prendre plus de responsabilités. Elle lui confiait ses peurs et ses espoirs, alors qu'Auguste, silencieux, écoutait avec attention, cherchant à retrouver sa place dans cet univers qu'il avait quitté trop longtemps.

Alors que le crépuscule recouvrait doucement la ferme d'un voile doré, les vaches approchaient, paisibles et ruminantes, de l'étable. Leurs corps massifs et lents faisaient crisser le gravier du chemin de leurs sabots, chaque pas résonnant dans l'air du soir. Leurs souffles tièdes se mêlaient à l'air frais et apportaient avec eux des relents d'herbe, de terre et de l'odeur douce du lait. La lumière faiblissait et dans le calme de la ferme, leurs museaux cherchaient l'entrée de l'étable comme une évidence, chacune prenant sa place, en habituée de ces murs aux pierres brutes et rassurantes.

Dans l'étable, Auguste, sa mère et Ange, son frère cadet, se tenaient prêts pour la traite. Auguste s'occupait de Noisette, une vache au pelage roux qui relevait doucement la tête à son approche. Sa mère, en silence, déjà à l'ouvrage avec Coquette, la doyenne de l'étable, avait le geste précis et fluide de l'habitude. Ange, quant à lui, se mit en place auprès de Pivoine, une jeune vache tachetée au regard calme. Ils s'accroupirent autour de leurs bêtes, chacun positionnant son seau en bois, la paille crissant sous leurs genoux.

Le geste de la traite, bien qu'éprouvé chaque jour, semblait presque sacré. Chacun y mettait une attention particulière, tirant avec douceur les mamelles pour faire jaillir le lait en un filet régulier, éclaboussant le seau avec un rythme presque musical. Plic-plic-plic, faisait le lait, remplissant les seaux de mousse blanche et crémeuse. La mère, concentrée, inclinait légèrement la tête en un signe de respect silencieux envers ces bêtes qui, chaque jour, nourrissaient la famille.

"Tu vois, Auguste", dit-elle doucement, "les choses ici n'ont pas vraiment changé."

Il hocha la tête sans un mot, concentré sur le geste. Traire avait toujours quelque chose d'apaisant pour lui, comme une façon de renouer avec les racines de cette vie rurale, bien loin du tumulte qu'il avait connu à l'armée. Ses mains, habituées au cuir rugueux des harnais militaires, s'adaptaient avec une précision renouvelée aux mamelles de Noisette. La chaleur de la vache lui réchauffait les mains et le contact avec l'animal apaisait son esprit.

Le lait coulait et bientôt, une douce odeur crémeuse embaumait toute l'étable, mélangée à celle de la paille fraîche et des bêtes. Leurs respirations régulières s'harmonisaient avec les mouvements des mains et, un instant, la vie semblait avoir retrouvé sa simplicité, son évidence.

Quand chaque seau fut plein, la mère leva le sien et le tendit à Auguste pour qu'il l'aide à le transporter. Chacun se releva, se frottant les mains et saluant les vaches d'un geste de tête, comme si elles faisaient partie de la famille.

Dans ce moment silencieux, Auguste sentit la force de la tradition et le poids des générations. Il savait que cette scène, simple et belle, s'était répétée de père en fils et qu'il tenait là, dans cette étable, la véritable essence de la ferme du Chêne Creux.

La soirée s'installait lentement, teintant le ciel d'un bleu profond. Les vaches paissaient paisiblement et la traite s'était achevée dans une cadence presque rituelle. Auguste, accroupi près du ruisseau, rinçait ses mains sous l'eau glaciale, les yeux perdus dans le courant. Le murmure du ruisseau l'apaisait, mais il savait que les tensions avec son père n'en resteraient pas là. Le vieil homme n'avait jamais su abandonner ses rancœurs et son retour après ces cinq ans d'armée ne ferait qu'attiser ce brasier.

Sa sœur, assise à ses côtés, jouait distraitement avec une brindille, le regard fixé sur l'horizon. Le silence qui s'établissait entre eux n'était pas lourd, mais plein de cette complicité fraternelle retrouvée. Enfin, elle rompit la tranquillité :

"Papa parle beaucoup de toi, tu sais. Même s'il ne l'avouera jamais."

Auguste haussa un sourcil, surpris. "Ah bon ? Et que dit-il donc ?"

Elle sourit doucement, sans le regarder directement. "Il raconte à tout le monde que tu es devenu un homme de l'armée, un vrai. Mais il ne peut s'empêcher d'ajouter que tu as toujours eu la tête dure, que tu ne sais pas où est ta place. Il dit ça avec colère, mais je crois que ça le travaille plus qu'il ne veut l'admettre."

Auguste soupira, ramassant un caillou qu'il lança dans le ruisseau. "C'est bien ce que je pensais. Il n'a pas changé d'un pouce. Toujours à me voir comme celui qui défie ses ordres, qui remet en question son autorité..."

Il se redressa, époussetant son pantalon, puis se tourna vers sa sœur. "Mais je ne suis plus le gamin qu'il a renvoyé de la ferme et il va bien falloir qu'il s'y fasse. Cette ferme, elle doit me revenir. Je suis l'aîné et c'est moi qui dois prendre les rênes."

Sa sœur le regarda avec une lueur de tristesse dans les yeux. "Tu sais bien que ce ne sera pas si simple. Papa a ses idées arrêtées et il ne va pas te céder la place sans résistance. Il a toujours rêvé que la ferme reste telle qu'elle est, inchangée, à l'image de ce qu'il a toujours connu. Mais toi... toi, tu es revenu différent, Auguste. Tu n'es plus le même."

Auguste sentit la vérité percer dans les paroles de sa sœur. Elle avait raison. Il n'était plus cet adolescent impulsif, mais un homme façonné par l'armée, par l'ordre et la discipline. Il avait vu le monde au-delà des champs de Noyal-sur-Vilaine et il portait en lui des rêves de modernisation pour cette ferme qui lui paraissait désormais archaïque. Mais son père n'était pas homme à se plier aux changements.

Il posa une main sur l'épaule de sa sœur. "Ne t'en fais pas. Je parlerai à père, mais d'abord, il doit comprendre que je suis prêt à assumer cette responsabilité. La ferme est notre héritage à tous, mais c'est à moi de la diriger désormais. Il le saura, tôt ou tard."

Ils se levèrent ensemble, retournant lentement vers la maison alors que les premières lueurs du crépuscule enveloppaient les champs. Au loin, la silhouette robuste de la ferme se dessinait, un bastion d'un autre temps, figé dans une tradition que seul le père d'Auguste s'efforçait encore de maintenir. Pourtant, au fond de lui, Auguste sentait que ce retour n'était que le début d'une longue lutte. Il lui faudrait du temps, de la patience et peut-être même un peu de ruse pour convaincre son père de lui céder le contrôle.

Lorsqu'ils franchirent la porte de la maison, la chaleur du feu de cheminée les accueillit à nouveau. La mère d'Auguste était occupée à préparer le souper, tandis que son jeune frère Ange laissait échapper un rire joyeux en voyant son aîné revenir.

Mais Auguste, lui, avait déjà les pensées ailleurs. Son père, dehors, en train de couper du bois, l'attendait sans doute pour une nouvelle confrontation. Ce moment-là approchait et avec lui, la question de son avenir et celui de la ferme du Chêne Creux. Mais avant tout, il fallait que les mots soient dits, une fois pour toutes.

La soirée baignait dans une atmosphère lourde, où chaque mot semblait pesé, choisi, comme s'il risquait de rompre un équilibre précaire. Après la prière, le père restait immobile, sa large main posée sur le bord de la table en chêne, l'air grave et déterminé, ses yeux scrutant Auguste. Les bougies posées ici et là vacillaient, projetant des ombres sur les murs blanchis à la chaux et le silence imposé avait la densité d'un jugement muet.

Les femmes servirent la soupe de lard en silence, chacune plongeant la louche dans le grand pot de terre cuite, les lèvres serrées, évitant de croiser le regard du père. La soupe chaude, épaisse, remplissait les bols de terre cuite. Le père, placé en bout de table, joignit alors les mains pour marquer le début de la prière, un rituel immuable que même les enfants s'appliquaient à observer sans broncher.

Auguste ne suivit pas. Au lieu de joindre les mains, il laissa les siennes retomber sur la table, fixant le potage qui fumait devant lui. Ce geste inhabituel attira aussitôt l'attention du père, dont le regard, chargé d'une gravité inflexible, pesait désormais sur lui comme une pierre.

"Auguste", dit-il d'une voix lente, comme si chaque mot devait pénétrer la moindre de ses résistances, "tu as oublié quelque chose."

Les autres membres de la famille, tendus, attendaient la réaction d'Auguste. Mais Auguste, obstinément, ne leva pas les mains. Au lieu de cela, il fixa son père et laissa échapper, d'une voix calme mais ferme : "Pourquoi faudrait-il que je prie avant de manger ? Ce n'est qu'une soupe, pas une offrande."

Le silence s'alourdit autour de la table et le père, face à cet affront public, se redressa, visiblement troublé par ce qu'il interprétait comme une trahison. Pour lui, ce n'était pas seulement un refus de la prière mais un rejet de tout ce qui cimentait la famille, ce qui maintenait l'ordre. Mais Auguste restait calme, déterminé. Dans son esprit, il était ailleurs, déjà loin de cette salle commune et de ses traditions qui l'étouffaient plus que jamais. Le père fronça les sourcils, indigné, tandis que la mère, d'un regard nerveux, fixait Auguste comme pour l'implorer de céder.

"Tu n'as pas honte, où as-tu appris ces belles manières, à l'armée ?", lança le père lorsque, défiant les attentes. "Ce n'est pas ce que je t'ai appris", reprit le père, sa voix s'élevant à peine, teintée d'un mélange de tristesse et de colère. "Dans cette maison, nous respectons ceux qui nous ont précédés, ceux qui nous ont transmis la terre et la table. On ne mange pas sans les honorer."

"Pas question, je ne crois plus dans les âneries de curé", répondit-il sèchement, sans lever les yeux.

La mère serra ses mains sur son tablier, les larmes aux yeux et murmura avec une tristesse accablante : "Mon fils est devenu un païen..."

Le père, enflammé, se leva d'un bond et frappa la table de son poing : "C'est ça, l'armée ? Ah, elle est belle, la France ! Ils forment des jeunes hommes à mépriser leur propre sang, à mépriser Dieu ! Nous avons échappé aux Prussiens grâce aux prières de Pontmain, la vierge est apparue et tu oses tourner le dos à tout cela !"

Auguste ne bougea pas, ses yeux sombres fixés sur son père, une colère sourde couvant derrière son calme apparent. "Tout cela, père, ce n'est que des vieilles histoires... La religion, c'est l'opium du peuple. C'est un philosophe nommé Karl Marx qui le dit et il a raison. Vous nous enfermez dans des peurs qui nous empêchent de vivre... Il est temps de penser par nous-mêmes !"

Les mots claquaient dans la pièce, comme un vent froid s'immisçant dans cette vie de certitudes et d'habitudes. Pour Auguste, ces discours entendus à l'armée et dans les villes l'avaient forgé, lui donnant une force nouvelle, mais il percevait bien que cette vision résonnait ici comme une offense.

Le père éclata d'un rire amer, empli de mépris : "Pensons donc ! Et à quoi, dis-moi ? À des théories écrites par des hommes qui ne savent rien de notre terre ? Tu as grandi ici, Auguste et pourtant tu la trahis en te remplissant la tête de sornettes. Mais la terre, elle, ne ment pas. Elle se moque des idéologies ; seule la sueur la nourrit !"

Auguste serra les poings, laissant échapper une émotion trop longtemps contenue, une vérité qui pesait depuis des années. "Père, vous m'avez fait perdre cinq ans de ma vie, cinq années où j'aurais pu travailler ici, apprendre à gérer la ferme et vivre librement. Vous dites que c'était pour mon bien, mais moi, j'y ai vu de la violence, de la misère. Des hommes comme nous, abrutis par des heures de travail, incapables de s'élever, écrasés sous le joug de patrons qui n'ont que faire de leurs vies."

Le père croisa ses bras puissants, plissant les yeux comme pour mieux supporter le choc des paroles d'Auguste. "Ce que tu veux, c'est que je te laisse la ferme, c'est ça ? Pour que tu y apportes tes idées modernes ?"

Auguste leva la tête, un éclat de défi dans le regard : "Ce que je veux, père, c'est une vie meilleure. Je ne rêve plus de voyages ; je veux travailler ici, mais pas comme un esclave, ni sous le poids de traditions étouffantes. Je veux donner un sens à tout ça, faire de la ferme un endroit où l'on vit pleinement, pas un tombeau pour les rêves."

La mère, accablée, prit la parole avec douceur : "Auguste, mon fils... la terre, elle est dure, elle exige de nous des sacrifices, oui, mais elle est aussi notre héritage. Tout ce que nous avons fait, c'est pour que vous, nos enfants, puissiez continuer cette vie simple mais honnête."

Un silence lourd s'installa, seulement troublé par les crépitements du feu dans la cheminée. Finalement, le père se leva et, sans un mot, sortit de la pièce, laissant Auguste seul avec ses pensées et le poids des désaccords non résolus.

Quand le père se leva, ses gestes étaient lents, presque lourds. Il murmura un dernier mot à la mère, puis tous deux s'éloignèrent de la table et se dirigèrent vers leur chambre, le pas traînant. Ils s'enfoncèrent dans l'obscurité de la grande pièce, jusqu'à disparaître derrière les rideaux qui séparaient leur lit clos du reste de la pièce commune. Le silence, à peine rompu par les murmures indistincts des parents, enveloppait la ferme comme une couverture d'hiver.

Auguste observa leurs silhouettes disparaître, le regard perdu.

Marie s'affairait à ranger les bols et à essuyer les ustensiles avec des gestes lents, presque machinalement, le regard fuyant. Auguste, les poings encore serrés, restait assis, les yeux perdus dans les flammes qui léchaient les bûches, illuminant son visage d'ombres mouvantes.

Le silence de la pièce semblait se muer en un espace de réflexion. Ange, son plus jeune frère, s'avança timidement, un peu décontenancé par l'affrontement auquel il venait d'assister.

"Grand Frère... pourquoi tu parles ainsi ?", murmura-t-il en posant une main hésitante sur l'épaule d'Auguste.

Auguste tourna la tête vers lui et le regarda, la dureté de ses traits s'adoucissant. Il passa une main sur la nuque de son cadet, cherchant les mots qui ne viendraient peut-être jamais naturellement. "Ange... tu ne comprends pas encore. Quand tu quitteras ces champs, peut-être que tu verras aussi le monde autrement. Il n'y a pas que cette ferme, il y a autre chose...", répondit-il, la voix presque brisée par une émotion qu'il tentait de contenir.

Le regard d'Ange se troubla. Pour lui, la ferme, avec son odeur de terre humide, de bétail et de fumée, c'était un monde en soi. C'était la sécurité, l'immuable, la vie au rythme des saisons, des récoltes et du bétail.

"Auguste", répliqua Marie, "on ne comprend pas toujours ce que tu dis, mais..." Elle hésita, ses doigts serrant les plis de son tablier. "Ne sois pas trop dur avec le père. Il a connu bien des épreuves, il veut seulement protéger ce qu'il a bâti pour nous."

Auguste haussa les épaules, esquissant un sourire amer. "Je sais bien qu'il veut protéger cette terre... mais à quel prix ? Nous vivons repliés ici, enfermés dans un passé que personne n'ose remettre en question. Vous ne voyez pas ce que j'ai vu. Vous ne savez pas ce que c'est de partir... de revenir changé, brisé par un monde qui vous dépasse."

La mère, revenant depuis l'ombre de la porte, s'avança alors, posant une main rassurante sur le bras d'Auguste. Dans ses yeux brillaient une sagesse silencieuse, celle de toutes les femmes qui supportent en silence, qui attendent que le tumulte passe, que la paix retrouve son chemin dans les âmes troublées.
"Mon fils...", murmura-t-elle, son regard tendre mais ferme. "Ici, nous faisons ce que nous pouvons avec ce que nous avons. Le monde est peut-être différent là-bas, mais notre vie, c'est ici. Ta colère, elle peut se transformer en force, si tu le permets. Cette ferme, elle n'a pas besoin de révolte, elle a besoin de toi."

Auguste sentit sa carapace se fissurer légèrement. Il n'avait jamais pensé que sa mère, d'ordinaire si effacée, si résignée, aurait des mots capables de le toucher ainsi, de le ramener à la réalité. Ses poings se desserrèrent et, baissant la tête, il murmura d'une voix presque inaudible : "Peut-être... peut-être ai-je besoin de ce que vous m'offrez. Peut-être que tout ce que je cherche... c'est ici, malgré tout."

Ils restèrent là, unis dans le silence, chacun perdu dans ses pensées, mais apaisés pour un bref instant.

Puis, d'un hochement de tête presque imperceptible, il invita son frère à le suivre. Ensemble, ils gravirent l'escalier de bois qui menait à l'étage, un étage à peine aménagé juste au-dessus de l'écurie. La lumière de la cheminée mourante les accompagnait un instant, puis les laissa dans l'obscurité, guidés seulement par leur propre connaissance des lieux et par l'odeur lourde qui montait des bêtes en contrebas.

Auguste hocha la tête, sentant une émotion étrange l'envahir. L'espace des garçons, ce refuge au-dessus de l'écurie... Combien de nuits y avait-il passées, bercé par le souffle régulier des chevaux, à rêver d'un autre monde ?

L'odeur familière du foin et du cuir, mêlée à la chaleur animale qui montait d'en bas, le frappa comme un rappel de son enfance. L'échelle de bois qui menait à leur espace était la même, chaque barreau poli par des années d'usage, marqué par les mains et les pieds des deux frères.

Leur "chambre" n'était qu'un recoin sous les poutres, fait de planches grossièrement assemblées. Le plafond bas obligeait les garçons à courber la tête. Rien ne séparait vraiment leur espace du reste du grenier à foin, mais c'était leur domaine, leur territoire.

"J'ai gardé ta paillasse de ce côté," dit Ange en désignant un coin. "Je mets toujours du foin frais dessous quand je peux."

Auguste posa son baluchon près de la paillasse. En bas, les juments s'agitaient doucement dans leurs boxes, leurs mouvements faisant légèrement trembler le plancher. Ces bruits, ces odeurs, cette chaleur qui montait... tout était exactement comme dans ses souvenirs.

S'allongeant sur sa paillasse, Auguste sentit le foin craquer doucement sous son poids. Chaque détail de cet espace lui revenait : les poutres de chêne noircies par le temps, les planches disjointes du toit qui laissaient parfois passer un rayon de lune, l'odeur chaude et rassurante des bêtes en dessous.

"C'est étrange," murmura Ange depuis sa paillasse, "de t'avoir de nouveau ici. Pendant longtemps, je dormais en faisant attention à ne pas faire de bruit, comme si tu étais encore là et que je risquais de te réveiller."

Auguste tourna la tête vers son frère. Dans la pénombre, il distinguait à peine son profil. "Et maintenant, tu as pris tes habitudes. Je suis l'intrus qui revient."
"Non," protesta doucement Ange. "C'est toujours ta place. Même quand père était le plus en colère contre toi, il n'a jamais laissé personne d'autre dormir de ton côté."

En dessous d'eux, une jument renâcla doucement. Le plancher vibra légèrement sous leurs corps allongés. Ces sensations familières ramenaient tant de souvenirs : les discussions chuchotées tard dans la nuit, les secrets partagés, les rêves d'enfants...

"Tu te souviens," continua Ange, "quand on se racontait des histoires de chevaux fantômes ? Tu disais qu'ils galopaient dans le ciel les nuits de pleine lune."

"Tu avais peur," sourit Auguste dans l'obscurité. "Tu te rapprochais toujours de ma paillasse ces nuits-là."

"J'avais neuf ans ! Et puis, tes histoires étaient vraiment effrayantes."

Le silence retomba un moment, ponctué par les bruits familiers de l'écurie : le froissement de la paille quand les juments se déplaçaient, leurs souffles réguliers, le léger craquement des poutres qui se contractaient dans la fraîcheur nocturne.

"Pendant ton absence," reprit Ange à voix basse, "c'est moi qui ai dû prendre les rênes. Père... il n'est plus aussi fort qu'avant. Son dos le fait souffrir, même s'il ne veut pas l'admettre."

Auguste écoutait attentivement. Dans la voix de son frère, il percevait le poids des responsabilités assumées trop jeunes.

"Tu t'en es bien sorti," dit-il doucement. "La ferme a l'air prospère. Ces nouvelles juments sont magnifiques."

"J'ai essayé de faire au mieux. Mais ce n'était pas facile au début. Père voulait tout faire comme avant, exactement comme son propre père lui avait appris. Il a fallu du temps pour qu'il accepte quelques changements."

"Des changements ?" Auguste se redressa légèrement sur sa paillasse, intéressé.

"La batteuse d'abord. Je lui ai montré les calculs : combien de temps on gagnerait, combien de grain on perdrait en moins... Il a fini par comprendre. Mais chaque nouveauté est un combat." Une jument hennit doucement en bas, comme pour ponctuer ces paroles.

"Et maintenant," poursuivit Ange, "il veut que tu épouses la fille Duhoux. Il en parle depuis des mois. Pour lui, c'est la solution parfaite : les terres réunies, une alliance avec une famille respectée..."

"Tu la connais bien, cette Louise ?" demanda Auguste, tournant la tête vers l'endroit où il devinait son frère dans l'obscurité.

Un petit rire étouffé lui répondit. "Elle vient souvent à la ferme avec sa mère, surtout depuis que père et le vieux Duhoux ont commencé à parler mariage. Elle..." Ange hésita. "Comment dire... elle n'est pas comme nous."

"Comment ça ?"
"La semaine dernière, elle est venue pendant qu'on rentrait les foins. Une vraie panique parce qu'une araignée était tombée sur sa robe. Et son chat... Mon Dieu, son chat ! Elle le trimballe partout avec elle, lui parle comme à un chrétien."

Auguste sentit son cœur se serrer. Ces détails confirmaient ses craintes.

"Elle refuse de s'approcher de l'étable," poursuivit Ange. "Dit que l'odeur lui donne la migraine. Comment tu veux qu'une fille comme ça devienne fermière ?"

"Père ne voit pas ça ?"

"Père voit les terres, la dot, la respectabilité des Duhoux. Et puis..." Ange baissa encore la voix, "je crois qu'il pense qu'une femme comme ça te forcera à te ranger. Plus de livres, plus d'idées nouvelles..."

Les juments s'agitèrent en dessous, leurs sabots raclant la paille. Auguste pensa à sa mère, qui connaissait chaque bête par son nom, qui savait exactement quand une vache allait vêler, qui tenait les comptes de la ferme avec une précision que même son père admirait.

"Et à l'école ?" demanda-t-il, repensant à ce que sa mère avait dit. "Elle enseigne vraiment ?"

"Si on veut." Le ton d'Ange était ironique. "Elle montre aux petites filles comment faire des points de croix et réciter leur catéchisme. La femme du forgeron dit que sa fille n'a rien appris d'utile, sauf peut-être comment tenir son mouchoir délicatement quand elle éternue."

Auguste ne put retenir un rire étouffé, mais son cœur était lourd. "Et dire que père pense qu'elle pourrait gérer le Chêne Creux avec moi..."

"Elle a son jardin de fleurs," poursuivit Ange. "Tu devrais voir ça. Un bon morceau de terre arable transformé en parterre de roses. Son père dit que ça lui fait plaisir, que ça ne coûte pas si cher..."

"Pas si cher ? Juste la terre qui pourrait nourrir une famille..."

"Exactement ce que je me dis. Mais tu connais père... Pour lui, une femme comme ça, toute délicate, qui sait parler aux dames du bourg et jouer de l'harmonium à l'église, c'est comme monter en grade."

Le plancher craqua alors qu'une jument changeait de position en dessous. Cette ferme vivante sous leurs corps leur rappelait ce qu'était vraiment le Chêne Creux : un organisme complexe qui demandait de la force, du savoir-faire et surtout de la compréhension.

"Et la ferme des Duhoux," demanda Auguste, "comment tourne-t-elle ?"

"Le vieux est malade maintenant. C'est le régisseur qui fait tout. Louise n'a jamais mis les pieds dans les champs, sauf pour peindre des aquarelles au printemps. Sa mère dit que c'est normal, qu'une jeune fille de bonne famille ne doit pas se mêler de ces choses-là."

"Tu sais ce qui m'inquiète le plus ?" murmura Ange dans l'obscurité. "C'est que père a déjà tout planifié. Il en parle avec le vieux Duhoux comme si c'était fait. Ils ont même discuté de comment redessiner les champs une fois les terres réunies."

Une bourrasque fit craquer les poutres au-dessus d'eux. En bas, une jument s'ébroua doucement. "Et toi," demanda Auguste, "qu'est-ce que tu en penses, de ces plans ?"

"Moi ?" Ange eut un petit rire amer. "Je ne suis que le cadet. Père dit que j'aurai ma part, bien sûr, mais c'est toi l'aîné. C'est toi qui dois reprendre le Chêne Creux."

"Avec une femme qui a peur des souris et qui transforme les champs en jardins d'agrément..."

"Tu ne l'as même pas encore rencontrée," fit remarquer Ange. "Peut-être que dimanche..."

"Peut-être que dimanche je découvrirai qu'elle s'intéresse secrètement à l'agronomie moderne ?" Le ton d'Auguste était plus sarcastique qu'il ne l'aurait voulu. "Qu'elle cache des traités d'agriculture sous ses romans à l'eau de rose ?"

"Non," admit Ange, "mais elle brode magnifiquement. Et son chat sait faire le beau..."

Ils étouffèrent tous deux un rire, comme autrefois quand ils devaient cacher leur hilarité à leur père. Mais le rire d'Auguste avait un goût amer.

"Cinq ans," dit-il enfin. "Cinq ans dans l'armée à apprendre, à observer comment les autres modernisent leurs exploitations. J'ai vu des fermes-modèles en Normandie, des élevages rationnels dans le Perche. Et père voudrait que je revienne pour... pour quoi ? Pour jouer au petit hobereau avec une femme-poupée ?"

"Tu sais," reprit Ange après un long silence, "pendant que tu étais parti, j'ai vu des fermes disparaître. Les Moreau d'abord, puis les Bertrand. Ceux qui n'ont pas su s'adapter aux nouveaux temps..."

En dessous d'eux, les juments s'agitèrent, comme si elles sentaient la gravité de la conversation.

"Comment ont-ils échoué exactement ?" demanda Auguste.

"Les banques, surtout. Les nouveaux prêts, les taux qu'ils ne comprenaient pas. Les Moreau ont signé des papiers sans vraiment les lire. Quand les mensualités ont augmenté..." Ange laissa sa phrase en suspens.

"Et les Duhoux ? Comment tiennent-ils ?"

"Leur régisseur est un homme moderne, lui. Il tient des livres de comptes, fait des calculs de rendement. Mais Louise... la dernière fois qu'il a voulu lui expliquer les nouveaux comptes, elle a dit que ça lui donnait la migraine. Que ce n'était pas des choses pour une jeune fille bien élevée."

Auguste se redressa sur sa paillasse, fixant les poutres sombres au-dessus de lui. "Et c'est avec ça que père voudrait que je gère le Chêne Creux ? Dans dix ans, nous serons comme les Moreau..."

"Sauf si..." Ange hésita. "Sauf si tu trouves un moyen de faire les choses à ta façon, même marié avec elle."

"Une femme qui ne met pas les pieds à l'étable ? Qui a peur des souris ? Qui transforme la terre arable en jardin d'agrément ? Comment veux-tu construire quelque chose avec ça ?"

"Maman dit qu'elle est pieuse..."
"La piété ne fait pas pousser le blé," coupa Auguste. "Et elle ne protège pas des banques."

"La piété..." Auguste laissa échapper un rire sans joie. "Toujours la même rengaine. Comme si être pieuse remplaçait tout le reste."

"C'est important pour père," murmura Ange. "Tu sais comment il est avec la religion..."

"La religion !" La voix d'Auguste se fit plus dure. "Pendant que je parcourais la France, tu sais ce que j'ai vu ? Des curés qui prêchent la résignation aux paysans pendant que les banquiers les dépouillent. Des familles qui meurent de faim mais qui donnent leurs derniers sous pour faire dire des messes."

Une jument s'agita en bas, peut-être troublée par le ton monté de leurs voix.

"J'ai vu des fermes-modèles, Ange. Des exploitations où on utilise la science, pas les prières. Où on calcule les rendements au lieu de compter les chapelets. Et tu sais quoi ? Ces fermes-là prospèrent."

"Auguste..." Le ton d'Ange était presque suppliant. "Ne parle pas comme ça. Si père t'entendait..."

"Qu'il m'entende ! Cinq ans que je garde ça en moi. Cinq ans à voir comment l'Église maintient les gens dans l'ignorance. 'Restez à votre place', qu'ils disent. 'C'est la volonté de Dieu'. Et pendant ce temps, le monde change, les machines arrivent et nous, on devrait continuer à prier pour faire pousser le blé ?"

"Louise va à la messe tous les jours..." tenta Ange.

"Bien sûr qu'elle y va ! C'est tout ce qu'elle sait faire. Pendant que d'autres femmes apprennent à tenir des comptes, à comprendre les nouveaux outils, elle récite son chapelet et brode des nappes d'autel. Et père trouve ça parfait !"

"Tu te souviens," poursuivit Auguste, sa voix vibrant de colère contenue, "quand la grêle a détruit la moitié de la récolte, il y a huit ans ? Le curé a dit que c'était une punition divine. Sa solution ? Des processions et des prières. Pendant ce temps, dans le Perche, j'ai vu des fermiers qui s'assurent contre les intempéries. La science contre les bondieuseries !"

"Baisse la voix," supplia Ange. "Les murs ont des oreilles..."

"Et maintenant, ils voudraient que j'épouse une bigote qui pense qu'un chat est plus important que les récoltes ! Tu sais ce qu'elle a dit, la dernière fois qu'il y a eu une épizootie chez les Gautier ? Le régisseur m'a raconté. Elle a suggéré de faire bénir les étables. Pendant que les bêtes crevaient faute de soins appropriés !"

Auguste se redressa sur sa paillasse, incapable de contenir sa frustration.

"À Dinan, j'ai vu des vétérinaires qui étudient les maladies, qui comprennent comment les prévenir. Mais non, ici, on préfère asperger d'eau bénite et réciter des Ave Maria. Et cette fille... cette Louise qu'on me destine, elle est le produit parfait de ce système. Une femme maintenue dans l'ignorance au nom de la piété."

"Elle aide le curé..." commença Ange.
"Bien sûr qu'elle aide le curé ! Elle représente tout ce qu'ils veulent : une femme soumise, qui ne pose pas de questions, qui accepte que son chat soit plus important que la gestion d'une ferme. C'est ça qui fait peur à l'Église, Ange : des gens qui réfléchissent, qui comprennent, qui ne se contentent pas de dire amen à tout !"

"À l'armée," poursuivit Auguste, sa voix frémissante de conviction, "j'ai rencontré des hommes qui ont ouvert mes yeux. Un capitaine qui m'a prêté des livres, des camarades qui réfléchissaient. Tu sais ce que c'est, la vraie religion des curés ? C'est maintenir les gens dans l'ignorance pour mieux les contrôler."

"Tu parles comme ces socialistes," murmura Ange, mi- inquiet, mi- fasciné.

"Les socialistes ? Peut-être qu'ils ont raison ! Regarde autour de nous. Qui possède les plus belles maisons du bourg ? Le curé et le notaire. Qui vit dans le luxe pendant que les paysans crèvent de faim ? Les évêques et les banquiers. Et on nous dit que c'est la volonté de Dieu !" Une jument hennit doucement en bas, comme pour ponctuer ses paroles.

"Louise va droit dans leur jeu," continua Auguste. "Une jeune fille pieuse qui ne s'intéresse qu'aux fleurs et aux chats, qui laisse les hommes gérer les choses sérieuses. Pendant ce temps, j'ai vu des femmes d'agriculteurs en Normandie qui tiennent leur comptabilité, qui comprennent les nouveaux engrais, qui participent aux décisions. Mais ça, ça fait peur à l'Église. Une femme qui pense, qui comprend, qui décide..."

"Maman n'est pas comme ça," objecta doucement Ange. "Elle est pieuse, mais elle connaît la ferme..."

"Maman a appris malgré eux, pas grâce à eux ! Tu crois que le curé approuve qu'elle sache tenir les comptes ? Qu'elle comprenne les bêtes mieux que le vétérinaire ? Non, pour eux, une femme devrait être comme Louise - brodant des nappes d'autel pendant que la ferme court à sa perte !"

Ange remua sur sa paillasse, mal à l'aise. "Tu as vraiment changé, Auguste. Avant, tu te contentais de lire en cachette. Maintenant, tu parles comme... comme un révolutionnaire."

"J'ai vu le monde, petit frère. J'ai vu des fermes où on n'attend pas les miracles pour faire pousser le blé. Où les femmes ne passent pas leur temps à l'église pendant que leurs maris signent des papiers qu'ils ne comprennent pas."

"Mais la religion..." commença Ange.

"La religion ?" Auguste laissa échapper un rire amer. "Sais-tu ce que m'a dit un vieux paysan dans le Perche ? 'Le bon Dieu nous a donné un cerveau pour réfléchir, pas pour réciter des Ave Maria.' Et il avait raison. Regarde les Moreau - ils étaient les plus pieux du village. Ça ne les a pas empêchés de perdre leur ferme."

En bas, les juments s'agitaient, peut-être sensibles à la tension qui montait entre les deux frères.

"Tu te souviens de la sécheresse, il y a deux ans ?" poursuivit Auguste. "Pendant que le curé organisait des processions, j'étais dans le Midi. Là-bas, j'ai vu des systèmes d'irrigation modernes. La science, Ange, pas les bondieuseries !"
"Père ne supportera jamais ce genre de discours," murmura Ange. "Et Louise encore moins. Elle fait partie des Enfants de Marie, tu sais..."

"Bien sûr qu'elle en fait partie ! C'est parfait pour eux : une future fermière qui préfère passer son temps à l'église plutôt que d'apprendre à gérer une exploitation. Et pendant ce temps, les banques nous guettent, comme elles ont guetté les Moreau..."

"Tu ne pourras pas changer tout ça en un jour," dit Ange après un long silence. "Le curé, les Enfants de Marie, les processions... c'est toute notre société que tu remets en cause."

"Et alors ? Elle a besoin d'être remise en cause ! Pendant qu'on apprend aux filles à broder des scapulaires, les fermes se modernisent ou disparaissent. Tu crois que la fille Duhoux sait ce que c'est qu'un livre de comptes ? Un calcul de rendement ?"

"Elle sait jouer de l'harmonium..." tenta Ange avec une pointe d'ironie.

"Magnifique ! On pourra faire un concert pendant que les banquiers saisiront nos terres. Ou peut-être que son chat chassera les huissiers !"

Le sarcasme d'Auguste fit rire nerveusement son frère, mais le rire mourut vite.

"Tu sais," reprit Ange plus sérieusement, "la semaine dernière, elle est venue avec sa mère. Elles parlaient de transformer la buanderie en salon de musique après le mariage. Un salon de musique ! Dans une ferme !"

"Et père ? Qu'est-ce qu'il en dit ?"

"Il sourit. Il dit que c'est bien d'avoir de la culture. Que ça nous distinguera des paysans ordinaires."

Auguste se redressa brusquement, faisant craquer les planches. "Nous distinguer ? Nous sommes des paysans, bon sang ! Des paysans qui doivent se battre pour survivre dans un monde qui change. Pas des hobereaux qui jouent aux grands seigneurs !"

"Baisse la voix," supplia Ange. "Si père t'entendait..."

"Qu'il m'entende ! Cinq ans que je garde ça en moi. Cinq ans à voir comment le monde change pendant qu'ici, on continue à croire que les processions font pousser le blé et que les femmes n'ont pas besoin de cerveau tant qu'elles ont un chapelet !"

Tu as une autre solution ?" demanda Ange doucement. "Père ne te laissera pas gérer le Chêne Creux si tu refuses ce mariage."

"Et si je l'accepte, que se passera-t-il ? Une femme qui veut des salons de musique, qui a peur des bêtes, qui passe plus de temps à l'église qu'aux champs... Comment veux-tu faire prospérer une ferme avec ça ?"

Les juments s'agitèrent en bas, comme si elles sentaient la tension monter.

"J'ai vu d'autres possibilités pendant ces cinq ans," continua Auguste. "Des fermes qui cherchent des régisseurs modernes. Des exploitations qui veulent se développer. Des gens qui comprennent que l'agriculture ne peut plus se faire comme au temps de nos grands-pères." "Tu partirais ?" La voix d'Ange trahissait son inquiétude. "Tu abandonnerais le Chêne Creux ?"

"Abandonner ?" Auguste laissa échapper un rire amer. "Ce serait plutôt le sauver. Qu'est-ce qui est mieux ? Partir et réussir ailleurs, ou rester ici à regarder notre patrimoine se déliter entre les mains d'une femme qui préfère les chats aux vaches ?"

"Mais père compte sur toi..."

"Père compte sur moi pour quoi ? Pour jouer au petit noble de campagne avec les Duhoux ? Pour faire semblant que les chapelets protègent mieux les récoltes que les nouvelles techniques ? Pour regarder nos terres devenir un jardin d'agrément pendant que les banques nous guettent ?"

"Tu sais ce qui va se passer si j'épouse Louise ?" poursuivit Auguste dans l'obscurité. "D'abord, il faudra transformer la ferme pour qu'elle s'y sente bien. Un salon de musique, des parterres de fleurs, des petits bancs peints pour admirer le coucher du soleil..."

"Tu exagères peut-être un peu..." tenta Ange.

"Vraiment ? D'après Marie, la semaine dernière, elle a demandé à son père de faire peindre leur étable en blanc parce que le gris était trop triste. L'étable, Ange ! Et son père a cédé, évidemment."

Une jument hennit doucement en bas, comme pour protester contre l'idée d'une étable en blanc.

"Et pendant ce temps," continua Auguste, "il faudra gérer la ferme. Les nouvelles machines coûtent cher. Les banques ne prêtent plus comme avant. Il faut des garanties, des projections, des comptes précis. Tu crois que Louise s'intéressera à ça ? Elle qui trouve que les chiffres lui donnent la migraine ?"

"Maman pourrait continuer à tenir les comptes..."

"Jusqu'à quand ? Et puis, tu crois que la fille Duhoux acceptera ça ? Une belle-mère qui en sait plus qu'elle sur la gestion d'une ferme ? Non, elle voudra faire 'comme il faut', comme on lui a appris chez les bonnes sœurs. La femme à sa place, c'est-à-dire à l'église ou dans son salon."

La nuit s'était faite plus profonde. Par les interstices du toit, on pouvait voir quelques étoiles.

"Il y a des fermes qui réussissent," reprit Auguste plus doucement. "Des exploitations où l'homme et la femme travaillent ensemble, réfléchissent ensemble. J'en ai vu, pendant ces cinq ans. Mais ici..."

"Écoute," reprit Ange après un moment de silence, "dimanche, tu la rencontreras. Peut-être que..."

"Peut-être que quoi ?" coupa Auguste. "Qu'elle aura miraculeusement développé un intérêt pour l'agriculture moderne ? Qu'elle aura remplacé son livre de prières par un traité d'agronomie ?"

"Non, mais..."

"Je vais te dire ce qui va se passer dimanche," poursuivit Auguste. "Elle viendra avec sa mère, dans sa plus belle robe. Elle parlera de son chat, de ses fleurs, de l'harmonium. Elle rougira quand on évoquera la ferme, dira que ce sont des affaires d'hommes. Et père trouvera ça parfait - une vraie demoiselle, pas une de ces paysannes aux mains calleuses."

Une bourrasque fit craquer les poutres au-dessus d'eux. En bas, les juments s'agitèrent.

"Tu sais ce que m'a dit le capitaine Rénier avant que je parte ?" continua Auguste. "Il m'a dit : 'La terre n'appartient pas au passé, elle appartient à ceux qui savent la comprendre.' J'ai mis du temps à saisir ce qu'il voulait dire. Maintenant, je comprends."

"Et qu'est-ce qu'il voulait dire ?"

"Que le monde change, Ange. Les vieilles façons de faire, les vieilles croyances, tout ça ne suffit plus. Une ferme moderne a besoin de science, de calculs, de compréhension. Pas de chapelets et de chats de salon."

"Mais père ne comprendra jamais ça..."

"Non, il ne comprendra pas. Pour lui, un bon mariage, c'est une alliance avec une famille respectable. Une bonne épouse, c'est une femme qui va à la messe et qui ne se mêle pas des affaires sérieuses. Mais moi..."

"Toi ?" encouragea Ange dans l'obscurité.

"Moi, je ne peux pas accepter ça," reprit Auguste doucement. "Une femme qui ne comprend rien à la terre, qui a peur des bêtes, qui préfère les fleurs aux champs de blé... Ce n'est pas comme ça que je vois l'avenir du Chêne Creux."

"Mais si tu refuses, père..."

"Je sais. Il me chassera probablement. Comme il a brûlé mes livres avant que je parte à l'armée."

Les juments s'agitèrent en bas, leur souffle régulier montant à travers les planches.

"Et tu iras où ?" demanda Ange, l'inquiétude perçant dans sa voix.

"Je ne sais pas encore. Vers le sud peut-être. Il doit bien y avoir du travail pour des bras solides. Cinq ans d'armée, ça forge un homme."

"Sans argent, sans relations..."

"J'ai mes deux bras, j'ai appris des choses. Je trouverai bien une ferme qui a besoin d'un ouvrier agricole. Ce ne sera pas facile, mais tout vaut mieux que de voir le Chêne Creux transformé en jardin d'agrément pendant que les banques guettent."

"Tu pourrais au moins essayer..." commença Ange.

"Essayer quoi ? De faire semblant ? De regarder cette demoiselle promener son chat pendant que la ferme périclite ? Non, petit frère. Je préfère encore partir sans rien que de vivre ça."

Un long silence s'installa, troublé seulement par les bruits familiers de l'écurie. Les juments, en bas, s'étaient calmées, leur souffle régulier montant à travers les planches comme une berceuse.
"Tu vas me manquer," dit enfin Ange, sa voix à peine audible. "Encore une fois."

"Cette fois sera différente," répondit Auguste. "Je ne pars pas pour cinq ans d'armée. Je pars parce que je n'ai pas le choix."

"Tu pourrais peut-être..."

"Non, Ange. Tu le sais aussi bien que moi. Père ne me pardonnera pas de refuser ce mariage. Les Duhoux sont trop importants, l'alliance est trop belle dans son esprit. Et Louise..." Il laissa échapper un soupir. "Louise est tout ce que je ne cherche pas chez une femme de ferme."

"Tu lui écriras ? À mère, je veux dire."

"Bien sûr. Quand je serai installé quelque part. Si je trouve du travail..."

Le silence retomba, plus lourd cette fois. Chacun pensait à ce que serait le lendemain, ce dimanche qui marquerait un tournant dans leurs vies.

"Prends soin d'eux," murmura finalement Auguste. "De la terre aussi. Ne laisse pas le Chêne Creux mourir."

Pour toute réponse, il entendit la respiration régulière de son frère qui s'était endormi. Au-dessus d'eux, à travers les fentes du toit, quelques étoiles brillaient dans la nuit noire. Demain serait un autre jour, le début d'une nouvelle vie qu'il n'avait pas choisie, mais qu'il devrait affronter.

L'aube du dimanche se leva, grise et fraîche. Auguste s'éveilla au premier chant du coq, comme il l'avait toujours fait. En bas, les juments s'agitaient déjà, réclamant leur pitance. Cinq ans d'absence n'avaient pas effacé les habitudes : les bêtes d'abord, toujours.

Ange dormait encore, sa respiration régulière se mêlant aux bruits de l'écurie. Auguste se leva sans bruit, ses gestes précis dans la pénombre. L'uniforme du dimanche, soigneusement brossé la veille, attendait sur une poutre. Il le regarda longuement : ce serait probablement la dernière fois qu'il le porterait.

Dans la cour, l'air était vif. Sa mère était déjà debout, comme toujours. Il l'entendait s'activer dans la cuisine, préparant le café pour avant la messe. Les odeurs familières montaient jusqu'à lui : le pain frais, le café...

"Tu es déjà levé ?" La voix de Julienne le fit sursauter. Elle se tenait dans l'encadrement de la porte, son tablier propre déjà noué. "J'ai préparé ton café. Et j'ai repassé ta chemise... Pour faire bonne impression..."

Dans sa voix perçait l'espoir, l'inquiétude aussi peut-être. Elle devait sentir que quelque chose n'allait pas, avec cet instinct que les mères ont toujours.

La cuisine était chaude, presque étouffante après la fraîcheur de la cour. Son père était déjà attablé, rasé de près, sa chemise du dimanche empesée craquant à chaque mouvement. Le silence n'était troublé que par le tintement de la cuillère contre la tasse de café.

"Les Duhoux viendront après la messe," annonça François, comme si cette information était anodine. "Ta mère a préparé un gâteau."

Auguste remarqua que sa mère évitait son regard, s'affairant plus que nécessaire autour du fourneau. Elle avait sorti la nappe brodée, celle des grandes occasions et les tasses de porcelaine qu'on ne sortait que pour les fêtes.

"J'ai ciré tes souliers," dit-elle doucement. "Ils sont près du feu."

Les souliers noirs luisaient dans la lumière du matin, symbolisant tout ce qu'on attendait de lui : la respectabilité, la conformité, l'acceptation d'un rôle tout tracé.

Ange descendit à son tour, ses cheveux encore ébouriffés par le sommeil. Leurs regards se croisèrent brièvement, lourds des confidences de la nuit.

"Il faut partir tôt," déclara François en se levant. "Le curé veut me voir avant la messe. Sans doute pour parler des bancs..." Il laissa sa phrase en suspens, mais le message était clair : les Bourcier avaient une position à tenir, une image à maintenir.

"Tu as mis ta cravate ?" demanda Julienne à Auguste, s'approchant pour l'arranger. Ses mains tremblaient légèrement. "Louise est très élégante, tu sais..."

La route vers l'église était boueuse malgré le beau temps, les ornières encore profondes des dernières pluies. Les Bourcier marchaient en file, comme l'exigeait la tradition : le père devant, puis la mère, suivie de Marie qui avait mis sa plus belle coiffe, puis Auguste et enfin Ange fermant la marche. Leurs souliers cirés dérapaient parfois sur la glaise, mais personne ne se plaignait. Le dimanche était sacré et avec lui ses contraintes.

Marie se retournait de temps en temps vers Auguste, lui jetant des regards inquiets. Elle avait tellement grandi pendant ces cinq ans, devenant une jeune femme dont l'intelligence brillait dans les yeux. Elle était la seule à avoir entretenu une vraie correspondance avec lui pendant son service, la seule à comprendre peut-être ce qui se jouait aujourd'hui.

"J'ai vu leur jardin hier," chuchota-t-elle à son frère pendant que leurs parents avançaient. "Louise a fait arracher les choux pour mettre des rosiers. Sa mère dit que c'est plus convenable pour une jeune fille de bonne famille..."

Auguste sentit son cœur se serrer. Sa petite sœur, qui gérait si bien les comptes de la ferme avec leur mère, qui comprenait l'importance de chaque parcelle de terre, lui montrait sans le vouloir l'abîme qui le séparerait de Louise Duhoux.

Les Duhoux apparurent à l'autre bout de la place. Le père, malgré sa maladie, se tenait très droit, comme si sa dignité dépendait de cette posture. La mère, dans sa robe de ville, surveillait sa fille tout en saluant les notables avec une grâce étudiée. Et Louise...

"Regarde comme elle est apprêtée," murmura Marie à l'oreille d'Auguste. "On dirait qu'elle sort d'un magazine de Rennes."

En effet, Louise avançait délicatement dans une robe bleu pâle, dernière mode de la ville, son chapeau orné de fleurs artificielles brillant au soleil. Sa démarche précieuse, presque précautionneuse, évitait soigneusement les flaques et la boue du chemin.

"Elle a passé deux heures à se préparer," souffla Marie. "Sa mère s'en vantait hier chez la mercière. Pendant ce temps, on trayait les vaches..."

"C'est une demoiselle," répondit Ange avec une pointe d'ironie. "Pas une paysanne comme nous."

François Bourcier se retourna brusquement : "Marie, Ange, assez de commérages. On entre dans la maison du Seigneur."

Mais le regard qu'échangèrent les trois enfants Bourcier en disait long. Marie serra doucement le bras d'Auguste. Elle, qui avait maintenu le lien pendant ces cinq années par ses lettres pleines d'intelligence et d'observations fines, comprenait mieux que quiconque l'abîme qui séparait son frère de cette jeune femme de la ville égarée à la campagne.

L'église était déjà à moitié pleine quand ils entrèrent. Les Bourcier prirent place dans leur banc habituel, à droite, celui que la famille occupait depuis des générations. François en tête, puis Julienne, Marie, Auguste et Ange fermant la rangée.

Les Duhoux s'installèrent dans leur banc à gauche, presque en face. Louise sortit un missel à la reliure dorée et un chapelet en nacre qui brillait dans la lumière des vitraux. Ses gestes étaient étudiés, gracieux, comme si elle avait conscience d'être observée par toute l'assemblée.

"Regarde son missel," chuchota Marie si bas qu'Auguste dut se pencher pour l'entendre. "Il vient de Paris. Le mien n'est que du cuir ordinaire."

Auguste observait discrètement la jeune femme qu'on lui destinait. Chaque détail criait la différence : ses mains blanches et délicates qui n'avaient jamais connu le travail, sa posture droite et affectée, la façon dont elle manipulait son chapelet comme un accessoire de théâtre.

Quand le curé monta en chaire, Louise prit une pose de dévotion parfaite, les yeux modestement baissés. À côté d'Auguste, Marie continuait de jeter des coups d'œil critiques vers le banc des Duhoux.

"Elle va chanter à l'harmonium tout à l'heure," murmura-t-elle. "Elle s'est entraînée toute la semaine. Madame Duhoux l'a dit à tout le monde après le catéchisme."

Le sermon du curé portait, comme par hasard, sur le mariage chrétien et les vertus de la femme pieuse. Auguste sentit le regard appuyé de son père quand le prêtre évoqua "ces jeunes gens qui reviennent au pays après avoir connu la vie dissolue des villes et des casernes."

Au moment de l'offertoire, Louise se leva gracieusement pour rejoindre l'harmonium. Sa démarche était étudiée, chaque pas semblant avoir été répété pour produire le meilleur effet. Elle s'installa sur le tabouret avec une grâce affectée, arrangeant les plis de sa robe comme pour un portrait.

"Elle a pris des leçons pendant deux ans à Rennes," souffla Marie. "Ça a coûté une fortune à son père."

Les premières notes de l'Ave Maria emplirent l'église. Louise jouait correctement, sans passion mais sans faute, comme une démonstration de son éducation accomplie. Auguste nota que ses doigts effleuraient à peine les touches, comme si elle craignait de se salir même au contact de l'harmonium.

"Quelle délicatesse," murmura une femme derrière eux. "Une vraie demoiselle..."
Marie leva les yeux au ciel, mais Auguste avait déjà compris. Cette "vraie demoiselle" qui jouait de l'harmonium avec des gestes précieux, qui craignait même le contact des touches, comment pourrait-elle un jour tenir les mancherons d'une charrue ou aider à la mise bas d'une vache ?

La messe s'acheva sur un dernier cantique que Louise accompagna à l'harmonium. Quand elle regagna le banc des Duhoux, sa mère lui tapota fièrement la main tandis que plusieurs paroissiennes hochaient la tête avec approbation.

Sur le parvis, la sortie s'organisait selon le rituel immuable des dimanches. Les familles importantes restaient un moment à échanger des politesses, pendant que les autres se dispersaient rapidement pour retourner à leurs tâches.

François Bourcier manœuvra habilement pour se retrouver près des Duhoux. "Une belle messe," dit-il au père de Louise. "Et votre fille joue admirablement."

Louise baissa modestement les yeux, un léger sourire aux lèvres. Elle avait sorti une ombrelle de dentelle pour se protéger du soleil, bien que le temps fût couvert.

"Auguste," appela François, "viens donc saluer Monsieur Duhoux et sa famille."

Marie et Ange échangèrent un regard pendant qu'Auguste s'avançait. Sa démarche militaire contrastait avec l'attitude précieuse de Louise, qui s'éventait délicatement bien que l'air fût frais.

"Mon fils aîné," présenta François avec une fierté évidente. "Cinq ans de service, il achetait les chevaux pour l'armée."

"Des chevaux ?" Louise eut une petite moue. "Quelle occupation... rustique."

Marie toussa brusquement pour masquer un rire, s'attirant un regard noir de sa mère.

"Mon fils connaît bien les bêtes," insista François, ne remarquant pas ou choisissant d'ignorer la moue dédaigneuse de Louise. "Il a parcouru toute la France pour la remonte de cavalerie."

"Oh," fit Louise avec une grimace à peine dissimulée, "vous deviez fréquenter des endroits... particuliers. Les foires, les marchés..." Elle prononça ces mots comme s'ils étaient inconvenants.

"En effet, mademoiselle," répondit Auguste, une pointe d'ironie dans la voix. "Là où se fait le vrai travail de la terre."

Madame Duhoux intervint rapidement : "Louise préfère les occupations plus raffinées. Elle brode magnifiquement, vous savez. Et vous avez entendu comme elle joue de l'harmonium..."

"La broderie et la musique sont des arts bien plus convenables pour une jeune fille," approuva Louise en réajustant son ombrelle. "Ces histoires de bêtes et de terres, c'est tellement... rustique."

Marie, toujours à portée d'oreille, s'étrangla presque. Ange dut lui donner une tape dans le dos pour masquer son hilarité.
"Mais dites-moi, Monsieur Bourcier," poursuivit Louise en minaudant, "on m'a dit que vous aviez fait vos études avant l'armée ? Ce devait être tellement plus... distingué que ces histoires de chevaux."

Mon fils connaît bien les bêtes," insista François, ne remarquant pas ou choisissant d'ignorer la moue dédaigneuse de Louise. "Il a parcouru toute la France pour la remonte de cavalerie."

"Oh," fit Louise avec une grimace à peine dissimulée, "vous deviez fréquenter des endroits... particuliers. Les foires, les marchés..." Elle prononça ces mots comme s'ils étaient inconvenants.

"En effet, mademoiselle," répondit Auguste, une pointe d'ironie dans la voix. "Là où se fait le vrai travail de la terre."

Madame Duhoux intervint rapidement : "Louise préfère les occupations plus raffinées. Elle brode magnifiquement, vous savez. Et vous avez entendu comme elle joue de l'harmonium..."

"La broderie et la musique sont des arts bien plus convenables pour une jeune fille," approuva Louise en réajustant son ombrelle. "Ces histoires de bêtes et de terres, c'est tellement... rustique."

Marie, toujours à portée d'oreille, s'étrangla presque. Ange dut lui donner une tape dans le dos pour masquer son hilarité.

"Mais dites-moi, Monsieur Bourcier," poursuivit Louise en minaudant, "on m'a dit que vous aviez fait vos études avant l'armée ? Ce devait être tellement plus... distingué que ces histoires de chevaux."

"Les études m'ont appris l'importance du travail de la terre, mademoiselle," répondit Auguste posément. "L'agronomie moderne, les nouvelles méthodes d'élevage..."

"Oh, mon Dieu," l'interrompit Louise avec un petit rire affecté, "vous n'allez pas nous parler de ces choses-là sur le parvis de l'église ! C'est à peine convenable. Parlons plutôt de mon jardin. J'ai fait planter des roses magnifiques, venues directement de Tours..."

"Des roses ?" intervint Marie, incapable de se contenir. "À la place du carré de légumes, n'est ce pas ?"

"Les légumes sont tellement communs," soupira Louise. "Les fleurs, c'est tellement plus... poétique. D'ailleurs, j'ai composé quelques vers sur mes roses. Si vous voulez, je pourrais..."

"Louise excelle en poésie," s'empressa d'ajouter Madame Duhoux. "Son institutrice au couvent disait qu'elle avait une sensibilité remarquable."

"Et la ferme ?" demanda brusquement Auguste. "Vous vous intéressez à la gestion d'une exploitation agricole ?"

Louise eut un mouvement de recul, comme si la question elle-même était inconvenante. "Oh non ! Ce sont des affaires d'hommes, tout cela. Une femme bien élevée ne devrait pas se mêler de ces choses si... terrestres. Mon père dit toujours..."

"Que la place d'une femme est à l'église et dans son salon," compléta Auguste, une note d'amertume dans la voix.
Exactement !" approuva Louise avec enthousiasme, ne percevant pas l'ironie. "Une femme doit cultiver les arts d'agrément. Tenez, la semaine dernière, j'ai appris une nouvelle sonate. Et mes aquarelles progressent tellement... J'ai peint mon petit Minou, il est si adorable..." "Minou ?" ne put s'empêcher de demander Auguste.

"Mon chat," précisa Louise avec un sourire radieux. "Le plus intelligent des chats. Si vous saviez comme il est espiègle ! L'autre jour, il a attrapé une souris et me l'a apportée. J'ai eu tellement peur que j'ai failli m'évanouir !"

Marie toussa de nouveau, plus violemment cette fois. Ange dut l'emmener à l'écart, prétextant qu'elle avait besoin d'air.

"Et comment voyez-vous votre rôle dans une ferme ?" insista Auguste, ignorant les regards d'avertissement de son père.

"Oh," Louise agita son ombrelle avec grâce, "je pensais transformer la buanderie en salon de musique. Et le jardin potager... il est tellement vulgaire, ne trouvez-vous pas ? Avec quelques parterres de fleurs et une tonnelle, ce serait tellement plus distingué."

Madame Bourcier intervint rapidement : "Nous devrions peut-être rentrer. Le café va refroidir..."

Le retour vers le Chêne Creux se fit en procession cérémonieuse : les Duhoux invités à marcher devant, François et Julienne juste derrière eux, tandis qu'Auguste, Marie et Ange fermaient la marche, maintenant une distance suffisante pour pouvoir chuchoter entre eux.

"Un salon de musique !" souffla Marie, incrédule. "Dans la buanderie ! Où mère est censée faire la lessive après ?"

"Elle n'y a sans doute pas pensé," répondit Ange à voix basse. "Comme elle n'a pas pensé à ce qu'on ferait des légumes si on transforme le potager en jardin d'agrément."

Devant eux, Louise trottinait délicatement, évitant les flaques avec des petits pas précieux. Sa robe de ville frôlait à peine le sol boueux, comme si elle refusait tout contact avec la terre elle-même.

"On dirait qu'elle a peur que la campagne la contamine," murmura Marie. "Tu as vu comme elle a frémi quand le fils Moreau est passé près d'elle avec ses bottes de travail ?"

Auguste observait la scène en silence. Chaque pas, chaque geste de Louise confirmait ses pires craintes. Cette jeune femme n'était pas seulement inadaptée à la vie de ferme - elle semblait la mépriser activement.

"Auguste," chuchota Marie en lui prenant le bras, "tu ne peux pas épouser ça. Elle transformerait le Chêne Creux en maison de poupée."

À l'entrée de la ferme, le spectacle qui les attendait fit immédiatement réagir Louise. Une vache avait laissé des bouses fraîches dans la cour et les poules picoraient librement autour.

"Oh, mon Dieu !" s'exclama-t-elle en reculant. "C'est... c'est d'une vulgarité ! Les bêtes ne pourraient-elles pas rester dans leurs enclos ?"
"Les poules en liberté donnent de meilleurs œufs," expliqua Marie d'un ton innocent. "Et le fumier, c'est la richesse d'une ferme."

Louise pâlit visiblement à cette remarque. "Le fumier ? Une richesse ? Quelle idée répugnante ! Dans notre propriété, tout cela est caché à la vue. Papa dit qu'une ferme bien tenue ne devrait pas montrer ses... aspects déplaisants."

Julienne tenta de sauver la situation : "Entrez donc, j'ai préparé du café et un gâteau..."

Mais Louise restait figée devant l'entrée, cherchant désespérément un chemin pour atteindre la porte sans salir ses bottines vernies. Une jument hennit dans l'écurie toute proche, la faisant sursauter.

"Ces bruits d'animaux," dit-elle en portant son mouchoir brodé à son nez, "c'est tellement... rustique. N'avez-vous jamais pensé à éloigner les bâtiments d'élevage de la maison ?"

"Éloigner les bêtes ?" intervint Auguste, ne pouvant plus se contenir. "Mais c'est leur chaleur qui nous réchauffe l'hiver. Et comment surveillerait-on les juments qui vont pouliner ?"

"Pouliner ?" Louise semblait sur le point de défaillir. "Vous voulez dire... Oh, épargnez-moi ces détails !"

"Asseyez-vous donc," proposa Julienne, tirant une chaise de bois près de la table. "J'ai fait un gâteau ce matin."

Louise s'assit du bout des fesses, comme si elle craignait que la rusticité de la chaise ne soit contagieuse. Son regard parcourut la pièce, s'arrêtant sur le buffet où s'alignaient les ustensiles de cuisine.

"Il faudrait une salle à manger séparée," déclara-t-elle. "Ce mélange de cuisine et de pièce à vivre, c'est tellement... paysan. Chez nous, la cuisine est réservée aux domestiques." "Mais alors," demanda Marie feignant l'innocence, "où faites-vous la tuerie du cochon ?"

"La... quoi ?" Louise devint livide.

"La tuerie," répéta Marie avec un plaisir évident. "Vous savez, quand on saigne le cochon en hiver. Ici, on le fait dans la cuisine, c'est plus pratique pour récupérer le sang pour le boudin."

Cette fois, Louise pâlit visiblement. Sa mère s'empressa d'intervenir : "Louise a une sensibilité très délicate. Son confesseur dit que c'est le signe d'une âme raffinée."

"Une âme raffinée," murmura Auguste, "mais qui mangera bien le jambon quand il sera fait."

"Oh non," protesta Louise. "Je ne mange que des viandes... convenables. Le poulet, parfois. Mais ces histoires de cochons et de boudins, c'est tellement vulgaire."

Julienne posa les tasses de café sur la table, ses mains tremblant légèrement. Le fossé qui se creusait entre les deux familles devenait de plus en plus évident.

"Et quels sont vos projets pour la ferme ?" demanda François, tentant de ramener la conversation sur un terrain plus constructif.
"Oh, j'ai tant d'idées !" s'anima Louise. "D'abord, il faudrait réaménager tout cet espace. Un petit salon ici, avec des fauteuils capitonnés et des rideaux en dentelle. La cuisine serait reléguée à l'arrière, bien sûr, pour ne pas avoir ces odeurs... déplaisantes."

Marie, qui versait le café, manqua de renverser la tasse. "Et mère ? Où fera-t-elle son pain ?"

"Le pain ?" Louise eut un petit rire cristallin. "Mais on l'achète, voyons ! C'est tellement plus distingué que ces gros pains de campagne. Et puis, pétrir la pâte, c'est un travail si... manuel."

Julienne serra les lèvres. Depuis quarante ans, elle pétrissait le pain familial deux fois par semaine, une source de fierté autant que d'économie.

"Et pour les bêtes ?" demanda Auguste, sa voix dangereusement calme. "Comment voyez-vous votre rôle avec le bétail ?"

"Les bêtes ?" Louise frissonna délicatement. "Oh, je ne m'approcherai pas de ces créatures. L'odeur, la saleté... Non, non, il y a des valets pour ça. Une femme de ma condition ne peut pas se compromettre avec ce genre de tâches."

"Des valets ?" intervint Ange. "Mais ici, tout le monde met la main à la pâte. Même le dimanche, il faut traire les vaches, nourrir les bêtes..."

"Traire ?" Cette fois, Louise semblait au bord de l'évanouissement. "Vous voulez dire... toucher les vaches ? De ses propres mains ?"

"Ma fille a reçu une éducation raffinée," intervint Madame Duhoux précipitamment. "Au couvent, on lui a appris les arts d'agrément. La broderie, le piano, l'aquarelle..."

"Mais qui s'occupera des comptes de la ferme ?" demanda Marie innocemment. "Mère tient les livres de compte, surveille les dépenses, calcule les bénéfices de chaque vente..."

"Les comptes ?" Louise agita sa main comme pour chasser une mouche importune. "Ces chiffres me donnent la migraine. C'est tellement vulgaire de parler d'argent. Une vraie dame ne devrait pas se soucier de ces choses-là."

Auguste échangea un regard avec sa mère. Julienne, qui gérait la ferme aussi efficacement qu'un notaire, semblait avoir avalé quelque chose de travers.

"Et pour les marchés ?" poursuivit Marie. "Qui négociera le prix des veaux, des porcelets ?"

"Les marchés ?" Cette fois, Louise eut l'air véritablement horrifié. "Ces endroits pleins de boue et de cris ? Jamais de la vie ! Une femme de ma condition ne peut pas se montrer dans ces lieux de... de commerce."

François Bourcier, qui jusqu'alors semblait vouloir ignorer l'évidence, commença à montrer des signes d'inquiétude. Sa propre femme était connue dans tous les marchés de la région pour son sens aigu des affaires.

"Ma fille apportera de la distinction au Chêne Creux," affirma Monsieur Duhoux avec une certaine raideur. "Elle élèvera le niveau social de la maison."

Auguste se leva brusquement, incapable de contenir plus longtemps son indignation.
"Élever le niveau social ?"

Sa voix était calme, mais chargée d'une colère froide. "Le Chêne Creux n'est pas un salon de la ville. C'est une ferme qui fait vivre trois familles de journaliers. Une exploitation qui demande du travail, de la compétence, de la connaissance."

"Auguste..." tenta d'intervenir son père, mais il poursuivit :

"Ma mère sait tenir des comptes aussi bien qu'un notaire. Elle connaît le prix de chaque bête, le rendement de chaque champ. Ma sœur Marie calcule les marges sur les ventes mieux qu'un marchand. Et vous voudriez transformer tout ça en maison de poupée ?"

"Monsieur Bourcier !" s'offusqua Madame Duhoux. "Ces propos sont déplacés !"

"Déplacés ?" Auguste eut un rire sans joie. "Ce qui est déplacé, c'est de vouloir mettre des rideaux en dentelle là où on sale le lard. Ce qui est déplacé, c'est de mépriser le travail qui vous nourrit."

Louise, pâle comme un linge, serrait son mouchoir brodé. "Je ne permettrai pas qu'on me parle ainsi ! Papa, faites quelque chose !"

"Auguste !" tonna François Bourcier, frappant la table du poing. "Tu oublies à qui tu parles !"

"Non, père. Je sais exactement à qui je parle. À une demoiselle qui trouve que les chiffres donnent la migraine mais qui veut gérer une ferme. Qui a peur des bêtes mais qui prétend devenir fermière. Qui méprise le travail manuel mais veut épouser un paysan !"

"Je ne suis pas une paysanne !" protesta Louise, au bord des larmes. "Je suis une jeune fille bien élevée !"

"Justement !" La voix d'Auguste était tranchante comme une faux. "Vous êtes trop 'bien élevée' pour le Chêne Creux. Trop délicate pour comprendre que la terre, ça se travaille, ça ne se regarde pas derrière des rideaux de dentelle !"

Monsieur Duhoux se leva, le visage empourpré. "Nous ne resterons pas ici à nous faire insulter ! Louise, ma chérie, nous partons."

"Une dernière chose," lança Auguste alors que les Duhoux se dirigeaient vers la porte. "Les cochons que vous trouvez si vulgaires, les vaches que vous ne voulez pas toucher, le fumier qui vous répugne... c'est ça qui fait vivre une ferme. Pas les aquarelles ni les sonates !"

Le claquement de la porte derrière les Duhoux résonna dans la cuisine comme un coup de tonnerre. Le silence qui suivit était assourdissant.

François Bourcier se tourna lentement vers son fils, son visage passant du rouge au pourpre. "Tu viens d'insulter une des meilleures familles de la région. Tu viens de ruiner une alliance qui aurait assuré l'avenir du Chêne Creux."

"L'avenir du Chêne Creux ?" Auguste laissa échapper un rire amer. "Avec une femme qui veut transformer la buanderie en salon de musique ? Qui trouve les chiffres vulgaires et le fumier répugnant ?"
"ASSEZ !" Le poing de François s'abattit sur la table, faisant trembler les tasses. "Cinq ans ! Cinq ans que j'attendais ton retour pour te confier la ferme. Et tu gâches tout en une matinée !"

Julienne tenta d'intervenir : "François..."

"Non ! Qu'il fasse ses bagages et qu'il parte ! Je ne veux plus le voir ici !"

Marie éclata en sanglots. "Père, vous ne pouvez pas..."

"Je peux et je le fais ! Un fils qui refuse un tel mariage, qui insulte les Duhoux... Il n'a plus sa place au Chêne Creux !"

Auguste se tenait droit, son regard dur fixé sur son père. "Très bien. Je partirai. Mieux vaut ça que de voir le Chêne Creux devenir un salon de ville avec des rideaux en dentelle."

Auguste monta dans l'écurie récupérer son baluchon, qu'il n'avait même pas entièrement défait. Ange et Marie l'y suivirent, pendant que dans la cuisine, on entendait encore les éclats de voix de leur père.

"Tu ne peux pas partir comme ça," sanglota Marie. "Pas encore une fois..."

"Je n'ai pas le choix, petite sœur." Auguste serra son baluchon. "Je ne peux pas accepter ce mariage. Cette fille détruirait tout ce qui fait la force du Chêne Creux."

Ange, appuyé contre un box, regardait son frère avec un mélange de tristesse et de compréhension. "Où iras-tu finalement?"

"Toujours vers le sud. Il doit bien y avoir du travail quelque part pour des bras solides," répétât Auguste qui tentait de paraître plus assuré qu'il ne l'était.

Marie sortit de sa poche un petit paquet enveloppé dans un mouchoir. "Tiens. J'ai mis de côté quelques pièces... Ce n'est pas grand-chose, mais..."

"Non, garde-les," refusa Auguste. "Tu en auras besoin ici. Continue à tenir les comptes avec mère. Ne laisse pas les choses se perdre."

Julienne apparut dans l'encadrement de la porte de l'écurie, son tablier tordu entre ses mains. "J'ai mis du pain et du lard dans un paquet. Et une chemise propre..." Sa voix se brisa.

"Merci, mère." Auguste l'embrassa, respirant une dernière fois l'odeur familière de pain et de lessive qui l'avait accompagné toute son enfance.

Le soleil n'était pas encore au zénith quand Auguste franchit pour la dernière fois le seuil du Chêne Creux. Son baluchon sur l'épaule, il portait encore son costume du dimanche - celui-là même qu'il avait mis quelques heures plus tôt pour rencontrer les Duhoux. Le paquet de provisions que sa mère avait préparé pesait dans sa poche, plus lourd de signification que de contenu.

Marie et Ange l'accompagnèrent jusqu'au grand chêne qui marquait la limite de la propriété. Personne ne parlait. Que dire quand votre monde s'écroule un dimanche matin, entre la messe et le café ?

Dans la cour qu'il laissait derrière lui, les poules picoraient paisiblement, ignorant le drame qui venait de se jouer. Les mêmes poules qui avaient tant horrifié Louise Duhoux. Cette pensée arracha à Auguste un sourire amer.

"Tu écriras ?" demanda Marie, sa voix tremblant légèrement.

"Quand je serai installé quelque part. Quand j'aurai trouvé du travail."

"Mais où vas-tu chercher ?" insista Ange. "Tu ne connais personne dans le Sud..."

"J'ai mes bras," répondit Auguste en se redressant. "Et j'ai appris des choses pendant ces cinq ans. Une ferme aura bien besoin d'un homme qui sait travailler."

La route qui s'étirait devant lui n'était plus celle qu'il avait parcourue la veille en revenant de Rennes, plein d'appréhension mais aussi d'espoir. Elle lui semblait maintenant plus dure, plus hostile, comme si le rejet de son père avait changé jusqu'à la nature du chemin.

Au premier tournant, là où le Chêne Creux disparaîtrait à sa vue, Auguste s'arrêta. Se retournant une dernière fois, il grava dans sa mémoire l'image de la ferme familiale : les bâtiments massifs, le grand chêne, la fumée qui montait doucement de la cheminée dans l'air dominical. Marie et Ange étaient toujours là, silhouettes immobiles près de l'arbre.

Le son des cloches de Noyal-sur-Vilaine lui parvint, porté par le vent. La grand-messe devait être finie. À cette heure-ci, les Duhoux devaient déjà répandre la nouvelle de l'affront qu'ils avaient subi. Louise racontait probablement, avec force soupirs et gestes délicats, comment ce rustre d'Auguste Bourcier avait osé critiquer ses projets d'embellissement.

Il ajusta son baluchon sur son épaule et reprit sa marche. La route de Rennes, qu'il avait suivi la veille, il la laissa sur sa droite. Son chemin à lui descendrait vers le sud, vers ces régions qu'il avait traversées pendant son service, mais où il n'avait jamais pensé devoir chercher refuge.

Les premières heures de marche furent les plus difficiles. Chaque pas qui l'éloignait du Chêne Creux semblait lui arracher un morceau de lui-même. Son costume du dimanche, si raide et inconfortable, lui rappelait cruellement les événements de la matinée. Il finit par ôter sa cravate et la glisser dans son baluchon.

Les paysans qu'il croisait le regardaient avec curiosité. Un homme en costume marchant seul un dimanche, ce n'était pas courant. Certains le saluaient, par habitude peut-être, ou par cette solidarité instinctive des gens de la terre. Auguste leur rendait leur salut machinalement, son esprit occupé à repasser les événements de la matinée.

Louise et ses rideaux de dentelle... Comment son père avait-il pu croire un instant que ça pourrait fonctionner ? Une fille qui avait peur des bêtes, qui trouvait vulgaire de parler d'argent, qui voulait transformer une ferme en salon mondain. Chaque souvenir des propos de la jeune femme renforçait sa certitude d'avoir fait le bon choix, même si ce choix le jetait maintenant sur les routes.

Vers midi, il s'arrêta près d'un ruisseau pour manger un morceau du pain et du lard que sa mère avait glissé dans ses poches. Le pain avait ce goût particulier du Chêne Creux, celui que sa mère pétrissait deux fois par semaine. Ce pain que Louise trouvait trop "paysan", préférant le pain blanc du boulanger...

Le jour avançait et avec lui la chaleur. Auguste finit par retirer sa veste du dimanche, la pliant soigneusement avant de l'attacher à son baluchon. Sa chemise blanche, déjà marquée par la poussière de la route, n'était plus celle du fils Bourcier allant rencontrer sa promise, mais celle d'un homme sur les chemins.

Les fermes qu'il dépassait lui renvoyaient l'image de ce qu'il avait perdu. Ici, une femme étendait son linge, là-bas un homme rentrait ses bêtes. La vie normale d'un dimanche à la campagne, celle qui aurait dû être la sienne au Chêne Creux.

Vers le milieu de l'après-midi, il croisa un attelage. Le fermier, qu'il connaissait de vue pour l'avoir rencontré aux foires de Noyal, ralentit sa charrette.

"Eh, le fils Bourcier ! Tu vas loin comme ça ?" "Vers le
sud," répondit Auguste évasivement. "Le sud ? Un
dimanche ? En costume ?" L'homme le regardait avec
curiosité. "Les nouvelles vont vite, tu sais. On dit que les
Duhoux sont partis du Chêne Creux comme si le diable
les poursuivait..."

Auguste serra les dents. Ainsi, les ragots couraient déjà. Bientôt, tout le pays saurait comment il avait refusé un beau mariage, comment il avait insulté une demoiselle de bonne famille.

"Les gens parlent déjà, pas vrai ?" demanda Auguste, une amertume dans la voix.

"Oh que oui !" Le fermier cracha sur le bas-côté. "La fille Duhoux raconte à qui veut l'entendre que tu es un rustre, un sauvage qui ne comprend rien aux bonnes manières. Mais..." Il hésita un instant. "Y en a qui disent qu'elle voulait mettre des rideaux en dentelle dans l'étable."

Auguste ne put s'empêcher de sourire malgré lui. "Pas dans l'étable. Dans la buanderie. Elle voulait en faire un salon de musique."

"Un salon de musique ?" Le fermier partit d'un grand éclat de rire. "Dans une buanderie ? Et où qu'elle aurait fait la lessive, la demoiselle ? Dans son piano ?"

Puis, redevenant sérieux : "Monte donc, je vais jusqu'à Janzé. Ça t'avancera un peu."

Auguste hésita. Janzé, c'était sur sa route, mais accepter, c'était aussi s'exposer à plus de questions.

"Allez, grimpe," insista le fermier. "J'ai connu ton grand-père, tu sais. Un vrai homme de la terre, lui aussi. Il n'aurait pas voulu non plus d'une poupée de salon pour le Chêne Creux."

La charrette grinçait sur les ornières du chemin. Auguste, assis à côté du fermier, regardait défiler le paysage de son enfance. Chaque lieu lui rappelait une histoire, un souvenir.

"J'étais aux foires de Janzé la semaine dernière," dit le fermier en faisant claquer les rênes. "Y avait justement le père Duhoux. Déjà à cette époque, il se vantait que sa fille allait épouser l'aîné des Bourcier. 'Une alliance qui va nous sortir de la paysannerie', qu'il disait."

"Nous sortir de la paysannerie ?" répéta Auguste avec amertume. "C'est donc ça qu'ils voulaient..."

"Dame oui ! Tout le monde sait que les Duhoux jouent aux grands seigneurs depuis que le vieux a fait des affaires avec les banques. Mais tu veux que je te dise ? Leurs terres sont hypothéquées jusqu'au dernier sillon. Le régisseur en parle après quelques verres de cidre."

Auguste tourna vivement la tête vers son compagnon. "Hypothéquées ?"

"Et comment ! La demoiselle et ses leçons de piano, ses robes de la ville, ses voyages à Rennes... Tout ça coûte cher. Sans parler de son fameux jardin d'agrément qui a remplacé le potager, maintenant, ils doivent acheter des légumes, le pain, ça fini par couter cher pour une ferme. Le père Duhoux cherchait un gendre solide pour redresser tout ça."

"Un gendre solide..." Auguste laissa échapper un rire sans joie. "Et ils pensaient que j'allais renflouer leurs dettes pendant que leur fille transformait le Chêne Creux en maison de plaisance ?"

"C'était bien pensé de leur part," répondit le fermier en hochant la tête. "Les Bourcier ont la réputation d'être de bons gestionnaires. Ta mère surtout, elle connaît la valeur d'un sou. Et toi, avec tes cinq ans dans l'armée, à acheter des chevaux... Ils se disaient sûrement que tu saurais redresser la barre."

La charrette cahota sur une pierre, faisant cliqueter les chaînes du harnais.

"Le pire," poursuivit le fermier en baissant la voix comme pour une confidence, "c'est que la demoiselle ne sait même pas dans quel état sont leurs affaires. J'ai entendu le régisseur dire qu'elle refuse de regarder les livres de comptes. Ça lui donne la migraine, qu'elle dit."

"La migraine..." répéta Auguste, se souvenant des paroles de Louise le matin même. "Et pendant ce temps, les banques..."

"Les banques attendent leur heure, comme des loups autour d'une bergerie. Le mariage avec toi, c'était leur dernière chance. Une alliance avec le Chêne Creux, ça aurait rassuré les créanciers."

Le silence s'installa dans la charrette, seulement troublé par le pas régulier du cheval et le grincement des roues. Auguste digérait ces révélations qui donnaient un sens nouveau aux événements du matin.

"Maintenant je comprends mieux," dit-il enfin. "Les grands airs de la demoiselle, son mépris pour le travail de la terre... Ils ne voulaient pas s'allier avec des paysans, ils voulaient se servir de notre travail pour maintenir leurs apparences."

"Et pendant que tu aurais trimé pour rembourser leurs dettes," ajouta le fermier, "la demoiselle aurait joué les châtelaines avec ses rideaux en dentelle et ses salons de musique." "Mon père ne savait pas ?" demanda Auguste, bien qu'il connût déjà la réponse.

"Ton père ne voit que l'apparence. En dehors d'une ferme plus grande, plus de terre. Les Duhoux à la messe, dans leur beau banc, la demoiselle à l'harmonium... Pour lui, c'est ça la réussite." Le fermier cracha de nouveau. "Mais nous autres, on sait bien que les plus beaux épis ne sont pas ceux qui se dressent le plus haut."

La route défilait, familière et pourtant déjà étrangère. Chaque tour de roue éloignait Auguste du Chêne Creux, mais ces révélations, étrangement, allégeaient son cœur.

"Je me demande combien de temps ils pourront tenir," dit Auguste, pensif. "Avec leur train de vie et leurs dettes..."

"Oh, pas longtemps," répondit le fermier. "C'est pour ça qu'ils étaient si pressés de te faire rencontrer leur fille. Les banques commencent à s'impatienter. La dernière fois que le père Duhoux est venu à la foire, il n'a même pas pu acheter deux gorets, faute de crédit."

Ces paroles firent réfléchir Auguste. Il revoyait l'empressement de Monsieur Duhoux ce matin, son insistance sur la "distinction" que sa fille apporterait au Chêne Creux... Tout n'était que façade, un château de cartes prêt à s'écrouler.

"Et dire que j'aurais dû épouser ça," murmura-t-il. "Reprendre le Chêne Creux avec une femme qui méprise le travail de la terre, pendant que son père aurait vendu nos bêtes pour payer ses dettes..." "T'as bien fait de partir," affirma le fermier. "Mieux vaut marcher sur les routes que de voir une ferme comme le Chêne Creux tomber dans les griffes des banques. Tes parents comprendront... plus tard."

La charrette passa devant un champ où des vaches paissaient paisiblement. Auguste pensa à Louise, qui trouvait l'odeur des bêtes "répugnante", qui voulait éloigner les étables de la maison...

"À la prochaine foire," reprit le fermier, "les Duhoux ne pourront même plus faire semblant. Sans ce mariage pour les sauver..." Il laissa sa phrase en suspens, faisant claquer les rênes sur le dos du cheval.

"Comment en sont-ils arrivés là ?" demanda Auguste. "Ils avaient une belle exploitation, avant..."

"Ah ça ! C'est l'histoire de beaucoup par ici. Le père Duhoux a voulu jouer au monsieur. Les études de sa fille au couvent de Rennes, ça coûte cher. Les leçons de piano, les robes de la ville, les voyages... Et pendant ce temps-là, les terres étaient laissées au régisseur."

"Et maintenant ?"

"Maintenant ? La demoiselle continuera à jouer de l'harmonium à l'église pendant que les huissiers feront l'inventaire. Dans six mois, un an tout au plus, il ne leur restera que leurs beaux airs et leurs dettes."

Auguste se rappela les paroles de Louise sur la vulgarité du travail manuel, son dégoût pour les bêtes et la terre.

"Et qu'est-ce qu'elle fera, la demoiselle, quand ils n'auront plus de quoi payer ses robes de ville ?"

"Elle trouvera bien un autre fils de paysan à épouser," répondit le fermier avec un rire sans joie. "Il y en a toujours qui se laissent prendre aux grands airs. Mais cette fois, elle devra se dépêcher. Les nouvelles vont vite dans le pays..."

Les premières maisons de Janzé apparurent au détour de la route. Le clocher de l'église se dressait dans le ciel de l'après-midi et déjà on entendait les bruits du bourg : le marteau du forgeron, les cris des enfants jouant sur la place.

"Je te dépose où ?" demanda le fermier.

"À la sortie du bourg, sur la route du sud. Je préfère éviter les curieux."

"T'as raison. Les langues doivent déjà bien aller ici aussi. Si tu veux mon avis, la messe de ce matin à Noyal va alimenter les conversations pendant des semaines."

La charrette traversa lentement les rues du bourg. Quelques personnes se retournèrent sur leur passage, reconnaissant peut-être Auguste. Il baissa légèrement la tête, ne voulant croiser aucun regard.

"Tiens," dit le fermier en arrêtant son attelage à la sortie du bourg. "Prends ça." Il sortit de sous son siège un paquet enveloppé dans du papier journal. "C'est du lard et du pain. La route est longue jusqu'à Rennes."
"Je ne vais pas à Rennes," répondit Auguste en descendant de la charrette.

"Je sais bien. Mais si quelqu'un demande, c'est ce que je dirai. Que je t'ai déposé sur la route de Rennes."

"Merci pour tout," dit Auguste en prenant le paquet. "Pour la route et... pour les informations sur les Duhoux."

"Bah, les nouvelles sont gratuites," répondit le fermier. Il hésita un moment, puis ajouta : "J'ai connu ton grand-père, comme je t'ai dit. Un homme droit, du temps du domaine de Chanteloup. Il aurait compris ta décision, lui. Il n'aurait jamais voulu voir le Chêne Creux entre les mains d'une famille de faux nobles endettés."

Auguste ajusta son baluchon sur son épaule. Le soleil commençait à décliner, allongeant les ombres sur la route.

"Un dernier conseil," ajouta le fermier en rassemblant ses rênes. "Ne prends pas la grande route. Les gendarmes y font des rondes et ils pourraient poser des questions sur un homme en costume du dimanche qui voyage seul. Prends les chemins de traverse. C'est plus long, mais plus sûr."

"Les gendarmes ?" s'étonna Auguste.

"Les Duhoux ont des relations. Qui sait ce qu'ils raconteront pour sauver leur honneur ? Mieux vaut être prudent."

Le fermier fit claquer ses rênes. "Bonne route, fils. Et souviens-toi : tu as fait le bon choix. Le Chêne Creux méritait mieux qu'une demoiselle qui a peur du fumier."

Auguste regarda la charrette s'éloigner, puis examina le croisement devant lui. À gauche, la grande route pavée menait vers Rennes, droite et directe. À droite, un chemin de terre s'enfonçait entre les haies, serpentant vers le sud à travers la campagne.

Suivant le conseil du fermier, il prit le chemin de terre. Son costume du dimanche n'était plus vraiment approprié pour de tels sentiers, mais il n'avait pas le choix. Dans son baluchon, il n'avait qu'une chemise de rechange et quelques effets personnels - son départ précipité ne lui avait pas laissé le temps de prendre davantage.

Le soleil de l'après-midi déclinait doucement, faisant briller les flaques laissées par les dernières pluies. Les haies qui bordaient le chemin étaient encore humides et bientôt l'humidité s'infiltra dans ses souliers cirés du dimanche, si peu adaptés à la marche.

Au loin, il entendait encore les cloches de Janzé sonner les vêpres. Le son lui rappela brutalement que ce matin encore, il était à la messe de Noyal, prêt à rencontrer celle qu'on lui destinait. En quelques heures, sa vie avait basculé.

"Au moins," pensa-t-il en marchant, "j'ai évité le pire. Le Chêne Creux n'aurait pas survécu à une alliance avec les Duhoux."

Tout en marchant, Auguste repassait dans sa tête les révélations du fermier. Les Duhoux endettés jusqu'au cou, cherchant un gendre fortuné pour les sauver... Cela expliquait bien des choses. L'empressement du père, les grands airs de la fille, leur insistance sur la "distinction" qu'ils apporteraient au Chêne Creux.
Ses souliers du dimanche commençaient à lui faire mal. Il s'arrêta près d'une souche pour les ôter et les glisser dans son baluchon. Pieds nus comme un valet, lui qui ce matin encore était l'héritier du Chêne Creux... Mais la terre sous ses pieds était tiède, familière. Cette terre qu'il connaissait, qu'il aimait et que Louise Duhoux trouvait si vulgaire.

Un chariot passa sur la grande route, qu'il apercevait par moments entre les haies. Il se tapit instinctivement derrière un buisson, se rappelant l'avertissement du fermier sur les gendarmes. Que diraient les Duhoux pour sauver leur réputation ? Qu'il les avait insultés ? Qu'il avait manqué à sa parole ?

La faim commençait à se faire sentir. Il s'assit dans l'herbe du talus et ouvrit le paquet que le fermier lui avait donné. Du bon lard fumé, du pain de campagne... Ce pain que Louise trouvait trop grossier, préférant le pain blanc du boulanger.

Tout en mangeant, Auguste observait le paysage. Les champs s'étendaient de part et d'autre du chemin, certains déjà moissonnés, d'autres encore lourds de blé mûr. Dans l'un d'eux, une famille entière travaillait malgré le dimanche - la moisson n'attend pas, même le jour du Seigneur.

Il pensa à Louise et à son horreur du travail manuel. Comment aurait-elle réagi aux moissons, aux foins, à ces moments où toute la famille devait s'y mettre ? Elle qui trouvait déjà vulgaire de parler des récoltes...

Un bruit de chevaux sur la grande route le fit se tapir à nouveau derrière la haie. Entre les branches, il aperçut deux gendarmes à cheval. Ils avançaient lentement, scrutant les chemins adjacents. Le fermier avait eu raison de le mettre en garde.

Une fois les gendarmes passés, il reprit sa route, mais en restant plus proche des haies, prêt à se dissimuler au moindre bruit suspect. Son costume du dimanche, maintenant froissé et poussiéreux, le désignait encore trop clairement comme un homme qui n'était pas à sa place sur ces chemins de traverse un dimanche après-midi.

"Il faudra que je trouve d'autres vêtements," pensa-t-il. "Des habits de travail, comme ceux que Louise trouvait si peu distingués..."

Le soleil descendait rapidement maintenant et avec lui venait la fraîcheur du soir. Auguste savait qu'il devrait bientôt trouver un endroit pour passer la nuit. Pas question de chercher une auberge - il n'avait presque pas d'argent et surtout, il ne voulait pas risquer d'être remarqué.

Au loin, il aperçut une meule de paille dans un champ moissonné. Ces grandes meules, il les connaissait bien : creuses à l'intérieur, elles servaient souvent d'abri aux valets de ferme pendant les moissons. Ce serait un refuge suffisant pour sa première nuit d'errance.

En s'approchant de la meule, il vérifia que personne ne l'observait. La ferme à laquelle appartenait le champ était loin, de l'autre côté de la route. Seule une mince fumée s'élevant de sa cheminée indiquait une présence humaine.

À cette heure-ci, au Chêne Creux, sa mère devait préparer la soupe du soir. Marie rangeait sûrement la cuisine, pendant qu'Ange s'occupait des bêtes. Son père... Son père fulminait probablement encore, ressassant la honte que son fils aîné ait jetée sur la famille en refusant ce "beau mariage". "Un beau mariage," murmura-t-il amèrement en se glissant dans la meule. "Avec une famille ruinée qui voulait se servir du Chêne Creux comme d'une planche de salut..."

La paille était encore chaude du soleil de la journée. Auguste se creusa un nid confortable, comme il l'avait fait tant de fois pendant les moissons. L'odeur familière de la paille fraîche l'entourait, réconfortante malgré sa situation.

À travers l'ouverture de la meule, il pouvait voir un morceau de ciel où les premières étoiles commençaient à apparaître. Les bruits de la campagne au crépuscule lui parvenaient : le dernier chant des oiseaux, le meuglement lointain des vaches qu'on rentre, la cloche d'une église qui sonnait l'angélus.

Cette nuit était si différente de celle d'hier ! Vingt-quatre heures plus tôt, il dormait encore dans l'écurie du Chêne Creux, partageant avec Ange leurs confidences sur son avenir. Il revoyait le visage inquiet de son frère quand ils parlaient de Louise Duhoux, l'ironie de Marie face aux prétentions de la demoiselle...

Une chouette hulula quelque part dans la nuit tombante. Ce cri familier lui rappela d'autres nuits passées dans les champs, pendant les moissons ou les foins, quand tout le monde dormait à la belle étoile. Mais ces nuits-là, il était entouré de sa famille, des valets, de toute la communauté de travailleurs qui faisait vivre la ferme. Ce soir, il était seul.

"Comment peut-on mépriser cette vie ?" pensa-t-il. "Ces nuits sous les étoiles, cette odeur de paille fraîche, ces bruits de la terre qui respire..."

L'obscurité s'épaississait autour de la meule. Dans les fermes alentour, les lumières s'éteignaient une à une. Seule la lune, presque pleine, éclairait faiblement le paysage endormi.

Les pensées d'Auguste vagabondaient. Il revoyait Louise, son air dégoûté devant la cour de la ferme, sa façon de retrousser le nez devant les "odeurs déplaisantes" des bêtes. Comment avait-elle pu grandir dans une ferme en restant si étrangère à la vie de la terre ?

Un renard aboya au loin, lui rappelant d'autres nuits de garde au Chêne Creux, quand il fallait surveiller le poulailler. Louise aurait probablement trouvé cela "primitif", elle qui voulait transformer la ferme en maison bourgeoise. Il imaginait sa réaction si elle devait dormir ainsi dans la paille : ses grimaces horrifiées, ses plaintes sur la "vulgarité" de la situation...

Le froid commençait à se faire sentir. Auguste s'enfonça plus profondément dans la paille, remontant sa veste du dimanche sur ses épaules. Dans son écurie, au moins, il avait la chaleur des bêtes en dessous. Cette chaleur que Louise voulait éloigner de la maison, trouvant "inconvenant" d'avoir les animaux si près...

"Et dire que père ne voyait que ses manières de demoiselle," murmura-t-il dans la nuit. "Il ne comprenait pas qu'une fermière, ça doit avoir les mains calleuses et le cœur accroché à la terre."

Le vent s'était levé, faisant bruisser la paille autour de lui. Au Chêne Creux, à cette heure, il aurait entendu le souffle régulier des juments dans l'écurie en dessous, les petits bruits familiers des bêtes qui se déplacent dans leur box. Ces bruits qui avaient bercé ses nuits depuis l'enfance et que Louise trouvait si "rustiques".
Son esprit dériva vers les révélations du fermier sur l'état des affaires des Duhoux. Tout s'éclairait maintenant : leur empressement à conclure le mariage, leurs grands airs pour masquer leur déchéance, leur mépris affiché pour le travail de la terre alors que leurs propres terres partaient en hypothèques...

Une chauve-souris passa en vol silencieux devant l'ouverture de la meule. Auguste pensa à sa mère, qui devait s'inquiéter pour lui. Julienne Bourcier, avec ses mains rudes et son bon sens, qui connaissait chaque sou dépensé à la ferme... Comment aurait-elle pu s'entendre avec une belle-fille qui trouvait vulgaire de parler d'argent ?

"Les livres de compte lui donnent la migraine," murmura-t-il avec ironie. "Pendant que son père hypothèque leurs terres pour payer ses robes de ville et ses leçons de piano..."

Le froid se faisait plus mordant. Auguste ramassa de la paille pour se couvrir davantage, un geste qui aurait fait hurler d'horreur la délicate Louise.

Dans le noir, Auguste tentait d'imaginer ce qui l'attendait. Il n'avait aucun plan précis, juste la certitude qu'il ne pouvait pas rester au pays. Les nouvelles allaient vite dans les campagnes - bientôt, toute la région saurait comment l'aîné des Bourcier avait refusé la main d'une demoiselle de bonne famille.

Les Duhoux ne manqueraient pas de répandre leur version de l'histoire. Il les imaginait déjà, racontant avec des airs offusqués comment ce rustre avait insulté leur délicate fille. Comment il avait critiqué ses manières raffinées, son éducation distinguée...

"Qu'ils racontent ce qu'ils veulent," pensa-t-il. "Dans quelques mois, quand les banques saisiront leurs terres, on verra ce que valent vraiment leurs grands airs."

Mais cette pensée ne lui apportait aucun réconfort. Il songeait à Marie, qui devrait supporter les ragots du village. À sa mère, qui aurait à affronter les regards entendus à la messe. À Ange, qui hériterait maintenant de toute la responsabilité de la ferme.

Le vent faisait craquer les branches d'un arbre proche. Auguste frissonna, pas seulement de froid. Pour la première fois, la réalité de sa situation le frappait pleinement : il était seul, sans ressources, avec pour tout bagage un costume du dimanche et quelques provisions.

"Il faudra trouver du travail," murmura-t-il. "N'importe quel travail de ferme. J'ai mes bras, j'ai l'expérience. Au moins, je sais travailler," pensa-t-il. "Pas comme ces Duhoux qui ne savent que faire des manières pendant que leurs terres partent en hypothèques...""

D'abord, il faudrait éviter les grandes routes, avait dit le fermier. Suivre les chemins de traverse, même si cela rallongeait le voyage. Les gendarmes patrouillaient sur les routes principales et les Duhoux avaient des relations...

Dans l'immédiat, il devrait aussi changer sa façon de voyager. Ne marcher que tôt le matin ou au crépuscule, quand la chaleur est supportable et les rencontres plus rares. Se cacher pendant les heures chaudes de la journée, comme il le faisait maintenant dans cette meule.

"Demain," se dit-il en ajustant sa veste sur ses épaules, "je partirai avant l'aube. Les ouvriers agricoles font souvent ça, marcher dans la fraîcheur du matin."

Il lui faudrait aussi apprendre à se faire discret, à répondre aux questions sans en dire trop. Se créer une histoire simple, crédible. Un ouvrier agricole du Nord, peut-être, descendu pour les moissons ? Après tout, il connaissait bien les régions du Nord grâce à ses voyages pour l'armée...

Le plus dur serait de cacher son éducation. Les cinq années d'armée, les livres lus en cachette, les discussions avec le capitaine Rénier... Tout cela l'avait façonné d'une manière qui le distinguait des simples valets de ferme. Il faudrait réapprendre à parler plus simplement, à ne pas trahir son instruction.

Ses livres lui manqueraient le plus. Les quelques volumes que le capitaine Rénier lui avait donnés étaient restés dans l'écurie, cachés sous sa paillasse. Il n'avait pas eu le temps de les prendre dans la précipitation du départ. Ange les trouverait sûrement en rangeant ses affaires. Les brûlerait-il, comme leur père avait brûlé les premiers ?

Il devrait aussi abandonner son carnet de notes, celui où il consignait ses observations sur les nouvelles méthodes agricoles vues pendant ses voyages pour l'armée. Ces pages remplies de calculs de rendement, de plans d'amélioration pour le Chêne Creux... Tout cela ne servirait plus à rien maintenant.

"Tout ça pour une demoiselle qui trouve vulgaire de parler d'argent," murmura-t-il dans la nuit. "Qui aurait transformé la ferme en salon pendant que les banques nous étranglaient comme elles étranglent les Duhoux..."

Il pensa à ses projets de modernisation pour le Chêne Creux. L'irrigation des prairies basses, la rotation des cultures, les nouvelles races de bétail... Ces idées qui lui avaient valu tant de disputes avec son père et qui maintenant ne verraient jamais le jour. Du moins pas par lui.

"C'est Ange qui devra prendre la relève," pensa-t-il. "J'espère qu'il saura convaincre père mieux que moi..."

Marie lui manquerait le plus. Sa petite sœur si intelligente, qui comprenait les livres de compte mieux que n'importe quel notaire, qui avait maintenu le lien pendant ses années d'armée avec ses lettres pleines de bon sens... Comment réagirait-elle face aux Duhoux maintenant ? Elle qui avait si bien cerné leur hypocrisie dès le premier regard.

Sa mère aussi... Julienne Bourcier, avec ses mains usées par le travail et son intelligence pratique. Elle qui n'avait jamais été à l'école mais qui savait gérer une ferme mieux que tous ces messieurs de la ville. Qu'aurait-elle fait avec une belle-fille qui trouvait vulgaire de parler des récoltes ? Qui voulait transformer la buanderie en salon de musique ?

Ange... Son jeune frère qui avait tant grandi pendant son absence. Il n'était plus le gamin de neuf ans qu'il avait quitté en partant pour l'armée. Maintenant, c'est lui qui devrait assumer le rôle d'aîné, reprendre tous les projets qu'Auguste avait fait pour le Chêne Creux.

"Au moins," pensa-t-il avec une certaine amertume, "il n'aura pas à supporter une femme qui a peur des bêtes et qui trouve le fumier répugnant..."

Son père... C'était plus compliqué. François Bourcier voulait tellement ce mariage, cette "alliance" avec une famille qu'il croyait respectable. Comment réagirait-il quand il apprendrait la vérité sur les Duhoux ? Quand les banques commenceraient à saisir leurs terres ?

Son père... Auguste revoyait son visage empourpré de colère au moment de son départ. François Bourcier avait toujours rêvé de voir le Chêne Creux s'élever au-dessus de sa condition paysanne. Ce mariage avec les Duhoux, c'était pour lui l'occasion de devenir "quelqu'un", de ne plus être un simple fermier.

"S'il savait," murmura Auguste dans la nuit, "que ces gens qu'il admire tant ne sont que des paons endettés qui paradent avec des plumes d'emprunt..."

Il repensa aux dimanches de son enfance, quand son père mettait son costume et prenait place dans le banc familial à l'église, droit et fier comme un propriétaire. Cette fierté paysanne qu'il avait, paradoxalement, tout en rêvant d'en sortir. Cette contradiction qui l'avait poussé à envoyer son fils à l'école tout en se méfiant des livres qu'il ramenait.

"Il voulait que je m'élève," pensa Auguste, "mais pas comme ça, pas en apprenant à penser par moi-même. Il voulait que je devienne un 'monsieur' comme les Duhoux, pendant qu'eux se noyaient dans leurs dettes..."

Les heures de la nuit s'étiraient, longues et froides. Dans son nid de paille, Auguste sentait le poids des générations qui avaient fait le Chêne Creux, tous ces Bourcier qui avaient travaillé cette terre avant lui. Qu'auraient-ils pensé de cette histoire ?

Son grand-père lui revenait en mémoire. Le vieux Bourcier, mort quand Auguste n'avait que douze ans, avait été un vrai homme de la terre. Jamais il n'aurait compris cette histoire de salon de musique et de rideaux en dentelle. Pour lui, une ferme était une ferme, pas un lieu pour jouer aux châtelains.

"Le fumier, c'est notre or," disait souvent le vieux. Cette phrase qui aurait fait s'évanouir Louise Duhoux résumait toute la sagesse paysanne : la vraie richesse vient de la terre, pas des apparences.

Et son arrière-grand-père, qui avait acheté les premières parcelles du Chêne Creux en travaillant comme journalier pendant vingt ans... Qu'aurait-il pensé de cette demoiselle qui trouvait le travail manuel "vulgaire" ? Lui qui avait usé ses mains jusqu'à l'os pour que ses descendants puissent devenir propriétaires ?

"Ils ont construit tout ça à la force de leurs bras," murmura Auguste en pensant à la ferme familiale. "Pas en jouant de l'harmonium ni en peignant des aquarelles. Et père voudrait que je laisse une poupée de salon tout détruire ?"

Les femmes aussi avaient leur part dans cet héritage. Sa grand-mère, morte en mettant au monde son dernier enfant, n'avait jamais rechigné devant le travail. On racontait qu'elle était encore aux champs la veille de son accouchement...

Sa grand-mère... On disait d'elle qu'elle pouvait traire douze vaches sans s'arrêter, qu'elle savait d'un coup d'œil si une bête était malade, qu'elle marchandait aux foires mieux qu'aucun homme. Qu'aurait-elle pensé de Louise Duhoux, qui trouvait répugnant de s'approcher des étables ?

Et son arrière-grand-mère, la femme du journalier devenu propriétaire... Elle qui lavait le linge des autres en plus du travail à la ferme, pour ajouter quelques sous aux économies qui permettraient d'acheter les premières terres du Chêne Creux. Comment aurait-elle regardé cette jeune femme qui trouvait la buanderie trop vulgaire et voulait en faire un salon de musique ?

"Les vraies dames," avait un jour dit sa grand-mère, "ce ne sont pas celles qui ont les mains blanches, mais celles qui savent pourquoi elles les ont noires."

Cette phrase lui revenait maintenant, dans la nuit froide de la meule. Les mains blanches et délicates de Louise, qui n'avaient jamais touché une bête, jamais pétri une miche de pain, jamais tenu un livre de comptes...

La vraie noblesse, il l'avait vue chez ces femmes du Chêne Creux. Pas dans les manières affectées ni dans les robes de ville, mais dans cette façon de porter le travail comme une dignité. Sa mère, qui se levait avant l'aube pour la traite mais qui avait toujours un tablier propre pour servir le café. Sa grand-mère, qui savait faire une révérence au curé tout en gardant la fierté de celle qui nourrit les autres.

Les Duhoux, avec leurs grands airs, n'avaient rien compris à cette noblesse-là. Pour eux, s'élever signifiait singer les manières des bourgeois, avoir honte de la terre et du travail qui les avaient nourris pendant des générations. Leur fille, éduquée au couvent, avait appris à mépriser ce qui faisait la vraie valeur d'une ferme.

"On ne s'élève pas en méprisant ses racines," murmura Auguste, se rappelant une phrase du capitaine Rénier. "On s'élève en les faisant grandir."

C'est ce qu'avaient fait tous ces Bourcier avant lui. Ils n'avaient pas eu honte d'être paysans - ils avaient été fiers de l'être. Fiers de savoir faire pousser le blé, fiers de comprendre les bêtes, fiers de ce savoir transmis de génération en génération. Un savoir que Louise trouvait "rustique" et voulait remplacer par des rideaux en dentelle.

Dans la nuit qui avançait, Auguste laissait son esprit vagabonder vers ce qu'aurait pu devenir le Chêne Creux sous sa direction. Il avait tout prévu, tout calculé pendant ces cinq années d'absence.

D'abord, l'irrigation des prairies basses. Il avait vu dans le Nord comment un bon système de drainage pouvait transformer des terres médiocres en excellents pâturages. Avec la rivière si proche du Chêne Creux, c'était possible. Il avait même dessiné les plans, calculé les pentes...

Les nouvelles races de vaches aussi. Pas pour faire comme les messieurs qui achètent des bêtes de concours, mais pour avoir un troupeau plus productif. Il avait repéré, pendant ses voyages, des souches qui résistaient mieux aux maladies tout en donnant plus de lait.

"Et au lieu de ça," pensa-t-il amèrement, "il aurait fallu éloigner les bêtes de la maison pour ne pas offenser les narines délicates de madame. Transformer les prairies en jardins d'agrément pendant que les banques nous guettaient comme elles guettent les Duhoux..."

Le plus dur à accepter, c'était l'école du soir qu'il avait voulu créer pour les valets de ferme. Comme le Cercle du Progrès à la caserne. Apprendre aux ouvriers à lire leurs contrats, à comprendre les nouvelles méthodes... Mais comment aurait-il pu faire ça avec une femme qui trouvait vulgaire de parler aux domestiques ?

Il avait aussi prévu d'agrandir progressivement le Chêne Creux, pas comme les Duhoux qui avaient acheté des terres à crédit pour faire les beaux messieurs, mais prudemment, parcelle par parcelle, en fonction des bénéfices réels de la ferme.
Sa mère lui avait montré tous ses livres de compte, ces cahiers noircis de chiffres que Louise trouvait si "vulgaires". Grâce à la gestion rigoureuse de Julienne, il savait exactement ce que la ferme pouvait supporter comme investissements, quand et comment acheter sans risquer l'endettement.

"J'avais même repéré cette prairie des Moreau," murmura-t-il. "Celle qui jouxte nos terres du côté du ruisseau. Dans deux ou trois ans, avec de bonnes récoltes..."

Mais tous ces projets s'envolaient maintenant. Comment aurait-il pu développer la ferme avec une femme qui voulait en faire un salon mondain ? Qui aurait dilapidé les bénéfices en rideaux de dentelle et en leçons de piano, comme les Duhoux avaient dilapidé leur héritage ?

Le pire, c'était les améliorations qu'il avait prévues pour faciliter le travail des femmes. Un nouveau four à pain plus pratique pour sa mère, un système de pompe pour amener l'eau directement à la buanderie... Cette buanderie que Louise voulait transformer en salon de musique.

Un mariage... Auguste laissa échapper un rire amer dans la nuit. Un vrai mariage à la ferme, c'était une alliance de forces, pas ce simulacre que les Duhoux proposaient. Il pensait à ses parents : son père aux champs pendant que sa mère gérait la maison et les comptes, chacun dans son domaine mais travaillant pour le même but.

Qu'aurait-il eu avec Louise ? Une poupée de salon qui aurait passé ses journées à broder et à caresser son chat pendant qu'il se serait tué à la tâche pour maintenir ses caprices de "dame". Une femme qui n'aurait même pas su reconnaître une vache malade ou calculer le prix d'un veau au marché.

"Une fermière," se dit-il, "ça doit avoir de la terre sous les ongles et des chiffres dans la tête.
Pas des mains blanches et la migraine dès qu'on parle d'argent."

Il repensa aux femmes qu'il avait vues pendant ses voyages pour l'armée. Ces fermières du Nord qui négociaient le prix des bêtes aussi bien que leurs maris. Ces maîtresses de maison qui savaient gérer une exploitation comme une entreprise. Même dans les grandes fermes modernes, les femmes participaient aux décisions, comprenaient les enjeux.

"Mais les Duhoux préfèrent jouer aux châtelains," murmura-t-il. "Faire semblant d'être au-dessus de la terre pendant que leurs terres partent en hypothèques..."

Les premières lueurs de l'aube commençaient à peine à teinter le ciel quand Auguste sortit de la meule de paille. L'air était vif, chargé de rosée. Dans les fermes alentour, les premiers coqs commençaient à chanter.

Il secoua la paille de ses vêtements, son costume du dimanche maintenant froissé et poussiéreux. Il faudrait qu'il trouve d'autres habits au plus vite - ceux-ci le désignaient trop clairement comme un homme qui n'était pas à sa place sur les routes.

La grande route brillait au loin dans la lumière naissante. Auguste lui tourna délibérément le dos, choisissant les petits chemins qui serpentaient entre les haies. Le fermier avait raison : mieux valait éviter les endroits où les gendarmes pourraient poser des questions.
Son ventre criait famine. Il lui restait un peu du pain et du lard donnés la veille, mais il faudrait les économiser. Pas sûr de trouver du travail tout de suite et son argent ne durerait pas longtemps.

"Direction le sud," se dit-il en observant la position du soleil levant. "Là où personne ne connaît l'histoire des Bourcier et des Duhoux."

Le soleil se levait sur sa droite, inondant peu à peu la campagne d'une lumière dorée. Les champs de blé ondulaient sous la brise matinale, prêts pour la moisson. En cette saison, il y aurait sûrement du travail dans les fermes.

C'était l'heure où les ouvriers agricoles se mettaient en route, quittant une ferme pour une autre. Auguste en croisa quelques-uns, leurs baluchons sur l'épaule comme le sien. Ils se saluaient d'un hochement de tête silencieux, cette solidarité muette des hommes sur les routes.

Ses souliers du dimanche, qu'il avait remis pour marcher, lui faisaient déjà mal. Ce n'étaient pas des chaussures pour la route, mais il n'avait pas le choix pour l'instant. Dans son baluchon, le paquet de provisions pesait de moins en moins lourd.

À un carrefour, il vit un poteau indicateur : "Rennes 25 km". Mais Rennes, c'était vers le nord. Lui prit résolument le chemin qui descendait vers le sud, là où les nouvelles de la "honte des Bourcier" mettraient du temps à parvenir.

Un bruit de chevaux le fit plonger derrière une haie. Une charrette passa sur le chemin principal, le fermier somnolant sur son siège. Quand elle fut loin, Auguste reprit sa route, plus prudent maintenant. Le conseil du fermier de Janzé résonnait dans sa tête : "Les gendarmes font des rondes..."

Le soleil montait rapidement maintenant, promettant une journée chaude. Auguste surveillait les fermes qu'il dépassait, évaluant les récoltes sur pied. Les blés étaient beaux cette année, lourds et dorés. Dans certains champs, la moisson avait déjà commencé.

Une ferme attira son attention : des hommes s'activaient autour d'une moissonneuse-lieuse, visiblement une équipe de journaliers embauchés pour la saison. Un travail qui aurait pu lui convenir... Mais c'était encore trop près de chez lui. On poserait des questions, on voudrait savoir d'où il venait.

Son estomac grondait. Il s'arrêta à l'ombre d'un pommier pour manger un morceau du pain et du lard. Ses provisions diminuaient déjà dangereusement. Il faudrait trouver du travail avant qu'elles ne s'épuisent complètement.

Un groupe de femmes passa sur le chemin, des paniers de linge sur la tête, se rendant probablement au lavoir. Auguste se fit plus petit derrière son arbre. Les femmes étaient bavardes, elles pourraient raconter avoir vu un homme en costume du dimanche caché dans les champs...

"Il faut que je trouve d'autres vêtements," pensa-t-il en reprenant sa route. "Et vite."

Vers dix heures, la chaleur devenait étouffante. Sa chemise du dimanche, trempée de sueur, lui collait au dos. Il lui fallait maintenant trouver un abri pour les heures les plus chaudes - un vrai journalier ne marcherait pas sous ce soleil de plomb.
Au loin, il aperçut un petit bois. Ce serait un bon endroit pour se cacher et se reposer jusqu'au soir. Les rares voyageurs qu'il croisait maintenant lui jetaient des regards curieux : un homme en costume du dimanche, marchant seul sous cette chaleur, c'était suspect.

Il s'enfonça dans le bois, cherchant un endroit d'où il pourrait voir sans être vu. Son corps lui faisait mal ; il n'était plus habitué aux longues marches depuis son service militaire. Ses pieds, surtout, le torturaient dans ses souliers vernis.

S'asseyant contre un arbre, il fit ses comptes : quelques sous dans sa bourse, un peu de pain et de lard... Il ne tiendrait pas trois jours à ce rythme. Il lui faudrait absolument trouver du travail, mais pas ici, pas encore. Il devait d'abord mettre plus de distance entre lui et le pays des Bourcier.

Des voix lui parvinrent du chemin. Il se tapit derrière un buisson, retenant son souffle...

"Je te dis que je l'ai vu par ici," disait une voix d'homme. "Un gars en costume du dimanche.
Ça fait deux fois que je le vois se cacher quand quelqu'un passe."

"Tu crois que c'est le fils Bourcier ?" répondit une autre voix. "Celui qui a planté là les Duhoux ?"

Auguste sentit son cœur s'arrêter. Les nouvelles allaient encore plus vite qu'il ne le craignait.

"Possible. Les gendarmes le cherchent. Paraît que les Duhoux ont porté plainte pour insultes et menaces."

"Des menaces ? Lui ?"

"C'est ce qu'ils disent. En tout cas, y a une prime pour qui le signalera aux gendarmes."

Les voix s'éloignèrent sur le chemin, mais Auguste resta immobile, le sang glacé malgré la chaleur. Une plainte ? Des menaces ? Jusqu'où les Duhoux iraient-ils pour sauver leur réputation ?

Il lui fallait maintenant être encore plus prudent. Il ne pouvait même plus se risquer dans une ferme pour demander du travail. Avec une plainte déposée, n'importe qui pourrait le dénoncer...

À la croisée des chemins, il s'arrêta un instant. Le poteau indicateur, usé par les intempéries, indiquait "La Guerche - 15 kilomètres". Quinze kilomètres pour commencer sa nouvelle vie.

À mi-chemin, il s'arrêta près d'une fontaine pour manger un morceau. L'eau fraîche lui rappela les sources du Chêne Creux et avec elles, les matins où, enfant, il allait chercher l'eau pour les bêtes. Marie le suivait toujours, trottinant derrière lui avec un seau trop grand pour ses petites mains.

Marie… Sa gorge se serra en pensant à leur adieu. De tous les membres de sa famille, elle était la seule à avoir vraiment compris. Peut-être parce qu'elle avait gardé dans son cœur cette capacité à rêver que leur père avait tenté d'étouffer chez ses fils.

"Tu m'écriras ?" avait-elle demandé, les yeux brillants de larmes contenues.

"Dès que je serai installé quelque part," avait-il promis.
Mais où s'installerait-il ? La Guerche n'était qu'une première étape. De là, il pourrait prendre la route de Rennes, ou descendre vers Angers. Il avait entendu dire que dans le Sud, certains domaines commençaient à se moderniser, à utiliser des machines. Peut-être y aurait-il une place pour un homme qui n'avait pas peur du progrès.

Une charrette passa sur la route, soulevant un nuage de poussière. Le paysan qui la conduisait lui jeta un regard curieux. Un homme seul sur la route, un baluchon sur l'épaule, ça ne présageait rien de bon dans l'esprit des gens d'ici. Auguste accéléra le pas. Plus vite il atteindrait La Guerche, plus vite il pourrait se fondre dans l'anonymat de la ville.

Le soleil était haut dans le ciel quand les premiers toits de La Guerche apparurent à l'horizon. La ville se dressait sur sa colline comme une promesse de nouveaux départs. Le marché battait son plein, les cris des marchands et le bêlement des bêtes montant jusqu'à lui.

"Combien pour tes pommes, la mère ?"

"Regardez la qualité de ce drap !"

"Œufs frais ! Œufs frais du matin !"

Auguste se fraya un chemin dans la foule. Ici, personne ne le connaissait, personne ne savait qu'il était le fils aîné du Chêne Creux, l'héritier déchu qui avait refusé un bon mariage. Ici, il n'était qu'un voyageur parmi d'autres.

À l'auberge du Cheval Blanc, il commanda une bolée de cidre et tendit l'oreille. C'était là que se croisaient les nouvelles, que s'échangeaient les informations sur les fermes qui cherchaient des bras, sur les domaines à vendre, sur les changements qui agitaient le pays.

"Paraît qu'à Châteaubriant, ils ont acheté une de ces nouvelles machines à battre..."

"Le fils Martineau est parti travailler dans les vignes du Val de Loire..."

Auguste but lentement son cidre, laissant les conversations l'envelopper. Quelque part dans ces bribes de dialogue se cachait peut-être la clé de son avenir. Pour l'instant, il lui fallait trouver un travail, n'importe lequel, le temps de réfléchir à la suite.

La nuit tomberait bientôt. Il lui faudrait trouver un endroit où dormir et demain... Demain serait un autre jour sur la route qu'il avait choisie, une route qui s'éloignait encore plus du Chêne Creux mais qui, peut-être, le mènerait vers la vie dont il avait rêvé.

La nuit tombait sur La Guerche quand Auguste quitta l'auberge du Cheval Blanc. L'animation du marché avait laissé place à un calme relatif, troublé seulement par les bruits étouffés s'échappant des tavernes. Il lui fallait maintenant trouver un endroit pour dormir et ses maigres économies l'orientèrent vers la grange aux fourrages, où les voyageurs de passage pouvaient louer une paillasse pour quelques sous.

"Trois sous la nuit," annonça le gardien, un vieil homme au visage tanné. "Et je vous réveille à l'aube, quand les premiers marchands arrivent."

Auguste s'installa dans un coin, son baluchon servant d'oreiller. L'odeur du foin lui rappelait l'écurie du Chêne Creux, mais il chassa rapidement cette pensée. Autour de lui, d'autres hommes s'étaient déjà installés – des journaliers, des colporteurs, tous ces errants que la vie poussait sur les routes. "Premier voyage ?" demanda une voix dans l'obscurité.

Auguste se redressa. À quelques pas de lui, un homme d'une quarantaine d'années était assis sur sa paillasse, fumant une pipe dont le foyer rougeoyait doucement dans la pénombre.

"Ça se voit tant que ça ?"

"On reconnaît toujours les nouveaux. Ils ont encore cette façon de tenir leur baluchon contre eux, comme si c'était tout ce qui leur restait du monde."

L'homme se présenta : Joseph Létourneau, marchand d'outils agricoles. Il parcourait la région depuis quinze ans, vendant tout ce qui pouvait faciliter le travail des paysans, des simples faux aux nouveaux semoirs mécaniques.

"Les temps changent," dit-il en tirant sur sa pipe. "Les vieux rechignent, mais les jeunes comprennent que le progrès est inévitable. J'ai même vendu deux charrues Dombasle le mois dernier."

Auguste sentit son intérêt s'éveiller. "Vous voyagez loin ?"

"De Rennes jusqu'à Angers, en passant par Vitré, Laval... Partout où il y a des fermes qui veulent se moderniser. Et vous, qu'est-ce qui vous met sur la route ?"

Auguste hésita un instant, puis raconta son histoire – le retour de l'armée, les conflits avec son père, le mariage refusé, son désir de moderniser la ferme familiale.

Joseph écouta en silence, tirant régulièrement sur sa pipe. Quand Auguste eut fini, il resta un moment pensif avant de parler.

"J'ai besoin d'un assistant," dit-il finalement. "Quelqu'un qui connaît la terre et qui n'a pas peur des nouveautés. Le travail n'est pas facile – il faut marcher beaucoup, dormir souvent dans des granges comme celle-ci et surtout, savoir parler aux paysans. Les convaincre que dépenser quelques écus dans un nouvel outil peut leur en rapporter dix fois plus à la récolte." "Je..."

"Ne répondez pas tout de suite," l'interrompit Joseph. "Dormez là-dessus. Si ça vous intéresse, retrouvez-moi à l'aube près de la halle aux grains. J'ai une carriole maintenant – ce n'est plus comme au début où je portais tout sur mon dos."

Cette nuit-là, Auguste eut du mal à trouver le sommeil. Les paroles de Joseph tournaient dans sa tête, mêlées aux souvenirs du Chêne Creux et aux rêves d'avenir qu'il avait nourris. Parcourir le pays, voir comment d'autres travaillaient la terre, participer à cette modernisation qu'il appelait de ses vœux... N'était-ce pas une occasion unique ?

L'aube le trouva déjà debout, son baluchon sur l'épaule. Près de la halle aux grains, la carriole de Joseph attendait, chargée d'outils de toutes sortes. Le marchand était en train d'ajuster le harnais de son cheval. Au moins en carriole, les chaussures ne lui arracheront plus les pieds

"Alors ?" demanda-t-il simplement en voyant approcher Auguste.

Pour toute réponse, le jeune homme posa son baluchon dans la carriole. Joseph sourit. "Premier arrêt : la ferme des Quatre-Vents. Le père est un têtu de la vieille école, mais son fils a entendu parler des nouveaux râteaux à foin. Avec un peu de chance, on fera affaire."

La carriole s'ébranla sur les pavés de La Guerche. Auguste ne se retourna pas. Devant lui s'ouvrait une nouvelle route, différente de celle qu'il avait imaginée, mais qui, peut-être, le mènerait là où il voulait aller.

La ferme des Quatre-Vents méritait bien son nom. Perchée sur une colline, elle était battue par les vents de toutes parts. Joseph arrêta sa carriole dans la cour, où un jeune homme d'une vingtaine d'années empilait du bois.

"Présente le râteau," murmura Joseph à Auguste. "Montre-leur que tu connais le travail de la terre."

Auguste descendit, le râteau mécanique à la main. Le métal brillait au soleil, ses dents régulières promettant une efficacité que les outils traditionnels ne pouvaient égaler. Pourtant, alors qu'il commençait à en vanter les mérites, il sentit les mots se bloquer dans sa gorge.

"C'est combien, votre machin ?" demanda le père, sorti de l'étable en s'essuyant les mains sur son tablier.

"Quinze francs," répondit Joseph promptement. "Mais il fait le travail de trois hommes." Auguste vit

le jeune paysan s'approcher, intéressé, mais son père secoua la tête.

"Quinze francs ? Pour un râteau ? Le mien appartenait à mon père et il marche encore très bien."

"Mais père," intervint le fils, "pensez au temps qu'on gagnerait pour les foins..."

Auguste aurait dû enchaîner, parler de productivité, de modernisation, comme Joseph le lui avait appris. Au lieu de cela, il se surprit à regarder le vieux râteau appuyé contre le mur de la grange. Il était usé, certes, mais chaque marque d'usure racontait une histoire, des générations de travail, une sagesse transmise de père en fils.

"Le jeune homme comprend," dit le père en voyant le regard d'Auguste. "Ces nouvelles machines, c'est pas pour nous."

Joseph reprit la discussion, sortant ses arguments bien rodés, mais Auguste n'écoutait plus. Son esprit vagabondait vers le Chêne Creux, vers ces outils que son père utilisait, qu'il réparait avec un soin presque religieux. Était-ce vraiment la tradition qu'il rejetait, ou simplement la façon dont on voulait la lui imposer ?

Le soir, autour du feu de camp où ils avaient établi leur bivouac, Joseph ne cacha pas sa déception.

"Tu n'es pas fait pour la vente, mon gars. Je l'ai vu dans tes yeux aujourd'hui. Tu ne crois pas vraiment à ce que tu vends."

Auguste tripota une brindille, mal à l'aise. "Je crois au progrès, pourtant..."

"Croire au progrès ne suffit pas. Il faut aussi savoir le vendre et parfois... parfois cela signifie passer outre ses propres doutes. Ce râteau, il n'est pas meilleur ni pire que l'ancien. Il est différent, c'est tout. Mais pour le vendre, il faut prétendre qu'il est meilleur."
"Je ne peux pas faire ça," dit doucement Auguste.

"Je sais." Joseph tira sur sa pipe, pensif. "Tu cherches autre chose. Quelque chose de plus... authentique."

Chapitre 6 : La Buzardière

Dans une pièce de l'auberge du Cheval Blanc, Auguste se préparait méticuleusement. Les quelques pièces données par Joseph Létourneau lui permettraient au moins de se présenter dignement à la ferme-école de la Buzardière, dont il avait entendu parler la veille au soir.

"Faut être présentable pour ces messieurs," avait conseillé l'aubergiste en lui parlant de l'établissement. "C'est pas une ferme ordinaire, c'est une école de l'État."

Le drap noir, quoique froissé par les nuits à la belle étoile, restait de bonne qualité. Une servante revint avec les fers chauds. Il l'étendit soigneusement sur le lit et Auguste repassa méticuleusement chaque pli de son costume, comme sa mère le lui avait appris. Le col de sa chemise, raide d'empois, retrouva sa dignité d'origine. Sa cravate, soigneusement détendue, ne gardait presque plus les marques des nuits en plein air.

Ses souliers, ternis par la poussière des chemins, retrouvèrent peu à peu leur éclat sous ses coups de brosse patients. Le cuir répondait bien au cirage, faisant réapparaître le travail du cordonnier. Ces chaussures qui avaient tant souffert sur les routes pourraient encore faire illusion, du moins le temps d'un entretien.

"Vous v'là beau comme un prince," commenta la servante en repassant prendre les fers. "On dirait plus le même homme qu'hier soir."

Auguste se regarda dans le petit miroir accroché au mur. L'homme qui lui faisait face n'était plus le vagabond de ces derniers jours, mais pas non plus tout à fait le fils Bourcier en costume du dimanche. Cinq années d'armée lui avaient appris à se tenir droit, à porter l'uniforme. Cette prestance naturelle, combinée à la simplicité de ses origines paysannes, pourrait peut-être jouer en sa faveur.

La Buzardière cherchait quelqu'un pour faire le pont entre les théories modernes et la pratique traditionnelle. Un homme qui comprendrait à la fois le langage des agronomes et celui des paysans. En se préparant, Auguste réfléchissait déjà à la façon dont il présenterait son parcours : son enfance au Chêne Creux, ses années d'études à Rennes, son service dans les dragons comme acheteur de chevaux...

La route vers la Buzardière serpentait à travers la campagne bretonne. Auguste avait quitté La Guerche aux premières lueurs de l'aube, soucieux d'arriver avant que la poussière et la sueur ne ternissent son apparence soignée. Son baluchon, réduit au strict minimum, ne risquait pas de froisser son costume.

L'établissement apparut au détour d'un chemin, imposant sur sa colline. L'ancien château avait été transformé en ferme-école par l'État, soucieux de moderniser les pratiques agricoles. Les bâtiments de pierre grise, austères mais bien entretenus, dominaient plusieurs hectares de terres cultivées où Auguste repéra immédiatement des parcelles d'expérimentation.

À l'entrée, un palefrenier pansait des chevaux de race, bien différents des robustes percherons du Chêne Creux. Les harnais rutilants et les boxes impeccables témoignaient d'une gestion moderne de l'écurie. Auguste nota cependant que les bêtes semblaient nerveuses, moins sereines que celles habituées au contact quotidien des hommes.

"Je cherche Monsieur Garnier," annonça-t-il au palefrenier.

"Le directeur ? Dans son bureau, au premier. La porte avec les vitres dépolies."

En montant l'escalier de pierre, Auguste croisa des jeunes gens en blouse grise qui le dévisagèrent avec curiosité. Des fils de propriétaires pour la plupart, à en juger par leur maintien. Quelques fils de paysans aussi, reconnaissables à leur façon de se tenir en retrait, mal à l'aise dans cet environnement si différent de leurs fermes natales.

Le bureau de Monsieur Garnier sentait le cuir des reliures et le tabac froid. Des étagères croulaient sous les traités d'agronomie et les registres de comptes. Sur un chevalet près de la fenêtre, une carte détaillée du domaine montrait les différentes parcelles d'expérimentation, chacune annotée de chiffres et de calculs.

Le directeur était un homme de taille moyenne, la cinquantaine énergique, dont les petites lunettes rondes accentuaient l'air savant. Il examina Auguste par-dessus ses verres tout en parcourant ses papiers militaires.

"Dragon pendant cinq ans... Acheteur de chevaux pour l'armée..." Il hocha la tête avec approbation. "Une fonction qui demande du jugement. Et avant cela, des études à Rennes ?"

"Oui monsieur. Mon père m'y avait envoyé, mais j'ai dû interrompre pour le service."

"Je vois, je vois..." Garnier rajusta ses lunettes. "Et vous venez d'une exploitation traditionnelle, si j'ai bien compris ?"

"Le Chêne Creux, à Noyal-sur-Vilaine. Une ferme qui est dans la famille depuis quatre générations."

Le directeur se leva et s'approcha de la fenêtre. En contrebas, des élèves s'exerçaient à manipuler une nouvelle charrue, sous la supervision d'un instructeur en redingote. "Voyez-vous, Bourcier, notre problème est simple. Nous avons d'excellents professeurs, sortis des meilleures écoles de Paris. Ils connaissent la théorie, les dernières découvertes en agronomie. Mais ils ne savent pas parler aux fils de paysans. Ils ne comprennent pas leurs réticences, leurs traditions."

Il se tourna vers Auguste. "Ce qu'il nous faut, c'est quelqu'un qui peut faire le pont. Quelqu'un qui comprend la science moderne mais qui n'a pas oublié la sagesse de la terre."

Auguste sentit que c'était le moment de jouer sa carte maîtresse. "Pendant mes années dans les dragons, monsieur, j'ai vu comment les différentes régions de France abordent l'agriculture. J'ai vu des fermes modèles qui réussissent leur modernisation et d'autres qui échouent pour avoir voulu aller trop vite."

"Intéressant..." Garnier revint s'asseoir. "Et quelle leçon en avez-vous tiré ?"

"Que le progrès ne doit pas détruire ce qui fonctionne déjà. Il faut l'intégrer doucement, comme une greffe sur un arbre sain. Les paysans n'ont pas tort de se méfier des changements brutaux - leur survie dépend de leurs récoltes."

Un sourire apparut sur le visage du directeur. "Une greffe sur un arbre sain... J'aime cette image. Dites-moi, Bourcier, savez-vous enseigner ?"

Auguste prit quelques secondes pour réfléchir, se rappelant ses années au Cercle du Progrès à Dinan.

"J'ai une certaine expérience, monsieur. Pendant mon service militaire, j'ai formé des soldats aux soins des chevaux. Et avant cela..." Il hésita un instant, puis décida d'être franc.
"J'organisais des leçons pour les soldats qui voulaient apprendre à lire et à calculer."

Cette dernière information sembla particulièrement intéresser Garnier. "Des cours pour les soldats ? De votre propre initiative ?"

"Oui, monsieur. Je crois que le savoir ne doit pas rester enfermé dans les livres. Il faut savoir le rendre accessible à ceux qui en ont besoin."

Le directeur se leva et se mit à arpenter son bureau. "Voilà précisément ce qu'il nous faut. Nos professeurs sont savants, certes, mais ils parlent un langage que nos élèves ne comprennent pas toujours. Surtout les fils de paysans que nous recevons grâce aux bourses de l'État."

Il s'arrêta devant une carte accrochée au mur, représentant les terres de la Buzardière. "Nous avons ici cent cinquante hectares consacrés à l'expérimentation. Nouvelles variétés de céréales, rotation des cultures, essais de machines agricoles... Notre mission est de former la prochaine génération d'agriculteurs. Mais pour cela, il faut qu'ils comprennent ce que nous leur enseignons."

Auguste s'approcha de la carte. Les parcelles étaient soigneusement numérotées, chacune portant des annotations détaillées. "Je vois que vous testez le drainage des terres basses," remarqua-t-il. "Au Chêne Creux, nous avions un système traditionnel de fossés qui..."

"Ah !" l'interrompit Garnier avec enthousiasme. "C'est exactement ce genre de connaissances qui nous intéresse. Les méthodes ancestrales ont souvent leur logique, même si nous ne la comprenons pas toujours."
Il retourna à son bureau et sortit un registre. "Le poste d'instructeur adjoint est libre. Vous assisteriez nos professeurs dans les travaux pratiques, en faisant le lien entre leur enseignement théorique et l'application sur le terrain. Le logement est fourni, dans l'aile ouest, avec les autres instructeurs."

Auguste sentit son cœur s'accélérer. C'était une chance inespérée.

"Il y a toutefois une condition," poursuivit Garnier en le regardant par-dessus ses lunettes. "Nous sommes une institution d'État. Nous ne pouvons pas nous permettre de... controverse. J'ai cru comprendre que votre départ du Chêne Creux était lié à certaines circonstances..."

Auguste se raidit. Les nouvelles allaient décidément vite. "Monsieur, je..."

"Non, ne m'expliquez rien," coupa le directeur en levant la main. "Ce qui m'importe, c'est votre capacité à enseigner, pas votre vie privée. Mais ici, vous devrez être irréprochable. Nos élèves viennent de bonnes familles, pour la plupart. La discipline est essentielle."

"Je comprends, monsieur."

"Bien." Garnier trempa sa plume dans l'encrier. "Vous commencerez lundi prochain. D'ici là, familiarisez-vous avec nos installations. Le régisseur vous montrera votre logement."

En sortant du bureau, Auguste croisa un groupe d'élèves qui se rendait en classe. Leurs blouses grises portaient l'écusson de la Buzardière : une charrue stylisée entourée d'épis de blé, avec la devise "Science et Progrès".

Le régisseur, un ancien militaire nommé Leblanc, le conduisit à travers les couloirs jusqu'à une petite chambre sous les combles. Le mobilier était spartiate : un lit, une armoire, un bureau près de la fenêtre. Mais pour Auguste, c'était un nouveau départ.

Chaque matin, il se levait avant l'aube pour inspecter les étables. Cette habitude paysanne, qui faisait sourire les autres instructeurs, lui permettait de connaître vraiment l'état du bétail. Les vachers, d'abord méfiants envers ce nouveau "monsieur", s'étaient vite aperçus qu'il savait parler leur langage.

"Le règlement est strict," expliqua Leblanc. "Lever à cinq heures, cours théoriques le matin, travaux pratiques l'après-midi. Les instructeurs doivent être exemplaires en tout temps."

La première semaine à la Buzardière passa comme un tourbillon. Auguste partageait son temps entre l'observation des cours théoriques, où il devait se familiariser avec le programme d'enseignement et l'exploration méthodique du domaine.

Voyez-vous," expliquait Monsieur Garnier lors d'une réunion des instructeurs, "Boussingault a prouvé que l'azote est essentiel à la croissance des plantes. Il a montré comment les légumineuses enrichissent naturellement le sol. Ces découvertes changent toute notre approche de la rotation des cultures."

Pour Auguste, ces lectures donnaient un sens nouveau aux pratiques traditionnelles qu'il avait connues au Chêne Creux. La vieille habitude de faire suivre le blé par du trèfle ou de la luzerne trouvait maintenant son explication scientifique. Les paysans avaient découvert empiriquement ce que la science démontrait au laboratoire.
Son premier cours pratique eut lieu par une matinée brumeuse d'automne. Une quinzaine d'élèves l'attendaient près des parcelles d'essai, leurs blouses grises tranchant sur la terre brune. Auguste nota immédiatement la division sociale : d'un côté les fils de propriétaires, à l'aise dans leurs vêtements neufs, de l'autre les boursiers, fils de paysans mal à l'aise dans l'uniforme de l'école.

"Aujourd'hui," commença-t-il, "nous allons parler des sols. Pas seulement avec les mots des livres, mais avec nos mains."

Il se baissa et prit une poignée de terre qu'il fit circuler parmi les élèves.

"Les analyses chimiques nous apprennent sa composition, mais vos pères savaient déjà reconnaître une bonne terre. Comment ?"

Un silence gêné suivit sa question. Puis un des boursiers, un garçon trapu nommé Pierre, leva timidement la main.

"Mon père dit qu'il faut la sentir. Si elle sent le champignon, c'est qu'elle est vivante."

"Exactement !" Auguste sourit, encourageant. "La science nous explique pourquoi cette odeur est importante - elle vient des micro-organismes qui enrichissent le sol. Mais l'expérience paysanne avait découvert cette vérité bien avant les laboratoires."

Un ricanement s'éleva du groupe des fils de propriétaires. François de Montfort, reconnaissable à son maintien aristocratique, regardait la scène avec dédain.

"Mon père emploie un ingénieur agronome," déclara-t-il. "Il fait analyser nos terres dans un laboratoire à Rennes. C'est plus fiable que de renifler la terre comme des paysans."

Auguste ne se laissa pas démonter. "Les analyses sont précieuses, en effet. Mais que ferez-vous si vous devez juger rapidement une parcelle ? Si vous devez prendre une décision pendant les semailles, sans avoir le temps d'envoyer des échantillons au laboratoire ?"

Il se tourna vers les autres élèves. "La modernité ne remplace pas l'expérience - elle l'enrichit. Un bon agriculteur doit savoir utiliser tous les outils à sa disposition, qu'ils viennent des livres ou de la tradition."

La leçon se poursuivit sur le terrain. Auguste montrait comment la couleur, la texture, même le son de la terre sous les pas pouvait renseigner sur sa qualité. Peu à peu, même les plus réticents se prirent au jeu, oubliant leurs préjugés sociaux dans l'enthousiasme de la découverte.

Seul François restait à l'écart, notant quelque chose dans un carnet avec un sourire méprisant. Auguste savait qu'il aurait fort à faire avec ce genre d'élève, mais il ne pouvait s'empêcher de penser à sa propre jeunesse, quand il défiait l'autorité de son père au nom du progrès.

Le soir, dans sa chambre sous les combles, il écrivit longuement dans son carnet. Non plus seulement ses observations sur l'agriculture, mais aussi ses réflexions sur l'enseignement, sur cette difficile alliance entre tradition et modernité qu'il essayait de transmettre.

Une lettre de Marie l'attendait :
"Mon cher frère, Les nouvelles vont vite - nous savons que tu as trouvé une place à la Buzardière. Père n'a rien dit, mais j'ai vu qu'il était soulagé de te savoir dans une situation honorable. Les Duhoux vont mal. On dit que les banques vont saisir leurs terres..."

Ces lectures scientifiques renforçaient la conviction d'Auguste dans son approche pédagogique. Le lendemain matin, il emmena sa classe vers les parcelles d'essai où l'on testait différentes rotations de cultures.

"Observez ces deux champs," dit-il en désignant des parcelles voisines. "L'un a porté du trèfle l'an dernier, l'autre du blé. Même terre, même exposition. Pourtant, regardez la différence dans la croissance du blé cette année."

Les élèves s'approchèrent. La différence était frappante : là où le trèfle avait précédé, le blé était plus haut, plus vert, plus vigoureux.

"Mon grand-père disait toujours que le trèfle engraisse la terre," intervint Pierre, le fils de paysan.

"Et il avait raison," confirma Auguste. "Maintenant, nous savons pourquoi. Les légumineuses comme le trèfle fixent l'azote de l'air dans le sol. C'est ce que Boussingault a démontré par ses expériences."

François de Montfort prit des notes dans son carnet. "Donc la science confirme les vieilles pratiques ?"

"Elle les explique," corrigea Auguste. "Et en les comprenant mieux, nous pouvons les améliorer. Par exemple, savez-vous quelles légumineuses apportent le plus d'azote ? À quelle profondeur leurs racines travaillent ?"

La matinée de février 1890 était froide mais claire, idéale pour la démonstration de greffage qu'Auguste avait prévue. Les élèves s'étaient rassemblés dans le verger expérimental de la Buzardière, où plusieurs variétés de pommiers servaient aux essais.

"Le greffage," commença Auguste en sortant ses outils, "est un art aussi vieux que l'agriculture elle-même. Mais comprendre pourquoi et comment il fonctionne nous permet de l'améliorer."

Il choisit un porte-greffe vigoureux, expliquant comment la science moderne avait permis de sélectionner les meilleures variétés pour chaque type de sol. Ses gestes, précis et mesurés, témoignaient d'années de pratique.

"Observez la zone du cambium," poursuivit-il en montrant la fine couche vivante sous l'écorce. "C'est ici que la greffe doit prendre. Les livres nous expliquent maintenant pourquoi, mais les paysans l'avaient découvert par des siècles d'observation."

François de Montfort, qui s'ennuyait visiblement, ne put s'empêcher d'intervenir : "À quoi bon perdre du temps avec ces vieilles méthodes ? Les pépinières modernes font ça en série. Mon père en fait venir des centaines de Paris."

"Et quand vos arbres seront malades ?" répondit calmement Auguste. "Quand il faudra sauver un verger après un hiver trop rude ? Le savoir-faire ne s'achète pas, monsieur de Montfort." "Mon père paie un spécialiste pour ça," ricana François. "C'est ça, le progrès. La division du travail, la spécialisation..."

Auguste termina sa greffe avec soin avant de répondre. "Le progrès, ce n'est pas de remplacer le savoir par l'argent. C'est de comprendre ce que nous faisons, de l'améliorer. Regardez cette entaille..." Il montra aux élèves la précision de la coupe. "La science nous apprend pourquoi cet angle est important, pourquoi cette période de l'année est la meilleure. Elle ne remplace pas le geste - elle l'éclaire."

François sortit un couteau de sa poche. "N'importe qui peut faire ça. Regardez..."

Il s'approcha d'un jeune arbre et, malgré les protestations d'Auguste, commença à entailler l'écorce maladroitement. "Voilà, c'est simple..."

"Arrêtez !" cria Auguste. "Vous allez tuer l'arbre !"

Mais François, emporté par son orgueil, continuait. "Les paysans n'ont pas le monopole du savoir-faire. Avec de bons outils..."

Le couteau dérapa, manquant de peu la main d'un élève qui s'était approché pour mieux voir. Auguste bondit en avant, saisissant le bras de François.

"Lâchez-moi !" se débattit le jeune homme. "De quel droit..."

"Du droit de quelqu'un qui respecte la vie, qu'elle soit dans un arbre ou dans la main d'un camarade !" La voix d'Auguste tremblait de colère contenue. "Voilà votre problème : vous croyez que l'argent remplace tout - le savoir, l'expérience, même la prudence la plus élémentaire."

François se dégagea violemment. "Ne me touchez pas, fils de paysan ! Vous n'êtes qu'un rustre qui joue au professeur. Mon père avait raison - on ne devrait pas laisser des gens de votre espèce enseigner ici !"

Un murmure parcourut le groupe d'élèves. Pierre, le fils de paysan, s'était rapproché d'Auguste, tandis que quelques fils de propriétaires se rangeaient derrière François.

"Votre père..." commença Auguste, s'efforçant de garder son calme. "Votre père possède peut-être des terres, mais sait-il les travailler ? Les comprendre ?"

"Il n'a pas besoin de comprendre ! Il a de l'argent, des ouvriers, des spécialistes..."

"Et le jour où vos spécialistes se tromperont ? Quand vos ouvriers réclameront des salaires décents ? Quand la terre elle-même se rebellera contre votre mépris ?"

François eut un rire méprisant. "La terre ? Elle nous appartient ! Nous en faisons ce que nous voulons !"

"La terre n'appartient à personne," répondit Auguste avec une intensité qui fit reculer plusieurs élèves. "Nous ne sommes que ses gardiens. Vos titres de propriété ne sont que du papier - ce qui compte, c'est de savoir la faire vivre."

"Des discours de socialiste !" cracha François. "Mon père m'avait prévenu. Vous répandez vos idées dangereuses sous prétexte d'enseigner l'agriculture."
Il brandit à nouveau son couteau, mais cette fois vers Auguste. "Les gens comme vous devraient rester à leur place - dans la boue avec les cochons !"

Ce fut la provocation de trop. Auguste saisit le poignet de François, lui faisant lâcher le couteau. Le jeune homme tenta de le frapper, mais ses gestes de citadin ne faisaient pas le poids face à la force d'un homme habitué au travail de la terre.

"La boue ?" gronda Auguste en le maintenant fermement. "C'est cette boue qui vous nourrit, monsieur de Montfort. C'est elle qui paie vos beaux habits et votre mépris. Mais vous ne le comprendrez jamais, n'est-ce pas ?"

C'est à ce moment que Monsieur Garnier apparut au bout du verger, attiré par le bruit. "Que se passe-t-il ici ?"

François se dégagea, rajustant sa veste avec une dignité affectée. "Ce... cet individu m'a agressé ! Il propage des idées séditieuses, il excite les élèves contre les propriétaires !"

"Il a failli blesser quelqu'un avec son couteau," intervint Pierre. "Monsieur Bourcier l'a juste empêché..."

"Silence !" coupa le directeur. "Monsieur de Montfort, retournez en classe. Bourcier, dans mon bureau. Immédiatement."

Le bureau de Monsieur Garnier semblait plus austère que d'habitude dans la lumière grise de février. Le directeur fit quelques pas en silence, les mains croisées derrière le dos, pendant qu'Auguste restait debout près de la porte.

"Savez-vous," commença-t-il enfin, "que le père de François de Montfort siège au conseil d'administration de l'école ? Que sa famille contribue pour un tiers à notre budget ?"

"Je comprends, monsieur le directeur. Mais l'argent ne donne pas tous les droits. Quand un élève met en danger ses camarades..."

"Les faits ne sont pas la question ici." Garnier s'assit lourdement derrière son bureau. "J'ai reçu des rapports... inquiétants sur vos méthodes d'enseignement. On dit que vous encouragez les fils de paysans à remettre en question l'ordre établi."

"Je leur apprends à comprendre ce qu'ils font. À respecter le savoir de leurs pères tout en l'enrichissant par la science. Est-ce séditieux ?"

"Vous leur parlez d'égalité, de justice sociale..."

"Je leur parle d'agriculture !" La voix d'Auguste s'était raffermie. "De la terre qui ne fait pas de différence entre les mains qui la travaillent. Des plantes qui poussent selon les lois de la nature, pas selon les titres de propriété."

"Boussingault..." commença Garnier.

"Oui, Boussingault ! Il a prouvé scientifiquement ce que les paysans savaient depuis des générations. C'est ça que j'essaie de faire comprendre : la science ne doit pas mépriser l'expérience, elle doit l'éclairer."

Le directeur retira ses lunettes, les essuya longuement. "Je ne remets pas en cause vos compétences, Bourcier. Vos élèves font des progrès remarquables. Mais nous ne pouvons pas nous permettre de... controverses. Cette école a une mission : former des agriculteurs modernes, pas des révolutionnaires."

"Des agriculteurs modernes ?" Auguste laissa échapper un rire amer. "Comme François, qui croit qu'on peut remplacer le savoir par l'argent ? Qui pense que la terre n'est qu'une marchandise ?"

"La famille de Montfort représente l'avenir de l'agriculture française. Les grandes exploitations mécanisées, la gestion rationnelle..."

"L'avenir ?" Auguste s'approcha du bureau. "L'avenir est dans l'union du savoir ancien et de la science nouvelle. Dans le respect de la terre et des hommes qui la travaillent. Pas dans le mépris et l'exploitation."

Garnier se leva, le visage fermé. "Je suis désolé, Bourcier. Vous êtes un excellent professeur, mais... nous ne pouvons pas garder quelqu'un qui met en danger l'ordre social. Je vous donne jusqu'à demain matin pour quitter l'établissement."

Auguste hocha lentement la tête. Il s'y attendait, au fond. Comme au Chêne Creux, comme partout, l'argent avait le dernier mot.

"Une dernière chose, monsieur le directeur. Les greffes que j'ai faites dans le verger expérimental... Surveillez-les. Dans quelques années, elles donneront les meilleurs fruits de la région. La nature, voyez-vous, se moque de savoir qui a fait le travail - elle ne récompense que le savoir-faire et le respect."

Cette nuit-là, en refaisant son baluchon, Auguste repensa à tout ce qu'il avait appris et enseigné à la Buzardière. Dans son carnet, il nota : "Le vrai progrès n'est ni dans les livres seuls, ni dans la seule tradition. Il est dans leur union, comme la greffe unit deux arbres pour en faire un plus fort. Mais certains préfèrent l'argent facile à la sagesse durement acquise."

L'aube n'avait pas encore percé quand Auguste descendit l'escalier de l'aile ouest, son baluchon sur l'épaule. Dans la pénombre, il croisa le vieux Marcel qui rentrait les vaches pour la traite du matin.

"On m'a dit que vous partiez," murmura le vacher. "C'est à cause du fils Montfort, pas vrai ?" Auguste

hocha la tête. Marcel cracha par terre avec mépris.

"Ces messieurs croient que l'argent remplace tout. Mais vous leur avez montré autre chose. Les élèves en parlent, vous savez. Même ceux qui ne disent rien comprennent la différence entre votre façon d'enseigner et leurs beaux discours."

Dans la cour, plusieurs élèves attendaient, Pierre en tête. Ils s'étaient levés avant l'heure pour lui dire au revoir.

"On n'oubliera pas ce que vous nous avez appris," dit Pierre en lui tendant un paquet enveloppé dans un linge propre. "Ma mère a fait du pain hier soir. Pour la route."

Un à un, les élèves s'approchèrent. Même certains fils de propriétaires étaient là, ceux qui avaient commencé à comprendre que la vraie connaissance ne venait pas que des livres.

"Qu'allez-vous faire maintenant ?" demanda l'un d'eux.
"Continuer à apprendre. Et peut-être trouver un endroit où le savoir compte plus que l'argent."

Leblanc, le régisseur, apparut à son tour. Il tendit à Auguste une enveloppe.

"Votre paie du mois. J'ai dû insister auprès du comptable - il voulait la retenir pour 'rupture de contrat'. Mais vous l'avez gagnée."

Le soleil se levait quand Auguste franchit le portail de la Buzardière. Derrière lui, les bâtiments s'éclairaient peu à peu. Dans le verger, ses greffes attendaient le printemps, promesse silencieuse que le vrai savoir finit toujours par porter ses fruits.

Sur la route, il croisa une charrette qui montait vers l'école. À l'arrière, des caisses portaient l'inscription "Pépinières Montfort - Paris". Auguste ne put s'empêcher de sourire : ils pouvaient bien acheter des arbres à prix d'or, mais sauraient-ils les faire prospérer ?

Dans son carnet, il nota une dernière observation sur la Buzardière :

"Ils veulent créer des agriculteurs modernes en niant la sagesse du passé. Mais la terre a sa propre école - elle enseigne la patience, l'humilité, le respect. Des leçons qu'aucun argent ne peut acheter."

La route s'étendait devant lui, poussiéreuse mais familière maintenant. Où irait-il ? Vers le sud encore ? Ou peut-être était-il temps de prendre un autre chemin...

Il était sur la route de La Guerche à Saint-Aignan-sur-Roë, Auguste marchait d'un pas régulier. Pas question de retourner à La Guerche où les nouvelles de son départ de la Buzardière auraient déjà fait le tour des auberges. Le sud l'appelait, toujours plus au sud et cette fois, il était temps de quitter définitivement la Bretagne.

Le paysage changeait subtilement. Les collines s'adoucissaient, les haies se faisaient moins hautes et l'ardoise des toits prenait des reflets plus bleus, signe qu'on approchait de la Mayenne. À Saint-Aignan-sur-Roë, première ville mayennaise sur sa route, les conversations dans les auberges ne tournaient plus autour des fermes et des récoltes, mais des ardoisières de Renazé.

"Y a du travail là-bas," lui dit un charretier qui prenait son cidre au bord de la route. "Les ardoisières tournent à plein depuis que Paris et les grandes villes se construisent. Même les chemins de fer en demandent pour leurs gares."

Auguste écouta avec intérêt. Il avait entendu parler des carrières d'ardoise, ces fosses profondes où les hommes descendaient extraire la pierre bleue. Un travail dur, dangereux, mais qui payait mieux que les champs.

"Les fendeurs, surtout, sont bien payés," poursuivit le charretier. "Mais faut savoir lire les veines dans la pierre. Un peu comme vous avec vos arbres, en fait - faut comprendre la matière."

L'idée fit son chemin dans l'esprit d'Auguste. Renazé n'était qu'à quelques lieues et ce monde des ardoisières l'intriguait. Peut-être était-ce l'occasion de découvrir une autre façon de travailler la terre - non plus en surface, mais dans ses profondeurs.

Ardoisières de Renazé

Renazé apparut d'abord par ses terrils, ces montagnes noires de schiste qui dominaient l'horizon en cette fin de février 1890. Le ciel gris se reflétait sur les débris d'ardoise, donnant au paysage des reflets bleutés. De loin en loin, les cheminées des machines d'extraction crachaient leur fumée dans l'air froid.

À l'entrée de la ville, Auguste croisa des ouvriers qui rentraient du premier poste. Pour la première fois de sa vie, il entrait dans un monde purement ouvrier. Les visages étaient marqués de poussière bleue, les vêtements imprégnés de cette même poussière qui semblait être l'âme même de Renazé.

L'aubergiste du Lion d'Or lui apprit qu'il y avait deux mondes aux ardoisières : les fendeurs, aristocratie ouvrière qui transformait les blocs en fines ardoises et les fonceurs qui descendaient extraire la pierre. Les premiers travaillaient à la surface, dans des ateliers couverts. Les seconds passaient leurs journées dans les fosses profondes.

"Pour le travail, faut voir directement aux carrières," lui conseilla l'homme. "La Rivière, c'est la plus grande. Ils prennent toujours du monde, surtout des jeunes costauds comme vous." Mais attention," ajouta l'homme en essuyant un verre, "c'est pas le même monde qu'à la ferme. Ici, les hommes vivent au rythme de la pierre. Faut être solide, pas que dans les bras - dans la tête aussi. Y en a qui supportent pas de travailler sous terre."

Auguste hocha la tête. Il sentait qu'il touchait à un nouveau tournant de sa vie. Après la terre des champs et les arbres du verger, peut-être était-il temps d'apprendre le langage de la pierre.

L'ardoisière de la Rivière s'ouvrait comme une blessure dans la terre. De là-haut, Auguste pouvait voir les différents niveaux de la carrière qui descendaient en gradins jusqu'au fond où les hommes, minuscules, s'activaient autour des blocs d'ardoise.

Le contremaître qui le reçut était un homme massif nommé Lebreton, le visage buriné par vingt ans de carrière. Il examina Auguste de la tête aux pieds, évaluant sa carrure.

"T'as déjà travaillé dans la pierre ?"

"Non. Je viens de la terre." Auguste hésita avant d'ajouter : "J'étais à la Buzardière."

"La ferme-école ?" Lebreton eut un petit rire. "C'est pas le même monde ici. La terre, elle pousse toute seule si on la respecte. L'ardoise, faut aller la chercher et elle se défend."

Il conduisit Auguste au bord du gouffre. En bas, le bruit des pics et des masses résonnait contre les parois, mêlé au grincement des treuils qui remontaient les blocs.

"On commence tous comme carrier," expliqua Lebreton. "Six mois à apprendre à lire la pierre, à comprendre ses veines, ses failles. Si tu survis et que t'es doué, tu pourras devenir fendeur."

"Survivre ?"

"La pierre pardonne pas les erreurs. Un mauvais coup de pic, un bloc mal attaché..." Il fit un geste éloquent. "L'année dernière, on a perdu deux hommes. La semaine dernière, un gamin s'est fait écraser le pied. Il marchera plus jamais droit."

Pourtant, malgré ces avertissements, Auguste sentait une étrange fascination pour ce monde nouveau. Cette lutte contre la pierre avait quelque chose de plus direct, de plus brutal que le patient travail de la terre.

Le lendemain, Auguste descendit dans la fosse avant l'aube. L'échelle de fer, glacée par la nuit, s'enfonçait dans l'obscurité. Autour de lui, d'autres ouvriers descendaient en silence, leurs lampes accrochées à la ceinture jetant des ombres fantastiques sur les parois.

Le vieux carrier Jérôme fut chargé de le former. Son visage portait ces minuscules cicatrices bleues laissées par les éclats de pierre. "T'as déjà greffé des arbres ?" demanda-t-il en voyant les mains d'Auguste. "Peut-être que ça t'aidera. Ici aussi faut savoir lire le vivant."

"Regarde bien la roche," dit Jérôme en posant sa lampe. "Tu vois ces lignes plus claires ? C'est ce qu'on appelle le 'fil'. L'ardoise se cache là-dedans, comme le grain dans l'épi. Faut savoir la lire."

Auguste s'approcha. Ces veines dans la pierre lui rappelaient les nervures des feuilles, les fibres du bois. Ici aussi, la nature avait son langage.

Ardoisière de Renazé avant 1990, intérieur d'une carrière, puit ou galerie

"Le plus dur," poursuivit Jérôme, "c'est pas de frapper. C'est d'écouter. La pierre parle quand tu la tape. Un bon son, c'est qu'elle va se fendre droit. Un mauvais, c'est qu'elle va t'exploser à la figure."

Il lui tendit un pic : "Vas-y, essaie. Mais doucement au début."

Le premier coup résonna étrangement dans la fosse. La pierre vibra sous l'impact, envoyant des ondes jusque dans les bras d'Auguste. Plus surprenant encore fut le concert de coups qui l'entourait - les autres carriers semblaient suivre un rythme précis, comme une danse avec la pierre.

Dans le fond de la fosse, il aperçut des silhouettes plus petites qui se faufilaient entre les blocs. Des enfants, certains pas plus âgés que dix ans, qui transportaient les éclats d'ardoise.

"Plus sur la gauche," conseilla Jérôme. "Suis le fil. Faut pas forcer la pierre - faut la persuader."

Les heures passèrent. Auguste apprit à reconnaître les différentes qualités de roche, à repérer les failles dangereuses, à placer ses coins aux bons endroits. Mais son esprit ne cessait de revenir aux enfants qu'il voyait dans la carrière.

"Pourquoi des gamins si jeunes ?" demanda-t-il pendant la pause.

"La direction dit qu'ils sont plus agiles pour se faufiler dans les passages étroits," répondit Jérôme avec amertume. "La vérité, c'est qu'ils les paient trois fois moins qu'un adulte. Et leurs familles ont besoin de ces quelques sous."

À la remontée du premier poste, Auguste avait les mains en sang malgré les gants de cuir. Dans la pension ouvrière où il s'installa, les conversations du soir tournaient autour des accidents, des amendes injustes, des salaires insuffisants. Un monde différent de celui des fermes - plus dur, plus solidaire aussi.

"Le pire," dit un carrier plus âgé, "c'est qu'on peut rien dire. La dernière fois qu'on a essayé de protester contre les amendes, ils ont renvoyé trois hommes. Avec une famille à nourrir, tu peux pas prendre ce risque."

La vie à la carrière suivait un rythme implacable. Les fonceurs descendaient à six heures du matin, remontaient à onze heures, redescendaient à midi pour terminer à dix-huit heures. L'extraction ne s'arrêtait jamais - les ouvriers alternaient en équipes, une semaine de jour, une semaine de nuit.

Auguste observait tout, notant dans son carnet les conditions de travail. Un jour, il vit un contremaître infliger une amende de trois francs à un ouvrier pour cinq minutes de retard - presque une journée de salaire. Un autre jour, c'était un enfant qu'on renvoyait sans indemnité après un accident.

"T'as des bonnes mains," commenta Jérôme après quelques semaines. "T'apprends vite. Mais je vois bien que t'as l'esprit ailleurs parfois."

En effet, Auguste réfléchissait. Il se souvenait des discussions avec Paul Brousse à Montpellier, sur la nécessité d'organiser les ouvriers. Ici, dans ces carrières, il voyait enfin la réalité dont Brousse parlait - l'exploitation quotidienne, la nécessité d'une résistance organisée.
"Y'a eu des tentatives avant," lui confia un soir le vieux Jules, un carrier qui avait connu les grandes grèves de 1870. "Mais sans organisation, sans structure, ça a toujours fini pareil - des hommes renvoyés, des familles dans la misère."

À la pension de la veuve Pelletier, Auguste retrouvait chaque soir les autres carriers. Les conversations, d'abord méfiantes en sa présence, devinrent peu à peu plus ouvertes. Les hommes parlaient des injustices quotidiennes : les amendes arbitraires, les accidents cachés, les enfants qu'on faisait travailler malgré la loi.

Le chien de garde - pas un animal mais un vieil ardoisier qui surveillait les mouvements de la pierre - lui apprenait à lire les signes de danger. "La pierre a sa voix," disait-il. "Mais la direction n'écoute pas. Ils veulent toujours plus de blocs, plus vite, sans se soucier des risques."

Un matin d'avril, alors que l'air était lourd d'humidité, le vieil homme était plus nerveux que d'habitude. "La pierre pleure," dit-il. "Faut être doublement prudent aujourd'hui."

Auguste travaillait avec Jérôme sur une veine prometteuse quand il entendit le premier craquement. Un son différent des bruits habituels de la carrière, plus profond, plus menaçant. Il leva la tête, scrutant les parois luisantes d'humidité.

"ÉBOULEMENT !"

Le bruit qui suivit ressemblait à un coup de tonnerre souterrain. Des blocs commencèrent à se détacher de la paroi nord, précisément là où le chien de garde avait signalé un danger. Une équipe de trois hommes travaillait juste en dessous.

Sans réfléchir, Jérôme s'élança vers eux. Son expérience lui permettait de lire les mouvements du sol, de prévoir où les blocs allaient tomber. "Par ici !" cria-t-il. "Sous le surplomb !"

Les quatre hommes se jetèrent dans une alcôve naturelle alors que la paroi continuait à s'effondrer. La poussière d'ardoise les enveloppait d'un nuage bleuté, rendant l'air irrespirable. Parmi eux, il y avait un jeune garçon de douze ans qui n'aurait jamais dû être là.

Deux heures plus tard, quand les secours les dégagèrent, la nouvelle avait fait le tour de Renazé. Ce soir-là, à la pension, la colère grondait. "C'est toujours pareil," dit un carrier. "On nous fait travailler dans des conditions dangereuses, avec des enfants et quand il y a un accident, on nous dit que c'est notre faute."

Auguste sortit son carnet et commença à écrire sa première lettre à Paul Brousse.

"Cher Paul Brousse,

Vous vous souvenez de nos discussions à Montpellier sur l'organisation ouvrière ? Je découvre ici à Renazé la réalité dont vous parliez. Aujourd'hui, nous avons failli perdre quatre hommes - dont un enfant de douze ans - dans un éboulement prévisible. Le 'chien de garde', ce vieil ardoisier qui surveille la pierre, avait prévenu du danger. Mais la direction n'écoute jamais.

Les carriers travaillent dans des conditions indignes. Des amendes arbitraires leur volent leur salaire, les enfants se faufilent dans des passages dangereux, les accidents sont étouffés. Pourtant, ces hommes ont un savoir précieux, une vraie compréhension de leur métier.
Vous disiez qu'il fallait organiser la résistance de l'intérieur. Je commence à comprendre comment. Ces ouvriers ont déjà une solidarité naturelle, une fierté de leur travail. Il leur manque juste la structure, les outils pour se défendre légalement.

Comment avez-vous procédé ailleurs ? Comment construire une organisation qui dure ?"

Les jours suivants, la lettre circula discrètement parmi les carriers. Beaucoup ne savaient pas lire, mais ceux qui le pouvaient leur traduisaient les mots d'Auguste.

Les discussions continuèrent dans la pension, à voix basse. Les carriers apportaient leurs propres observations, leurs propres récits d'injustices. Un vieux fendeur parla des grèves de 1870, écrasées faute d'organisation.

La réponse de Paul Brousse arriva deux semaines plus tard :

"Mon cher Auguste, Votre situation à Renazé illustre parfaitement ce que nous appelons le possibilisme. Ces carriers ont déjà l'essentiel : le savoir du métier, la solidarité naturelle. La loi de 1884 leur donne maintenant le droit de s'organiser officiellement.

Commencez par des réunions discrètes. Identifiez les hommes les plus respectés dans chaque équipe. Établissez une caisse de secours mutuel - c'est légal et ça crée des liens. Surtout, documentez tout : les accidents, les amendes, les conditions de travail des enfants.

Le syndicat devra avoir une structure claire : président, vice-présidents, secrétaire, trésorier. Mais avant de l'officialiser, construisez les fondations..."

La lettre passa de main en main dans les ateliers. Pour la première fois, les carriers voyaient une possibilité d'action légale, organisée.

Les premières réunions se tinrent dans l'arrière-salle du café de la veuve Martin. Auguste expliqua comment former une caisse de secours mutuel, comment documenter les accidents et les amendes. Les hommes commencèrent à s'organiser par équipes, chaque niveau de la carrière désignant un représentant.

"L'important," insistait Auguste, "c'est de tout faire dans la légalité. La loi de 1884 nous protège. Il faut juste suivre la procédure correctement."

Les fendeurs se joignirent au mouvement. Leur savoir-faire en faisait des alliés précieux - la direction ne pouvait pas les remplacer facilement. Le vieux Martin, maître fendeur, apporta son expérience des luttes passées.

"Cette fois, on va s'y prendre autrement," dit-il. "Pas de violence, pas de révolte désorganisée. Une structure solide, des revendications claires."

L'éboulement avait servi de catalyseur. Les hommes comprenaient maintenant qu'ils devaient s'organiser pour se protéger. La question des enfants dans les carrières devint un point central de leurs discussions.

Fin juillet 1890, les réunions devinrent plus structurées. Les carriers s'organisèrent par sections : fonceurs, fendeurs, rouleurs et apprentis. Chaque groupe élisait un représentant.

"On a besoin d'hommes respectés," expliquait Auguste en lisant la dernière lettre de Brousse. "Des anciens qui connaissent le métier, qui peuvent parler aux autres équipes."
Le vieux Martin fut naturellement choisi pour représenter les fendeurs. Pour les fonceurs, ce fut Jérôme, celui qui avait formé Auguste. Le "chien de garde" devint leur conseiller - sa connaissance de la pierre et des dangers était précieuse.

Ils établirent une caisse de secours, chacun cotisant selon ses moyens. Auguste tenait les comptes avec rigueur, notant chaque sou versé. C'était essentiel pour la crédibilité de leur future organisation.

En septembre, ils commencèrent à rédiger les statuts du syndicat. Paul Brousse avait envoyé des modèles, qu'Auguste adaptait aux spécificités des ardoisières.

"L'étude et la défense des intérêts économiques et industriels de ses membres" - cette formule devint leur objectif principal.

Le 12 octobre 1890, une cinquantaine d'ardoisiers se réunirent officiellement pour créer le syndicat des ouvriers de Renazé. La réunion se tint dans la grande salle du café de la veuve Martin, décorée pour l'occasion des outils du métier.

Les élections se déroulèrent dans le calme. Le vieux Martin fut élu président - sa sagesse et son expérience en faisaient le candidat naturel. Deux vice-présidents furent choisis : Jérôme pour représenter les fonceurs et Leblanc, un fendeur respecté, pour les ateliers de surface.

Le poste de secrétaire revint à Auguste - son instruction et son rôle dans l'organisation le désignaient naturellement. Le trésorier fut choisi parmi les anciens - un homme rigoureux qui gérait déjà la caisse de secours.

Les premiers points abordés concernaient la sécurité dans les carrières et le travail des enfants. Le syndicat se donnait pour mission immédiate de documenter tous les accidents, de contester les amendes injustes et de réclamer l'application stricte de la loi sur le travail des enfants.

"C'est un début," écrivit Auguste à Brousse ce soir-là. "Les hommes comprennent maintenant qu'ils peuvent agir légalement, collectivement."

Dès le premier mois, le syndicat mit en place un système rigoureux de documentation. Chaque accident, chaque amende était consignée dans un registre. Les fendeurs les plus âgés formaient secrètement les jeunes pour éviter qu'ils ne soient relégués aux tâches dangereuses.

La première victoire vint en novembre : après avoir prouvé qu'un éboulement était dû à des négligences de la direction, le syndicat obtint que les blessés soient indemnisés correctement.

"Le plus important," disait Martin lors des réunions, "c'est notre unité. Si un homme est injustement amendé, nous cotisons tous pour le soutenir. Si un enfant est mis en danger, nous protestons collectivement."

Auguste participait à la mise en place de cette organisation tout en continuant son travail dans la carrière. Il voyait maintenant comment les idées de Brousse prenaient vie : une résistance légale, structurée, qui s'appuyait sur la solidarité naturelle des ouvriers.

Le syndicat commença aussi à établir des contacts avec d'autres carrières de la région. La résistance s'organisait, pas à pas.
En mars 1891, presque un an après son arrivée, Auguste sentit que son temps à Renazé touchait à sa fin. Le syndicat était solidement établi, avec des structures claires et des hommes déterminés à sa tête.

"Tu pars déjà?" demanda le vieux Martin quand Auguste lui annonça son départ. "Le syndicat commence à peine son travail."

"C'est justement pour ça que je peux partir," répondit Auguste. "Il est solide maintenant. Il n'a plus besoin de moi."

Dans sa dernière lettre à Brousse, il écrivit : "L'organisation est en place. Les hommes ont compris qu'ils pouvaient se défendre légalement, collectivement. Martin et les autres sauront mener les combats à venir. Pour moi, il est temps de voir comment ces idées peuvent s'appliquer ailleurs."

"La fonderie Chappée," avait dit un voyageur de commerce quelques semaines plus tôt au Cheval Blanc. "Ils embauchent à tour de bras à Port-Brillet."

Le matin de son départ, les carriers lui offrirent un ciseau à roche gravé à son nom. "Pour que tu n'oublies pas que c'est ici que tu es devenu un vrai ouvrier," dit Jérôme.

Fendeurs au travail en visiteurs

Chapitre 8 : Le Fer et le Feu

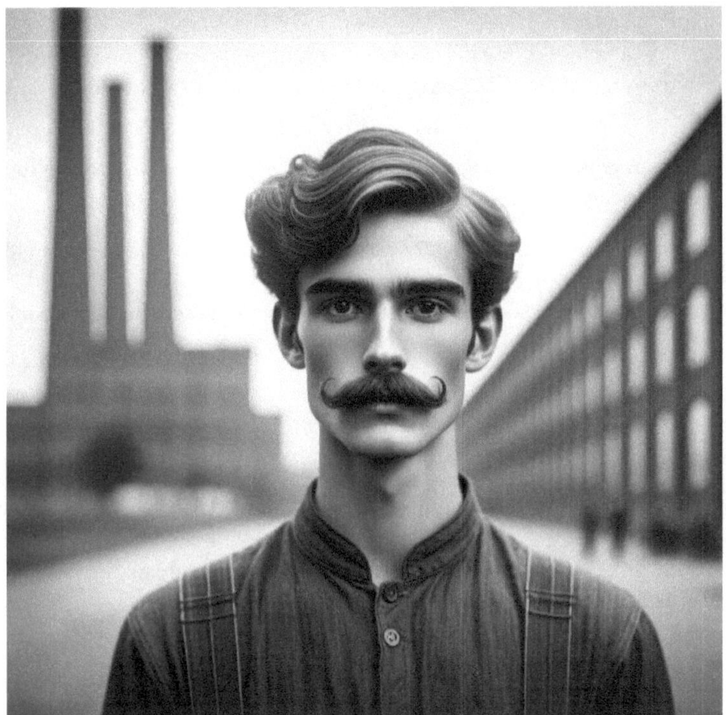

Port-Brillet se révéla d'abord par ses bruits et ses odeurs en ce début d'année de 1891. Le grondement sourd des hauts fourneaux, le martèlement des pilons et surtout cette odeur âcre de métal brûlant et de charbon qui imprégnait l'air. La ville entière vivait au rythme des fonderies Chappée, comme une grande machine dont les ouvriers étaient les rouages.

Les maisons ouvrières s'alignaient en rangées régulières, toutes construites sur le même modèle. La fumée des hauts fourneaux noircissait déjà leurs murs, donnant à l'ensemble un aspect presque uniforme de grisaille industrielle. Pourtant, aux fenêtres, des rideaux et des géraniums tentaient d'apporter un peu de vie à ce paysage de fer et de pierre.

À l'auberge du Haut Fourneau, Auguste trouva une chambre pour la nuit. La patronne, habituée aux ouvriers de passage, lui donna les premières informations utiles :

"Pour l'embauche, faut voir Monsieur Pascal, le contremaître. Il arrive tôt le matin, avant le premier poste. La fonderie prend toujours du monde - les hommes ne tiennent pas tous le coup avec la chaleur."

Dans la salle commune, les conversations tournaient autour du travail à la fonderie. Auguste écoutait, comparant mentalement avec les ardoisières. Ici, les hommes ne parlaient pas de "lire la pierre" mais de "sentir la fonte". Chaque métier avait son langage, sa façon de comprendre la matière.

"Le plus dur," expliquait un vieux fondeur à la figure marquée de brûlures, "c'est pas la chaleur. C'est de savoir quand la fonte est prête. Faut la regarder couler comme du miel, mais un miel qui te tuerait si tu t'approches trop."

Devant les portes de la fonderie, une file d'hommes attendait déjà. Certains avaient le visage noirci par la fonte, d'autres semblaient aussi neufs que lui. Auguste prit sa place dans la queue, écoutant les conversations.

"Chappée cherche des gars qui n'ont pas peur d'apprendre," disait un ouvrier chevronné à son voisin. "Il dit que le monde change, que la fonte et l'acier vont transformer la France."

Auguste serra son baluchon contre lui. Dans sa poche, son carnet de notes semblait le brûler. Peut-être était-ce ici, dans le rugissement des fourneaux et le claquement du métal, qu'il trouverait enfin sa voie. Non pas comme simple ouvrier, mais comme acteur de ce changement dont il rêvait depuis si longtemps.

La file avançait lentement vers le bureau d'embauche. Au-dessus de la porte, une date était gravée dans la pierre : 1882. Neuf ans seulement et déjà tant de changements. Qu'est-ce que neuf ans, dans une vie d'homme ? Assez pour tout transformer, peut-être.

L'attente devant la fonderie Chappée dura trois heures. Le soleil montait dans un ciel voilé par les fumées des hauts fourneaux, créant une lumière diffuse, presque irréelle. Auguste observait les hommes autour de lui. Certains portaient déjà les marques du métier : des mains épaisses aux doigts déformés par les brûlures, des visages marqués par la poussière de métal incrustée dans les pores de leur peau, des yeux rougis par la chaleur constante des fours.

Les bâtiments s'étendaient sur près d'un hectare, leurs murs de briques rouges noircis par la suie. Les cheminées crachaient sans interruption des volutes de fumée grise qui se mêlaient aux nuages, créant un plafond perpétuel au-dessus de Port-Brillet. Le bruit était assourdissant : le grondement continu des fourneaux, le sifflement de la vapeur s'échappant des soupapes, le fracas métallique des pièces tombant dans les bacs de refroidissement et pardessus tout, le martèlement rythmique des machines qui façonnaient le métal.

"Premier jour ?" demanda son voisin de file, un homme d'une quarantaine d'années au visage creusé de rides profondes.

"Ça se voit tant que ça ?"

"T'as encore la peau claire," répondit l'homme en tendant ses propres mains, noires et calleuses. "Moi, c'est Francis. Je travaille aux moules depuis deux ans. Si tu veux un conseil :
Si tu sais lire, ne dis pas que t'as de l'instruction. Ils te mettront aux écritures et c'est pas là qu'on gagne le mieux."

Auguste hocha la tête, reconnaissant. Devant eux, la file avançait lentement. Chaque homme passait quelques minutes dans le bureau d'embauche, ressortant soit avec un papier - signe d'embauche - soit les épaules basses.

"Ils cherchent surtout des mouleurs et des fondeurs," continua Francis. "Le travail est dur, mais la paye est régulière. Quarante sous par jour pour commencer. Plus que dans les champs."
Une cloche sonna quelque part dans l'usine, suivie d'un changement d'équipe. Des hommes sortirent par la grande porte, leurs vêtements couverts de poussière métallique, leurs visages à peine

reconnaissables sous la couche de suie. Certains toussaient, une toux sèche et rauque qui semblait venir du plus profond de leurs poumons.

"La maladie du fer," expliqua Francis en voyant le regard d'Auguste. "On la respire toute la journée, la poussière. Elle se colle aux poumons. Au bout de quelques années, certains ne peuvent plus travailler. Mais d'ici là..."

Il fut interrompu par des cris venant de l'usine. Un groupe d'hommes transportait quelque chose - non, quelqu'un. Un corps inerte, les vêtements en partie brûlés.

"Accident aux fourneaux," murmura quelqu'un dans la file. "Ça arrive. La fonte en fusion, quand elle gicle..."

Auguste sentit son estomac se nouer. Il repensa aux ardoisières de Renazé, aux enfants dans les galeries sombres. Ici aussi, le progrès se payait en chair humaine. Mais au moins, se dit-il, ici les hommes étaient payés correctement pour risquer leur vie.

Enfin, ce fut son tour d'entrer dans le bureau d'embauche. La pièce était petite, étouffante malgré la fenêtre ouverte. Derrière un bureau couvert de papiers, un homme à lunettes leva à peine les yeux.

"Nom ?"

"Auguste Bourcier."

"Âge ?"

"Vingt-six ans."

"Expérience ?"

Auguste hésita, se rappelant le conseil de Francis. "J'ai travaillé dans les ardoisières de Renazé. Et avant, j'étais dans les dragons."

L'homme leva enfin les yeux, intéressé. "Les dragons ? Vous savez donc travailler le métal ?"

"Les fers à cheval, l'entretien des armes..."

"Mm." L'homme griffonna quelque chose. "On manque de mouleurs. Vous commencerez demain, équipe du matin. Six heures précises. Section trois, voir le contremaître Dubois. Deux francs par jour pour commencer."

Il tendit un papier à Auguste. "Faites-le signer par le médecin de l'usine. Première porte à droite en sortant. Suivant !"

Le médecin de l'usine occupait un cabinet exigu qui empestait le phénol et l'huile de lin. C'était un homme petit, au crâne dégarni, qui examina Auguste avec des gestes mécaniques, comme s'il répétait les mêmes mouvements des centaines de fois par jour.

"Respirez fort," ordonna-t-il en plaquant un stéthoscope froid contre le torse nu d'Auguste. "Encore... Toussez... Avez-vous déjà craché du sang ?"

"Non."
"Des problèmes de vue ? Des étourdissements ?"

"Non plus."

Le médecin grogna, satisfait. "Constitution solide. Pas de faiblesse pulmonaire apparente. C'est déjà ça." Il griffonna quelque chose sur le papier d'embauche. "Les premiers mois seront les plus durs. Si vous commencez à tousser noir, venez me voir. Et portez ça."

Il tendit à Auguste un morceau de tissu épais. "Un masque. Les nouveaux n'aiment pas le porter, ils trouvent que ça fait femmelette. Mais croyez-moi, dans dix ans, vous me remercierez."

Alors qu'Auguste se rhabillait, le médecin continuait à parler, comme pour lui-même : "J'en vois passer, des gars costauds comme vous. Ils se croient invincibles. Puis la poussière de métal fait son travail, lentement mais sûrement. Les poumons noircissent, la respiration devient difficile. Certains tiennent vingt ans, d'autres à peine cinq."

"Et il n'y a rien à faire ?"

"Des masques plus efficaces, une meilleure ventilation... J'en parle à la direction depuis des mois. Mais ça coûterait trop cher, selon eux." Il eut un rire sans joie. "La vie d'un ouvrier est moins chère qu'un système d'aération."

Auguste sortit du cabinet médical avec son papier signé et une conscience nouvelle du prix du progrès. Dans la cour de l'usine, les équipes continuaient leur ballet incessant. Les hommes de l'équipe de jour sortaient, remplacés par ceux du soir. Leurs visages portaient tous la même expression : un mélange de fatigue et de résignation.

Francis l'attendait à la sortie. "Alors, accepté ?"

"Oui. Je commence demain, section trois."

"Les moules à sable," hocha Francis. "C'est un bon début. Viens, je connais une pension pas trop chère où tu pourras dormir. La mère Leblanc prend les ouvriers de la fonderie."

Ils traversèrent Port-Brillet, petit bourg transformé par l'industrie. Les maisons ouvrières s'alignaient, leurs façades grises couvertes de la même poussière métallique qui semblait tout envahir. Des enfants jouaient dans les ruelles, leurs vêtements rapiécés mais propres. Les femmes étendaient le linge qui, à peine sec, se couvrait déjà de particules noires venues des cheminées de l'usine.

La pension de la mère Leblanc était une grande bâtisse défraîchie qui sentait le chou et l'humidité. Une dizaine d'ouvriers y logeaient déjà, partageant des chambres étroites meublées de lits de fer.

"Trois francs la semaine, lit et soupe du soir compris," annonça la patronne, une femme corpulente au visage marqué par les années. "Le petit déjeuner, c'est un franc de plus. Pas de femmes dans les chambres, pas d'alcool, pas de bagarres. Si vous êtes renvoyé de l'usine, vous partez dans la journée."

Auguste paya une semaine d'avance. La chambre qu'on lui assigna était au deuxième étage, sous les combles. Il la partagerait avec deux autres ouvriers de l'équipe du matin.
"T'as déjà travaillé dans une grande usine ?" demanda-un ouvrier.

"Non. Dans les ardoisières de Renazé."

"Ah, les carriers... Ils ont leur syndicat maintenant, paraît-il."

Auguste se contenta de hocher la tête. Il comprenait que la fonderie exigerait une approche différente. Les machines créaient une distance entre les hommes, rendaient plus difficile cette solidarité naturelle qu'il avait connue à Renazé.

"Repose-toi bien," conseilla Francis en le quittant. "Demain, tu découvriras vraiment ce que c'est que de travailler à la fonderie Chappée."

Cette nuit-là, allongé sur son lit de fer qui grinçait au moindre mouvement, Auguste écouta les bruits de l'usine qui ne s'arrêtait jamais. Le grondement des fourneaux, même atténué par la distance, créait une sorte de berceuse métallique, ponctuée par les coups de sifflet marquant les changements d'équipe.

Dans son carnet, à la lueur tremblotante d'une bougie, il écrivit : "Premier jour à la fonderie Chappée. Le progrès a un goût de métal et une odeur de soufre. Demain, j'entrerai dans les entrailles de fer de ce monde nouveau. Serai-je assez fort pour y survivre ? Et surtout, serai-je capable d'y changer quelque chose ?"

La cloche de l'usine déchira la nuit à quatre heures trente. Auguste était déjà réveillé, son sommeil perturbé par l'appréhension et les ronflements de ses compagnons de chambre. Dans la pension, les planchers craquaient sous les pas lourds des ouvriers qui se préparaient dans l'obscurité. L'odeur du café noir et du pain grillé montait de la cuisine où la mère Leblanc, debout depuis trois heures, nourrissait sa première fournée d'ouvriers.

Le petit-déjeuner se prenait debout, dans une atmosphère silencieuse ponctuée seulement par le bruit des cuillères contre les bols ébréchés. Les hommes mangeaient rapidement, leur pain trempé dans le café brûlant, leurs visages encore marqués par le sommeil écourté. Personne ne parlait ; les mots semblaient superflus à cette heure où le corps résistait encore au réveil forcé.

"Prends ça," dit Francis en lui tendant un bout de pain supplémentaire. "Tu en auras besoin avant midi."

L'aube n'était qu'une vague promesse à l'est quand ils sortirent dans la rue. Une bruine fine tombait, transformant la poussière de charbon en une boue noire qui collait aux semelles. D'autres silhouettes convergeaient vers la fonderie, formant une procession silencieuse dans la pénombre. Les lampes à gaz de la rue projetaient des halos jaunâtres qui donnaient aux visages des allures spectrales.

À l'entrée de l'usine, un gardien vérifiait les papiers d'embauche. La grande horloge au-dessus du portail marquait cinq heures quarante-cinq. "Les retardataires perdent leur journée," murmura Francis. "Et trois retards, c'est le renvoi."

La section trois se trouvait dans un vaste hangar où la chaleur des fours créait déjà une atmosphère suffocante malgré l'heure matinale. L'air était chargé d'une fine poussière qui dansait dans les rares rayons de lumière filtrant par les fenêtres hautes. Le sol était couvert de sable noir, ce sable spécial utilisé pour les moules, qui crissait sous les pas.

Le contremaître Dubois les attendait, son visage dur marqué par une cicatrice qui lui barrait la joue gauche. "Le nouveau," dit-il en regardant Auguste. "Tu travailleras avec Lebrun. Il t'apprendra les moules simples."

Lebrun était un homme d'une cinquantaine d'années, petit et sec, avec des mains énormes déformées par des décennies de travail. Ses yeux, d'un bleu délavé, semblaient avoir été blanchis par les années passées à fixer le métal en fusion.

"D'abord, le sable," commença-t-il sans préambule. "Il faut le préparer correctement. Trop sec, le moule s'effrite. Trop humide, la fonte explose au contact."

Il montra à Auguste comment mélanger le sable, y ajoutant juste ce qu'il fallait d'eau et d'argile pour obtenir la consistance parfaite. Ses gestes étaient précis, fruits d'une expérience que nulle machine ne pourrait jamais remplacer.

"Maintenant, le damage."

Le damage consistait à tasser le sable dans les châssis métalliques qui servaient de cadre aux moules. Lebrun montra à Auguste les gestes précis: ni trop fort pour laisser s'échapper les gaz lors de la coulée, ni trop faible pour éviter la déformation du moule.

La chaleur des fours transformait l'atelier en fournaise. L'air s'épaississait de particules métalliques qui s'infiltraient partout: dans les narines, sous les vêtements, jusque dans la bouche avec leur goût âcre. Les hommes s'affairaient en silence, chacun concentré sur sa tâche.

Auguste apprit à "lire" les signes du métal: la couleur de la fonte qui vire au rouge cerise quand elle est prête, les nuances de la fumée qui indiquent la température, le crépitement particulier qui annonce une coulée réussie.

Francis, qui travaillait au poste voisin, lui enseigna les secrets des anciens: comment reconnaître la qualité du sable au toucher, la façon d'anticiper les défauts avant qu'ils n'apparaissent, l'art d'économiser ses forces pour tenir la journée entière.

La chaleur augmentait à mesure que la matinée avançait. Les fours rugissaient maintenant à pleine puissance, transformant l'atelier en une fournaise où les hommes ruisselaient de sueur. L'air devenait de plus en plus épais, chargé de particules métalliques qui s'infiltraient partout : dans les narines, sous les vêtements, jusque dans la bouche où elles laissaient un goût âcre et métallique.

À dix heures, Auguste comprit pourquoi Francis lui avait donné ce pain supplémentaire. Ses bras tremblaient sous l'effort constant du damage, son dos le faisait souffrir à force de se pencher sur les châssis. La sueur qui coulait dans ses yeux se mêlait à la poussière noire, créant une pâte qui brûlait et obscurcissait sa vision.

"Continue," ordonnait simplement Lebrun chaque fois qu'Auguste ralentissait. "Les pièces doivent être prêtes pour la coulée de l'après-midi."

Mais Auguste, formé par l'expérience de Renazé, voyait au-delà : les enfants aux soufflets, les ouvriers aux visages brûlés, tous les signes d'une exploitation qu'il avait appris à reconnaître.

Les semaines passaient à la fonderie Chappée, chaque jour semblable au précédent dans sa dureté implacable. Le soir, quand ses compagnons de chambre ronflaient déjà, Auguste sortait son carnet et tentait d'écrire à Marie. Les premières versions finissaient toujours froissées, jetées dans un coin. Les mots semblaient inadéquats pour décrire ce nouveau monde qu'il découvrait.

"Cher Marie

Le fer et le feu sont mes nouveaux compagnons. Chaque jour, nous forgeons l'avenir dans des conditions que Zola lui-même aurait peine à décrire. La chaleur des fours nous consume lentement, la poussière de métal remplit nos poumons et pourtant nous continuons. Nous devons continuer. "

Il relut la lettre plusieurs fois, hésitant encore à l'envoyer.

Le lendemain matin, avant de prendre son poste à la fonderie, il confia l'enveloppe au bureau de poste. Le préposé la pesa, réclamant deux sous pour l'affranchissement. Auguste paya sans hésiter, songeant que c'était peu cher payé.

En retournant vers l'usine, il observa la fumée noire qui s'échappait des cheminées, se mêlant aux nuages bas. La cloche de l'usine sonna, le rappelant à sa nouvelle réalité. Il rajusta son masque et franchit les portes de la fonderie, prêt pour une nouvelle journée dans les entrailles de fer de Port-Brillet.

Auguste savait, grâce à Renazé, qu'il fallait d'abord construire une confiance mutuelle. Il commença par de petits gestes : aider les autres avec leurs outils, partager son expérience des blessures, écouter leurs plaintes.

Mais il voyait aussi les différences cruciales avec Renazé. Les machines imposaient leur rythme, divisaient les hommes. Les contremaîtres surveillaient plus étroitement. Chappée lui-même était plus présent, plus impliqué que les propriétaires des ardoisières.

"Ici," pensait-il, "il faudra trouver d'autres moyens de s'organiser."

Cette nuit-là, allongé sur son lit étroit, il sortit son carnet et commença à écrire des réflexions sur ce qu'il voyait chaque jour à la fonderie. Les accidents de plus en plus fréquents à cause de la fatigue, les amendes arbitraires qui réduisaient les salaires, les enfants qu'on faisait travailler malgré la loi...

"Il doit y avoir un moyen," écrivit-il. "Un moyen de faire entendre nos voix sans risquer nos vies. La révolte ne doit pas nous consumer plus vite que les fours.

Le lendemain, pour la première fois, il prêta attention aux conversations feutrées entre certains ouvriers pendant la pause. Il y était question de réunions secrètes, de droits à défendre, de solidarité...

Ce fut Francis qui lui parla en premier des réunions. C'était un soir à la pension Leblanc, alors que la plupart des ouvriers étaient déjà montés se coucher. La cuisine sentait encore le chou et la fatigue des hommes.

"Il y a des choses qui doivent changer," murmura Francis en vérifiant que personne n'écoutait. "Pas seulement les salaires. Les conditions aussi. Trois accidents la semaine dernière. Dubois dit que c'est la faute des ouvriers, qu'ils ne font pas attention. Mais comment faire attention quand on travaille douze heures d'affilée ?"

Auguste connaissait cette réalité. Un matin, alors qu'il vérifiait un moule, le jeune Jules, qui travaillait aux moules depuis six mois à peine, s'évanouit près des fours. Quand Dubois voulut lui faire signer une amende pour "interruption de travail", sa main tremblait trop pour saisir le crayon.

"Je... je ne peux pas," murmura-t-il. "Ma femme attend un enfant..."

"Alors signe le nouveau contrat," insista Dubois. "C'est ça ou la porte."

Auguste intervint : "La loi interdit de faire travailler un homme dans cet état. Laissez-le respirer au moins."

"La loi ?" ricana Dubois. "Depuis quand les ouvriers connaissent-ils la loi ?"

"Depuis qu'on a appris à lire," répondit calmement Auguste. "Article 7 de la loi du 9 septembre 1848 : l'employeur est responsable de la sécurité de ses ouvriers."

Un murmure parcourut l'atelier. Dubois serra les poings mais ne répondit rien. Il savait qu'Auguste disait vrai - et surtout, il savait que d'autres l'avaient entendu.

Ce fut Francis qui lui parla en premier des réunions. C'était un soir à la pension Leblanc, alors que la plupart des ouvriers étaient déjà montés se coucher. La cuisine sentait encore le chou et la fatigue des hommes.

"Il y a des choses qui doivent changer," murmura Francis en vérifiant que personne n'écoutait. "Pas seulement les salaires. Les conditions aussi. Trois accidents la semaine dernière. Dubois dit que c'est la faute des ouvriers, qu'ils ne font pas attention. Mais comment faire attention quand on travaille douze heures d'affilée ?"

"Il y a des gens qui s'organisent," continua Francis. "Pas comme les révoltes d'avant. Cette fois, c'est différent. On a la loi de 1884 avec nous, celle qui autorise les syndicats."

"Des syndicats à la fonderie ?" Auguste baissa instinctivement la voix. "Chappée ne laissera jamais faire ça."

"C'est pour ça qu'on se réunit en secret. Au début, juste pour parler. Pour s'instruire aussi. Il y en a qui savent lire les journaux, qui nous expliquent nos droits."

La réunion eut lieu le dimanche suivant, dans une grange à l'extérieur de Port-Brillet. Une trentaine d'hommes s'y étaient rassemblés, certains de la fonderie, d'autres des usines environnantes. Auguste reconnut Lebrun, son ancien formateur aux moules et fut surpris de le voir là.

Un homme nommé Victor Legendre, ancien instituteur devenu ouvrier, menait la discussion. Il parlait de choses qu'Auguste n'avait entendu que murmurées jusque-là : le droit de grève, les caisses de secours mutuel, la réduction du temps de travail.

"On n'est pas des machines," disait Legendre. "Ils ne peuvent pas nous user jusqu'à la corde et nous jeter comme des pièces défectueuses."

Auguste écoutait, fasciné. Ces hommes aux mains calleuses et aux poumons noircis par la fonte discutaient de lois, de droits, de justice sociale. Certains prenaient des notes sur des bouts de papier graisseux. D'autres posaient des questions, s'enhardissant peu à peu à prendre la parole.

"La semaine dernière," intervint un vieux fondeur, "ils ont encore baissé le prix des pièces. Maintenant faut en faire trente de plus par jour pour gagner la même chose."

"Et les amendes !" ajouta un autre. "Trois francs pour un retard de cinq minutes. C'est presque une journée de salaire !"

Quand il prit la parole, ce fut presque malgré lui :

"Il nous faut de l'instruction," dit-il. "Pas seulement sur nos droits. Sur tout. La technique, la comptabilité... Comment négocier si on ne comprend pas leurs chiffres ?"

Un murmure d'approbation parcourut l'assemblée. Legendre le regardait avec intérêt.

"Le jeune homme a raison," dit-il. "La force ne suffit pas. Il nous faut des armes plus subtiles."

Après la réunion, Legendre prit Auguste à part. "On m'a dit que tu avais de l'instruction. Que tu écrivais dans un carnet."

Auguste hésita. Son carnet était devenu son confident, le dépositaire de ses observations et de ses colères.

"On aurait besoin de gens comme toi," continua Legendre. "Pour tenir les comptes de la caisse de secours. Pour rédiger les lettres aux journaux aussi. Il y a des choses à dire sur ce qui se passe ici."

Les semaines suivantes prirent un rythme nouveau pour Auguste. Le jour, c'était toujours le travail épuisant à la fonderie, la chaleur des fours, la poussière métallique.
 Parmi les changements dans l'usine, il y eut aussi l'arrivée de monstrueuses machines à vapeur. Beaucoup d'ouvriers les regardaient avec méfiance, mais Auguste y vit une opportunité d'apprendre. Le vieux mécanicien, père Gautier, remarqua son intérêt. "Tu veux comprendre comment ça marche, mon gars ?"

Durant plusieurs semaines, entre ses heures de moulage, Auguste apprit les secrets de la vapeur. La pression à maintenir, le niveau d'eau à surveiller, le rythme des pistons, l'importance de chaque soupape. Le père Gautier lui enseigna aussi les dangers - une chaudière mal entretenue pouvait exploser, tuant tout le monde aux alentours.

"C'est pas comme la fonte," expliquait le vieil homme. "La fonte, tu la vois, tu la sens. La vapeur, elle est sournoise. Faut l'écouter, comprendre ses humeurs. Un bruit inhabituel, une vibration différente et c'est peut-être déjà trop tard."

Chaque matin, avant son poste aux moules, Auguste passait une heure avec le père Gautier. La salle des machines était un monde à part dans la fonderie, avec ses sifflements de vapeur, ses odeurs d'huile chaude et le grondement rythmique des pistons.

"Regarde bien," disait le père Gautier en ouvrant le foyer. "Le charbon, c'est comme la fonte. Il a ses qualités. Celui-là, il brûle vite et chaud. Celui-ci, plus lentement mais plus longtemps. Faut savoir les mélanger selon ce qu'on veut faire."

Auguste apprit à lire les manomètres, ces cadrans qui mesuraient la pression de la vapeur. À reconnaître le son particulier des soupapes de sécurité quand elles commençaient à vibrer. À sentir dans ses mains les vibrations des conduites qui annonçaient un problème.

"La vapeur, c'est de la force pure," expliquait le vieil homme en ajustant une soupape. "Plus puissante que cent hommes. Mais faut la respecter. Un joint qui lâche, une conduite qui cède et elle te tue aussi sûrement qu'une coulée de fonte."

"Le plus important," poursuivait le père Gautier, "c'est le niveau d'eau dans la chaudière. Trop bas, le métal surchauffe et peut se fissurer. Trop haut, la vapeur entraîne des gouttelettes qui endommagent les pistons."

Il montra à Auguste comment purger les condensats, ces gouttelettes d'eau qui se formaient dans les conduites et pouvaient bloquer le passage de la vapeur. Comment vérifier chaque joint, chaque raccord, car la moindre fuite pouvait devenir dangereuse.

"Ces machines anglaises," dit-il un jour en essuyant ses mains pleines de cambouis, "elles sont bien pensées. Mais elles ont leurs caprices. Faut les connaître, les comprendre."

Il ouvrit un carnet graisseux rempli de notes et de schémas. "J'ai tout marqué là. Les pressions pour chaque usage, les signes qui annoncent les pannes, les petits trucs pour les faire marcher mieux. Vingt ans d'expérience. Ça pourrait t'être utile un jour."

Auguste passait aussi du temps à étudier les plans des machines, à comprendre comment la vapeur se transformait en mouvement, comment la force se transmettait d'un piston à l'autre.

Les nouvelles machines à vapeur qui arrivaient pour l'atelier hydraulique étaient plus complexes que les anciennes. Elles demandaient une surveillance constante et une précision dans les réglages que le père Gautier comparait à "l'oreille d'un musicien".
"Tiens, écoute," dit-il un jour en posant la main d'Auguste sur une conduite. "Tu sens cette vibration ? Ce n'est pas normal. La vapeur ne circule pas comme elle devrait."

Il lui apprit à détecter les problèmes avant qu'ils ne deviennent graves : le son particulier d'un piston mal lubrifié, l'odeur caractéristique d'une courroie qui chauffe trop, la couleur de la fumée qui sortait de la cheminée.

"Ces machines-là," expliqua-t-il en désignant les nouvelles installations, "elles peuvent faire tourner toute une ligne de production. Mais si elles s'arrêtent, c'est toute l'usine qui est paralysée. C'est pour ça que Chappée veut des hommes qui les comprennent vraiment."

Un matin, il laissa Auguste démarrer seul une des machines. "Doucement," conseillait-il. "La vapeur, faut pas la brusquer. C'est comme un cheval nerveux - si tu tires trop fort sur les rênes, il se cabre."

"La pression d'abord," indiquait le père Gautier. "Il faut la monter progressivement. Regarde le manomètre - pas plus de deux atmosphères pour commencer. Ensuite, tu ouvres les vannes une par une, tu laisses la vapeur circuler dans tout le circuit."

Auguste apprit aussi l'importance de l'entretien quotidien. Chaque matin, il fallait vérifier les niveaux d'huile, nettoyer les filtres, contrôler l'état des joints. Le moindre oubli pouvait avoir des conséquences graves.

"Ces machines-là vont alimenter les nouveaux ateliers," expliqua le père Gautier en montrant les emplacements sur les plans. "Celle-ci pour les presses hydrauliques, celle-là pour les machines à mouler. Chacune a sa particularité, son caractère."

Il insista particulièrement sur les systèmes de sécurité. "Les soupapes, c'est comme les poumons de la machine. Si elles se bloquent..." Il fit un geste éloquent. "J'ai vu une chaudière exploser une fois, à Laval. Trois morts. Depuis, je vérifie deux fois plutôt qu'une."

"La vapeur, c'est comme la fonte," poursuivit le père Gautier. "Elle a ses lois, ses exigences. Mais contrairement à la fonte, tu ne la vois pas. C'est pour ça qu'il faut développer d'autres sens."

Il apprit à Auguste à utiliser une fine tige de métal comme stéthoscope, pour écouter le fonctionnement interne des machines. "Pose-la là, contre le cylindre. Tu entends ce petit cliquetis ? C'est le piston qui commence à s'user. Dans une semaine, il faudra le changer."

Les calculs aussi étaient importants. Le rapport entre la pression de la vapeur et la force produite, la vitesse des pistons, la consommation de charbon. Le père Gautier avait tout noté dans son carnet, fruit de décennies d'expérience.

"Pour les nouvelles machines de l'atelier hydraulique, il faudra être encore plus précis," expliqua-t-il. "La pression doit être constante. Une variation, même légère et les pièces seront défectueuses. C'est pour ça que Chappée a commandé ces régulateurs automatiques."

Dans son carnet, Auguste notait chaque soir ses observations sur les machines à vapeur :

"La vapeur est une force qu'il faut apprivoiser. Le père Gautier me l'a fait comprendre - ce n'est pas qu'une question de pression et de mécanique. C'est un équilibre subtil entre la puissance et le contrôle.
Ces nouvelles machines sont impressionnantes. Plus efficaces que les anciennes, mais aussi plus exigeantes. Pour l'atelier hydraulique, il faudra une précision absolue. Le moindre écart de pression peut ruiner une journée de production.

J'ai appris à reconnaître les signes : le sifflement particulier d'une soupape qui fatigue, la vibration anormale d'un piston usé, l'odeur caractéristique d'un palier qui chauffe. Le père Gautier dit que ces machines sont comme des êtres vivants - elles parlent à ceux qui savent les écouter.

Les calculs aussi sont essentiels. Pression, volume, température... tout doit être parfaitement ajusté. Ces connaissances seront précieuses pour comprendre les changements qui arrivent dans l'usine."

 Mais les soirs et les dimanches appartenaient maintenant à une autre forme de labeur.

Dans l'arrière-salle d'un petit café à la sortie de Port-Brillet, il commença à donner des leçons de lecture et de calcul. Au début, ils n'étaient que cinq ou six ouvriers, venus presque timidement, comme honteux de leur ignorance.

"Je n'ai jamais été à l'école," avoua un fondeur d'une quarantaine d'années, ses mains massives maladroites sur le crayon. "Mon père disait que c'était pas fait pour nous."

Auguste pensait à ce que disait le capitaine Rénier "L'éducation n'est le privilège de personne," répondait-il. "C'est un droit."

Les progrès étaient lents mais constants. Les hommes, épuisés par leurs journées de travail, s'acharnaient sur les lettres et les chiffres avec la même détermination qu'ils mettaient à dompter le métal en fusion.

Un soir, alors qu'il expliquait comment calculer le prix réel d'une pièce en fonction du temps de travail, Legendre entra dans la salle.

"Tu leur apprends des choses dangereuses," dit-il avec un sourire. "Une fois qu'ils sauront compter, ils verront à quel point on les vole."

"C'est peut-être pour ça qu'on préfère les garder ignorants."

Legendre hocha la tête. "Il y a du nouveau. Ils veulent installer de nouvelles machines. Plus rapides, disent-ils. Mais il faudra moins d'hommes pour les faire fonctionner."

"Combien d'hommes ?" demanda quelqu'un.

"Un tiers de l'équipe des moules devrait suffire, selon eux."

Auguste pensa aux familles qu'il connaissait maintenant, aux enfants qu'il voyait jouer dans les rues poussiéreuses de Port-Brillet. Un tiers des hommes renvoyés, cela signifiait un tiers des foyers sans pain.

Auguste observait les réactions. Certains ouvriers parlaient déjà de sabotage, d'autres de grève immédiate. Mais le vieux Jules était plus prudent :

"En 70, ils nous ont eu comme ça. La violence ne sert que leurs intérêts. Ils n'attendent que ça pour envoyer les gendarmes."

Deux événements vinrent confirmer les craintes : d'abord, l'annonce officielle de l'installation des machines pour la fin du mois. Puis l'arrivée d'une dizaine d'hommes que personne ne connaissait.

"Des briseurs de grève," expliqua Francis. "Ils les font venir de loin. Des gars qui n'ont rien à perdre, prêts à travailler pour trois fois rien."

Le soir, une grande réunion eut lieu dans la grange. Legendre prit la parole :

"Les choses vont s'accélérer. La direction veut nous forcer la main. Soit on accepte les nouvelles conditions, soit..."

"On ne peut pas accepter !" cria quelqu'un. "Avec leurs machines, c'est la moitié d'entre nous qui va se retrouver sur la paille !"

"Et les autres seront payés moins qu'avant," ajouta un autre. "J'ai vu les nouveaux contrats. Ils veulent nous faire signer ça demain."

Auguste observait les visages. La peur s'y mêlait à la colère, mais aussi une détermination nouvelle.

"La caisse de secours ?" demanda Legendre.

"Quatre semaines maintenant," répondit Auguste. "Plus si d'autres cotisent. J'ai aussi écrit aux journaux, aux syndicats de la région. On n'est pas seuls."

Un bruit à l'extérieur les fit sursauter. La police fouillait les granges. Les hommes se dispersèrent rapidement, utilisant des chemins détournés.

L'ultimatum tomba un lundi matin, placardé aux portes de la fonderie. Les nouvelles machines seraient installées dans la semaine. Les ouvriers avaient jusqu'au mercredi soir pour signer les nouveaux contrats : baisse des salaires de vingt pour cent, augmentation des cadences et plus d'amendes pour les "malfaçons".

Dubois parcourait les ateliers, une liasse de papiers sous le bras, s'arrêtant devant chaque homme.

"C'est ça ou la porte," répétait-il. "Et ceux qui signent les premiers auront les meilleures places sur les nouvelles machines."

Certains signèrent immédiatement, la main tremblante, évitant le regard de leurs camarades. D'autres hésitaient, le papier froissé entre leurs doigts noircis. Dans la section des moules, Lebrun fut le premier à refuser.

"J'ai donné trente ans de ma vie à cette fonderie," dit-il en repoussant le contrat. "Mon père avant moi. Je ne signerai pas ma propre condamnation."

Dubois nota son nom dans un carnet. "Comme tu voudras, le vieux. Il y en a d'autres qui attendent ta place."

Les briseurs de grève, logés dans un baraquement à l'écart, s'entraînaient déjà sur d'anciennes machines. On les voyait parfois traverser la cour, accompagnés de gardiens, leurs regards fuyants évitant ceux des ouvriers réguliers.
À la pause de midi, Auguste trouva un mot glissé dans sa gamelle : "Ce soir, après le travail. C'est urgent." Il reconnut l'écriture de Legendre.

La journée sembla interminable. La chaleur était particulièrement étouffante, comme si les fours eux-mêmes retenaient leur souffle. Un accident survint dans l'après-midi : un jeune aide fondeur, distrait par la fatigue, reçut une projection de métal en fusion sur le bras. Ses cris résonnèrent dans tout l'atelier.

"Qu'on l'emmène," ordonna Dubois. "Et notez : une demi-journée d'amende pour négligence."

Le soir venu, les hommes se rassemblèrent dans la cave d'une vieille maison. L'endroit était humide, à peine éclairé par quelques lanternes.

"Combien ont signé ?" demanda Legendre.

"Une vingtaine," répondit Francis. "Surtout des nouveaux, ceux qui ont des familles à nourrir."

"Et les autres ?"

"Ils attendent. Ils veulent savoir ce qu'on va faire."

Auguste prit la parole : "J'ai des nouvelles des autres usines. À Fougères, les ouvriers se sont mis en grève la semaine dernière. À Laval aussi, il y a du mouvement."

"On ne tiendra jamais," intervint un vieux mouleur. "Ils ont leurs briseurs de grève, leurs gardiens..."

"On a mieux," répondit Legendre. "On a la solidarité. Les mineurs de Renazé ont promis de nous aider. Les cheminots aussi. Si on s'y met tous ensemble..."

Soudain, des coups résonnèrent à la porte. Une voix étouffée leur parvint :

"La police ! Ils arrivent par la grande rue !"

La suite se déroula dans une confusion organisée. Les hommes s'échappèrent par petits groupes, utilisant les passages secrets qu'ils avaient préparés. Certains partirent par les caves qui communiquaient entre elles, d'autres par les toits.

Auguste se retrouva dans une ruelle sombre avec Legendre et deux autres hommes. Au loin, ils entendaient les sifflets des policiers.

"C'est pour demain," dit Legendre à voix basse. "Ils veulent nous provoquer, nous forcer à agir avant qu'on soit prêts."

"Alors soyons prêts plus tôt," répondit Auguste. "Cette nuit, j'écrirai aux journaux. Pas seulement au Cri du Peuple. À tous. Il faut que la France entière sache ce qui se passe à Port-Brillet."

Il sortit son carnet et commença à écrire, préparant des tracts pour le lendemain.

Le mardi matin, avant même que la cloche de l'usine ne sonne, Auguste avait déjà distribué ses tracts.

Il glissa les tracts sous les portes des maisons ouvrières, dans les gamelles oubliées la veille, dans les poches des blouses pendues aux vestiaires. Son message était simple :

Frères de la fonderie,

Demain, ils veulent nous faire signer notre propre condamnation. Mais nous ne sommes pas seuls. Les mineurs de Renazé sont avec nous. Les cheminots aussi. Même à Fougères et à Laval, les ouvriers se lèvent.

Ne signez pas aujourd'hui. Attendez. La force des patrons vient de notre division. Notre force viendra de notre union.

Ne cherchez pas la violence. Elle ne servira que leurs intérêts. Ils attendent que nous frappions les premiers pour lâcher leur police sur nous.

Soyons plus malins qu'eux. Nous avons la loi de notre côté. Le droit de grève est légal depuis 1864. Les syndicats sont autorisés depuis 1884.

À midi, retrouvez-vous par petits groupes dans la cour. Pas plus de trois ou quatre, ensemble. Montrons-leur notre force dans le calme.

Un ouvrier de la fonderie.

La matinée fut étrange. Les hommes travaillaient en silence, mais quelque chose avait changé. Les regards s'échangeaient furtivement au-dessus des moules, des signes imperceptibles passaient d'un atelier à l'autre.

Dubois parcourait les rangs, son carnet à la main, notant qui avait signé, qui hésitait encore. Les briseurs de grève étaient maintenant postés à des endroits stratégiques, leurs présences comme autant de menaces silencieuses.

À midi, comme prévu, les ouvriers se rassemblèrent par petits groupes dans la cour. Pas de cris, pas de poings levés. Juste cette présence silencieuse, cette force tranquille qui semblait plus menaçante que toutes les colères.

Legendre passa discrètement entre les groupes, murmurant des instructions : "Ce soir, chacun rentre chez soi. Demain, personne ne signe. Après-demain... après-demain, ils verront ce que c'est qu'une fonderie sans ses ouvriers."

Auguste observait la cour depuis son poste près des moules. Les gardiens étaient nerveux, la main proche de leurs matraques. Mais tant qu'il n'y avait pas de rassemblement, pas de discours, ils ne pouvaient rien faire.

C'est alors qu'il aperçut une silhouette familière près du portail : Armand Chappée en personne, le patron de la fonderie. Il parlait avec animation à deux hommes qu'Auguste ne connaissait pas. L'un d'eux prenait des notes.

"Des journalistes," souffla Francis qui passait près de lui. "De Paris. Ton article a fait du bruit."

Le soir, en rentrant à la pension, Auguste trouva un nouveau mot glissé sous sa porte :

"Monsieur Chappée veut vous voir. Demain matin, 7 heures, dans son bureau. Venez seul.
    Signé Dubois"

Dans son carnet, cette nuit-là, il écrivit : "Les dés sont jetés. Demain, soit nous gagnons tout, soit nous perdons tout. Mais au moins, nous aurons essayé de le faire avec dignité."

Auguste arriva devant le bureau de Chappée à six heures quarante-cinq. L'aube jetait ses premières lueurs sur les cheminées de la fonderie, étrangement silencieuses à cette heure. Le bâtiment administratif, avec ses briques rouges plus claires que celles des ateliers, semblait presque déplacé au milieu de ce paysage industriel.

À sept heures précises, Armand Chappée le reçut. L'homme était plus jeune qu'Auguste l'imaginait, à peine quarante ans. Son visage énergique portait la trace d'anciennes cicatrices - il avait commencé comme ouvrier, disait-on.

"Entrez, Bourcier," dit-il en désignant une chaise. "J'ai lu votre article dans Le Cri du Peuple. Un style remarquable pour un mouleur."

Auguste s'assit sans répondre. Le bureau était vaste, meublé sobrement mais avec goût. Sur une table, des maquettes des nouvelles machines attendaient d'être installées.

"Vous avez de l'instruction," continua Chappée. "Plus que la moyenne de mes ouvriers. Votre dossier dit que vous venez d'une famille de propriétaires terriens. Alors pourquoi être ici ? Pourquoi remuer la boue ?"

"La boue ?" Auguste sentit la colère monter mais se contint. "Ce n'est pas de la boue, monsieur Chappée. C'est la vie de vos hommes. Leur dignité."

"La dignité ne fait pas tourner une usine." Chappée se leva, marcha jusqu'à la fenêtre puis désigna des plans sur son bureau. "Regardez. Ce ne sont pas que des machines pour la fonte ordinaire. J'ai des projets plus ambitieux. Les villes s'agrandissent, elles ont besoin d'équipements modernes - des canalisations, des bornes-fontaines, tout un réseau hydraulique. Les gargouilles, les caniveaux, les tuyaux de descente... C'est là que se trouve l'avenir."

Il déroula un autre plan. "Les Anglais et les Allemands sont déjà sur ce marché. Si nous ne modernisons pas maintenant, dans six mois nous serons dépassés. Ces nouvelles machines nous permettront de produire en série - robinets, vannes, bornes... Toute la fonte pour l'eau et l'assainissement."

"Et les ouvriers que vous jetterez dehors ?" demanda Auguste.

"Il y aura du travail pour ceux qui acceptent d'évoluer. La fonte décorative, les pièces hydrauliques, c'est un autre savoir-faire. Plus précis, plus technique..."

"Voyez-vous, Bourcier," poursuivit Chappée en se redressant, "quand j'ai repris cette fonderie, nous étions 200 ouvriers. L'année prochaine, nous passerons à 600 personnes. J'ai des contrats en cours pour tous les équipements de gaz des nouvelles villes, sans compter nos produits traditionnels."

Il prit une liste sur son bureau. "L'agriculture reste notre base solide - les charrues, les rouleaux, les mangeoires, les auges... Les paysans nous connaissent, ils nous font confiance. Mais nous ne pouvons pas nous contenter de ça."

"Mon père a acheté une de vos charrues," admit Auguste.

"Je sais," sourit Chappée. "Et elle est solide, n'est-ce pas ? C'est ce savoir-faire que je veux étendre à nos nouvelles productions. La même qualité, mais pour l'équipement urbain. Les machines ne remplaceront pas les hommes, Bourcier. Elles nous permettront de produire plus, différemment. Il me faut des ouvriers capables de s'adapter, de comprendre ces nouveaux besoins."

"Regardez," continua Chappée en étalant une carte sur son bureau. "Toutes ces villes s'agrandissent. Chacune veut son réseau de gaz, son système d'eau courante. Les municipalités investissent massivement. Nous avons déjà les contrats pour équiper trois quartiers de Paris et Lyon vient de nous commander tout son système de bornes-fontaines."

Il prit un autre document. "Et ce n'est pas tout. Nos charrues et nos rouleaux partent jusqu'en Algérie maintenant. Les colons là-bas ne jurent que par notre matériel agricole. J'ai une commande de deux cents charrues pour le printemps prochain."

"Mais pour tout ça," poursuivit-il, "il me faut une usine moderne. Des ateliers spécialisés - un pour l'hydraulique, un pour le gaz, un pour le matériel agricole. Et des hommes formés pour chaque type de production."

"Les divisions actuelles de l'usine ne suffiront pas," ajouta-t-il en montrant le plan de la fonderie. "Je vais faire construire trois nouveaux bâtiments. L'ancien atelier sera entièrement consacré au matériel agricole..."

"J'ai déjà les plans," dit Chappée en sortant un nouveau rouleau de son bureau. "Ici, le nouvel atelier pour les pièces hydrauliques - il faut un espace spécial pour tester les robinets et les vannes sous pression. Là, une fonderie dédiée aux pièces de gaz - la précision est cruciale, la moindre fuite peut être dangereuse. Et ici," il pointa un autre endroit, "un atelier pour les pièces décoratives - les gargouilles, les grilles, les ornements demandent un savoir-faire particulier."

Il se tourna vers Auguste. "Vous comprenez maintenant ? Ce n'est pas une question de remplacer les hommes par des machines. C'est une transformation complète. Les meilleurs mouleurs deviendront des spécialistes - certains pour l'hydraulique de précision, d'autres pour les pièces décoratives. Les plus jeunes seront formés sur les nouvelles machines, bien sûr, mais nous aurons toujours besoin de l'expérience des anciens."

"Et les salaires ?" demanda Auguste. "Les conditions de travail ?"

"Les spécialistes seront mieux payés," répondit Chappée. "Un homme qui maîtrise la fonte des pièces hydrauliques vaut plus qu'un simple mouleur. Les conditions aussi s'amélioreront avec les nouveaux ateliers - plus d'espace, une meilleure ventilation..."

Il s'interrompit, voyant qu'Auguste allait aborder le sujet des enfants. Son visage se durcit. "N'insistez pas sur les enfants, Bourcier. Les petites mains sont indispensables pour certaines tâches. Ils peuvent se faufiler où les adultes ne passent pas et leurs doigts sont plus habiles pour les petites pièces. De plus, leurs familles ont besoin de ces salaires."

Son ton n'admettait aucune discussion sur ce point. Puis il reprit, revenant aux projets d'expansion :

"D'ici deux ans, cette usine sera la plus moderne de l'Ouest. Les commandes affluent déjà - l'équipement urbain, le matériel agricole, les pièces de précision..."

"Nos concurrents n'ont pas cette diversité," poursuivit Chappée. "Ils se spécialisent soit dans l'agricole, soit dans l'urbain. Nous, nous aurons tout. Du soc de charrue à la borne-fontaine, de l'auge pour le bétail au robinet le plus sophistiqué. C'est notre force."

Il désigna une série de dessins techniques. "Voyez ces nouveaux modèles de robinets - nous sommes les seuls à proposer ce système de joint. Les municipalités se l'arrachent. Et ces grilles d'égout - un nouveau design qui empêche les engorgements."

Puis, revenant au sujet qui fâchait : "Quant aux enfants, ne me regardez pas comme ça, Bourcier. Vous savez comme moi que les inspecteurs ferment les yeux. Toutes les fonderies emploient des gamins. Et je les traite mieux que la plupart - ils ne travaillent pas aux fours, eux au moins."

"La loi..." commença Auguste.

"La loi," coupa Chappée, "n'a jamais fait tourner une usine. Ces enfants, si je ne les employais pas, ils seraient dans les fermes à trimer pour moins que ça. Au moins ici, ils apprennent un métier."

"Parlons plutôt de l'avenir," reprit Chappée, écartant clairement le sujet des enfants. "Voici les commandes déjà signées pour l'année prochaine." Il poussa un épais registre vers Auguste. "Trois mille charrues pour l'Ouest, cinq cents rouleaux, tout l'équipement hydraulique pour deux nouveaux quartiers parisiens. Sans compter les commandes habituelles d'auges et de mangeoires."

Il se leva et retourna vers la fenêtre, observant les cheminées de l'usine. "Les Anglais ne sont pas les seuls concurrents. Les Allemands développent de nouvelles techniques de fonte. Si nous ne modernisons pas maintenant, nous perdrons notre avance."

"Moderniser ne veut pas dire déshumaniser," répondit Auguste.

"Non, mais ça signifie s'adapter. Écoutez, Bourcier, j'ai besoin d'hommes comme vous. Des gens qui comprennent à la fois la technique et les ouvriers. Ce conseil d'usine que je propose, ce n'est pas qu'une concession. C'est une nécessité."

"Une nécessité ?" demanda Auguste, sceptique.

"Absolument. Avec tous ces nouveaux ateliers, ces productions différentes, je ne peux pas gérer tout ça uniquement avec des contremaîtres comme Dubois. Il me faut des hommes qui comprennent la globalité de l'usine. Qui voient plus loin que leur seul atelier."

Il déroula un nouveau plan. "Regardez : ici, la nouvelle fonderie pour les pièces de précision. Elle sera équipée des machines anglaises, oui, mais il faudra des ouvriers qualifiés pour les faire fonctionner. Ces machines ne sont pas comme nos vieux équipements - elles demandent des réglages constants, une vraie compréhension du métal."

"Et vous pensez qu'un conseil d'usine faciliterait cette transition ?"

"Je ne pense pas, j'en suis sûr. Les ouvriers doivent comprendre pourquoi nous changeons, comment nous évoluons. Et la direction doit comprendre les réalités du terrain. Sans ça, nous n'y arriverons pas."

"Voici comment je vois les choses," poursuivit Chappée en revenant à son bureau. "Le conseil d'usine aurait un représentant par atelier : matériel agricole, équipement hydraulique, pièces de gaz, fonte décorative. Des hommes qui connaissent leur métier et qui peuvent faire le lien entre les ouvriers et la direction."

"Et les salaires ? Les conditions de sécurité ?"

"Les salaires augmenteront avec la qualification. Un mouleur qui maîtrise les pièces hydrauliques gagnera plus qu'aujourd'hui. Pour la sécurité..." Il hésita. "Je sais que les conditions sont dures. La fonte ne pardonne pas les erreurs. Mais les nouveaux ateliers seront mieux ventilés, mieux organisés."

"Et les amendes ?"

"C'est négociable. Je comprends que le système actuel est trop dur. Mais il faut maintenir une discipline, Bourcier. Une erreur dans une pièce de gaz ou un robinet peut avoir des conséquences graves."

"J'ai des plans pour construire des logements aussi," reprit Chappée. "Avec 600 ouvriers, il faudra bien les loger. Des maisons plus saines que les taudis actuels. Mais je ne peux pas tout faire en même temps. L'investissement dans les machines et les nouveaux ateliers est déjà énorme."

Il s'arrêta un instant, scrutant la réaction d'Auguste. "Vous voyez, je ne suis pas le monstre que certains décrivent. Mais une usine ne se dirige pas avec des sentiments. Il faut des règles, de la discipline, de l'ordre."

"Et vous pensez que je pourrais aider à maintenir cet ordre ?"

"Je pense que vous pourriez faire plus que ça. Vous avez l'instruction, vous comprenez les enjeux techniques. Vous pourriez participer aux décisions sur l'organisation des nouveaux ateliers, la formation des ouvriers. Mais," son ton devint plus dur, "il faut choisir son camp, Bourcier. On ne peut pas être des deux côtés à la fois."

Regardez ces commandes," reprit Chappée en ouvrant un registre. "Cinq mille mètres de tuyaux pour l'assainissement de Nantes, trois cents bornes-fontaines pour Rennes, sans parler des contrats en cours avec les chemins de fer... Nous ne pouvons pas nous permettre des retards ou des grèves."

Il referma brusquement le registre. "Je vous offre une vraie place, Bourcier. Pas un simple poste de surveillance. Vous pourriez superviser la mise en place des nouveaux ateliers, organiser la formation des ouvriers. Mais j'ai besoin de savoir si vous êtes avec moi." "Et si je refuse ?"

"Alors ce sera quelqu'un d'autre. Quelqu'un de moins... compréhensif envers les ouvriers. Les machines arriveront de toute façon. Les nouveaux ateliers seront construits. L'usine changera, avec ou sans vous."

Il se leva, signifiant que l'entretien touchait à sa fin. "Vous avez jusqu'à midi pour réfléchir. Et n'oubliez pas - je peux être un allié ou un ennemi. À vous de choisir."

Auguste resta silencieux un moment, pesant chaque mot de Chappée. Les projets étaient ambitieux, les arguments bien rodés. L'expansion semblait inévitable. Mais derrière les promesses de modernisation, la menace restait à peine voilée.

"Je dois en parler aux autres," dit-il enfin en se levant.

"Les autres ?" Chappée eut un rire sec. "Vous pensez encore comme un ouvrier, Bourcier. Cette décision est la vôtre. Les hommes que je veux à des postes de responsabilité doivent savoir prendre des décisions seuls."

"C'est justement là notre différence," répondit Auguste. "Vous voyez l'usine d'en haut, comme une machine à faire du profit. Moi je la vois d'en bas, avec ses hommes, ses souffrances, sa dignité."

"La dignité ?" Chappée se raidit. "La dignité c'est d'avoir du travail, de nourrir sa famille. Ces nouvelles productions garantiront de l'emploi pour des années. Mais il faut des hommes qui comprennent le progrès, pas des rêveurs qui s'accrochent au passé."

"Le progrès..." répéta Auguste. "Votre progrès, c'est des enfants aux soufflets, des amendes injustes, des hommes usés avant l'âge. Même vos nouveaux ateliers ne changeront pas ça."

"Vous êtes dur, Bourcier," répondit Chappée. "Ces nouveaux ateliers créeront des emplois qualifiés. Les pièces hydrauliques, le gaz, ça demande du savoir-faire. Ce ne sera plus le même travail qu'aujourd'hui."

"Mais toujours avec des enfants pour les petites pièces ? Toujours avec des amendes pour tenir les hommes ?"

"Ne me poussez pas sur ce terrain," le ton de Chappée se durcit. "Je vous offre une chance de participer aux changements, de les influencer de l'intérieur. Mais si vous préférez rester dans l'opposition stérile..."

"Ce n'est pas de l'opposition stérile que de vouloir des conditions de travail décentes, des salaires justes."

"Des salaires justes ? Et qui paiera vos salaires justes si nous perdons nos marchés face aux Anglais et aux Allemands ? Qui nourrira les familles si l'usine doit fermer ?"

L'usine ne fermera pas," répondit Auguste. "Vous l'avez dit vous-même - vous avez des commandes pour des années. Les municipalités veulent vos équipements, les paysans vos charrues. Votre position est solide."

"Solide tant que nous restons compétitifs," corrigea Chappée. "Les Anglais peuvent produire des pièces hydrauliques pour moitié moins cher que nous. Si nous ne modernisons pas..."

"On peut moderniser sans écraser les hommes," coupa Auguste. "Les ouvriers sont prêts à apprendre, à évoluer. Mais pas sous la menace."

Chappée se rassit à son bureau, visiblement agacé. "Vous parlez comme un idéaliste, Bourcier. L'industrie n'est pas un roman de Victor Hugo. C'est une guerre économique. Soit on gagne, soit on disparaît."

"Et dans votre guerre, les ouvriers ne sont que des munitions ?"

"Ils sont la force de l'usine. Mais une force qui doit être dirigée, disciplinée. C'est ce que je vous propose - être du côté de ceux qui dirigent plutôt que de ceux qui subissent."

"Subissent ?" reprit Auguste. "C'est bien le problème. Vous voyez les ouvriers comme des exécutants, alors qu'ils pourraient être des partenaires. Vos nouvelles productions - l'hydraulique, le gaz - elles demandent de l'intelligence, du savoir-faire."

"Justement," dit Chappée, "c'est pour ça que je veux des hommes comme vous dans l'encadrement. Pour former les autres, les faire évoluer."

"Les faire évoluer sous la menace des amendes ? Avec des enfants qui continuent à travailler malgré la loi ?"

"Ne revenez pas là-dessus," trancha Chappée. "Les enfants, c'est non négociable. Quant aux amendes... on peut en discuter, mais il faut une discipline. Une pièce mal coulée pour le gaz, c'est potentiellement des morts."

"La qualité vient du respect du travail, pas de la peur des sanctions."

"Du respect ?" Chappée eut un rire bref. "Vous croyez que nos concurrents font dans le respect ? Les Anglais ont des contremaîtres avec le fouet. Mes amendes sont plus humaines."

"Plus humaines..." répéta Auguste avec amertume. "Une amende de trois francs pour cinq minutes de retard, une journée de salaire pour une pièce défectueuse. C'est ça votre humanité ?"

"C'est la règle de l'industrie," répondit sèchement Chappée. "Sans discipline, pas de production fiable. Comment voulez-vous que je garantisse la qualité de mes pièces hydrauliques si les ouvriers ne craignent pas les conséquences de leurs erreurs ?"

"La fierté du travail bien fait est une meilleure garantie que la peur."

"De la poésie," balaya Chappée. "Les commandes ont des délais, des cahiers des charges précis. Les municipalités ne paient pas pour de la fierté ouvrière, elles paient pour des pièces conformes, livrées à temps."

Il se leva, s'approcha de la fenêtre donnant sur les ateliers. "Regardez là-bas. Dans trois mois, tout sera réorganisé. Nouvel atelier hydraulique, nouvelle fonderie pour le gaz... Je vous offre la chance d'être du bon côté du changement, Bourcier."

"Ma réponse est non," dit finalement Auguste en se levant. "Pas tant que les enfants travailleront aux soufflets, pas tant que les amendes seront votre seul moyen de direction."

"Vous faites une erreur, Bourcier," répondit froidement Chappée. "Ces changements se feront, avec ou sans vous. Les nouvelles machines, les nouveaux ateliers, tout est déjà commandé. Et ceux qui s'y opposeront..."

"Je sais," coupa Auguste. "La police, les briseurs de grève. Et peut-être même quelques accidents bien arrangés."

"Je n'ai pas dit ça."

"Vous n'aviez pas besoin de le dire." Auguste se dirigea vers la porte. "Vous aurez ma démission ce soir."

En sortant du bureau, Auguste savait qu'il venait de faire un choix irréversible. Malgré les projets d'expansion, malgré la promesse d'un meilleur poste, il ne pouvait pas cautionner un système qui continuait à exploiter des enfants et à écraser les hommes sous prétexte de progrès.

La fonderie bourdonnait déjà de rumeurs quand Auguste sortit du bureau de Chappée. Il traversa la cour pour rejoindre Legendre près des fours, où les hommes attendaient des nouvelles.

"Réunion," murmura-t-il. "Tout de suite. Les délégués d'atelier seulement."

Ils se retrouvèrent dans un recoin de l'atelier des moules, dissimulés derrière une pile de châssis. Sept hommes pour entendre ce qui allait changer leur vie.

Auguste leur exposa tout : les nouveaux ateliers prévus, l'expansion vers l'hydraulique et le gaz, les six cents emplois promis. Mais aussi l'intransigeance de Chappée sur le travail des enfants, le maintien des amendes, la menace à peine voilée envers ceux qui résisteraient.

"Il m'a proposé un poste d'encadrement," conclut-il. "Pour superviser la modernisation. J'ai refusé."

"Tu as bien fait," dit le vieux Jules. "On ne peut pas servir deux maîtres à la fois."

"Qu'est-ce qu'on fait maintenant ?" demanda Francis. "Les machines vont arriver de toute façon. Les nouveaux ateliers aussi."

"On s'organise autrement," répondit Auguste. "J'ai réfléchi. Les pièces de précision pour l'hydraulique, le gaz... ça demande du savoir-faire. Chappée aura besoin d'ouvriers qualifiés, pas juste de manœuvres pour servir les machines."

"Et alors ?"

"Alors on forme nos hommes en secret. Pendant qu'ils installent leurs machines, on apprend. Les plus expérimentés enseignent aux plus jeunes. Quand les nouveaux ateliers ouvriront..."

"Ils auront besoin de nous," compléta Legendre. "Pas l'inverse."

"Exactement. Mais je ne peux pas rester," dit Auguste. "Ma position est devenue impossible. Si je reste, Chappée cherchera à m'utiliser contre vous d'une façon ou d'une autre."

Un silence pesant s'installa. Les hommes comprenaient la logique de ce choix, mais perdre Auguste était un coup dur.

"J'ai rédigé ma démission," poursuivit Auguste. "Francis ferait un bon représentant. Il connaît le métier, les hommes l'écoutent et surtout, il n'est pas marqué comme moi."

"Tu crois qu'ils accepteront de négocier avec moi ?" demanda Francis.

"Ils n'auront pas le choix," répondit Auguste. "D'ici quelques mois, quand les nouveaux ateliers seront prêts, ils auront besoin d'ouvriers qui comprennent les nouvelles productions. Toi, tu connais déjà la fonte de précision."

"Les commandes sont énormes," ajouta Legendre. "Tout l'équipement hydraulique pour deux quartiers de Paris, les pièces de gaz, sans compter le matériel agricole habituel... Ils ne peuvent pas se permettre des retards."

"Mais les enfants..." commença l'un des fondeurs.

"C'est le point sur lequel Chappée ne cédera pas," coupa Auguste. "Pas maintenant. Mais si on s'organise bien, si on devient indispensables sur les nouvelles productions..."

"Le plus important," reprit Auguste, "c'est d'identifier les hommes qui peuvent apprendre le travail de précision. Les pièces hydrauliques, les robinets, les vannes... ce n'est pas comme nos moules habituels. La moindre erreur et c'est une fuite."

"J'ai déjà quelques noms," dit Francis. "Des gars qui ont l'œil et la main. Qui comprennent la fonte."

"Bien. Commencez à les former discrètement. Pendant que la direction s'occupe d'installer ses machines, préparez-vous pour les nouvelles productions."

"Et toi ?" demanda Legendre. "Tu pars quand ?"

"Ce soir. Plus je reste, plus ça devient dangereux. Chappée n'est pas homme à accepter un refus. Il cherchera à me faire plier d'une façon ou d'une autre."

"Il y a la moisson qui commence," dit le vieux Jules. "Les paysans cherchent des bras. Ça te permettrait de réfléchir à la suite."

Auguste hocha la tête. L'idée des champs, du soleil, du travail au grand air après ces mois dans la fumée et la chaleur des fours, ne lui déplaisait pas.

"Avant de partir," dit Auguste, "je vais écrire un dernier article pour Le Cri du Peuple. Pas pour dénoncer cette fois, mais pour expliquer. Le monde change, les usines aussi. Ce qui compte, c'est que les ouvriers ne soient pas écrasés par ce changement."

"Tu crois vraiment que ces nouveaux ateliers vont changer quelque chose ?" demanda un des fondeurs, sceptique.

"Ça dépendra de nous," répondit Francis. "Plus le travail demandera de précision, plus ils auront besoin d'ouvriers qualifiés. Un robinet mal coulé, une vanne défectueuse, ça peut faire plus de dégâts qu'une charrue ratée."

"C'est pour ça qu'il faut s'organiser maintenant," insista Auguste. "Pendant qu'ils installent leurs machines, pendant qu'ils construisent leurs nouveaux ateliers. Former les hommes, préparer l'avenir."

"Et les salaires ?" demanda quelqu'un.

"Si vous devenez indispensables sur les nouvelles productions, vous pourrez négocier. Chappée l'a dit lui-même - il a des commandes pour des années. Il ne peut pas se permettre des retards ou des malfaçons."

"Ce soir," poursuivit Auguste, "je remettrai ma démission. Elle dira simplement que je pars pour raisons personnelles. Pas de provocation, pas de menaces. Simplement un départ."

"Tu crois qu'ils te laisseront partir comme ça ?" demanda Legendre.

"Chappée est trop occupé avec ses nouveaux projets pour s'inquiéter d'un simple mouleur qui s'en va. Tant que je pars discrètement..."

Il sortit son carnet, le feuilleta une dernière fois. "J'ai noté ici tout ce que j'ai appris ces derniers mois. Les lois sur le travail, nos droits, comment s'organiser sans risquer la prison. Francis, c'est pour toi maintenant."

"Les semaines à venir seront cruciales," dit Auguste en se levant. "Les nouvelles machines vont arriver, les travaux pour les ateliers vont commencer. C'est là qu'il faudra être vigilants."

"On sait ce qu'on a à faire," assura Francis. "Pendant qu'ils s'occupent de leurs machines, on formera nos hommes en secret. Quand ils ouvriront l'atelier des pièces hydrauliques..."

"Ils trouveront des ouvriers prêts et qualifiés," compléta Legendre. "Des hommes qui connaissent déjà le travail de précision."

Auguste hocha la tête. "Et n'oubliez pas - pas de provocation, pas de sabotage. Laissez-les installer leurs machines. Concentrez-vous sur la formation."

"Pour les enfants..." commença le vieux Jules.

"On ne peut rien faire pour l'instant," coupa Auguste. "Chappée ne cédera pas là-dessus. Mais quand vous serez bien installés dans les nouveaux ateliers, quand ils auront besoin de vous pour les pièces de précision..."

"Et puis," ajouta Francis, "ces nouvelles productions, l'hydraulique, le gaz... ce n'est pas un travail pour des enfants. Trop dangereux, trop précis. Même Chappée devra le comprendre."

"C'est aussi pour ça que je pars," dit Auguste. "Je ne peux pas être complice de ça, même indirectement. Un poste d'encadrement, ça veut dire fermer les yeux sur certaines choses."

Il regarda une dernière fois l'atelier, les fours, les hommes au travail. La chaleur, la poussière, le bruit des machines... tout cela lui était devenu familier.

"Je passerai ce soir à la pension prendre mes affaires. Ma lettre de démission sera sur le bureau de Chappée demain matin. Simple, courte, sans explications."

"Tu as raison de partir," dit le vieux Jules. "Tu es trop droit pour le rôle qu'ils voulaient te faire jouer. Mais ce que tu as commencé ici continuera."

"Les machines arrivent," conclut Auguste, "les nouveaux ateliers aussi. C'est inévitable. Mais maintenant vous savez comment leur faire face. Pas par la violence, mais par le savoir."

Dans son carnet, cette nuit-là, il écrivit : "Je quitte la fonderie alors qu'elle est à un tournant. Chappée a de grands projets - l'hydraulique, le gaz, de nouveaux ateliers. Six cents ouvriers prévus l'année prochaine. Les commandes affluent déjà : des robinets pour Paris, des bornes-fontaines pour Rennes, sans compter le matériel agricole qui fait notre réputation.

Mais à quel prix ? Les enfants continueront à travailler aux soufflets, les amendes resteront l'outil principal de direction. Chappée parle de progrès, de modernisation, mais son idée du progrès ne change rien à la condition ouvrière.

J'aurais pu accepter ce poste d'encadrement. Participer aux changements de l'intérieur, comme il dit. Mais à quoi bon gravir l'échelle si c'est pour tirer l'échelle après soi ?

Les hommes sont prêts pour le changement. Francis, Legendre, les autres... ils comprennent que l'avenir est dans ces nouvelles productions. Ils s'organiseront, se formeront en secret. Quand les nouveaux ateliers ouvriront, Chappée aura besoin d'eux plus qu'ils n'auront besoin de lui.

Je pars vers les champs, vers la moisson. Apres Chappée, j'ai besoin d'air frais. Peut-être y trouverai-je d'autres combats, d'autres chemins vers la justice."

La dernière chose que m'a dite mon père avant que je quitte Noyal était que parfois, il faut savoir reculer pour mieux avancer. Je ne l'avais pas compris à l'époque. Je le comprends maintenant.

L'usine s'agrandit, de nouvelles machines arrivent, de nouveaux ateliers se construisent. Chappée a l'argent, les contrats, les relations. Ce qu'il n'a pas, c'est la confiance des hommes. Il croit qu'on peut diriger une fonderie comme une armée, à coups d'amendes et de menaces.

Les nouvelles productions qu'il prévoit - l'hydraulique, le gaz - demandent plus que de la discipline. Elles demandent du savoir-faire, de l'intelligence, de la précision. Les ouvriers l'apprendront, pas pour lui, mais pour eux-mêmes. C'est leur force pour l'avenir.

Je pars sans regret et sans amertume. J'ai fait ce que je devais faire ici. Les hommes savent maintenant qu'ils peuvent s'organiser, résister autrement que par la violence. Le reste leur appartient."

En refermant son carnet, Auguste regarda une dernière fois par la fenêtre de sa chambre à la pension. Les cheminées de la fonderie se découpaient dans la nuit, crachant leurs fumées rougeoyantes vers le ciel.

Le lendemain matin, sa lettre de démission attendait sur le bureau de Chappée. Courte, simple, professionnelle :

"Monsieur, Je vous prie d'accepter ma démission de mon poste de mouleur, effective ce jour. Je vous remercie pour l'expérience acquise au sein de votre entreprise. Auguste Bourcier"

Il quitta Port-Brillet à l'aube, avant que la sirène de l'usine ne réveille la ville. Dans son baluchon, quelques vêtements, son carnet et l'adresse du cousin de Legendre pour la moisson.

La mère Leblanc lui avait préparé un peu de pain et de fromage pour la route. "Tu reviendras nous voir ?" avait-elle demandé.

"Peut-être. Quand les nouveaux ateliers seront construits. Quand les choses auront changé."

En passant devant la fonderie, il vit les échafaudages déjà dressés pour les nouvelles constructions. Bientôt, les machines anglaises arriveraient, les ateliers pour l'hydraulique et le gaz prendraient forme. Une nouvelle ère commençait pour Port-Brillet.

Le lendemain, Auguste se leva avant la sirène de l'usine. L'aube colorait à peine le ciel, mais déjà la ville industrielle s'éveillait. Cette fois pourtant, il ne prit pas le chemin des fonderies.

"On manque de bras à Beaulieu" lui avait dit un paysan rencontré au marché. "Les blés sont beaux cette année, mais lourds. Faudra des hommes solides pour la moisson."

Dans son baluchon, il avait glissé le strict nécessaire : quelques chemises, son carnet et une lettre de recommandation de Legendre qui connaissait des fermiers dans la région. Les outils, il les trouverait sur place - les paysans fournissaient toujours les faux et les faucilles à leurs moissonneurs.

En passant devant l'usine, il vit la fumée noire des hauts-fourneaux qui montait vers le ciel. Les fonderies continuaient leur vie, leurs secrets maintenant protégés par le label officiel du "savoir-faire traditionnel". Mais lui avait besoin d'autre chose - l'espace ouvert des champs, le soleil plutôt que la lueur rouge de la fonte.

"Les paysans aussi ont leur résistance," lui avait dit le vieux Jules la veille. "Contre les batteuses mécaniques qui veulent remplacer les fléaux, contre les nouveaux systèmes qui bouleversent leurs façons de faire. Tu verras, ils ont peut-être des choses à nous apprendre..."

Sur la route de Cossé, il croisa d'autres marcheurs - des ouvriers comme lui qui quittaient temporairement l'usine pour la moisson, des journaliers qui suivaient la maturité des blés de village en village.

"Cette année," disait l'un d'eux, "les fermiers s'organisent entre eux. Ils refusent les moissonneuses anglaises que les grands propriétaires veulent imposer..."

"Ces machines anglaises," poursuivit l'homme qui marchait aux côtés d'Auguste, "elles ne savent pas lire le champ comme nous. Elles coupent tout pareil, qu'importe si le blé est versé par l'orage ou si l'épi n'est pas tout à fait mûr."

Auguste sortit son carnet, intrigué. Il retrouvait dans ces paroles l'écho de ce qu'il avait entendu à la fonderie - cette connaissance intime de la matière que nulle machine ne pouvait reproduire.

Au détour du chemin, les premiers champs de blé apparurent, ondulant sous la brise matinale. Des groupes de moissonneurs s'activaient déjà, leurs faux traçant des arcs brillants dans la lumière dorée.

"Tu vois ces hommes là-bas ?" dit son compagnon de route. "Ce sont les meneurs de faux. Les plus expérimentés. Ils savent lire le vent, la pente du terrain, l'inclinaison des épis. Ils mènent la danse, les autres suivent."

En approchant, Auguste remarqua que les moissonneurs ne travaillaient pas au hasard. Il y avait une organisation précise : les meneurs de faux en première ligne, suivis par les lieuses qui ramassaient et bottelaient le blé coupé, puis les glaneurs qui ne laissaient pas un épi se perdre.

"Les fermiers se passent le mot," continua l'homme. "Quand une batteuse mécanique arrive dans le pays, mystérieusement les bras se font rares. Les moissonneurs préfèrent aller plus loin, là où on travaille encore à l'ancienne..."

Un groupe de femmes passa près d'eux, portant des cruches d'eau et des paniers de provisions. Leur façon de disposer les linges blancs sur les paniers rappela à Auguste les codes des lavandières de Port-Brillet.

"Les femmes ont leurs propres façons de résister," murmura son compagnon de route. "Regarde comment elles disposent les gerbes à sécher. Ce n'est pas au hasard. La façon dont elles les croisent, dont elles orientent les épis... C'est un langage que les paysans comprennent." Auguste arriva à Beaulieu-sur-Oudon alors que le soleil montait à peine dans le ciel. Les blés dorés ondulaient sous la brise, lourds et mûrs.

Ils arrivaient aux premières fermes de Beaulieu sur Oudon. Les cours étaient déjà animées, les fermiers répartissant les équipes pour la journée. Auguste remarqua que les groupes se formaient selon des affinités mystérieuses, comme si chacun connaissait déjà sa place.

"Tu vois le grand là-bas, avec le chapeau de paille ?" dit son compagnon. "C'est Martin, l'ancien forgeron de Laval. Il vient chaque été pour la moisson. Il sait affûter les faux comme personne. Mais il fait plus que ça..."

"Plus que ça ?"

"Il va de ferme en ferme, apparemment pour son travail d'affûtage. En réalité, il fait passer les nouvelles, organise la résistance contre les machines. Les paysans l'écoutent- il connaît aussi bien le métal que la terre."

Dans la cour de la plus grande ferme, un groupe d'hommes écoutait justement Martin qui leur montrait quelque chose sur une faux. Sa façon de tenir l'outil, de désigner certaines parties de la lame, semblait porter un message que seuls les initiés pouvaient comprendre.

"Tu cherches du travail pour la moisson ?" lui demanda un vieil homme qui astiquait les dents d'une faux.

"Oui. On m'a dit qu'il manquait des bras."

"T'as déjà travaillé sur les batteuses ?"

"À la fonderie Chappée, j'ai appris à lire les machines," répondit Auguste. "Je sais reconnaître quand la vapeur devient dangereuse."

Le vieil homme hocha la tête avec approbation : "Ici, on a les deux. La trépigneuse du père Martin, avec ses chevaux - elle fait son travail tranquillement depuis quinze ans. Et puis la nouvelle locomobile de l'entrepreneur Leroux. Elle bat plus vite, mais faut savoir la mener..."

"J'ai entendu dire que ce genre de machine peux facilement exploser," dit Auguste sobrement.

"Justement. Leroux cherche un chauffeur qui sache y faire. Son dernier s'est brûlé gravement le mois dernier - la chaudière était mal alimentée. Si ça t'intéresse..."

"Le Leroux dont vous parlez," demanda Auguste, "c'est celui qui fait tourner sa batteuse entre Beaulieu et Cossé ?"

"Lui-même. Il a une belle machine anglaise, mais elle lui donne du souci. Les paysans d'ici préfèrent encore la trépigneuse du père Martin - au moins avec les chevaux, on sait à quoi s'en tenir. Pas de risque d'explosion..."

Auguste observa le manège dans la cour voisine. Deux grands percherons tournaient paisiblement, actionnant la batteuse par un système de courroies. Les femmes disposaient les gerbes selon un rythme ancestral, les enfants ramassaient la paille. Tout semblait fonctionner dans une harmonie tranquille.

"La trépigneuse, elle fait son travail," poursuivit le vieil homme. "Peut-être moins vite que la vapeur, mais tout le monde sait la réparer. Le maréchal-ferrant du bourg suffit quand une pièce casse. Tandis que la machine de Leroux..."

Il s'interrompit alors qu'un sifflement strident déchirait l'air - la locomobile de Leroux, quelque part dans la campagne.

"L'ennui," reprit-il, "c'est que les grands domaines veulent maintenant la vapeur. Ça va plus vite, ça coûte moins cher en main d'œuvre. Mais ça change tout le travail. Avant, le battage, c'était l'affaire de toute la communauté. Maintenant, il faut des ouvriers spécialisés, des mécaniciens..."

"Les mécaniciens, c'est pas ce qui manque avec les usines qui ferment," dit une voix derrière eux. C'était Leroux lui-même, un homme trapu d'une cinquantaine d'années, le visage marqué par le charbon.

"J'ai entendu dire que vous cherchiez un chauffeur," dit Auguste.

Leroux l'examina attentivement : "T'as travaillé où ?"

"Aux fonderies Chappée. Je connais la vapeur."

"Chappée ?" Le regard de Leroux s'éclaira. "Alors tu sais ce que c'est qu'une chaudière qui chante faux. Viens voir ma machine."

Ils marchèrent jusqu'au champ voisin où la locomobile était installée. C'était une belle machine anglaise, rutilante malgré la poussière, mais Auguste remarqua immédiatement plusieurs détails inquiétants : des fuites mal colmatées, une soupape de sûreté qui semblait grippée.

"Elle est capricieuse," admit Leroux. "Les paysans d'ici se méfient. Ils préfèrent leurs chevaux, ou les petites batteuses à manège. Mais j'ai des contrats avec les grands domaines - la ferme des Ormeaux, le château de la Motte... Ils veulent du rendement."

Auguste examina la machine en silence, écoutant son souffle, observant la façon dont la vapeur s'échappait.

"Je peux la régler," dit-il enfin. "Mais il faudra des réparations. Et surtout, former une équipe qui comprenne vraiment le travail. Une machine comme ça, c'est pas qu'une question de force - faut savoir l'écouter."

"L'écouter..." répéta Leroux pensif. "C'est ce que je dis toujours aux gars qui travaillent avec moi. Mais ils sont pressés, ils veulent faire du rendement. Et puis, les accidents des autres batteuses dans la région les inquiètent..."

Auguste sortit son carnet et commença à noter certains détails de la machine.

"Regarde," dit-il en montrant le manomètre. "La pression n'est pas régulière. Ça vient de l'alimentation en eau. Si on continue comme ça, un jour..."

"C'est justement ce qui est arrivé à Bazouges le mois dernier," intervint le vieil homme qui les avait suivis. "La chaudière a explosé, deux morts. Depuis, les gens parlent..."

"Je paie bien," dit Leroux. "Quinze sous de l'heure pour un bon chauffeur. Plus que le travail au manège. Mais faut quelqu'un qui sache vraiment..."

Auguste observait maintenant le système de courroies, la façon dont elles transmettaient le mouvement au batteur.

"Il faudrait aussi former les autres," dit-il. "Celui qui engrange, celui qui coupe les liens, ceux qui enlèvent la paille... Avec la vapeur, c'est toute une chaîne. Si un seul maillon flanche..." "Tu parles comme quelqu'un qui a vu des accidents," remarqua Leroux.

"J'ai appris que la vapeur ne pardonne pas l'ignorance. Mais si on sait la traiter..."

"Si on sait la traiter..." reprit Leroux, "c'est là tout le problème. Les paysans d'ici, ils connaissent leurs chevaux, leurs bœufs. La trépigneuse du père Martin, ils la comprennent.
Mais la vapeur..."

Un groupe de femmes passa près d'eux, portant des cruches d'eau. L'une d'elles, plus âgée, secoua la tête en voyant la machine :

"Avant, le battage, c'était une fête," dit-elle. "Tout le monde y participait, même les plus faibles. Maintenant, avec vos machines, y'a plus de place pour les vieux, les enfants..."

Auguste reconnut la vérité de ces paroles. À la fonderie, il avait vu comment les machines changeaient non seulement le travail, mais aussi les liens entre les gens.

"Faut trouver un équilibre," dit-il. "Les grands domaines vont pas revenir au fléau. Mais on peut rendre la vapeur moins dangereuse, former les gens..."

Il s'interrompit pour examiner la chaudière de plus près.

"D'abord, faut réparer ces joints. Ensuite, organiser le travail autrement. Un homme pour surveiller la pression, un autre pour l'eau, chacun à son poste..."

"Comme aux fonderies ?" demanda Leroux avec intérêt.

"Oui, mais en s'adaptant au monde paysan. Les gestes du battage, c'est toute une science aussi. Faut pas perdre ça avec la vapeur."

"Il y a autre chose," ajouta Auguste en montrant son carnet. "J'ai vu comment les accidents arrivent. C'est souvent au changement d'équipe, quand les hommes sont fatigués. Ou quand on pousse trop la machine pour finir avant la nuit..."

Leroux hocha la tête : "C'est vrai. Les grands domaines veulent qu'on finisse vite. Ils paient à l'heure, alors ils poussent..."

"Faudrait organiser des équipes qui se relaient," suggéra Auguste. "Comme ça, la machine peut tourner plus longtemps sans danger. Et surtout, avoir des hommes qui restent ensemble, qui apprennent à se comprendre d'un regard."

Une charrette passa, chargée de gerbes. Le conducteur ralentit pour observer la locomobile avec méfiance.

"Tu vois," dit Leroux, "même les charretiers se méfient. Pourtant, ma machine peut battre en un jour ce qu'une trépigneuse fait en une semaine."

"Oui, mais à quel prix ?" intervint le vieil homme. "Quand la trépigneuse s'arrête, on fait reposer les chevaux. Quand ta machine s'arrête, c'est souvent qu'il y a un malheur..." Auguste sortit de sa poche l'échantillon de fer qu'il gardait toujours avec lui, un morceau de fonte des ateliers Chappée.

"Le métal aussi a ses humeurs," dit-il. "À la fonderie, on apprend à les lire. La vapeur, c'est pareil. Faut savoir quand elle est fatiguée..."

"Tiens, regarde," dit Auguste en s'approchant de la chaudière. "Tu entends ce sifflement ? Ce n'est pas normal. Et là, cette vibration dans la tôle..."

Leroux se pencha, attentif. "J'avais remarqué, mais je pensais que c'était normal."

"Rien n'est normal avec la vapeur. Chaque son différent est un avertissement. À la fonderie, les vieux disaient qu'une machine qui change de voix, c'est comme un cheval qui boite."

Pendant qu'ils parlaient, d'autres paysans s'étaient approchés, intrigués par cette discussion technique. Un jeune homme d'une vingtaine d'années écoutait particulièrement attentivement.

"Le fils Martin," expliqua le vieil homme à Auguste. "Celui de la trépigneuse. Il s'intéresse aux machines nouvelles, même si son père préfère les chevaux."

Auguste remarqua la lueur d'intelligence dans les yeux du jeune homme. "Tu veux apprendre ?" lui demanda-t-il.

"J'aimerais comprendre les deux," répondit le jeune Martin. "Les chevaux et la vapeur. Mon père dit que l'avenir est aux manèges, mais je vois bien que les grandes fermes veulent des machines plus rapides."

"C'est justement ça qu'il nous faut," dit Auguste. "Des gens qui comprennent les deux mondes. Qui peuvent faire le lien entre l'ancien et le nouveau."

"Voilà ce que je propose," dit Auguste après un moment de réflexion. "Je prends le poste de chauffeur chez vous, Leroux. Mais à condition qu'on forme une vraie équipe. Le jeune Martin pourrait apprendre et d'autres avec lui."

"Mon père ne voudra jamais," objecta le jeune homme. "Il dit que ces machines anglaises vont tuer le métier."

"Ton père a raison sur un point," répondit Auguste. "Si on laisse faire n'importe quoi, ces machines peuvent être dangereuses. Mais j'ai vu autre chose à la fonderie. J'ai vu comment les ouvriers peuvent maîtriser la vapeur, en faire leur alliée."

Leroux semblait peser le pour et le contre. "Ça prendrait combien de temps, cette formation ?"

"On commencerait tout de suite. Pendant la moisson. Le jeune Martin pourrait travailler avec nous le matin et retourner à la trépigneuse de son père l'après-midi. Comme ça, il apprendrait les deux."

"Et pour les réparations ?" demanda Leroux, montrant les joints qui fuyaient.

"Je connais le travail du métal. On peut réparer beaucoup nous-mêmes, sans attendre le mécanicien de Laval. Mais il faut aussi que les hommes apprennent à repérer les signes avant qu'il ne soit trop tard."

Une nouvelle charrette de blé arrivait. Le soleil montait dans le ciel, la journée de battage allait commencer.

"D'accord," dit Leroux. "On va essayer ta méthode. Mais les grands domaines ne vont pas attendre. Faut que la machine tourne."

"Elle tournera," assura Auguste. "Mais proprement, sans risque. Je vais vous montrer comment on faisait à la fonderie pour former les nouveaux."

Il sortit son carnet et commença à dessiner un plan d'organisation. "Il faut au moins six hommes bien formés : un pour la chaudière, un pour l'alimentation, deux pour les gerbes, un pour la paille et un qui supervise l'ensemble. Chacun doit connaître son poste, mais aussi comprendre le travail des autres."

Le jeune Martin s'était approché, fasciné par les croquis. "Et les signaux ?" demanda-t-il. "J'ai remarqué que les ouvriers de la fonderie ont leurs façons de se comprendre sans parler."

Auguste sourit. Le garçon était observateur. "Exactement. Avec le bruit de la machine, on ne peut pas toujours s'entendre. Alors on développe d'autres moyens. Un geste pour dire que la pression monte trop, un autre pour demander plus de gerbes..."

"Comme les batteurs au fléau," intervint le vieil homme. "Eux aussi avaient leurs rythmes, leurs façons de se coordonner."

"C'est ça," confirma Auguste. "On ne part pas de rien. On adapte ce que les gens savent déjà. La vapeur est nouvelle, mais le travail en équipe, ça, les paysans connaissent."

"Première chose à faire," dit Auguste en retroussant ses manches, "vérifier cette soupape de sûreté. Elle est grippée, c'est ce qui fait ce sifflement anormal."

Le jeune Martin s'approcha avec curiosité tandis qu'Auguste commençait à démonter soigneusement la pièce.

"Regarde," expliqua-t-il, "le calcaire s'est déposé ici. C'est l'eau de la région qui est très dure. À la fonderie, on avait le même problème. Faut nettoyer ça régulièrement, sinon la soupape ne peut plus faire son travail quand la pression monte trop."

Leroux observait avec attention. "Le mécanicien de Laval ne nous avait jamais parlé de ça."

"Parce qu'il vient une fois par mois, fait ses réparations et repart. Nous, on doit vivre avec la machine tous les jours. Faut la connaître comme un paysan connaît ses bêtes."

Pendant qu'il travaillait, Auguste continuait ses explications. Il montrait au jeune Martin comment reconnaître les signes d'usure, comment écouter les différents bruits de la machine. "Tu entends ce son-là ? C'est normal, c'est la vapeur qui circule bien. Mais si ça devient plus aigu, c'est qu'il y a un problème. Comme quand un cheval change son pas avant de boiter..."

Les autres ouvriers s'étaient peu à peu rassemblés autour d'eux, intrigués par cette façon nouvelle d'aborder le travail.

"Il y a autre chose qu'on faisait à la fonderie," poursuivit Auguste tout en terminant le nettoyage de la soupape. "On tenait un carnet pour chaque machine. Tous les incidents, les réparations, les changements dans le son ou la pression..."

"Un carnet ?" s'étonna Leroux. "Mes gars savent à peine écrire."

"Le jeune Martin pourrait s'en charger," suggéra Auguste. "Et puis, on peut faire des marques simples, des dessins. L'important c'est de garder une trace, de ne pas oublier les signes qui ont précédé un problème."

Il remonta la soupape avec précaution, testant son mouvement. "Maintenant, on va commencer doucement. D'abord faire monter la pression lentement, écouter comment la machine répond..."

Les premiers rayons du soleil touchaient maintenant les gerbes empilées qui attendaient le battage. Dans la ferme voisine, on entendait le pas régulier des chevaux de la trépigneuse du père Martin.

"Voilà ce que je propose," dit Auguste. "On travaille en parallèle avec la trépigneuse aujourd'hui. Ceux qui veulent apprendre peuvent venir voir les deux façons de faire. La vapeur a sa force, mais le manège a sa sagesse aussi."

Le jeune Martin sortit un petit carnet de sa poche. "Je peux commencer à noter ?"

Auguste sourit. "Tu vois, Leroux ? Les jeunes veulent apprendre. Ils savent que l'avenir sera fait des deux mondes."

"Avant de commencer," dit Auguste en vérifiant le niveau d'eau de la chaudière, "il faut établir des règles. Première chose : personne ne s'approche de la machine sans prévenir le chauffeur. À la fonderie, on a vu trop d'accidents à cause de ça."

Il traça un cercle dans la poussière autour de la locomobile. "Ça, c'est la zone dangereuse. Pour y entrer, faut faire un signe que tout le monde comprend."

Le jeune Martin notait fébrilement dans son carnet tandis que les autres ouvriers écoutaient attentivement.

"Deuxième règle," poursuivit Auguste. "On ne force jamais la machine pour aller plus vite. Si les grands domaines insistent, Leroux, c'est à vous de leur expliquer. Une batteuse à vapeur bien menée fait déjà le travail de dix hommes au fléau."

Leroux hocha la tête, comprenant que sa réputation d'entrepreneur dépendait aussi de la sécurité.

"Et puis," ajouta Auguste en montrant les courroies de transmission, "faut organiser les postes différemment. La vapeur impose son rythme. C'est plus le même travail qu'avec les chevaux où on peut ralentir quand les bêtes fatiguent."

Au loin, le père Martin sortait ses percherons pour commencer la journée à la trépigneuse. Deux façons de battre qui allaient coexister encore longtemps dans les campagnes mayennaises.

"Maintenant," dit Auguste, "je vais vous montrer comment on fait monter la pression en douceur." Il ouvrit le foyer et commença à disposer méthodiquement le charbon. "Faut pas charger trop d'un coup. La chaudière, c'est comme un cheval - si tu lui demandes tout son effort dès le départ, tu vas au-devant des ennuis."

Le jeune Martin s'était approché, fasciné par cette façon méthodique de travailler. Son père, avec la trépigneuse, procédait de la même manière : d'abord faire marcher les chevaux au pas, les échauffer progressivement.

"Regarde le manomètre," poursuivit Auguste. "La pression monte régulièrement. C'est ce qu'on veut. Quand l'aiguille arrive ici, on peut commencer à faire tourner le volant, tout doucement."

Leroux observait avec un mélange d'inquiétude et d'admiration. "Jamais vu quelqu'un travailler comme ça avec une machine."

"C'est ce qu'on apprenait à la fonderie. Le métal a sa vie, ses humeurs. La vapeur aussi. Faut les respecter."

Des charrettes chargées de gerbes commençaient à arriver. Les batteurs s'installaient à leurs postes, attendant que la machine soit prête.

"Je vais vous montrer maintenant les signaux," dit Auguste. "Un coup de sifflet long : tout va bien, on continue. Deux coups brefs : attention, quelque chose ne va pas. Trois coups : on arrête tout."

"Et voilà comment on règle l'arrivée d'eau," continua Auguste en montrant le système d'alimentation de la chaudière. "C'est le point le plus important. Une chaudière qui manque d'eau, c'est comme ça qu'arrivent les pires accidents."

Il sortit de sa poche une craie et traça des repères sur le niveau d'eau en verre.

"Quand l'eau descend ici," expliqua-t-il en marquant une ligne, "c'est le moment d'alimenter. Pas avant, pas après. Et surtout, jamais d'eau froide sur une chaudière surchauffée..."

Le jeune Martin s'était approché encore plus près. "C'est comme l'abreuvoir des chevaux," dit-il. "Mon père dit toujours qu'il faut pas les faire boire quand ils sont trop échauffés."

"Ton père a raison. La matière, qu'elle soit vivante ou de métal, il faut la respecter. À la fonderie, on voyait ça avec la fonte - si tu la refroidis trop vite, elle se fend."

Leroux écoutait attentivement. Ces principes simples, personne ne les lui avait jamais expliqués. Les mécaniciens qui passaient parlaient de pression, de chevaux-vapeur, de rendement, mais jamais de cette façon de comprendre la machine.

"Maintenant," dit Auguste, "on va faire le premier essai. Tout le monde à son poste. Et n'oubliez pas les signaux..."

La vapeur commença à siffler doucement tandis qu'Auguste réglait le feu avec précision. Le jeune Martin, carnet en main, observait chaque geste.

"Écoute," dit Auguste. "Tu entends ce rythme ? C'est le souffle normal de la machine. Si ça change, si ça devient plus aigu ou plus saccadé, c'est qu'il y a un problème."

Les premiers batteurs prirent position. L'un d'eux, un ancien qui avait travaillé dans les filatures de Laval, hocha la tête avec approbation.

"C'est vrai ce qu'il dit," lança-t-il. "Dans les filatures aussi, les bonnes ouvrières reconnaissaient au bruit quand un métier allait avoir un problème."

La première gerbe fut engagée dans la batteuse. Le grain commença à couler régulièrement tandis que la paille sortait de l'autre côté. Auguste surveillait attentivement le manomètre tout en écoutant le rythme de la machine.

"Voilà," dit-il, "c'est ça le bon régime. Maintenant, chacun doit trouver sa place dans la danse. Comme avec les fléaux, quand les batteurs se répondent."

Dans la ferme voisine, on entendait toujours le pas régulier des chevaux de la trépigneuse du père Martin. Les deux mondes coexistaient, chacun avec sa sagesse.

"Regarde comment ils s'organisent déjà," dit Auguste à Leroux en montrant les ouvriers qui s'étaient naturellement placés autour de la batteuse.

Chacun avait trouvé sa position, comme dans une chorégraphie bien réglée. Les porteurs de gerbes se relayaient sans se gêner, les ramasseurs de paille suivaient leur propre rythme, tandis que les femmes qui liaient les bottes s'étaient installées à distance respectable de la machine.

"C'est comme ça qu'on faisait à la fonderie," expliqua Auguste. "Chacun son poste, mais tout le monde attentif aux autres. La vapeur ne pardonne pas les distractions."

Soudain, le sifflement de la machine changea légèrement de ton. Auguste leva la main - le signal d'attention qu'il avait enseigné. Le jeune Martin, qui notait tout, fut le premier à réagir :

"L'alimentation en gerbes est trop rapide," dit-il. "On entend la machine qui force."

"Exact," approuva Auguste. "Tu commences à comprendre le langage de la vapeur."

Il fit signe au batteur de ralentir légèrement le rythme. Le sifflement reprit sa tonalité normale. "Voilà," dit-il, "c'est comme ça qu'on évite les accidents. En écoutant, en regardant, en sentant. La machine nous parle, si on sait l'entendre."

"Et n'oubliez pas la poussière," ajouta Auguste en montrant les particules qui dansaient dans la lumière du soleil. "C'est un des grands dangers des batteuses à vapeur. À la fonderie, on a appris à se méfier de ce qu'on respire."

Il sortit de sa poche un morceau de tissu humide et le noua autour de son visage. Plusieurs ouvriers l'imitèrent.

"Mon père dit que c'est pour les femmelettes," lança le jeune Martin en hésitant à faire de même.

"Ton père n'a pas tort pour la trépigneuse," répondit Auguste. "Avec les chevaux, la poussière se disperse. Mais avec la vapeur, c'est différent. La machine brasse l'air plus fort et la chaleur fait monter la poussière droit dans nos poumons."

Leroux hocha la tête, se souvenant d'anciens ouvriers qui toussaient sans arrêt après des années de battage.

Le travail continua ainsi jusqu'à midi. La machine ronronnait régulièrement, les gerbes s'empilaient. De temps en temps, Auguste faisait un signe et le rythme ralentissait légèrement pendant qu'il vérifiait le niveau d'eau ou la pression.

"Les grands domaines voulaient qu'on aille plus vite," dit Leroux pendant la pause. "Mais je commence à comprendre. Cette façon de travailler, au final, on perd moins de temps en pannes et en problèmes."

"À midi, le père Martin traversa le champ pour venir observer le travail à la batteuse à vapeur. Il resta un moment silencieux, regardant son fils prendre des notes tout en écoutant les explications d'Auguste.

"Ce n'est pas si fou que ça en a l'air, ta façon de faire," dit-il finalement à Auguste. "Tu traites la machine comme nous on traite nos bêtes. Avec attention."

"C'est exactement ça," répondit Auguste. "La vapeur a sa force, mais elle a aussi ses limites. Comme vos chevaux."

Les ouvriers s'étaient assis à l'ombre pour manger leur soupe. Le jeune Martin montrait son carnet à son père, expliquant les différents signaux, les signes à surveiller.

"Et tu crois qu'on peut faire vivre les deux ?" demanda le père Martin. "La vapeur et les manèges ?"

"Je l'ai vu à la fonderie," dit Auguste. "Les nouvelles machines n'ont pas tout remplacé d'un coup. Il y a des travaux qui demandent la force de la vapeur, d'autres où les anciennes méthodes restent meilleures."

"C'est vrai que les petites fermes préfèrent encore ma trépigneuse," admit le père Martin. "C'est moins cher, plus simple. Et puis, les chevaux, on peut les utiliser pour d'autres travaux après."

La conversation fut interrompue par l'arrivée d'une charrette. C'était l'intendant du château de la Motte qui venait voir l'avancement du travail.

"Le comte veut que tout soit battu d'ici trois jours," annonça-t-il à Leroux. "Il faudra faire tourner la machine plus vite cet après-midi."

Auguste, qui vérifiait le niveau d'eau de la chaudière, intervint calmement : "Ce n'est pas possible. La machine donne déjà son meilleur rendement. La forcer serait dangereux."

L'intendant le toisa avec dédain : "Le comte paie pour la vapeur, pas pour les manèges du père Martin. Il veut de la vitesse."

"Dites au comte de venir voir," répondit Auguste sans s'émouvoir. "Je lui expliquerai comment on travaillait aux fonderies Chappée. La vraie vitesse, c'est celle qui évite les accidents."

Le père Martin, qui écoutait, eut un sourire appréciateur. "L'homme a raison," dit-il à l'intendant. "Même mes chevaux, je ne les pousse pas au-delà de leurs forces. Sinon, c'est des semaines d'arrêt après."

Leroux, pris entre deux feux, regardait anxieusement l'intendant. Mais la présence d'Auguste lui donnait un nouveau courage.

"Écoutez," dit Auguste en s'adressant à l'intendant, "si le comte veut que tout soit battu rapidement, j'ai une proposition. On peut faire travailler la vapeur et la trépigneuse ensemble. Chacune à son rythme, mais les deux machines en parallèle."

Le père Martin hocha la tête : "C'est pas bête. Ma trépigneuse peut prendre les petites gerbes, pendant que la vapeur s'occupe des plus grosses."

"Et comme ça," ajouta Auguste, "si une machine doit s'arrêter pour entretien ou repos, l'autre continue. C'est plus sûr que de forcer la vapeur jusqu'à l'accident."

L'intendant semblait peser le pour et le contre. "Le comte n'aime pas les vieilles méthodes..."

"Les méthodes qui marchent ne sont ni vieilles ni nouvelles," répondit Auguste. "À la fonderie, on a appris ça. Ce qui compte, c'est le résultat, pas la façon."

Le jeune Martin, qui prenait toujours des notes, intervint : "Et puis on pourrait former plus d'hommes comme ça. Certains sur la vapeur, d'autres sur le manège. Tout le monde y gagnerait."

L'intendant finit par hausser les épaules : "Je transmettrai votre proposition au comte. Mais je ne garantis rien."

"L'après-midi, la chaleur devint étouffante. Auguste fit ralentir légèrement le rythme de la batteuse, surveillant attentivement le manomètre.

"Par ce temps," expliqua-t-il au jeune Martin, "la vapeur se comporte différemment. Comme les chevaux qui peinent plus quand il fait trop chaud."

Dans le champ voisin, le père Martin avait aussi adapté le pas de ses percherons, les faisant tourner plus lentement autour du manège. Les deux machines travaillaient maintenant côte à côte, chacune à son rythme.

"Note ça dans ton carnet," dit Auguste au jeune homme. "La température change tout. Faut plus d'eau dans la chaudière les jours de grande chaleur et surtout, faut être encore plus attentif aux signes de fatigue."

Un messager arriva du château, porteur d'une réponse du comte : il acceptait l'expérience des deux machines travaillant ensemble, mais exigeait des comptes précis sur le rendement.

"C'est là que tes notes vont servir," dit Auguste au jeune Martin. "Tu vas pouvoir comparer : combien de gerbes à l'heure pour chaque machine, combien de temps d'arrêt, combien d'hommes nécessaires..."

Le père Martin s'approcha, intéressé malgré lui par cette façon nouvelle d'organiser le travail.

"Finalement," dit le père Martin en observant les deux machines qui travaillaient en parallèle, "c'est peut-être ça l'avenir. Pas la vapeur toute seule, ni les chevaux tout seuls, mais les deux qui se complètent."

Auguste acquiesça tout en vérifiant la pression de la chaudière. "À la fonderie, on a mis du temps à comprendre ça. Au début, on voulait tout faire à la vapeur. Puis on s'est rendu compte que certains travaux demandaient autre chose."

Le jeune Martin continuait ses observations, notant méticuleusement les différences entre les deux méthodes. "La trépigneuse," écrivait-il, "est plus lente mais plus régulière. Les hommes peuvent suivre son rythme toute la journée. La vapeur bat plus vite, mais demande plus d'attention, plus de pauses pour vérifier la machine."

Soudain, un nuage menaçant apparut à l'horizon.

"L'orage arrive," dit le père Martin en regardant le ciel. "Avec la trépigneuse, on peut continuer sous l'auvent. Mais la vapeur..."

"Il faudra arrêter," confirma Auguste. "Une chaudière sous la pluie, c'est trop dangereux. Mais on peut utiliser ce temps pour l'entretien, nettoyer les joints, vérifier les courroies...

"L'orage approchait rapidement. Auguste commença les manœuvres pour arrêter la machine en douceur.

"Regarde bien," dit-il au jeune Martin. "L'arrêt est aussi important que la mise en route. Faut pas brusquer la vapeur."

Dans le champ voisin, le père Martin conduisait tranquillement ses chevaux sous l'auvent. La trépigneuse pourrait continuer à tourner, même sous la pluie.

"C'est leur avantage," admit Auguste. "Plus simples, plus souples. Mais la vapeur a d'autres qualités."

Pendant qu'ils mettaient la locomobile à l'abri, les premiers coups de tonnerre éclatèrent. Les ouvriers s'empressaient de couvrir les gerbes non battues.

"Profitons de cet arrêt forcé," dit Auguste en sortant ses outils. "Je vais vous montrer comment on vérifie chaque pièce, comment on nettoie les conduites de vapeur."

Le jeune Martin sortit son carnet, protégé de la pluie par sa veste. Son père, qui avait mis ses chevaux au repos, vint les rejoindre sous l'abri, curieux malgré lui d'en apprendre plus sur cette machine qu'il avait tant critiquée.

"La pluie nous donne une leçon," dit Auguste. "Dans ce métier, faut savoir s'adapter. Comme les paysans l'ont toujours fait..."

"Pendant que l'orage grondait au-dehors, Auguste démontait méthodiquement certaines pièces de la machine, expliquant chaque geste.

"Ici," montrait-il, "le calcaire s'accumule. Si on ne nettoie pas régulièrement, ça peut bloquer les soupapes. Et là, ces joints, ils commencent à fatiguer. Vaut mieux les changer maintenant que d'attendre la panne."

Le père Martin observait avec un intérêt croissant. Il reconnaissait dans ces gestes précis la même attention qu'il portait à l'entretien de ses chevaux et de sa trépigneuse.

"C'est comme quand on graisse les engrenages du manège," dit-il. "Si on attend trop, le métal s'use."

"Exactement," approuva Auguste. "La différence, c'est que la vapeur pardonne moins les négligences. Un engrenage qui grince, on l'entend. Une chaudière qui souffre, parfois on ne s'en aperçoit que trop tard."

Le jeune Martin notait chaque détail, dessinant les pièces dans son carnet. La pluie battante sur le toit de l'abri créait une atmosphère particulière, presque intime, où les deux mondes - celui de la vapeur et celui des chevaux - semblaient se rapprocher.

"Ce que je comprends," dit le père Martin, "c'est que la machine demande autant de soins qu'un animal. Différents, mais aussi importants."

"C'est ça," dit Auguste en nettoyant soigneusement un joint. "Et comme avec les animaux, chaque machine a son caractère. Celle-ci, par exemple, je commence à connaître ses humeurs. Elle n'aime pas les démarrages trop brusques."

La pluie continuait à tomber, mais le tonnerre s'éloignait. Par les ouvertures de l'abri, on voyait la trépigneuse du père Martin qui continuait son travail régulier, les chevaux tournant paisiblement sous la bruine.

"Tu vois," dit le père Martin à son fils, "ta mère disait que j'étais trop attaché aux vieilles façons. Mais regarde : pendant que la vapeur doit s'arrêter, nos chevaux continuent."

"C'est vrai," répondit le jeune homme. "Mais quand il fait sec, la vapeur fait en une heure ce que nous faisons en une demi-journée."

Auguste sourit en écoutant cet échange. "C'est justement ça qu'il faut comprendre. Chaque outil a son moment, sa place. Les grands domaines veulent tout faire à la vapeur, mais la sagesse est peut-être dans le mélange."

Leroux, qui était resté silencieux jusque-là, intervint : "Si j'avais su ça plus tôt, j'aurais organisé le travail différemment. Au lieu de vouloir tout faire avec ma locomobile..."

"Au lieu de vouloir tout faire avec la locomobile," poursuivit Leroux, "on aurait pu travailler ensemble, avec les trépigneuses. Se répartir les fermes selon la taille des récoltes, la nature du terrain..."

"C'est ce qu'on faisait à la fonderie," dit Auguste tout en remontant soigneusement les pièces qu'il avait nettoyées. "Certains travaux pour les grosses machines à vapeur, d'autres pour les petits ateliers. L'important, c'est que chacun trouve sa place."

La pluie commençait à faiblir. Par la porte de l'abri, on voyait un arc-en-ciel se former au-dessus des champs. Le père Martin alla vérifier ses chevaux, leur parlant doucement, vérifiant qu'ils n'avaient pas pris froid.

"Je comprends mieux maintenant," dit le jeune Martin en montrant son carnet rempli de notes. "La vapeur, les chevaux, ce n'est pas une question de vieux ou de nouveau. C'est une question de savoir-faire, d'attention."

Auguste hocha la tête : "Et ce savoir-faire, il faut le transmettre. Comme ton père t'a appris à connaître les chevaux, comme j'ai appris la vapeur à la fonderie. C'est ça qui fait la différence entre une machine dangereuse et un outil qu'on maîtrise."

À la fin de la saison des blés, alors que les dernières gerbes étaient battues, un messager du château de la Motte arriva. Le comte souhaitait voir Auguste.

"Vos méthodes m'ont intéressé," dit le comte en recevant Auguste dans son bureau. "Cette façon d'organiser le travail, de faire coexister l'ancien et le nouveau... J'ai parlé de vous à mon ami, monsieur Béron-Brochardière."

Auguste écoutait attentivement, son carnet dans la poche de sa veste.

"Ce monsieur cherche quelqu'un de confiance pour son domaine de Montjean," poursuivit le comte. "Un homme qui connaisse les chevaux et qui comprenne les machines mais qui sache aussi parler aux gens. Son château se modernise, mais il faut quelqu'un capable de faire le lien entre l'ancien monde et le nouveau."

"Comme à la fonderie," pensa Auguste. "Faire le lien entre ceux qui conçoivent les machines et ceux qui les utilisent."

"Le poste serait celui de domestique principal," précisa le comte. "Vous auriez la charge des écuries et des nouvelles installations - l'éclairage au gaz, les pompes, les machines agricoles. Ce monsieur a été très intéressé par ce que je lui ai dit de votre façon de travailler ici..."

Le comte avait raison, Monsieur Béron-Brochardière cherchait quelqu'un pour son domaine de Montjean. Mais quand Auguste se présenta au château, il comprit que le poste serait bien plus complexe que prévu.

"Il nous faut un homme polyvalent," expliqua le majordome en chef en le guidant à travers les vastes écuries. "Les chevaux bien sûr, mais aussi la basse-cour, le poulailler et vous devrez seconder à l'intérieur pour le service."

Auguste observait les boxes impeccables où s'alignaient quelques chevaux de race. Rien à voir avec les robustes percherons des battages.

"Monsieur est très attaché à ses pur-sang," poursuivit le majordome. "Il faudra les bouchonner vous-même chaque matin. Et bien sûr, être disponible pour les attelages à toute heure."

Ils passèrent ensuite à la basse-cour, un monde en soi avec ses hiérarchies complexes : les volailles de race pour la table des maîtres, les poules communes pour le personnel, les pigeons du colombier...

"Les œufs frais doivent être montés avant huit heures," précisa le majordome. "Madame y tient particulièrement. Et il faut tenir un registre précis des naissances et des pertes."

"Et pour le logement," poursuivit le majordome en montrant un petit local attenant aux écuries, "vous dormirez ici. Il faut être à portée des chevaux en cas de besoin nocturne. Quarante-cinq francs par mois, nourri, logé, blanchi."

Auguste examina la pièce exiguë : un lit étroit, une table bancale, une chaise. Bien loin du confort relatif de sa chambre à la pension de Port-Brillet. Mais il avait connu pire.

"Les horaires ?" demanda-t-il.

"Debout à quatre heures pour les premiers soins aux chevaux. Puis la basse-cour avant le petit-déjeuner des maîtres. Dans la journée, vous alternerez entre l'extérieur et le service intérieur. Il faudra vous changer à chaque fois, bien sûr. Monsieur ne supporte pas les odeurs d'écurie à sa table."

Le majordome sortit un épais registre relié de cuir : "Voici le livre des tâches. Chaque soin aux chevaux doit y être noté, chaque œuf comptabilisé, chaque modification dans la bassecour reportée."

Auguste prit le registre, pensant à son propre carnet où il notait les humeurs de la vapeur. Ici aussi, il faudrait tout consigner, mais pour d'autres maîtres.

"Une dernière chose," ajouta le majordome. "Le précédent valet a été renvoyé pour avoir répondu à Madame. Ici, on écoute, on obéit, on ne discute pas."

"Ah, voilà Mademoiselle Marie," dit le majordome alors qu'une jeune femme entrait dans la cour du château, poussant une petite charrette chargée de pains frais. "Elle livre le pain chaque jour. La boulangerie est la meilleure du canton."

"Ne l'écoutez pas, la boulangerie appartient à la famille Béron-Brochardière," corrigea-t-elle doucement mais fermement. "C'est moi qui gère la boulangerie."

Auguste nota la nuance importante dans sa voix. Elle n'était pas propriétaire mais gestionnaire, une position délicate qui demandait sans doute autant de diplomatie que de compétence.

"Monsieur est très attentif à la boulangerie," ajouta le majordome. "Il considère que c'est un des fleurons du domaine."

Marie continuait à décharger ses pains avec des gestes précis. "Le pétrin mécanique a été un investissement important," dit-elle. "Il fallait convaincre que la modernisation était nécessaire tout en garantissant que la qualité traditionnelle serait maintenue."

"Je comprends," dit Auguste. "C'est comme pour les batteuses. Il faut trouver l'équilibre entre l'ancien et le nouveau."

"Exactement. Monsieur veut le prestige des machines modernes, mais ses invités veulent toujours le goût du pain d'autrefois. Il faut satisfaire les deux exigences."

Auguste observait ses mouvements efficaces, la façon dont elle organisait sa livraison. On sentait qu'elle avait l'habitude de gérer seule, de prendre des décisions tout en respectant la hiérarchie complexe du domaine.

Auguste nota la fierté dans sa voix. Elle portait une robe simple mais bien taillée et son tablier blanc était impeccable malgré les traces de farine. Ses yeux brillaient d'intelligence et de détermination.

"Mademoiselle Marie maintient la qualité," précisa le majordome avec une certaine déférence. "Le pain de la boulangerie a toujours été servi à la table de monsieur. Et maintenant, elle a même modernisé le fournil..."

"J'ai fait installer un pétrin mécanique," expliqua-t-elle en regardant Auguste avec intérêt. "On m'a dit que vous connaissiez les machines ?"

"J'ai travaillé aux fonderies Chappée," répondit Auguste. "Et récemment sur les batteuses à vapeur."

"Les machines peuvent être utiles," dit-elle, "quand on sait les maîtriser sans leur laisser prendre toute la place. Le pain reste un art avant tout."

"La gestion d'une boulangerie demande beaucoup d'organisation," poursuivit Marie tout en notant ses livraisons dans un petit carnet. "Les commandes du château, les besoins du village, les quantités de farine à prévoir..."

"Vous tenez aussi des registres ?" demanda Auguste, pensant au gros livre des tâches que le majordome venait de lui confier.

"Bien sûr. Monsieur aime les comptes précis. Chaque sac de farine, chaque fagot pour le four, chaque pain doit être noté. Et puis il y a les commandes spéciales pour les réceptions du château..."

Le majordome acquiesça : "Mademoiselle Marie excelle dans les pains fantaisie que Madame aime tant servir à ses invités."

"Le nouveau pétrin aide pour ça aussi," dit-elle. "Il permet de préparer plusieurs pâtes différentes dans la même journée. Mais..."

Elle s'interrompit en entendant la cloche du château sonner.

"Je dois finir ma tournée," dit-elle en reprenant sa charrette. "Le village attend son pain. Monsieur..." Elle inclina légèrement la tête vers Auguste. "Peut-être aurez-vous l'occasion de venir voir notre pétrin mécanique ? Il a parfois des caprices que vous pourriez comprendre mieux que notre mécanicien habituel."

"Si Monsieur l'autorise, bien sûr," ajouta rapidement le majordome, rappelant à tous la hiérarchie du domaine.

"Les artisans compétents sont toujours bienvenus à la boulangerie," répondit Marie avec diplomatie. "Surtout quand ils comprennent aussi bien les machines que... les traditions." Elle partit, sa charrette maintenant plus légère, vers le village. Auguste la regarda s'éloigner, impressionné par la façon dont elle naviguait entre ses responsabilités de gestionnaire et les contraintes imposées par la famille Béron-Brochardière.

"Une jeune personne très capable," commenta le majordome en reprenant leur visite. "Mais n'oubliez pas votre position, Auguste. Vous êtes ici pour les écuries et la basse-cour principalement. Les machines du domaine... ce sera quand Monsieur le demandera explicitement."

Il marcha en direction du château et auguste le suivi.

"Bien," dit le majordome en consultant sa montre, "il est temps de vous montrer le reste de vos attributions intérieures. Le service à table demande une attention particulière. Vous devrez changer de tenue après vos tâches aux écuries, bien entendu."

Ils se dirigèrent vers les cuisines du château, où régnait déjà une activité fébrile en préparation du déjeuner.

"Vous servirez en second," expliqua le majordome. "Pour commencer du moins. Il faut apprendre les usages de la maison, les préférences de chaque membre de la famille. Monsieur, par exemple, déteste qu'on le serve par la gauche..."

"Et surtout," poursuivit le majordome en baissant la voix, "n'oubliez jamais votre place. Le précédent valet avait la fâcheuse habitude de se mêler aux conversations des maîtres. Une familiarité inadmissible."

Ils traversèrent la vaste cuisine où les cuivres étincelaient. La cuisinière, une femme imposante d'une cinquantaine d'années, jeta un regard critique à Auguste.

"Alors c'est lui qui remplace Jules ?" demanda-t-elle au majordome. "J'espère qu'il a plus de maintien. Le nombre de plats que l'autre a renversés..."

"Auguste vient des fonderies Chappée," répondit le majordome. "Et il a travaillé sur les batteuses cet été. Il saura se tenir."

"Les machines, c'est bien beau," répliqua la cuisinière, "mais ici c'est le service qui compte. Il faudra avoir les mains propres, l'habit impeccable et surtout... être discret comme une ombre."

Auguste écoutait en silence, mesurant l'ampleur de la tâche. Passer des batteuses au service de table, des écuries aux salons... C'était un nouveau monde à apprivoiser, avec ses codes et ses hiérarchies invisibles.

"Monsieur reçoit beaucoup," continuait le majordome. "Vous devrez être prêt à servir à toute heure. Et quand il y a des invités..."

"Quand il y a des invités," poursuivit le majordome, "le service doit être absolument impeccable. Monsieur aime impressionner ses relations avec le fonctionnement parfait de sa maison."

Il conduisit Auguste vers une petite pièce attenante à la salle à manger.

"Ici, c'est l'office. Vous apprendrez à dresser les couverts, à disposer les verres selon les vins servis. Chaque détail compte. Madame est particulièrement attentive à la symétrie de la table."

Auguste observait les rangées de porcelaine fine, les services en argent, les cristaux étincelants. Bien loin de la robuste vaisselle des auberges où il prenait ses repas pendant la saison des battages.

"Les domestiques mangent à six heures du matin, puis à midi et à vingt heures," expliqua le majordome. "Mais vous, avec vos fonctions aux écuries, vous devrez souvent adapter vos horaires. Et bien sûr, être toujours disponible si les maîtres ont besoin d'une voiture..."

Il s'interrompit en entendant une cloche sonner. "Ah, voilà monsieur qui rentre de sa promenade à cheval. Vous commencerez votre service dès demain. Pour l'instant, allez-vous installer dans votre chambre et..."

"Et changez-vous," poursuivit le majordome en désignant une livrée soigneusement pliée. "Monsieur voudra sans doute vous voir avant le déjeuner."

Auguste prit la livrée aux couleurs des Béron-Brochardière. Le tissu était raide, inconfortable comparé à ses vêtements de travail habituels.

"Une dernière chose," ajouta le majordome alors qu'Auguste s'apprêtait à sortir. "Monsieur... il aime parler de ses projets de modernisation. Des nouvelles pompes, de l'éclairage au gaz, de toutes ces machines... Mais n'oubliez jamais que votre rôle est d'écouter, pas de donner votre avis. Même si vous connaissez le sujet."

Auguste hocha la tête, comprenant la subtilité de sa position. Ses connaissances techniques avaient contribué à le faire engager, mais elles ne devaient pas lui faire oublier sa place.

En retournant vers sa chambre près des écuries, il croisa à nouveau la charrette de la boulangerie qui revenait du village. Marie terminait sa tournée. Elle ralentit légèrement en le voyant.

"Alors, le majordome vous a fait visiter le château ?" demanda-t-elle avec un léger sourire. "C'est tout un monde à apprivoiser, n'est-ce pas ?"

"Tout un monde, oui," répondit Auguste. "Bien différent des fonderies et des battages."

"Chaque lieu a ses codes," dit Marie en rangeant son carnet de livraison. "Ici, au château, tout est dans les apparences, dans les non-dits. À la boulangerie aussi d'ailleurs, il faut savoir naviguer entre les exigences de la famille et les besoins réels du travail."

Elle jeta un coup d'œil à la livrée qu'Auguste portait sur son bras. "Cette tenue... elle appartenait à Jules, le précédent valet. Un brave garçon, mais il ne comprenait pas les subtilités du service."

"Que lui est-il arrivé ?" demanda Auguste, curieux.

"Oh, plusieurs petites choses... Il parlait trop. Et surtout, il ne savait pas rester à sa place. Un jour, pendant un dîner, il s'est permis de contredire monsieur sur le fonctionnement d'une machine agricole..." Elle laissa sa phrase en suspens, significative.

Auguste comprit. Les connaissances techniques pouvaient être un piège autant qu'un atout.

"Je dois y aller," dit Marie en reprenant les rênes de son cheval. "Le pain de demain n'attend pas. Le levain doit être rafraîchi ce soir..."

"Le levain..." dit Auguste avec intérêt. "C'est comme la fonte en fait, il faut savoir le lire, comprendre quand il est prêt."

"Exactement," sourit Marie. "Vous comprenez vite. Le levain, c'est vivant. Le pétrin mécanique aide pour le travail, mais c'est toujours la main du boulanger qui décide. D'ailleurs..." Elle hésita un instant. "Le pétrin fait un bruit étrange depuis quelques jours. Si vous aviez un moment..."

"Il faudrait voir ça avec le monsieur," intervint soudain la voix du majordome qui était revenu sans bruit. "Auguste a beaucoup à apprendre pour son service. N'est-ce pas, Auguste ?"

"Bien sûr," répondit Auguste, comprenant la leçon. "Les chevaux et le service d'abord."

Marie hocha la tête, manifestement habituée à ces jeux de pouvoir. "Naturellement. Je ne voudrais pas interférer avec les priorités du château. Bonne journée, Messieurs."

Elle repartit vers la boulangerie tandis que le majordome regardait Auguste d'un air entendu.

"La famille Béron-Brochardière est très attachée aux... convenances," dit-il doucement. "Chacun à sa place, chacun dans son rôle. N'oubliez jamais cela."

Venez maintenant," dit le majordome. "La cloche vient de sonner, monsieur veut vous voir dans son bureau."

Auguste suivit le majordome à travers les couloirs cirés du château. Les portraits des ancêtres Béron-Brochardière semblaient le suivre des yeux.

Le bureau du bourgeois était une vaste pièce lambrissée. Des plans étaient étalés sur une table : les nouveaux aménagements du domaine, les installations de gaz prévues, les systèmes de pompes.

"Ah, voici notre nouveau valet," dit monsieur en levant à peine les yeux de ses plans. "Le comte de la Motte m'a dit que vous compreniez les machines."

"J'ai quelques connaissances, Monsieur," répondit prudemment Auguste, se souvenant des conseils du majordome.

"Bien, bien... J'ai des projets pour moderniser le domaine. Ces vieilles demeures doivent vivre avec leur temps. Mais d'abord, vos tâches principales : les écuries, la basse-cour, le service...
Joseph vous a tout expliqué ?"

"Oui, Monsieur."

"Parfait. Et... ah oui, la boulangerie. Un de nos fleurons. Mademoiselle Marie fait du bon travail, mais elle a parfois des idées... disons, trop indépendantes. Il faudra veiller à ce que tout reste dans l'ordre établi.

"L'ordre établi," répéta monsieur en se levant pour examiner une carte du domaine. "C'est ce qui fait la force de cette maison. À propos de la boulangerie... mon frère en a officiellement la direction, mais..."

Il s'interrompit, manifestement contrarié. Le majordome se raidit légèrement.

"Mon frère a d'autres... préoccupations," reprit monsieur avec diplomatie. "Heureusement, Mademoiselle Marie gère l'établissement avec compétence. Le pétrin mécanique était une bonne initiative, même si certains membres de la famille trouvent qu'elle prend trop de libertés..."

Auguste comprenait mieux la situation. La position de Marie était encore plus délicate qu'il ne l'imaginait : gérer la boulangerie sous l'autorité nominale d'un patron absent, tout en devant rendre des comptes à la famille.

"Mon frère sera probablement à la réception de la semaine prochaine," ajouta le bourgeois avec une grimace à peine perceptible. "Si... quand il sera en état de paraître. Des industriels de Laval seront là. Il faudra que tout soit... parfait."

Le majordome hocha imperceptiblement la tête, habitué à gérer ces situations délicates.

"Mon frère..." Monsieur.. hésita, cherchant ses mots. "Il a toujours eu un faible pour les plaisirs de la vie. La boulangerie devait l'occuper, lui donner un rôle... Mais heureusement, Mademoiselle Marie a repris les choses en main. Une jeune personne remarquable, même si sa position est... particulière."

Auguste nota le mélange de reconnaissance et de condescendance dans la voix du bourgeois. La famille avait besoin de Marie pour faire fonctionner la boulangerie, mais supportait mal son autonomie.

"La semaine prochaine," poursuivit le bourgeois, "nous recevons des industriels importants. Il faudra... surveiller mon frère. L'empêcher de trop boire avant le dîner. Joseph sait comment faire, il vous expliquera."

Le majordome acquiesça gravement. "Nous nous en occuperons, Monsieur, comme d'habitude."

"Bien. Et veillez à ce que la livraison du pain soit impeccable ce jour-là. Mon frère aime parfois... interférer avec la gestion de Mademoiselle Marie quand il a bu. Cela pourrait créer des situations embarrassantes devant nos invités."

Une fois sortis du bureau du bourgeois, le majordome conduisit Auguste vers un recoin discret.

"Il faut que vous compreniez certaines choses," dit-il à voix basse. "Monsieur Maurice, le frère de monsieur - que tout le monde appelle 'Bonnache' quand les maîtres n'entendent pas - peut être... difficile. Surtout les jours de livraison."

"Difficile ?" demanda Auguste.

"Il boit. Beaucoup. Et quand il a bu, il se mêle de la boulangerie, donne des ordres contradictoires, harcèle Mademoiselle Marie... Parfois, il débarque au petit matin, complètement ivre, exigeant de 'superviser' la fournée."

Auguste commençait à comprendre pourquoi Marie marchait sur des œufs en parlant de la gestion de la boulangerie.

"Heureusement," poursuivit le majordome, "il passe la plupart de ses journées au café du village. Mais pour la réception de la semaine prochaine... il faudra être vigilant. Monsieur ne supporte pas que son frère fasse honte à la famille devant les invités."

"Et Mademoiselle Marie ? Comment gère-t-elle la situation ?"

"Avec beaucoup de diplomatie. Elle laisse Bonnache croire qu'il dirige quand il est là, tout en faisant tourner la boutique à sa façon. Mais certains jours sont plus difficiles que d'autres..."

"Tenez, la semaine dernière," poursuivit le majordome en baissant encore la voix, "Bonnache est arrivé à la boulangerie au petit matin, complètement saoul. Il voulait absolument montrer le pétrin mécanique à ses compagnons de beuverie. Mademoiselle Marie a dû faire preuve de... beaucoup de patience."

"Elle ne peut pas simplement lui refuser l'entrée ?" demanda Auguste.

Le majordome eut un petit rire sans joie. "Refuser l'entrée au propriétaire officiel ? Non, elle doit composer. Heureusement, monsieur la soutient... discrètement. Il sait que sans elle, la boulangerie sombrerait comme les autres affaires que son frère a touchées."

Il jeta un coup d'œil prudent autour d'eux avant d'ajouter : "Il y a eu le domaine viticole près de Saumur, puis l'exploitation de chevaux... À chaque fois, Bonnache a tout dilapidé en quelques mois. La boulangerie est son dernier 'poste' et uniquement parce que Mademoiselle Marie la fait tourner."

"Et pour la réception ?"

"Ah, c'est là que vous interviendrez aussi. Avec les autres domestiques, nous avons un système bien rodé pour... surveiller Bonnache lors des événements importants. Je vous expliquerai..."

"Voyez-vous," continua le majordome en vérifiant une nouvelle fois que personne ne pouvait les entendre, "nous avons établi un... roulement. Quand Bonnache devient trop... festif pendant les réceptions, l'un de nous trouve toujours une raison urgente de l'éloigner des invités."

"Une urgence à la boulangerie, par exemple ?" suggéra Auguste.

"Exactement. Ou un problème avec les chevaux qui nécessite son expertise... Il aime se croire indispensable. Puis on le conduit discrètement à ses appartements pour qu'il... se repose." À ce moment, ils entendirent des éclats de voix venant de la cour. Le majordome grimaça.

"Ah, quand on parle du loup... Il semblerait que Monsieur Maurice soit déjà dans ses... dispositions habituelles."

Par la fenêtre, ils virent un homme d'une cinquantaine d'années, les vêtements débraillés malgré leur qualité évidente, qui tentait de monter dans la charrette de la boulangerie en gesticulant.

"Je dois... je dois vérifier la qualité du pain !" criait-il d'une voix pâteuse. "C'est mon établissement après tout !"

Marie, debout près de la charrette, gardait un calme remarquable tandis que deux valets essayaient discrètement de maintenir Bonnache à distance.

"Je dois y aller," dit rapidement le majordome. "Et vous, Auguste, venez avec moi. Autant que vous voyiez comment nous gérons ces... situations."

Ils descendirent rapidement dans la cour où la situation se tendait. Bonnache, le visage rouge et luisant, tentait maintenant d'arracher une miche des mains de Marie.

"Le pain... il faut le goûter ! Comment savoir s'il est digne des Béron-Brochardière sans le goûter ?"

"Monsieur Maurice," intervint calmement Marie, "le pain a déjà été vérifié ce matin, comme chaque jour. Et vous avez une réunion importante qui vous attend, n'est-ce pas ?"

Le majordome s'approcha doucement. "Monsieur Maurice, justement, Monsieur souhaitait vous voir au sujet des nouveaux chevaux..."

"Les chevaux ?" Bonnache se redressa, momentanément distrait. "Ah oui, les chevaux... Je m'y connais en chevaux, moi... Pas comme certains..."

"Si vous voulez bien me suivre," continua le majordome en lui prenant délicatement le bras. "C'est une question urgente..."

Auguste observait la scène, admirant l'habileté avec laquelle le majordome et Marie maniaient la situation, comme une chorégraphie bien rodée.

Marie profita de la diversion pour faire rapidement monter les derniers pains dans les cuisines du château. Elle croisa le regard d'Auguste et lui adressa un léger signe de tête reconnaissant.

"Les chevaux..." continuait de marmonner Bonnache tandis que le majordome le guidait habilement vers le château. "J'aurais dû continuer dans les chevaux... La boulangerie, ce n'est pas un métier pour un Béron-Brochardière..."

"Bien sûr, Monsieur," approuvait doucement le majordome. "Mais d'abord, peut-être souhaiteriez-vous vous rafraîchir un peu ? Monsieur tient à ce que vous soyez présent à la réunion de ce matin..."

Auguste comprit que "se rafraîchir" signifiait probablement faire dormir Bonnache jusqu'à ce qu'il dessaoule. Le majordome lui fit un signe discret : il devait les suivre, apprendre la manœuvre.

"Vous voyez," murmura Marie en passant près d'Auguste, "voilà une autre partie de vos fonctions que monsieur n'a probablement pas mentionnée : être garde-fou de son frère..."

Elle avait dit cela sans amertume, avec une sorte de résignation teintée d'ironie. Visiblement, ces scènes étaient fréquentes à la boulangerie

"Une fois Bonnache installé dans ses appartements pour... se reposer," expliqua discrètement le majordome à Auguste alors qu'ils redescendaient, "il faut toujours qu'un domestique reste à portée d'oreille. Il a tendance à vouloir ressortir pour 'inspecter sa boulangerie' dès qu'il se réveille."

"Ça arrive souvent ?" demanda Auguste.

"Presque chaque jour maintenant. Avant, il se contentait de boire au café du village. Mais depuis que Mademoiselle Marie a installé le pétrin mécanique, il veut jouer au patron moderne, montrer qu'il comprend les machines..."

Ils croisèrent Marie qui terminait de ranger sa charrette.

"Merci pour votre aide," dit-elle. "Même si... ce n'était pas vraiment dans vos attributions pour un premier jour."

"Les attributions sont flexibles ici," répondit le majordome avec un rare sourire. "Surtout quand il s'agit de préserver la dignité de la famille."

"La dignité..." répéta Marie avec une pointe d'ironie. "Comme ce matin où Bonnache a voulu expliquer le fonctionnement du pétrin à mes ouvriers alors qu'il pouvait à peine tenir debout..."

"Le pire," ajouta Marie en baissant la voix, "c'est quand il débarque pendant la préparation des fournées, aux petites heures. Il veut tout diriger, change les recettes, donne des ordres contradictoires aux ouvriers..."

"Et vous ne pouvez pas refuser," constata Auguste.

"Comment le pourrais-je ? Officiellement, il est le patron. Monsieur comprend la situation, heureusement. Il sait que sans... disons, une certaine organisation, la boulangerie aurait déjà coulé comme les autres affaires de son frère."

Le majordome hocha discrètement la tête. "Mademoiselle Marie a mis en place un système ingénieux. Les ouvriers savent qu'ils doivent toujours attendre sa confirmation avant d'exécuter les... directives de Monsieur Maurice."

"Ils font semblant d'obéir," expliqua Marie, "puis viennent me consulter du regard. Bonnache est tellement dans son monde qu'il ne remarque rien. Et quand il revient le lendemain, il a tout oublié..."

"Mais pour la réception de la semaine prochaine," intervint le majordome, "ce sera plus délicat. Les industriels de Laval voudront sûrement visiter la boulangerie moderne du domaine..."

"Oui," soupira Marie, "et Bonnache voudra jouer au grand patron moderniste devant eux. La dernière fois qu'il a voulu faire une démonstration du pétrin mécanique..." Elle s'interrompit, secouant la tête au souvenir manifestement pénible.

"Il a failli y avoir un accident," précisa le majordome pour Auguste. "Heureusement, Mademoiselle Marie a su intervenir à temps."

"Depuis," reprit Marie, "j'ai fait installer un système de sécurité sur le pétrin. Bonnache ne peut plus le mettre en marche sans la clé... que je garde sur moi. Il pense que c'est une nouvelle modernisation."

Auguste admirait l'ingéniosité de ces arrangements, la façon dont chacun s'adaptait pour maintenir un équilibre précaire.

"Pour la réception," dit le majordome, "nous devrons être particulièrement vigilants. Monsieur veut montrer le domaine sous son meilleur jour. La boulangerie moderne, les écuries, les nouvelles installations... Tout doit être parfait."

"Et son frère sobre," ajouta Marie avec une grimace. "Ce qui est la partie la plus difficile du programme..."

Marie baissa encore la voix : "La réception de la semaine prochaine n'est pas qu'une question de prestige. Monsieur cherche des investisseurs. La famille... disons que les apparences sont trompeuses."

"Les Béron-Brochardière sont ruinés," murmura le majordome, jetant des regards inquiets autour de lui. "Les dettes s'accumulent. Le train de vie du château, les frasques de Bonnache, les mauvais investissements..."

Auguste comprit mieux l'insistance du bourgeois sur la modernisation du domaine. Ce n'était pas qu'une question de progrès, mais de survie.

"La boulangerie est un des derniers actifs rentables," expliqua Marie. "C'est pour ça que monsieur me laisse une certaine liberté dans la gestion. Mais Bonnache... il ne comprend pas. Il continue de puiser dans la caisse comme si l'argent était inépuisable."

"Les industriels de Laval," ajouta le majordome, "pourraient être la dernière chance de la famille. S'ils investissent dans la modernisation du domaine..."

"À condition que Bonnache ne ruine pas tout en jouant au grand seigneur devant eux," soupira Marie. "La dernière fois qu'il a reçu des visiteurs à la boulangerie, il a promis des livraisons gratuites pendant un an..."

"Heureusement," continua Marie, "j'ai réussi à faire passer ça pour une plaisanterie d'après-dîner. Mais monsieur ne peut plus se permettre ce genre... d'incidents. Les créanciers commencent à s'impatienter."

"Les apparences avant tout," murmura le majordome. "Le château doit continuer à briller, même si les coffres sont vides. Les chevaux de race, les réceptions, la modernisation... tout ça coûte cher."

"Et pendant ce temps," ajouta Marie avec une pointe d'amertume, "je dois jongler avec les factures de farine, maintenir les prix du pain assez bas pour le village tout en assurant suffisamment de bénéfices pour la famille..."

Auguste commençait à mesurer la complexité de la situation. Sous le vernis des convenances et du prestige, le domaine des Béron-Brochardière ressemblait à une machine mal entretenue, prête à se détraquer.

"La semaine prochaine," reprit le majordome, "ces industriels de Laval doivent repartir convaincus que le domaine est une affaire saine et moderne. Monsieur compte particulièrement sur la visite de la boulangerie pour les impressionner."

"Avec Bonnache comme directeur officiel," soupira Marie. "Il va falloir être plus que vigilants..."

J'ai déjà caché les meilleurs vins de la boulangerie," murmura Marie. "La dernière fois, Bonnache a débouché des bouteilles de Vouvray pour impressionner ses amis du café... des bouteilles que monsieur réservait pour les grands clients."

Un bruit de verre brisé à l'étage les fit sursauter. Bonnache devait s'être réveillé.

"Je m'en occupe," dit rapidement le majordome. "Auguste, venez avec moi. Il faut que vous appreniez à gérer ces... situations."

Ils montèrent rapidement l'escalier, laissant Marie qui devait retourner à sa boulangerie.

"La famille est au bord du gouffre," expliqua le majordome en montant. "Monsieur essaie de sauver les apparences, mais les dettes... Le notaire est venu la semaine dernière. Et maintenant les banques menacent de saisir les terres."

"Et Bonnache ne se rend compte de rien ?"

"Oh si, par moments. C'est même pour ça qu'il boit de plus en plus. Il sait que c'est en partie sa faute, avec tous les projets qu'il a ruinés. La boulangerie est sa dernière chance de prouver qu'il peut gérer quelque chose... même si en réalité, c'est Mademoiselle Marie qui fait tout le travail."

Nouveau bruit à l'étage, suivi d'éclats de voix. Bonnache semblait avoir une de ses crises.

"Je suis un Béron-Brochardière !" l'entendaient-ils crier. "Je peux gérer ma boulangerie comme je l'entends ! Qui est-elle pour me dire comment faire ? Une simple..."

Le majordome accéléra le pas, l'air inquiet. "Quand il est dans cet état, il peut devenir désagréable envers Mademoiselle Marie. Il n'accepte pas qu'une femme gère mieux que lui."

Ils trouvèrent Bonnache au milieu de sa chambre, une bouteille à la main, entouré de débris de verre. Il avait dû fouiller dans son secrétaire à la recherche d'alcool.

"Monsieur Maurice," dit doucement le majordome, "votre frère vous attend pour discuter des nouveaux investissements..."

"Mon frère !" cracha Bonnache. "Toujours à faire le grand seigneur alors que nous sommes ruinés ! Et cette... cette Marie qui se croit tout permis dans MA boulangerie ! Vous savez ce qu'elle a osé faire ? Elle a refusé de me donner la clé du coffre hier !"

"Pour votre propre bien," murmura le majordome si bas qu'Auguste fut le seul à l'entendre.

"Cette clé, c'est MES bénéfices !" continuait de vociférer Bonnache. "L'argent de MA boulangerie ! Mon père ne m'aurait jamais traité ainsi... Un Béron-Brochardière réduit à mendier quelques sous à une... une..."

Le majordome fit un signe discret à Auguste. Ils devaient agir avant que la situation ne dégénère complètement.

"Monsieur Maurice," intervint le majordome de sa voix la plus apaisante, "les industriels de Laval arrivent la semaine prochaine. Votre frère compte sur vous pour leur montrer la boulangerie moderne..."

Cette diversion sembla calmer momentanément Bonnache. "Ah oui, les industriels..." Son visage s'éclaira d'un sourire aviné. "Je leur montrerai comment un Béron-Brochardière gère une entreprise moderne ! Le pétrin mécanique... c'était mon idée, vous savez ? Marie n'y connaît rien aux machines..."

Auguste et le majordome échangèrent un regard. Ils savaient tous deux que c'était Marie qui avait convaincu monsieur d'investir dans le pétrin, économisant pendant des mois pour contribuer à l'achat.

"Mais d'abord," poursuivit Bonnache en tentant de se diriger vers la porte, "je dois aller vérifier la caisse. Il doit bien rester quelques francs pour..."

Monsieur Maurice," intervint rapidement le majordome, "votre tenue n'est peut-être pas... appropriée pour une visite à la boulangerie en ce moment."

Auguste nota l'habileté de la manœuvre. En effet, Bonnache avait renversé du vin sur sa chemise et son gilet était déboutonné de travers.

"Ma tenue ?" Bonnache baissa les yeux sur ses vêtements, semblant les découvrir. "Ah oui... Un Béron-Brochardière se doit d'être impeccable... Mon père disait toujours..."

"Si vous permettez," dit le majordome, "Auguste peut vous aider à vous changer pendant que je fais préparer votre voiture..."

Une voiture qui, Auguste le comprit au regard du majordome, ne viendrait jamais.

"Oui, oui..." marmonna Bonnache en se laissant conduire vers son cabinet de toilette. "Il faut être présentable... Les industriels... Le prestige de la famille..."

Puis, brusquement : "Mais la clé ! Marie doit me rendre cette clé ! L'argent de la boulangerie... Mon père n'aurait jamais accepté qu'une employée..."

"Nous verrons cela après votre toilette, Monsieur," dit fermement le majordome. "Les apparences d'abord, n'est-ce pas ?"

"Les apparences..." répéta Bonnache, soudain mélancolique. "Tout n'est qu'apparences maintenant. Mon père avait une vraie fortune, lui. Pas des dettes... Pas besoin de supplier des industriels de Laval..."

Il se laissa tomber lourdement dans un fauteuil pendant qu'Auguste, sur un signe du majordome, commençait à chercher des vêtements propres.

"Vous savez," dit-il en pointant un doigt tremblant vers eux, "j'aurais pu faire fortune dans les chevaux. J'avais l'œil pour ça... Mais mon frère... toujours à surveiller, à contrôler... Et maintenant, je dois mendier à cette... cette Marie pour quelques francs de ma propre boulangerie !"

Sa voix se brisa sur ces derniers mots. Auguste vit même des larmes briller dans ses yeux.

"Le nom des Béron-Brochardière..." murmura-t-il. "Nous étions respectés... craints même. Et maintenant... maintenant nous devons faire semblant. Jouer aux grands seigneurs alors que les créanciers frappent à la porte..."

Le majordome fit un signe discret à Auguste : ces moments de lucidité étaient souvent les plus dangereux, poussant Bonnache à boire encore plus pour oublier.

"Et cette Marie..." reprit Bonnache après un long silence, sa voix devenant plus sombre. "Elle croit que je ne vois rien... que je ne comprends rien... Mais je sais qu'elle met de l'argent de côté. Elle cache des bénéfices, j'en suis sûr !"

Auguste et le majordome échangèrent un regard inquiet. Ils savaient que Marie gérait la boulangerie avec une rigueur exemplaire, rendant des comptes précis au bourgeois. Si elle mettait de l'argent de côté, c'était probablement pour protéger l'entreprise des frasques de Bonnache.

"Monsieur Maurice," intervint doucement le majordome, "votre bain est prêt..."

"Mon bain ? Ah oui... Mais d'abord, il faut que j'aille à la boulangerie. Je vais lui montrer, à cette..." Il tenta de se lever mais vacilla dangereusement.

"Peut-être après votre toilette," suggéra le majordome en le retenant. "Un Béron-Brochardière se doit d'être présentable pour inspecter ses biens."

"Présentable..." répéta Bonnache avec un rire amer. "Comme si ça changeait quelque chose... Tous ces mensonges, ces apparences... Même les domestiques savent que nous sommes ruinés. Ils m'appellent 'Bonnache' dans mon dos, je le sais bien..."

Il y eut un silence gêné. Auguste se concentra sur le rangement de la chambre tandis que le majordome aidait Bonnache à se diriger vers la salle de bain.

"Et vous savez le pire ?" continua Bonnache, sa voix se brisant. "Elle réussit, elle. La boulangerie prospère sous sa direction. Malgré moi... ou plutôt sans moi. Une roturière qui fait mieux qu'un Béron-Brochardière..."

Il s'arrêta devant le miroir, contemplant son reflet avec dégoût.

"Mon père me disait toujours que j'étais un incapable. 'Tu finiras par tout perdre, Maurice'. Et il avait raison... La propriété viticole en Anjou, l'élevage de chevaux et maintenant... maintenant je ne suis même pas capable de gérer une simple boulangerie !"

Le majordome commença à faire couler le bain, espérant que le bruit de l'eau couvrirait les lamentations de Bonnache.

"Mais les industriels..." reprit-il soudain avec une lueur d'espoir désespéré dans les yeux. "La semaine prochaine, je leur montrerai. Je leur expliquerai le pétrin mécanique, les innovations... Ils verront qu'un Béron-Brochardière peut être moderne..."

Auguste nota que ses mains tremblaient violemment maintenant. Les signes du manque d'alcool commençaient à se manifester.

"Il va falloir le calmer," murmura le majordome à Auguste. "Dans cet état, il serait capable de débarquer à la boulangerie pour faire un scandale."

Comme pour confirmer ses craintes, Bonnache se mit à arpenter la pièce de façon erratique.

"Je devrais y aller maintenant," marmonnait-il. "Faire l'inventaire de la caisse... Marie cache sûrement de l'argent... Une femme qui gère mieux qu'un Béron-Brochardière, c'est une honte..."

"Monsieur Maurice," intervint doucement le majordome, "j'ai une bouteille de ce vieux Saumur que vous appréciez tant. Peut-être qu'avant votre bain..."

La mention du vin sembla momentanément apaiser Bonnache. "Du Saumur ? Ah... Oui, un verre me ferait du bien. Juste un verre... pour me donner du courage avant d'aller remettre de l'ordre dans MA boulangerie..."

Le majordome fit un signe discret à Auguste : avec de l'alcool et un bain chaud, Bonnache finirait probablement par s'endormir. Il fallait juste gagner du temps, l'empêcher de nuire jusqu'à ce que la crise passe.

"Les industriels comprendront," continuait Bonnache en se laissant servir un verre. "Ils verront que je suis un homme d'affaires moderne..."

"Un homme d'affaires moderne..." répéta Bonnache en vidant son verre d'un trait. "Comme mon père l'aurait voulu..."

Le majordome remplit à nouveau le verre, subtilement, pendant qu'Auguste continuait de préparer le bain.

"Vous savez," dit Bonnache en s'affalant dans un fauteuil, le regard de plus en plus vague, "parfois je la regarde, Marie... Je la vois tenir ses registres, négocier avec les fournisseurs, gérer le personnel... Elle fait tout ce que j'aurais dû faire..."

Sa voix se brisa légèrement. "Elle fait tout ce que mon père attendait de moi. Et moi, je ne suis bon qu'à boire l'argent de la boulangerie au café..."

Le majordome jeta un coup d'œil inquiet à Auguste. Ces moments de lucidité étaient rares chez Bonnache et souvent suivis de crises violentes.

"Un autre verre, Monsieur Maurice ?" proposa-t-il doucement. "Le bain sera bientôt prêt..."

"Oui... oui..." Bonnache regardait maintenant par la fenêtre, vers la boulangerie qu'on apercevait au loin. "Vous savez ce qu'elle a fait la semaine dernière ? Elle a refusé de me donner de l'argent pour payer mes dettes de jeu... Elle a dit que c'était pour protéger l'entreprise... MON entreprise..."

"Vous auriez vu son regard," continua Bonnache, le visage crispé par un mélange de colère et de honte. "Pas méprisant, non... pire. De la pitié. De la pitié pour un Béron-Brochardière !" Il vida son troisième verre, ses gestes devenant de plus en plus imprécis.

"Et mon frère... mon frère la soutient ! Il dit qu'elle sauve ce qui peut encore l'être... Comme si j'étais incapable de..." Sa voix s'étrangla.

Le majordome fit signe à Auguste de préparer les vêtements de nuit. L'alcool commençait à faire son effet, Bonnache s'enfonçait dans son fauteuil.

"Le bain est prêt, Monsieur Maurice," annonça doucement le majordome.

"Le bain... oui..." marmonna Bonnache. "Il faut être présentable... pour les industriels... leur montrer que les Béron-Brochardière..."

Soudain, des larmes commencèrent à couler sur ses joues. "Mon père avait raison... Je ne suis qu'un bon à rien... Même pas capable de gérer une boulangerie sans la mettre en faillite... Sans Marie..."

"Sans Marie..." répéta-t-il en essuyant maladroitement ses larmes. "Elle est remarquable, vous savez... Même si je ne le lui dirai jamais. Elle a sauvé la boulangerie malgré moi. Malgré toutes mes... mes bêtises."

Le majordome et Auguste l'aidèrent doucement à se lever pour le conduire vers la salle de bain.

"Je ne mérite pas cette position," continua Bonnache alors qu'ils l'aidaient à se déshabiller. "Un Béron-Brochardière qui vit des succès d'une employée... qui dépend d'elle pour... pour tout."

"Le bain vous fera du bien, Monsieur Maurice," dit doucement le majordome.

"Du bien..." Il eut un rire amer. "Rien ne me fera du bien. Je suis la honte de la famille. Mon frère essaie de sauver les apparences, mais... mais tout le monde sait. Le village entier sait que c'est Marie qui fait tout... que je ne suis que... que..."

Sa voix se brisa à nouveau. L'eau chaude et l'alcool commençaient à faire leur effet, ses yeux se fermaient par moments.

"Je devrais lui laisser la boulangerie," murmura-t-il, à moitié endormi. "Lui donner les pleins pouvoirs... Mais la fierté des Béron-Brochardière... le nom de la famille..."

"Le nom de la famille..." ses mots devenaient de plus en plus indistincts tandis qu'il s'enfonçait dans l'eau chaude du bain. "Un Béron-Brochardière qui doit demander de l'argent à sa gérante pour payer ses dettes de jeu..."

Le majordome fit signe à Auguste de rester vigilant. Même à moitié endormi, Bonnache pouvait être dangereux.

"Vous savez," dit-il en luttant contre le sommeil, "parfois je rêve... je rêve que je suis comme elle. Capable de gérer, de décider... Comme mon père l'aurait voulu..."

Ses yeux se fermaient de plus en plus longtemps entre chaque phrase.

"Les industriels la semaine prochaine..." marmonna-t-il. "Je vais encore tout gâcher... Je le sais... Je gâche toujours tout..."

Le majordome commença à préparer les serviettes, sachant qu'il faudrait bientôt sortir Bonnache du bain avant qu'il ne s'y endorme complètement.

"Cette pauvre Marie..." furent ses derniers mots avant que sa tête ne dodeline dangereusement. "Elle mérite mieux qu'un ivrogne comme patron..."

"Il faut le sortir maintenant," murmura le majordome à Auguste. "Une fois qu'il dort, c'est plus délicat..."

Avec précaution, ils aidèrent Bonnache à sortir du bain et l'enveloppèrent dans des serviettes. Il marmonnait encore des phrases incompréhensibles où les mots "père", "honte" et "Marie" revenaient régulièrement.

Une fois Bonnache installé dans son lit, le majordome verrouilla discrètement la porte de la chambre.

"Il dormira jusqu'à ce soir," dit-il à Auguste. "Mais il faut qu'un domestique reste à proximité. Quand il se réveillera, il ne se souviendra probablement de rien, mais il voudra sûrement aller à la boulangerie..."

"C'est souvent comme ça ?" demanda Auguste.

"De plus en plus fréquent. Et avec la réception qui approche, la pression des dettes qui s'accumulent... J'ai peur qu'il ne craque complètement."

Ils descendirent l'escalier en silence.

"Monsieur compte sur nous," ajouta le majordome. "Il faut préserver les apparences à tout prix. La famille ne peut pas se permettre un scandale maintenant..."

"D'autant que les rumeurs circulent déjà dans le village," poursuivit le majordome en baissant encore la voix. "Les créanciers commencent à s'impatienter, les fournisseurs demandent à être payés d'avance..."

"Et Mademoiselle Marie dans tout ça ?" demanda Auguste.

"Elle fait des miracles avec la boulangerie. C'est le seul établissement du domaine qui rapporte encore de l'argent. Sans elle..." Il laissa sa phrase en suspens. "Mais la situation devient intenable. Bonnache puise dans la caisse dès qu'il peut, promet des crédits impossibles à ses amis de boisson..."

Ils furent interrompus par l'arrivée de Marie, qui revenait visiblement de la boulangerie.

"Comment va-t-il ?" demanda-t-elle avec une inquiétude sincère qui surprit Auguste.

"Il dort," répondit le majordome. "Il a eu un moment de... lucidité. Il a parlé de vous."

"Je sais qu'au fond, ce n'est pas un mauvais homme," dit Marie doucement. "Mais avec la pression de la famille, le poids du nom... Il n'était pas fait pour ça. Et maintenant, avec la réception qui approche..."

"Monsieur compte sur la boulangerie pour impressionner les industriels," dit le majordome.

"Je sais," soupira Marie. "Mais comment faire avec Bonnache qui..."

"Il faudrait peut-être que Monsieur Auguste vienne voir ce pétrin mécanique," suggéra subtilement le majordome. "Pour prévenir tout... incident pendant la réception. Mademoiselle Marie, vous pourriez lui montrer le fonctionnement ?"

Marie saisit l'occasion. "Oui, ce serait prudent. Peut-être demain matin ? Je commence les fournées très tôt, avant que... avant que Monsieur Maurice ne soit réveillé."

"Je pourrais venir après les premiers soins aux chevaux," proposa Auguste. "Vers quatre heures ?"

"C'est le meilleur moment," acquiesça Marie. "Le village dort encore, la boulangerie est paisible. On pourrait parler du pétrin et... d'autres choses."

Leurs regards se croisèrent, partageant une compréhension mutuelle. Ils étaient tous deux des gens de métier, habitués à faire fonctionner les choses malgré les obstacles.

"Je m'occuperai de Monsieur Maurice," assura le majordome. "À cette heure-là, il dort profondément. Et la boulangerie a vraiment besoin d'être... supervisée techniquement avant la réception."

Il y avait dans sa voix une note de complicité. Le vieil homme semblait comprendre que ces deux jeunes gens, confrontés chacun à leur manière aux difficultés du domaine, pourraient peut-être se soutenir mutuellement.

Le lendemain matin, bien avant l'aube, Auguste se dirigea vers la boulangerie après avoir vérifié les chevaux. L'air était encore frais et des volutes de fumée s'échappaient déjà de la cheminée du fournil.

Marie l'attendait à la porte, son tablier blanc immaculé malgré l'heure matinale. Dans la pénombre, elle semblait différente, plus détendue peut-être.

"Entrez," dit-elle doucement. "Le four est déjà chaud et le levain est prêt. Nous avons un moment avant que les ouvriers n'arrivent."

La boulangerie était paisible à cette heure, emplie seulement du crépitement du feu et de l'odeur réconfortante du pain qui commençait à cuire.

"C'est mon moment préféré," confia Marie en conduisant Auguste vers le pétrin mécanique. "Avant que la journée ne commence vraiment, avant les complications... Je peux juste être boulangère."

Elle parlait différemment, remarqua Auguste, sans la retenue prudente qu'elle montrait en présence des autres.

"Je comprends," dit-il. "C'était pareil à la fonderie, très tôt le matin, quand la fonte commençait à chauffer. Un moment où on peut vraiment écouter les machines, comprendre leur langage..."

"Exactement," sourit Marie en posant une main sur le pétrin mécanique. "Chaque machine a sa voix. Ce pétrin, par exemple, fait un bruit particulier quand la pâte est prête. Il faut savoir l'écouter."

Elle fit signe à Auguste de s'approcher. Dans la lumière douce des lampes à huile, leurs épaules se frôlèrent légèrement.

"Voyez-vous," continua-t-elle en ouvrant le couvercle du pétrin, "ce n'est pas qu'une question de mécanique. Il faut sentir la pâte, comprendre sa texture. Comme vous avec la fonte, je suppose."

"La matière nous parle," acquiesça Auguste. "Qu'elle soit métal ou farine."

Un silence confortable s'installa entre eux, uniquement rompu par le crépitement du four et le tic-tac de l'horloge.

"Ce n'est pas facile, n'est-ce pas ?" dit doucement Auguste. "Gérer tout ça seule, avec..." "Avec Bonnache ?" compléta Marie avec un petit rire triste. "Non, ce n'est pas facile. Mais j'aime ce métier. J'aime voir le pain prendre vie sous mes mains, voir les gens du village venir chercher leur miche encore chaude..."

Elle s'interrompit, semblant hésiter à en dire plus.

"Parfois," reprit Marie en pétrissant machinalement un peu de pâte, "je me demande combien de temps tout cela va durer. Les dettes s'accumulent, Bonnache devient de plus en plus... instable. Et la famille qui s'accroche à ses apparences pendant que tout s'écroule..."

Elle leva les yeux vers Auguste et dans la lumière tamisée du petit matin, il vit toute la fatigue et l'inquiétude qu'elle cachait d'habitude si bien.

"Je mets un peu d'argent de côté," avoua-t-elle dans un murmure. "En secret. Pas pour moi, mais pour protéger la boulangerie. Si Bonnache continue ainsi..."

"Vous avez peur qu'il découvre ?"

"Ce n'est pas tant ça... J'ai peur pour lui, en fait. Il se noie dans l'alcool parce qu'il sait qu'il a échoué. Chaque fois qu'il vient ici, je vois sa honte, sa colère contre lui-même. Et je ne peux rien faire..."

Auguste s'approcha instinctivement, touché par sa vulnérabilité soudaine.

"Vous faites déjà beaucoup," dit-il doucement. "Sans vous, cette boulangerie aurait coulé depuis longtemps."

Marie essuya ses mains sur son tablier, évitant un instant le regard d'Auguste.

"Vous savez," dit-elle enfin, "j'avais des projets pour cette boulangerie. Pas seulement le pétrin mécanique... Je voulais moderniser le fournil, former des apprentis, peut-être même ouvrir une deuxième boutique à Laval. Mais avec la situation de la famille..."

Elle s'interrompit en entendant un bruit à l'extérieur, mais ce n'était que le vent.

"Le pire," reprit-elle plus bas, "c'est de voir Bonnache se détruire jour après jour. Il était différent avant, vous savez. Il avait des idées, de l'enthousiasme. Mais le poids du nom, les échecs successifs..."

Auguste observait son profil dans la lumière grandissante de l'aube. Elle était belle ainsi, concentrée et vulnérable à la fois.

"Et vous ?" demanda-t-elle soudain en se tournant vers lui. "Qu'est-ce qui amène un homme des fonderies Chappée à devenir valet dans un domaine en ruine ?"

Leurs regards se croisèrent et pour la première fois depuis longtemps, Auguste eut envie de parler vraiment de lui, de ses rêves, de ses espoirs...

"J'ai des rêves, moi aussi," dit doucement Auguste. "Une ferme, peut-être... Le Chêne Creux. Mais pour l'instant, je dois gagner ma vie, apprendre encore."

Il marqua une pause, surpris par sa propre franchise.

"J'ai quitté les fonderies parce que je voulais plus que le bruit des machines. La saison des battages m'a montré autre chose... Et maintenant, ici..."

"Ici ?" encouragea Marie, tout en commençant à façonner des pains avec des gestes précis.

"Ici, je découvre encore autre chose. Comment les gens luttent pour préserver ce qui compte, malgré les difficultés. Comme vous avec cette boulangerie..."

Marie sourit légèrement. "Nous sommes peut-être pareils, en fin de compte. Des gens qui essaient de construire quelque chose dans un monde qui s'écroule."

Le jour commençait à poindre, filtrant à travers les vitres poussiéreuses du fournil. Bientôt, les ouvriers arriveraient, la journée reprendrait son cours normal.

"Je devrais vous montrer comment fonctionne vraiment le pétrin," dit Marie. "Au cas où... pendant la réception..."

"Le pétrin, oui," répondit Auguste en s'approchant. "Mais d'abord, laissez-moi allumer cette lampe pour vous. Il fait encore sombre dans ce coin..."

Leurs mains se frôlèrent quand il lui passa la lampe et un court silence s'installa, chargé d'une tension nouvelle.

"Le mécanisme est assez simple," reprit Marie, la voix légèrement troublée. "Mais il faut connaître ses caprices. Par exemple, ce bruit qu'il fait au démarrage..."

Elle actionna le pétrin et Auguste se pencha pour mieux observer, son épaule touchant presque la sienne.

"On dirait presque le souffle d'une machine à vapeur," remarqua-t-il.

"C'est ce que je me dis souvent," sourit Marie. "J'essaie d'imaginer les grandes machines que vous conduisiez à la fonderie..."

"Elles étaient plus imposantes, c'est vrai, mais le principe reste le même. Il faut de la douceur dans les gestes, de l'attention..."

Il s'interrompit, conscient de leur proximité, du parfum de levain qui flottait dans l'air, de cette intimité particulière du petit matin.

"Auguste," dit soudain Marie, "je suis contente que vous soyez là. Ces derniers temps, j'avais l'impression d'être seule à porter tous ces secrets..."

"Les secrets..." répéta doucement Auguste. "Il y en a tellement dans ce domaine. Les dettes cachées, les apparences à maintenir, Bonnache..."

"Et chacun porte sa part en silence," ajouta Marie en ajustant la vitesse du pétrin. "Monsieur qui fait semblant que tout va bien, le majordome qui gère les crises, moi qui cache de l'argent pour sauver la boulangerie..."

Elle s'arrêta un instant, semblant hésiter, puis reprit plus bas : "Parfois, la nuit, quand je fais mes comptes, je me demande combien de temps nous pourrons tenir ainsi. Les créanciers deviennent plus pressants, Bonnache boit de plus en plus..."

Auguste remarqua que ses mains tremblaient légèrement. Sans réfléchir, il posa sa main sur la sienne.

"Vous n'êtes plus seule maintenant," dit-il simplement.

Marie leva les yeux vers lui, surprise par ce geste, mais ne retira pas sa main.

"C'est étrange," murmura-t-elle. "Je vous connais à peine et pourtant... j'ai l'impression que vous comprenez. Que vous voyez au-delà des apparences que cette famille s'acharne à maintenir..."

"Peut-être parce que je viens d'ailleurs," suggéra Auguste. "Je n'ai pas grandi dans l'ombre des Béron-Brochardière. Je vois les choses telles qu'elles sont, pas telles qu'elles devraient être selon leur tradition."

Marie hocha la tête, sa main toujours sous celle d'Auguste. "Dans le village, personne n'ose parler ouvertement de la situation. Tout le monde sait que la famille est ruinée, que Bonnache boit... mais on fait semblant."

"Comme si le nom des Béron-Brochardière était une sorte de sortilège qui oblige tout le monde au silence," compléta Auguste.

"Exactement. Même les fournisseurs qui ne sont plus payés continuent de saluer monsieur avec déférence. Les habitués du café laissent Bonnache leur offrir des tournées avec l'argent de la boulangerie..."

Elle s'interrompit, écoutant un bruit au dehors. L'aube progressait, les premiers ouvriers ne tarderaient pas.

"Je devrais commencer la fournée," dit-elle à regret, retirant doucement sa main. "Mais... peut-être pourriez-vous revenir demain ? À la même heure ? Il y a tant de choses dont je voudrais parler..."

"Je reviendrai," promit Auguste. "Ces moments, avant que le monde ne s'éveille... ils sont précieux."

"Oui," sourit Marie en commençant à façonner ses pains. "C'est comme si le temps s'arrêtait un peu, comme si nous pouvions être simplement... nous-mêmes."

Des bruits de pas se firent entendre dans la rue. Les premiers ouvriers arrivaient.

"Je dois y aller," dit Auguste à regret. "Les chevaux..."

"Je sais," répondit Marie. Puis, plus bas : "Merci d'être venu. D'avoir écouté. De comprendre..."

Alors qu'il s'apprêtait à partir, elle ajouta précipitamment : "Auguste... Faites attention à vous aussi. Cette famille... ce domaine... ils ont une façon d'emprisonner les gens dans leurs secrets."

Il hocha la tête, comprenant le sens caché de cet avertissement. Comme elle, il devrait naviguer entre les apparences et la réalité, entre ce que la famille voulait montrer et ce qui se passait vraiment.

"À demain," dit-il simplement avant de sortir dans l'aube naissante.

Toute la journée qui suivit, Auguste ne put s'empêcher de repenser à ce moment partagé dans la boulangerie. Même en s'occupant des chevaux, même en servant à table, ses pensées revenaient vers Marie, vers la façon dont leurs mains s'étaient touchées, vers cette complicité née dans la lumière fragile du petit matin.

Il observait différemment aussi le ballet quotidien du domaine : le bourgeois qui recevait ses créanciers avec une dignité forcée, Bonnache qui avait émergé de sa chambre vers midi, hagard et irascible, le majordome qui orchestrait cette façade de respectabilité.

Vers le soir, alors qu'il finissait de panser les chevaux, Marie passa près des écuries avec sa charrette vide. Elle ralentit imperceptiblement, leurs regards se croisèrent.

"Le pétrin fait encore ce bruit étrange," dit-elle assez fort pour que les palefreniers l'entendent. "Il faudrait peut-être que vous jetiez un œil..."

"Je viendrai demain matin," répondit Auguste sur le même ton professionnel.

Mais dans leurs regards échangés passait autre chose : l'attente de ces moments volés avant l'aube, la promesse de confidences partagées, la conscience d'être deux âmes lucides dans ce monde d'apparences.

Lorsqu'Auguste regagna sa chambre près des écuries ce soir-là, il sortit son carnet et commença à écrire :

"La boulangerie au petit matin... C'est comme si un autre monde existait dans ces heures tranquilles. Marie n'est plus la gestionnaire prudente qui doit composer avec Bonnache et la famille. Elle devient elle-même, simplement. Une femme forte et fragile à la fois, qui porte tant de responsabilités..."

Il s'interrompit, surpris par l'émotion qui transparaissait dans ses mots. Depuis quand n'avait-il pas écrit ainsi, avec son cœur plutôt qu'avec sa raison ?

Des bruits de dispute lui parvinrent du château - probablement Bonnache qui réclamait encore de l'argent. Auguste pensa à Marie, imaginant sa solitude dans son petit logement au-dessus de la boulangerie, ses soirées passées à tenir les comptes, à calculer comment sauver ce qui pouvait l'être.

"Elle aussi a des rêves," écrivit-il. "Des projets qu'elle n'ose pas réaliser à cause de cette famille qui s'écroule. Comme moi avec le Chêne Creux..."

Il referma son carnet en entendant des pas approcher. Le majordome qui venait probablement lui donner des instructions pour le lendemain.

Le majordome frappa doucement à sa porte.

"Auguste," dit-il en entrant, "il faut que vous sachiez... Bonnache est dans un état particulièrement agité ce soir. Il parle d'aller à la boulangerie tôt demain matin pour 'remettre de l'ordre', comme il dit."

Auguste sentit son cœur se serrer. Les moments paisibles avec Marie étaient menacés.

"Il a bu plus que d'habitude," poursuivit le majordome. "Il affirme que Marie cache de l'argent, qu'elle se moque de lui. J'ai peur qu'il ne fasse une scène..."

"Je serai là-bas tôt," répondit Auguste. "Pour le pétrin..."

Le majordome eut un léger sourire entendu. "Oui, le pétrin... C'est une bonne chose que vous soyez là, Auguste. Mademoiselle Marie a porté ces responsabilités seule trop longtemps."

Il hésita un instant avant d'ajouter : "Je vois comment vous la regardez. Et comment elle vous regarde. Soyez prudents toutefois. Les Béron-Brochardière n'aiment pas que leurs... employés prennent trop de libertés."

Le majordome baissa encore la voix : "Il y a quelques années, une des cuisinières s'était éprise d'un valet. La famille l'a appris... les deux ont été renvoyés sur-le-champ. Les Béron-Brochardière ont leurs principes, même ruinés..."
Auguste hocha la tête, comprenant l'avertissement.

"Et avec Mademoiselle Marie, c'est encore plus délicat," poursuivit le majordome. "Elle n'est pas une simple employée. La boulangerie est le dernier actif rentable de la famille. Ils ne la laisseront pas... s'éloigner facilement."

Il y eut un silence, puis le vieil homme ajouta avec une certaine tendresse : "Mais elle mérite un peu de bonheur, cette petite. Depuis qu'elle gère la boulangerie, je ne l'ai jamais vue prendre un moment pour elle-même. Toujours à travailler, à réparer les dégâts de Bonnache, à maintenir les apparences pour la famille..."

Des éclats de voix leur parvinrent à nouveau du château.

"Je ferais mieux d'y retourner," soupira le majordome. "Bonnache est encore en train de réclamer la clé du coffre. Soyez là-bas tôt demain matin, Auguste. Je crains que nous n'ayons besoin de vous..."

Le lendemain, bien avant l'aube, Auguste se dirigeait vers la boulangerie quand il entendit des éclats de voix. Son cœur se serra - Bonnache était déjà là.

"Je veux voir les comptes !" criait-il. "Je sais que vous cachez de l'argent, Marie ! Je suis encore le patron ici !"

Auguste accéléra le pas. En entrant dans la boulangerie, il découvrit Bonnache, l'air hagard, qui brandissait une bouteille vide, tandis que Marie se tenait droite derrière le comptoir, pâle mais digne.

"Monsieur Maurice," disait-elle calmement, "les comptes sont en ordre. Je peux vous les montrer, mais peut-être serait-il préférable d'attendre une heure plus..."

"Ne me parlez pas comme à un enfant !" hurla Bonnache. "Je sais ce que vous faites... vous complotez tous contre moi ! Même mon frère... même les domestiques qui m'appellent 'Bonnache' dans mon dos..."

Il fit un pas menaçant vers le comptoir. Auguste s'avança instinctivement.

"Monsieur," dit-il fermement, "je suis venu vérifier le pétrin mécanique. Peut-être pourriez-vous assister à l'inspection ? Avec votre expérience..."

"Mon expérience ?" ricana Bonnache avec amertume. "Quelle expérience ? Tout le monde sait que je ne suis bon à rien... Même les nouveaux domestiques me regardent avec pitié maintenant !"

Il se tourna brusquement vers Marie : "C'est vous qui lui avez dit, n'est-ce pas ? Vous lui avez raconté comment le pauvre Bonnache boit l'argent de la boulangerie ? Comment il ruine le nom des Béron-Brochardière ?"

Sa voix se brisa sur ces derniers mots. Dans la lumière grise de l'aube, Auguste vit des larmes couler sur ses joues.

"Personne ne m'a rien dit, Monsieur," intervint doucement Auguste. "Je suis juste venu pour le pétrin. Les machines, c'est mon métier, vous savez..."

"Les machines..." répéta Bonnache en s'affalant sur une chaise. "Oui, les machines... Marie a eu raison pour le pétrin. Comme pour tout le reste. Elle fait tout bien, elle... Pas comme moi..."

Marie et Auguste échangèrent un regard inquiet. Ces moments de lucidité de Bonnache étaient souvent les plus dangereux.

"Vous savez," poursuivit Bonnache en fixant la bouteille vide dans sa main, "mon père disait toujours que j'étais la honte de la famille. 'Maurice ne sera jamais capable de rien', il répétait ça à mon frère. Et il avait raison..."

Il leva soudain les yeux vers Marie : "Vous auriez dû avoir la boulangerie. Pas juste la gestion... la propriété. Vous auriez fait quelque chose de bien. Mais non, il fallait que ce soit un Béron-Brochardière... même un bon à rien comme moi..."

Marie s'approcha doucement : "Monsieur Maurice, vous n'êtes pas..."

"Ne mentez pas !" cria-t-il soudain, faisant sursauter Auguste. "Je vois comment vous me regardez tous ! La pitié dans vos yeux... le mépris... Même les paysans au café, ils font semblant de me respecter uniquement pour que je leur paie à boire avec l'argent de la boulangerie..."

Il se leva brusquement, chancela : "Je devrais tout vendre. Tout donner. Partir loin d'ici où personne ne connaît le nom des Béron-Brochardière..."

Sa main tremblait violemment maintenant. Auguste reconnut les signes du manque d'alcool.

"Mais je ne peux même pas faire ça," continua Bonnache avec un rire amer. "La boulangerie appartient à la famille... Je ne suis que le... le pantin qu'on a mis là pour sauver les apparences..."

Il fit un pas mal assuré vers le comptoir où Marie gardait les livres de comptes.

"Je veux voir..." Il s'interrompit, semblant chercher ses mots. "Je veux voir combien j'ai... combien j'ai ruiné cette fois. Combien d'argent j'ai bu..."

Marie hésita un instant, puis ouvrit doucement le grand livre. Auguste s'approcha, prêt à intervenir si nécessaire.

"Voilà, Monsieur Maurice," dit-elle calmement. "Tous les comptes sont là. Les entrées, les sorties, les..."

"Les 'retraits exceptionnels'?" ricana-t-il en pointant une colonne. "C'est comme ça que vous appelez l'argent que je prends pour boire ? Toujours si... si délicate dans vos formulations, Marie. Si professionnelle..."

Ses mains tremblaient tellement qu'il pouvait à peine tourner les pages.

"Mon Dieu..." murmura-t-il en voyant les chiffres. "Tout cet argent... tout ce que j'ai..."

"Et pourtant," poursuivit Bonnache en s'effondrant sur une chaise, "vous avez réussi à sauver la boulangerie. Malgré moi... Malgré tout l'argent que j'ai..."

Sa voix se brisa. Il fixait les pages du livre de comptes comme hypnotisé.

"Vous savez ce qui est le plus dur ?" dit-il en levant des yeux brillants de larmes vers Marie. "C'est que vous ne m'avez jamais méprisé. Jamais montré de colère. Vous avez juste... continué. Fait votre travail. Protégé la boulangerie. Protégé le nom des Béron-Brochardière mieux que moi..."

Marie s'approcha doucement : "Monsieur Maurice, peut-être devriez-vous vous reposer un peu. La journée a été..."

"Me reposer ?" Il eut un rire qui ressemblait à un sanglot. "C'est tout ce que je fais... me reposer pendant que vous travaillez. Boire pendant que vous sauvez ce qui peut l'être..." Auguste vit les premiers rayons du soleil filtrer à travers les vitres. Les ouvriers ne tarderaient pas à arriver.

"Les ouvriers vont arriver," dit doucement Marie. "Et nous avons une grosse commande pour le château aujourd'hui. Monsieur Maurice, vous devriez..."

"Le château..." l'interrompit Bonnache avec un rire amer. "Mon frère et ses réceptions... Toujours à faire semblant que nous sommes encore quelque chose... Et la semaine prochaine, les industriels de Laval..."

Il se leva brusquement, vacillant dangereusement. Auguste s'avança pour le soutenir.

"Je devrais leur dire la vérité," continua Bonnache. "Leur dire que nous sommes ruinés... Que la seule chose qui marche encore dans ce domaine, c'est cette boulangerie... Et seulement parce que je n'y mets pas les pieds !"

Des larmes coulaient maintenant librement sur ses joues. "Marie... vous devriez avoir la boulangerie. Pas juste la gérer... la posséder. Je devrais..."

"Monsieur Maurice," intervint Auguste, "permettez-moi de vous raccompagner au château. Vous pourrez discuter de tout cela plus tard, quand vous serez reposé..."

"Me reposer..." répéta Bonnache en s'appuyant lourdement sur Auguste. "Oui, me reposer... comme toujours. Pendant que d'autres travaillent... pendant que Marie..."

Il s'interrompit soudain, fixant quelque chose à travers la vitre. "Les premiers ouvriers arrivent.

Ils ne doivent pas me voir comme ça... Un Béron-Brochardière ne doit pas..." Sa voix se brisa à

nouveau. Marie échangea un regard inquiet avec Auguste.

"Passez par la porte de derrière," suggéra-t-elle doucement. "Auguste vous accompagnera jusqu'au château. Je dirai aux ouvriers que vous êtes passé tôt pour une inspection..."

"Toujours à protéger les apparences," murmura Bonnache alors qu'Auguste le guidait vers la sortie arrière. "Toujours à me protéger de moi-même..."

Avant de sortir, il se retourna une dernière fois vers Marie : "Je suis désolé... pour tout. Pour l'argent, pour les scandales, pour... pour tout."

Marie hocha simplement la tête, une expression indéfinissable sur le visage.

Alors qu'Auguste guidait Bonnache à travers les jardins du château pour éviter d'être vus, l'homme continuait à marmonner.

"Vous savez," dit-il en trébuchant sur le chemin, "elle aurait pu me dénoncer cent fois... Montrer les livres de comptes à mon frère, révéler tous mes... mes écarts. Mais elle ne l'a jamais fait."

"Mademoiselle Marie semble très dévouée à la boulangerie," répondit prudemment Auguste. "Dévouée..." Bonnache eut un rire tremblant. "Elle est bien plus que ça. Elle est... elle est tout ce que j'aurais dû être. Compétente, travailleuse, respectée..."

Ils atteignirent une petite porte dérobée du château. Bonnache s'arrêta soudain, agrippant le bras d'Auguste.

"Je vois comment vous la regardez," dit-il d'une voix soudain plus claire. "Ne faites pas comme moi... Ne gâchez pas tout... Elle mérite mieux que ça. Mieux qu'un nom en ruine et qu'une famille qui s'écroule..."

Auguste fut surpris par cette lucidité inattendue.

"Monsieur Maurice, vous devriez vraiment vous reposer maintenant..."

"Oui, me reposer," acquiesça Bonnache alors qu'ils entraient discrètement dans le château. "Dormir et oublier... C'est tout ce que je sais faire maintenant."

Ils croisèrent le majordome qui les attendait visiblement, averti par un domestique.

"Ah, Auguste, merci," dit-il en prenant en charge Bonnache. "Monsieur Maurice, votre lit est prêt..."

"Joseph," marmonna Bonnache, "vous vous souvenez ? Avant ? Quand j'avais des projets pour la boulangerie ? Avant que je ne devienne... Bonnache..."

Le majordome échangea un regard triste avec Auguste. "Oui, Monsieur Maurice, je me souviens."

"Marie aurait réalisé ces projets, elle," continua Bonnache alors qu'ils le guidaient vers sa chambre. "Les nouvelles recettes, l'expansion vers Laval... Mais moi... moi j'ai juste su boire l'argent..."

Une fois Bonnache installé dans son lit, le majordome se tourna vers Auguste : "Merci d'être intervenu. Comment va Mademoiselle Marie ?"

"Elle est... forte," répondit Auguste. "Mais cette situation devient intenable."

"Intenable, oui," soupira le majordome en refermant doucement la porte de la chambre de Bonnache. "Et avec la réception qui approche... Monsieur compte sur la visite de la boulangerie pour impressionner les industriels."

Ils s'éloignèrent dans le couloir, parlant à voix basse.

"Le plus ironique," poursuivit le majordome, "c'est que la boulangerie est vraiment impressionnante. Grâce à Mademoiselle Marie, pas à la famille. Le pétrin mécanique, la gestion moderne, les nouvelles recettes... Elle a fait tout ce que Monsieur Maurice rêvait de faire."

"Et maintenant ?" demanda Auguste.

"Maintenant..." Le vieil homme secoua la tête. "Les dettes s'accumulent. Monsieur espère que les industriels investiront dans le domaine, mais... Enfin, vous avez vu l'état de Monsieur Maurice. Comment cacher ça pendant la réception ?"

Des bruits de pas les interrompirent - un valet venait annoncer que monsieur demandait à voir Auguste.

"Il voudra savoir ce qui s'est passé ce matin," murmura le majordome. "Soyez prudent dans vos réponses..."

"Ah, Auguste," dit monsieur quand il entra dans le bureau. "J'ai appris qu'il y avait eu un... incident à la boulangerie ce matin."

Monsieur se tenait debout devant la fenêtre, observant les terres du domaine. Il semblait avoir vieilli ces derniers temps, remarqua Auguste.

"Rien de grave, Monsieur," répondit prudemment Auguste. "Monsieur Maurice voulait vérifier les comptes..."

"Les comptes..." Monsieur eut un rire sans joie. "Mon frère ne sait même plus compter les verres qu'il boit. Heureusement que Mademoiselle Marie..."

Il s'interrompit, se tournant vers Auguste : "Vous passez beaucoup de temps à la boulangerie ces derniers temps. Pour le pétrin mécanique, m'a-t-on dit."

Il y avait une note d'interrogation dans sa voix, peut-être même un avertissement.

"Le pétrin demande une surveillance régulière, Monsieur. Surtout avec la réception qui approche..."

"Ah oui, la réception..." Le bourgeois se passa une main fatiguée sur le visage. "Notre dernière chance, probablement. Ces industriels de Laval... il faut absolument les convaincre d'investir."

"Ces industriels..." poursuivit monsieur en retournant à sa fenêtre. "Ils ne doivent rien soupçonner de notre... situation. La boulangerie sera un élément clé. Une entreprise moderne, bien gérée, rentable..."

Il se tourna brusquement vers Auguste : "Mon frère doit être... présentable ce jour-là. Vous comprenez ? Pas d'incidents, pas de... enfin, vous voyez."

"Oui, Monsieur."

"Et Mademoiselle Marie..." Il hésita. "Elle fait un travail remarquable, bien sûr. Mais elle doit savoir rester à sa place. Les apparences, vous comprenez ? Ces industriels sont très attachés aux... convenances sociales."

Auguste sentit son cœur se serrer, comprenant le sous-entendu.

"Il ne faudrait pas qu'ils réalisent que c'est elle qui dirige véritablement la boulangerie," continua le bourgeois. "Cela pourrait sembler... inapproprié. Mon frère doit apparaître comme le véritable patron, même si..."

Il laissa sa phrase en suspens, mais le message était clair.

"D'ailleurs," poursuivit monsieur en s'asseyant derrière son bureau, "j'ai remarqué que vous et Mademoiselle Marie semblez... bien vous entendre."

Il y eut un silence pesant. Auguste garda une expression neutre, attendant la suite.

"C'est naturel, bien sûr," reprit monsieur avec une fausse désinvolture. "Vous êtes tous deux jeunes, compétents... Mais n'oubliez pas votre position, Auguste. La boulangerie est notre dernier atout. Nous ne pouvons pas nous permettre de... complications."

Il sortit quelques papiers de son bureau. "Ces industriels sont très traditionnalistes. Une jeune femme célibataire gérant seule une entreprise leur semblerait déjà suffisamment inconvenant. Si en plus, il y avait des rumeurs concernant elle et un domestique..."

La menace était à peine voilée. Auguste sentit une colère sourde monter en lui, mais garda un visage impassible.

"Je comprends, Monsieur."

"Bien," dit monsieur en se radoucissant. "Je savais que vous seriez raisonnable. Après tout, vous avez vous aussi intérêt à ce que cette réception soit un succès, n'est-ce pas ?"

Après tout," ajouta monsieur en manipulant distraitement ses papiers, "votre position ici dépend de la survie du domaine. Et puis, vous avez des projets, je crois ? Le majordome m'a parlé d'une ferme... Le Chêne Creux, c'est cela ?"

Auguste se raidit imperceptiblement.

"Il serait dommage que des... complications vous empêchent d'atteindre vos objectifs," poursuivit monsieur d'un ton doucereux. "Les références d'une grande maison comme la nôtre peuvent ouvrir bien des portes. Ou les fermer..."

Il se leva, signifiant que l'entretien touchait à sa fin.

"Je compte sur votre discrétion, Auguste. La réception approche et nous avons tous beaucoup à perdre. Ou à gagner, selon la façon dont les choses se dérouleront."

Auguste s'inclina légèrement : "Bien, Monsieur."

En sortant du bureau, il sentait son carnet peser lourdement dans sa poche, comme si tous ses rêves et ses espoirs y étaient enfermés, maintenant menacés par les manipulations des Béron Brochardière.

Dans le couloir, le majordome attendait.

"Monsieur vous a... parlé," dit-il doucement. Ce n'était pas une question.

"Il m'a fait comprendre certaines choses," répondit Auguste, la mâchoire serrée.

"Les Béron-Brochardière savent toujours où appuyer pour obtenir ce qu'ils veulent," soupira le majordome. "Même ruinés, ils gardent ce... pouvoir sur les gens."

Ils marchèrent en silence jusqu'à un endroit plus discret.

"Marie doit être prévenue," murmura enfin le majordome. "Monsieur va sûrement lui faire passer un message similaire. Peut-être à travers Bonnache, quand il sera... plus présentable."

"Comment fait-elle ?" demanda Auguste. "Comment supporte-t-elle tout ça depuis si longtemps ?"

"Elle est forte. Plus forte qu'ils ne le pensent. Mais même les plus forts peuvent se briser, Auguste. Surtout quand ils sont seuls..."

Il y avait dans sa voix une inquiétude sincère pour la jeune femme.

"La boulangerie est sa vie," poursuivit-il. "Elle y a mis tout son cœur, toute son intelligence. Et maintenant, la famille veut qu'elle s'efface, qu'elle joue la simple employée pendant que Bonnache parade devant les industriels..."

"Et pourtant," continua le majordome à voix très basse, "ils sont coincés. Sans Marie, la boulangerie s'effondrerait en quelques semaines. Bonnache la viderait de son argent, les fournisseurs arrêteraient le crédit, la qualité baisserait... C'est leur dernier atout et ils le savent."

Il jeta un regard prudent autour d'eux avant d'ajouter : "J'ai entendu monsieur discuter avec son notaire hier. Les créanciers deviennent pressants. Si les industriels n'investissent pas..."

Il laissa sa phrase en suspens, mais Auguste comprit. Tout le domaine était au bord du gouffre.

"Marie met de l'argent de côté," murmura Auguste. "Pour protéger la boulangerie..."

"Je sais," acquiesça le majordome. "C'est probablement la seule chose qui empêche tout de s'écrouler immédiatement. Mais si Bonnache le découvre, dans un de ses accès de colère..."

Des bruits de pas les interrompirent. Un valet passait, portant le courrier du matin.

"Allez la voir," dit rapidement le majordome. "Elle doit savoir pour... les menaces du bourgeois. Mais soyez prudent. Les murs ont des oreilles ici..."

Le soir même, Auguste trouva un prétexte pour passer à la boulangerie. Marie était seule, terminant ses comptes à la lumière d'une lampe.

"Monsieur m'a convoqué," dit-il sans préambule, après avoir vérifié que personne ne pouvait les entendre.

"Je sais," répondit-elle sans lever les yeux de ses livres. "Les nouvelles vont vite ici. Il vous a fait les mêmes... recommandations qu'à moi ?"

"Vous aussi ?"

"Oh, il a été très... diplomatique. M'a rappelé tout ce que la famille a fait pour moi, l'importance des apparences pendant la réception..." Elle eut un rire amer. "Comme si je ne le savais pas déjà."

Elle ferma brusquement son livre de comptes. "Le plus ironique, c'est qu'ils ont besoin de moi. La boulangerie est leur dernière chance de convaincre les industriels d'investir. Mais il faut que je reste invisible, que je laisse Bonnache jouer au patron moderne..."

Dans la pénombre de la boutique, Auguste vit des larmes briller dans ses yeux.

Auguste sentit les mots monter en lui, irrépressibles. Tout ce qu'il avait retenu depuis ces matins partagés dans la lumière de l'aube.

"Marie," dit-il en s'approchant d'elle, "au diable la boulangerie. Au diable le Chêne Creux. Au diable les Béron-Brochardière et leurs manipulations !"

Elle se retourna, surprise par la passion dans sa voix.

"Partons," continua-t-il. "Partons ensemble. Loin d'ici, loin de tout ça. Nous pouvons recommencer ailleurs, construire quelque chose de neuf. Quelque chose qui nous appartienne vraiment."

"Auguste..." murmura-t-elle.

"Épousez-moi, Marie. Pas pour les convenances, pas pour les apparences. Mais parce que nous méritons mieux que d'être les pions dans leur jeu. Parce que je vous aime et que je ne supporte plus de vous voir prisonnière de leurs manigances."

Dans la pénombre de la boutique, leurs regards se croisèrent. Marie tremblait légèrement.

"Vous êtes fou," dit-elle doucement, mais il y avait de l'espoir dans sa voix.

Quelques jours après la conversation avec Auguste, Marie se rendit à l'église pour sa confession habituelle. Son cœur était lourd de tous ces secrets : ses sentiments pour Auguste, l'argent qu'elle cachait, ses rêves impossibles...

Mais le curé avait autre chose en tête ce jour-là.

"Ma fille," dit-il après l'avoir écoutée, "monsieur est venu me voir hier."

Marie sentit son cœur se serrer. Elle connaissait ce ton.

"Il a une proposition... une solution pour régulariser la situation de la boulangerie. Monsieur Maurice... enfin, Bonnache comme certains l'appellent... Il a besoin d'être cadré, d'une épouse qui pourrait le remettre dans le droit chemin."

"Mon père," murmura Marie, comprenant soudain, "vous ne voulez pas dire..."

"Monsieur pense qu'un mariage arrangerait tout. La boulangerie resterait dans la famille, vous auriez une position officielle et Monsieur Maurice aurait enfin une raison de... se reprendre en main."

Marie resta silencieuse, sous le choc. Le piège se refermait encore plus étroitement autour d'elle.

"C'est une proposition très généreuse," insista le curé. "Une alliance avec les Béron-Brochardière, même dans leur situation actuelle..."

"Mon père," dit doucement Marie, "vous connaissez Monsieur Maurice... vous savez comment il est..."

"Justement," répondit le curé, "monsieur pense qu'une épouse pieuse et travailleuse comme vous pourrait le sauver. Le ramener vers la sobriété, lui redonner un but..."

Marie sentit les larmes lui monter aux yeux. "Le sauver ? Ou sauver les apparences de la famille ?"

"Ma fille," le ton du curé se fit plus sévère, "ne soyez pas ingrate. Les Béron-Brochardière vous offrent une position que beaucoup envieraient. Pensez à votre âme... Une femme seule à la tête d'une entreprise, ce n'est pas naturel."

"Et épouser un homme qui boit, qui dilapide l'argent de la boulangerie, qui..." Elle s'interrompit, consciente d'en avoir trop dit.

"Le mariage est un sacrement," reprit le curé. "Un devoir sacré. Monsieur m'a assuré que si vous acceptez, la famille vous donnera des parts dans la boulangerie. Vous ne serez plus une simple employée..."

"Non," pensa Marie, "je serai leur prisonnière pour toujours."

Le curé se pencha vers le confessionnal, baissant la voix : "Ma fille, vous ne réalisez pas ce que vous refusez... Une montagne d'or ! Une véritable montagne d'or !"

Marie eut un rire amer. "De l'or ? Mon père, vous savez comme moi que la famille est ruinée. La boulangerie est leur dernier actif qui vaille quelque chose et seulement parce que je la fais fonctionner."

"Mais le nom, ma fille ! Le prestige des Béron-Brochardière ! Même dans leur situation actuelle, ce nom ouvre toutes les portes..."

"Des portes qui mènent où, mon père ? À une vie enchaînée à un ivrogne ? À devoir sans cesse cacher ses dettes, réparer ses erreurs ?"

"Vous êtes bien orgueilleuse," le ton du curé se fit plus dur. "Une fille de votre condition qui refuse une alliance avec une des plus vieilles familles du pays... Et puis, pensez à votre réputation. Ces visites matinales du nouveau valet d'écurie à la boulangerie font déjà jaser..." Marie se raidit. Alors ils utilisaient même le curé pour faire pression sur elle.

"Ma réputation, mon père, se construit sur mon travail, pas sur des commérages. Et je préfère rester une honnête boulangère que devenir une Béron-Brochardière malheureuse."

Marie prit une profonde inspiration. "Et puis, mon père, je dois être honnête en confession. Mon cœur... mon cœur appartient déjà à quelqu'un."

"Auguste, le valet d'écurie ?" Le ton du curé était maintenant ouvertement désapprobateur. "Ma fille, soyez raisonnable. Un domestique ! Que pourrait-il vous offrir ?"

"Il m'offre ce que les Béron-Brochardière ne pourront jamais me donner, mon père. La vérité. Le respect. L'amour sincère, pas un arrangement de convenance."

"L'amour !" Le curé eut un petit rire méprisant. "L'amour ne paie pas les dettes, ne maintient pas une position sociale. Tandis qu'une montagne d'or..."

"Mon père," l'interrompit Marie avec une fermeté qui la surprit elle-même, "je suis venue me confesser, pas négocier un marché. Si j'ai péché, c'est peut-être en laissant mon cœur parler avant la raison. Mais je ne peux pas croire que Dieu condamnerait un amour sincère au profit d'un mariage basé sur le mensonge."

Un long silence suivit ses paroles.

"Ma fille," reprit le curé d'une voix qui se voulait paternelle, "vous êtes jeune, romanesque... Vous lisez trop ces romans qui parlent d'amour. La vie réelle est différente. Et puis, pensez à votre devoir envers Monsieur Maurice..."

"Mon devoir ?" Marie sentit la colère monter en elle. "Mon devoir est de le regarder boire l'argent de la boulangerie ? De le voir se détruire jour après jour ? De mentir pour lui, de cacher ses dettes ?"

"Justement ! En tant qu'épouse légitime, vous pourriez le guider, le ramener vers le droit chemin..."

"Comme sa famille l'a 'guidé' jusqu'ici ? Non, mon père. Je ne serai pas le nouveau geôlier de Bonnache. Ni la caution morale des Béron-Brochardière."

"Vous parlez de geôlier, mais n'êtes-vous pas déjà prisonnière ? Une femme seule, gérant une entreprise qui ne lui appartient pas... Auguste ne pourra rien changer à cela."

Marie se leva. "Auguste m'offre la liberté, mon père. Pas une cage dorée. Et si c'est un péché que de choisir l'amour plutôt que la fortune, alors je devrai vivre avec ce péché."

"Ah, la liberté !" s'exclama le curé avec ironie. "La liberté de quoi, ma fille ? De vivre dans la misère ? D'être la femme d'un valet ? Monsieur m'a parlé de votre Auguste... Il a des rêves de propriété, n'est-ce pas ? Le Chêne Creux... Mais comment compte-t-il l'acheter sans argent, sans appuis ?"

Marie sentit son cœur se serrer. Le curé touchait un point sensible.

"Et vous croyez que les Béron-Brochardière le laisseront partir facilement ? Qu'ils donneront de bonnes références à un valet qui leur a... volé une alliance potentielle ?"

"Maintenant vous utilisez la menace, mon père ?" dit Marie doucement. "Est-ce vraiment le rôle d'un homme d'Église ?"

"Je ne menace pas, ma fille. Je vous montre la réalité. Une montagne d'or d'un côté, la ruine sociale de l'autre. Le choix devrait être simple pour une personne raisonnable."

"La raison du cœur est différente de celle de l'argent, mon père. Et je préfère être pauvre avec Auguste que riche avec Bonnache."

Le curé soupira longuement. "Je vois que le démon de l'orgueil et de la désobéissance vous possède, ma fille. Savez-vous ce qui arrivera ? Les Béron-Brochardière vendront la boulangerie à un autre. Toutes ces familles qui dépendent d'elle, ces ouvriers, leurs enfants... Vous les abandonneriez pour une amourette ?"

Marie sentit les larmes lui monter aux yeux. Le curé savait exactement où frapper.

"Et que dire des fournisseurs qui vous font confiance ? Des clients qui comptent sur vous ? De Bonnache lui-même, qui malgré ses défauts, a besoin d'aide ? Vous portez toutes ces responsabilités, ma fille..."

"C'est donc ça ?" murmura Marie. "Je dois sacrifier mon bonheur pour porter les fardeaux des autres ? Est-ce vraiment ce que Dieu demande ?"

"Dieu nous met parfois à l'épreuve, ma fille. Il nous demande des sacrifices pour le bien commun. Et puis, qui sait ? Peut-être qu'avec le temps, vous apprendriez à aimer Monsieur Maurice..."

"L'aimer ?" Marie eut un rire amer. "Comme on aime une blessure ? Une maladie qu'on doit soigner ?"

"Ma fille !" s'offusqua le curé. "Ne parlez pas ainsi d'un Béron-Brochardière ! Certes, Monsieur Maurice a ses... faiblesses. Mais c'est un homme de bonne famille. Et puis, pensez à la position que vous auriez. Plus besoin de travailler dès l'aube, de vous salir les mains avec la farine..."

"Je suis fière de mes mains farineuses, mon père," répondit Marie avec dignité. "Fière de mon travail. Ce que vous me proposez, ce n'est pas une élévation, c'est un enterrement."

"Un enterrement ? Une alliance avec les Béron-Brochardière ?"

"Oui, un enterrement. De mes rêves, de mes espoirs, de mon amour... Et pour quoi ? Pour maintenir les apparences d'une famille en ruine ?"

Le curé se redressa, sa voix devenant plus sévère : "Je vois que vous êtes obstinée dans votre péché d'orgueil. Mais réfléchissez bien, ma fille. Cette montagne d'or que vous refusez aujourd'hui... vous pourriez le regretter amèrement demain. L'amour ne nourrit pas une famille."

"Non, mon père," dit doucement Marie en se levant. "Mais il nourrit l'âme. Et c'est de cela dont vous devriez vous préoccuper, n'est-ce pas ?"

"Vous me décevez beaucoup, Marie," dit le curé d'une voix glaciale. "Moi qui vous ai vue grandir, qui vous croyais raisonnable..."

"Raisonnable ?" Marie sentit une force nouvelle monter en elle. "Est-ce raisonnable d'épouser un homme qui boit pour sauver une famille qui nous méprise ? Est-ce raisonnable de sacrifier son bonheur pour des apparences ?"

"C'est la dernière fois que je vous le dis," le ton du curé devint menaçant. "Une montagne d'or, ma fille. Une montagne d'or ! Et la protection des Béron-Brochardière. Tandis qu'avec ce... ce valet..."

"Avec Auguste," l'interrompit Marie, "j'aurai quelque chose de bien plus précieux que l'or, mon père. J'aurai le respect de moi-même. Et si c'est un péché que de choisir l'amour véritable plutôt qu'un mariage de convenance, alors je devrai trouver un autre confesseur."

Elle se leva, droite et digne. "Je prierai pour avoir la force de suivre mon cœur, mon père. Et je prierai aussi pour vous, qui semblez avoir oublié que l'Église devrait défendre l'amour sincère plutôt que les arrangements mondains."

Quelques jours plus tard, Marie croise le curé sur le parvis de l'église.

"Ah, ma fille," dit-il d'un ton lourd de reproches. "J'ai pris des renseignements sur votre... Auguste Bourcier."

Marie s'arrêta, sentant venir l'attaque.

"Cet homme n'est pas un bon chrétien," poursuivit le curé avec une moue désapprobatrice. "Ses anciens employeurs parlent de lui comme d'un agitateur, un impie, un danger pour la société. On l'entend jurer et pire encore, il tient des propos contre notre Sainte Église !"

"Il a un bon cœur," défendit Marie. "Il se bat pour la justice..."

"La justice !" Le curé eut un rire méprisant. "La justice des socialistes peut-être ? J'ai appris qu'aux fonderies Chappée, il organisait des réunions secrètes, poussait les ouvriers à la révolte. Et pendant la saison des battages, il répandait des idées dangereuses..."

"Il défendait les plus faibles," répondit Marie avec fermeté. "Il apprenait aux hommes à lire, à comprendre leurs droits. En quoi est-ce contraire à l'enseignement du Christ ?"

"Qu'ils parlent, mon père," répondit Marie avec une tranquillité qui la surprit elle-même. "Depuis que je dirige la boulangerie, j'ai appris à ne pas me soucier des commérages."

"Une boulangerie qui appartient aux Béron-Brochardière," lui rappela le curé. "Et qui pourrait vous être retirée du jour au lendemain. Que ferez-vous alors ? Suivre votre Auguste dans ses réunions séditieuses ?"

"Je trouverai un autre four à faire chauffer, mon père. Le pain sera toujours nécessaire, avec ou sans le nom des Béron-Brochardière."

Le curé la regarda longuement. "Vous avez changé, Marie. Cette fierté, cette... rébellion. Ce n'est pas la jeune fille pieuse que j'ai connue."

"Non, en effet. J'ai grandi, mon père. J'ai vu la misère derrière les beaux discours, la souffrance derrière les convenances. Et Auguste m'a montré qu'on pouvait agir, changer les choses..."

"Auguste !" cracha le curé. "Un homme qui ne met jamais les pieds à l'église, qui lit ces journaux impies, qui parle d'égalité et de droits des travailleurs !"

Marie releva la tête avec fierté : "Oui, un homme qui agit selon les vraies valeurs chrétiennes, même s'il ne les prêche pas. Un homme qui aide son prochain, qui défend les faibles, qui se bat pour la justice."

"La justice !" s'emporta le curé. "Voilà que vous parlez comme ces socialistes ! Et bientôt quoi ? Vous remettrez en cause l'ordre établi par Dieu lui-même ?"

"L'ordre établi par Dieu ?" Marie sentit une indignation sacrée monter en elle. "Est-ce Dieu qui a établi que les Béron-Brochardière peuvent ruiner des familles entières pendant que le village fait semblant de ne rien voir ? Est-ce Dieu qui veut qu'une femme épouse un ivrogne pour sauver les apparences ?"

"Blasphème !" Le curé était devenu écarlate. "Je vois qu'il vous a complètement pervertie avec ses idées révolutionnaires. Mais prenez garde, Marie. L'Église a de la mémoire et son bras est long..."

"Menacez-moi si vous voulez, mon père," répondit calmement Marie. "Mais rappelez-vous que le Christ lui aussi était du côté des pauvres et des opprimés. Il chassait les marchands du temple pendant que les prêtres défendaient l'ordre établi."

"Le Christ !" s'étrangla presque le curé. "Comment osez-vous comparer ce... ce meneur d'hommes, ce Bourcier, à Notre Seigneur ? C'est du sacrilège !"

"Je ne compare pas, mon père," répondit doucement Marie. "Je me souviens simplement de ses enseignements. L'amour du prochain, la défense des faibles, le refus de l'hypocrisie..."

"L'hypocrisie ?" Le curé la toisa avec colère. "Parlez-vous de l'hypocrisie d'une jeune femme qui reçoit un homme seul dans sa boulangerie avant l'aube ? Qui refuse un mariage honorable pour suivre ses passions ?"

Marie pâlit sous l'insulte mais garda son calme. "Non, mon père. Je parle de l'hypocrisie d'une Église qui prêche la charité mais défend les puissants. Qui parle d'amour mais arrange des mariages sans amour. Qui promet le paradis aux pauvres mais s'assure qu'ils restent à leur place sur terre."

"Sortez !" explosa le curé. "Sortez de cette église ! Et ne revenez pas tant que vous n'aurez pas retrouvé l'humilité et la soumission qui conviennent à votre condition !"

"Je prierai chez moi, mon père," dit Marie en se dirigeant vers la sortie. "Dieu m'entendra peut-être mieux qu'à travers vos sermons."

Les paroles de Marie firent le tour du village en quelques heures. La boulangère qui osait tenir tête au curé, qui refusait un mariage avec les Béron-Brochardière, qui préférait un simple valet...

Le soir même, Auguste la trouva en larmes dans la boulangerie.

"J'ai tout appris," dit-il doucement. "Le mariage arrangé, le curé, les menaces..."

"Ils veulent me faire épouser Bonnache," sanglota-t-elle. "Pour 'régulariser' la situation de la boulangerie, disent-ils. Une montagne d'or, répète le curé..."

"Une montagne de mensonges, oui," répondit Auguste en s'approchant d'elle. "Une prison dorée."

"Le pire," dit Marie en essuyant ses larmes, "c'est qu'ils utilisent tout contre nous. Ma foi, ton passé aux fonderies, mes responsabilités envers les ouvriers... Même le Chêne Creux, ils s'en servent comme menace."

"Je sais," dit doucement Auguste. "Monsieur m'a fait comprendre que sans ses recommandations, je ne pourrais jamais acheter de terre..."

"Que devons-nous faire, Auguste ?" demanda Marie en levant vers lui des yeux pleins de détresse. "Nous enfuir ?"

"Pour l'instant," dit Auguste en prenant les mains de Marie dans les siennes, "nous devons faire preuve de patience. Faisons le dos rond pour l'instant. Continuons notre travail, montrons-leur que nos sentiments sont sincères. Le temps joue pour nous. Allons voir tes parents et je vais te demander officiellement en mariage à ton père."

Marie le regarda avec émotion. "Mes parents... Ils ne sont pas comme les Béron-Brochardière, tu sais. Ce sont des gens simples, mais ils ont du bon sens. Et ils veulent mon bonheur avant tout."

"Je sais," sourit Auguste. "J'ai vu ton père au village. Il observe, il comprend plus qu'il ne dit. Et ta mère... elle vient chercher son pain tous les matins, elle voit comment tu travailles, comment tu te dévoues pour la boulangerie."

"Ils t'apprécient déjà, tu sais," dit doucement Marie. "Mon père dit que tu es un homme qui n'a pas peur du travail. Et ma mère... elle a remarqué comment tu me regardes."

"Alors allons les voir. Faisons les choses dans les règles. Montrons à tous que notre amour n'a rien à cacher."

Chapitre 11 : Un mariage bien difficile

Les Gendry habitaient une modeste maison à la sortie de Montjean. Le père de Marie, Joseph Gendry, était un ancien fermier ayant perdu sa ferme devenu soldat, puis métayer. Sa femme, Léonie, complétait les revenus de la famille en faisant des lessives pour les notables du bourg.

Auguste avait mis sa meilleure chemise, celle qu'il gardait pour les réunions importantes à la fonderie.

"Entrez donc," les accueillit Léonie Gendry, essuyant ses mains sur son tablier. La cuisine sentait le café fraîchement moulu et la tarte aux pommes.

Joseph Gendry était assis à la table, son visage buriné par des années de travail aux champs ne trahissant aucune émotion. Les deux frères de Marie, Pierre et Louis, se tenaient debout près de la cheminée, observant Auguste avec curiosité.

"Alors comme ça," commença Joseph après les présentations, "vous voulez épouser notre Marie ?"

"Oui, monsieur." Auguste se tenait droit, comme lors de ses inspections dans les dragons.

Plus tard, le ton monta :

"Les convictions, dit Joseph, c'est bien beau. Mais ça ne nourrit pas une famille. Regardez-moi : toute ma vie j'ai travaillé dur, sans faire de vagues. C'est comme ça qu'on avance."

Marie intervint : "Père, Auguste comprend le travail. Il vient d'une ferme, comme nous."

"Une ferme de propriétaire," remarqua Louis, le frère aîné. "Ce n'est pas pareil."

"Non, ce n'est pas pareil," admit Auguste. "Mais c'est justement pour ça que je suis parti. Pour tracer mon propre chemin, comme votre fille le fait."

Léonie posa une cafetière fumante sur la table. "Et l'église ?" demanda-t-elle. "Le père Meunier dit que vous n'êtes pas pratiquant."

"Je respecte la foi de Marie," répondit Auguste avec diplomatie. "Même si mes propres croyances sont... différentes."

Un silence s'installa, rompu seulement par le tic-tac de la vieille horloge. Joseph Gendry étudiait Auguste comme il aurait examiné un cheval à la foire.

"Marie dit que vous savez lire et écrire," dit-il enfin. "Que vous tenez un carnet."

"Oui, monsieur."

"Montrez-le-moi."

Auguste hésita, puis sortit son carnet. Joseph l'ouvrit avec précaution, ses doigts calleux tournant délicatement les pages couvertes d'écriture.

"Je ne sais pas lire," dit-il doucement. "Mais je vois un homme qui réfléchit. Qui ne prend pas la vie comme elle vient, mais qui cherche à la comprendre."

Il referma le carnet, le rendit à Auguste. "Ma fille est comme vous. Toujours à vouloir comprendre, à vouloir plus que ce que la vie lui a donné. Peut-être que c'est pour ça qu'elle vous a choisi."

Il se tourna vers Marie: "C'est ton choix, ma fille ?"

"Oui, père."

"Alors soit." Il se leva, tendit la main à Auguste. "Prenez soin d'elle. Et que vos convictions vous mènent vers le bonheur, pas vers les ennuis."

Léonie essuya discrètement une larme. "Restez dîner," dit-elle. "La tarte est presque prête."

La tarte aux pommes de Léonie Gendry embaumait la cuisine et le cidre déliait les langues. Les frères de Marie s'étaient éclipsés, laissant Auguste seul avec les parents. C'est alors que le père Gendry, peut-être touché par la sincérité du jeune homme, commença à partager son histoire.

"A peine 20ans, dites-vous quand vous êtes parti à l'armée?" dit-il en resservant du cidre. "J'avais à peu près votre âge quand je suis parti pour le Mexique."

"Le Mexique ?" Auguste se redressa, intéressé.

"Oui, sous Napoléon III. On nous avait promis monts et merveilles... Les champions du droit des peuples, qu'ils disaient. Protection des peuples opprimés... Je voulais voir du pays, gagner un peu d'argent."

"Mais pourquoi le Mexique ?" demanda Auguste, qui connaissait cette histoire mais voulait entendre la version d'un homme qui l'avait vécue.

Le père Gendry but une gorgée de cidre avant de répondre, ses yeux perdus dans ses souvenirs. Il parla de la créance Jecker, de cette banque française au Mexique, des dettes gonflées et des investisseurs qui poussaient l'empereur à agir.

"La finance, toujours la finance," commenta Auguste. "Je connais ce Jecker. Un vrai truand, fusillé pendant la Commune quand il tentait de fuir avec un faux passeport."

Le vieil homme hocha la tête, appréciant visiblement la connaissance historique de son futur gendre. Il poursuivit son récit, parlant de l'ambition dévorante des États-Unis, de la volonté de Napoléon III d'établir un barrage contre leur expansion.

Marie écoutait, fascinée, cette histoire qu'elle n'avait entendue que par bribes. Son père raconta le débarquement à Veracruz, l'accueil inexistant, la fièvre jaune qui décimait les rangs. Il parla de Bazaine, de la prise de Puebla, des bals fastueux à Mexico où les officiers français dansaient avec les dames mexicaines.

"Une pantalonnade !" s'exclama Auguste. "Tout ça pour imposer un régime monarchique à un peuple qui s'était libéré de l'aristocratie et de l'Église !"

Au lieu de se fâcher de cette interruption passionnée, le père Gendry sourit. "Vous êtes contre l'Église, n'est-ce pas ?"

"Je suis athée et anticlérical," répondit franchement Auguste. "Cela m'a valu d'être chassé de ma famille et envoyé à l'armée contre ma volonté."

Marie posa une main apaisante sur son bras, mais son père continua, racontant l'incompétence de Maximilien, la corruption généralisée, la guérilla sans fin. Sa voix portait encore l'écho de ces années difficiles, de la retraite humiliante, de l'abandon des soldats par leurs officiers.

"Nous avons vécu d'oranges cueillies dans les arbres," dit-il. "Oubliés là-bas, sans solde, sans ordres, jusqu'en février 1867."

Le récit se termina dans un silence pensif. Auguste regardait cet homme qui avait vécu une autre forme d'injustice, une autre manifestation de la cupidité des puissants.

"Et après," demanda-t-il doucement, "vous êtes rentré ici ?"

"Oui. Je me suis marié, j'ai fondé cette famille." Il regarda Marie avec tendresse. "On ne change pas le monde, mais on peut essayer de construire quelque chose de bon dans notre petit coin."

Marie et Auguste marchaient sur le chemin du retour après cette longue conversation avec le père Gendry.

"Ton père est un homme remarquable," dit Auguste. "Son expérience au Mexique lui a ouvert les yeux sur beaucoup de choses."

"Oui," répondit Marie. "C'est pour ça qu'il n'est pas comme les autres parents qui auraient refusé un gendre aux idées... disons, avancées comme les tiennes. Il a vu trop d'injustices, trop de mensonges au nom des 'grands principes'."

"Et maintenant, il doit voir sa fille aînée affronter un autre genre de pouvoir établi; les Béron Brochardière, le curé..."

"Il comprend," dit doucement Marie. "Il sait ce que c'est que de devoir faire des choix difficiles, de résister aux pressions..."

Quelques jours plus tard, le père Gendry, vêtu de son costume du dimanche et arborant discrètement sa médaille du Mexique, se présenta au presbytère.

"Ah, Monsieur Gendry," dit le curé en le faisant entrer. "Un ancien de la campagne du Mexique... L'Église n'oublie pas ceux qui ont combattu pour la patrie."

"C'est justement de combat dont je veux vous parler, mon père," répondit Gendry. "Du combat de ma fille Marie."

"Votre fille..." Le curé se rembrunit. "Une jeune personne qui fait preuve de beaucoup d'orgueil ces temps-ci."

"D'orgueil, mon père ? Ou de courage ? J'ai combattu au Mexique sous de beaux discours sur l'ordre et la civilisation. Mais j'ai vu ce que cachaient ces grands mots - la cupidité des banquiers, l'arrogance des puissants..."

"Où voulez-vous en venir, Gendry ?"

"Je veux en venir à Auguste Bourcier. Un homme droit, travailleur, qui aime sincèrement ma fille. Qu'importe s'il a des idées nouvelles ? N'est-ce pas le Christ lui-même qui bouleversait l'ordre établi de son temps ?"

"Je comprends votre point de vue, Gendry," répondit le curé, adoucissant légèrement son ton face à l'ancien soldat. "Mais vous ne pouvez ignorer la situation... Les Béron-Brochardière..."

"Les Béron-Brochardière ?" Gendry eut un rire amer. "Vous savez ce que j'ai appris au Mexique, mon père ? Que les grands noms ne font pas les grands hommes. J'ai vu un empereur de pacotille, Maximilien, perdre son trône et sa vie parce qu'il ne comprenait rien aux vraies gens."

"Ce sont nos bienfaiteurs, les piliers de la paroisse..."

"Des piliers bien branlants, mon père et vous le savez. Ma fille fait tourner leur boulangerie pendant que Bonnache noie sa honte dans le vin. Est-ce vraiment la volonté de Dieu qu'elle épouse un ivrogne pour sauver les apparences ?"

Le curé s'agita, mal à l'aise. Le vieux soldat touchait des points sensibles.

"Écoutez, Gendry. Je connais votre réputation, votre service pour la patrie. Si vous me garantissez que ce Bourcier est un homme honorable, malgré ses... idées..."

"Je vous le garantis sur ma médaille, mon père. Et je préfère voir ma fille épouser un homme de conviction qu'un bourgeois en ruine."

"Je me souviens, mon père," poursuivit Gendry, "quand nous étions au Mexique, le clergé local soutenait les puissants contre le peuple. Mais il y avait aussi des prêtres, souvent les plus humbles, qui comprenaient la vraie misère des gens. Vous, mon père, de quel côté voulez-vous être ?"

Le curé se leva, marcha jusqu'à la fenêtre de son bureau. Au loin, on voyait la boulangerie où Marie travaillait.

"Vous savez manier les mots, Gendry. Ces années au Mexique vous ont appris plus que le maniement des armes..."

"Elles m'ont appris à reconnaître la vraie valeur des hommes, mon père. Auguste Bourcier a peut-être des idées qui vous dérangent, mais il a plus d'honneur dans son petit doigt que certains nobles dans tout leur corps."

"Et les Béron-Brochardière ? Que diront-ils si je bénis ce mariage ?"

"Que peuvent-ils dire ? Ils ont besoin de Marie pour leur boulangerie. Et puis..." Gendry sourit légèrement, "un ancien combattant décoré qui raconte comment la noblesse nous a envoyés mourir au Mexique pour des intérêts financiers... Ce ne serait pas bon pour leur réputation."

"Vous me mettez dans une position délicate, Gendry," soupira le curé. "Entre ma conscience et mes obligations envers la famille..."

"Votre conscience, mon père ? N'est-elle pas justement de protéger les plus faibles ? De bénir l'amour véritable plutôt que les arrangements d'argent ?"

"J'ai parlé avec monsieur ce matin même. Il insiste pour ce mariage avec son frère..."

"Son frère !" Gendry se redressa. "Bonnache ? Mon père, vous avez vu son état ? Vous qui prêchez contre l'alcool chaque dimanche, vous voudriez donner ma fille à un homme qui ne dessaoule pas ?"

Le curé se rassit lourdement dans son fauteuil. "Non, bien sûr... Cette situation est impossible..."

"Alors faites ce qui est juste, mon père. Marie et Auguste s'aiment sincèrement. Ils sont travailleurs, honnêtes. Lui a peut-être des idées nouvelles, mais n'est-ce pas ce dont notre paroisse a besoin ? Des gens qui pensent à l'avenir plutôt qu'à maintenir les privilèges du passé ?"

"Et puis," ajouta Gendry en touchant sa médaille, "que diraient les autres anciens combattants de la paroisse ? Nous sommes nombreux, vous savez, à avoir vu de nos yeux comment les beaux discours des puissants peuvent cacher de sombres intérêts..."

Le curé se frotta le menton, pensif. Il connaissait l'influence des anciens soldats dans la communauté.

"Vous marquez un point, Gendry. Et votre fille... elle a toujours été une bonne chrétienne, travailleuse, respectueuse..."

"Exactement, mon père. Et elle le restera. Auguste aussi, malgré ses idées, est un homme de principes. Il ne boit pas, ne joue pas, travaille dur... N'est-ce pas là les vraies valeurs chrétiennes ?"

"Mais les rumeurs sur ses activités aux fonderies Chappée..."

"Il défendait les ouvriers contre les accidents, les injustices. Comme le Christ défendait les pauvres, non ? Et regardez comme il a géré les battages cet été - avec intelligence, sans violence..."

Le curé se leva à nouveau, marcha jusqu'à son crucifix. "Vous me donnez matière à réflexion, Gendry. Beaucoup de matière..."

"Et puis, mon père," poursuivit Gendry d'un ton plus confidentiel, "entre nous... Les Béron Brochardière ne sont plus ce qu'ils étaient. Les dettes s'accumulent, tout le monde le sait. Voulez-vous vraiment attacher votre réputation et celle de l'Église à une famille en déclin ?"

Le curé hocha lentement la tête. Lui aussi avait entendu les rumeurs sur l'état des finances de la famille.

"Sans compter que monsieur lui-même..." Gendry baissa encore la voix. "Il cherche à marier son frère à ma fille uniquement pour sauver les apparences. Est-ce vraiment moral, mon père, d'utiliser le sacrement du mariage comme un arrangement financier ?"

"Vous marquez encore un point, Gendry." Le curé semblait de plus en plus ébranlé. "Et votre position dans la paroisse... Votre expérience au Mexique... Les gens vous écoutent..."

"Ils écouteraient encore plus si je devais raconter comment un humble valet d'écurie vaut mieux qu'un bourgeois ivrogne aux yeux de Dieu..."

Le curé regarda longuement le vieux soldat. Il y avait dans cette conversation plus qu'une simple demande de bénédiction - c'était un véritable bras de fer moral.

"Écoutez Gendry," dit finalement le curé en se rasseyant à son bureau. "Je vais être franc avec vous. Ce n'est pas tant les idées de votre futur gendre qui me préoccupent. Après tout, l'Église a survécu à bien des bouleversements..."

"C'est la pression des Béron-Brochardière, n'est-ce pas ?" suggéra doucement Gendry.

"Ils ont toujours soutenu la paroisse... Mais vous avez raison. Je ne peux pas, en conscience, forcer un mariage avec Bonnache. Ce serait une parodie du sacrement."

"Alors, mon père ?"

"Amenez-moi Auguste. Je veux lui parler, l'évaluer moi-même. S'il se montre respectueux, s'il promet de laisser Marie pratiquer sa foi... je pourrais envisager de bénir leur union."

"Et monsieur..?"

"Je lui expliquerai que ma conscience de prêtre m'interdit de célébrer un mariage où l'un des époux..." Le curé chercha ses mots. "Disons, n'est pas en état de comprendre la portée de ses engagements."

Gendry sourit. Le curé venait de trouver une élégante sortie à ce dilemme.

"Et puis," ajouta le curé avec un léger sourire, "en tant que curé de cette paroisse, je dois penser au bien de tous mes fidèles. Une boulangerie bien gérée qui nourrit le village vaut mieux qu'un commerce qui périclite sous la direction d'un... d'un homme instable."

"Vous êtes sage, mon père," approuva Gendry. "Marie et Auguste sauront vous montrer leur reconnaissance."

"J'aimerais tout de même avoir une conversation sérieuse avec ce jeune homme. Sur ses idées, sur sa vision de l'Église..."

"Il est franc, mon père. Peut-être trop parfois. Mais n'est-ce pas mieux qu'un hypocrite qui fait semblant de prier tout en menant une vie de débauche ?"

Le curé ne put retenir un petit rire. "Vous pensez à quelqu'un en particulier, Gendry ?"

"Je ne me permettrais pas, mon père. Disons simplement que j'ai vu trop de beaux discours cacher de laides réalités, au Mexique comme ici."

"Très bien," conclut le curé. "Envoyez-moi votre futur gendre demain. Et Gendry... merci de m'avoir rappelé que l'Église doit parfois choisir entre les apparences et la vérité."

"Il y a autre chose, mon père," dit Gendry en se levant. "Auguste a de l'instruction. Il sait lire, écrire, compter. Il pourrait être utile à la paroisse, peut-être..."

Le curé hocha la tête, comprenant la suggestion. Un homme capable pouvait effectivement rendre service.

"Et Marie..." poursuivit Gendry, "vous savez comme elle est généreuse. Combien de fois a-telle donné du pain aux plus pauvres ? Combien de fois a-t-elle aidé les œuvres de la paroisse ?"

"C'est vrai," admit le curé. "Votre fille a toujours eu bon cœur."

"Ce sont ces qualités-là qui comptent aux yeux de Dieu, n'est-ce pas, mon père ? Pas les titres de noblesse ou la taille du compte en banque..."

"Vous prêchez presque aussi bien que moi, Gendry," sourit le curé. "Ces années au Mexique vous ont appris l'éloquence."

"Elles m'ont surtout appris à reconnaître la vraie valeur des gens, mon père. Et je peux vous assurer que ma fille et Auguste valent mieux que..."

Il laissa sa phrase en suspens, mais le message était clair.

"Demain donc," reprit le curé en raccompagnant Gendry jusqu'à la porte du presbytère. "J'attendrai Auguste pour une discussion franche. Et Gendry... une dernière chose."

"Oui, mon père ?"

"Cette histoire de 'montagne d'or' que j'ai mentionnée à votre fille... Je m'en excuse. J'ai parlé sous la pression des Béron-Brochardière, mais ce n'était pas digne d'un homme d'Église."

"Vous savez, mon père," répondit Gendry avec un léger sourire, "au Mexique aussi, on nous promettait des montagnes d'or. Mais la vraie richesse, je l'ai trouvée ici, dans ma famille, dans le bonheur de mes enfants."

En sortant du presbytère, Gendry aperçut au loin la silhouette de Bonnache qui titubait vers le café du village. "Voilà," pensa-t-il, "le genre d'alliance dont les Béron-Brochardière voulaient pour ma fille..."

Il se dirigea d'un pas vif vers la boulangerie pour annoncer la bonne nouvelle à Marie. Le plus dur était fait : convaincre le curé. Maintenant, il fallait préparer Auguste à cette conversation décisive.

Quand Gendry arriva à la boulangerie, Marie était en train de faire ses comptes. Elle leva des yeux inquiets vers son père.

"Alors ?" demanda-t-elle simplement.

"Le curé veut voir Auguste demain," répondit Gendry avec un sourire rassurant. "Je crois qu'il a compris certaines choses..."

"Comment as-tu fait ?" Marie regardait son père avec admiration. "Le curé semblait tellement opposé à notre mariage..."

"Disons que je lui ai rappelé quelques vérités. Sur le Mexique, sur les grands discours qui cachent de petits intérêts... Et puis, j'ai évoqué ce que deviendrait la boulangerie si tu devais épouser Bonnache."

À ce moment, Auguste entra dans la boutique. Il revenait des écuries, encore vêtu de sa tenue de travail.

"Auguste," dit Gendry, "le curé t'attend demain. Il faut que tu sois... diplomate. Pas besoin d'étaler toutes tes idées sur l'Église et la société. Montre-lui simplement que tu es un homme droit, travailleur et que tu aimes sincèrement ma fille."

"Vous avez réussi à le convaincre ?" Auguste n'en croyait pas ses oreilles.

"Je lui ai parlé d'homme à homme," répondit Gendry. "D'ancien soldat à homme d'Église. Il a compris que forcer un mariage avec Bonnache serait une insulte au sacrement même qu'il est censé protéger."

"Mais Auguste," ajouta-t-il en posant une main sur l'épaule du jeune homme, "demain, il faudra mettre de côté tes opinions sur le clergé. Le curé fait un grand pas vers nous, il faut aussi faire un pas vers lui."

"Je comprends," dit Auguste. "Je serai respectueux, je vous le promets."

"Sois simplement sincère," intervint Marie. "Parle-lui de ton travail, de tes projets... de nous."

"Et évite les grands discours sur la commune de Paris ou les droits des travailleurs," ajouta Gendry avec un sourire. "Le curé n'est pas prêt pour ça. Montre-lui plutôt l'homme que tu es, pas les idées que tu défends."

"C'est étrange," dit Auguste pensivement. "À la fonderie, dans les batteuses, j'ai toujours dit ce que je pensais. Mais là..."

"Là, il s'agit de notre bonheur," dit doucement Marie en prenant sa main.

"Et puis," ajouta Gendry avec un clin d'œil, "le curé n'est pas un mauvais homme. Il est prisonnier de ses obligations envers les Béron-Brochardière, comme nous le sommes tous un peu ici. Mais je crois qu'au fond, il préfère bénir un mariage d'amour sincère qu'une union arrangée avec un ivrogne."

"D'ailleurs," intervint Marie, "je l'ai vu ce matin donner du pain aux pauvres que Bonnache avait chassés du café. Il a un bon cœur, même s'il doit parfois le cacher sous sa soutane."

Auguste réfléchit un moment. "Je comprends mieux maintenant. Ce n'est pas une question de renier mes convictions, mais de montrer qu'elles ne m'empêchent pas d'être un homme respectable."

"Exactement," approuva Gendry. "Tu sais, au Mexique, j'ai appris que les plus grands discours cachent souvent les plus petites âmes. Mais les actes, eux, ne mentent pas. Le curé verra les tiens."

"Et puis," ajouta-t-il plus bas, "entre un gendre qui travaille dur et un prétendu bourgeois qui boit l'argent de la boulangerie, je crois que son choix est déjà fait. Il cherche juste un moyen honorable de le justifier."

"Je vais vous dire quelque chose," poursuivit Gendry en baissant encore la voix. "Le curé a une autre raison de s'inquiéter des Béron-Brochardière. Les dons à la paroisse... ils se font de plus en plus rares. Monsieur promet toujours, mais l'argent ne vient plus. Et pendant ce temps-là, c'est la boulangerie, grâce à Marie, qui fournit le pain bénit et aide aux bonnes œuvres."

"Le pain bénit," murmura Marie. "Je me souviens, quand j'étais petite, c'était toujours la famille qui le donnait. Maintenant..."

"Maintenant," compléta Gendry, "c'est toi qui le fournis gratuitement. Le curé n'est pas aveugle, il voit bien qui sont les vrais soutiens de sa paroisse."

Auguste hocha la tête, comprenant mieux les subtilités de la situation. "Alors demain, je lui parlerai de nos projets pour la boulangerie, de comment nous voulons continuer à servir la communauté..."

"Voilà," approuva Gendry. "Montre-lui que même si tu as des idées nouvelles, tu respectes les traditions qui comptent vraiment. Pas les privilèges des bourgeois, mais le partage, l'entraide..."

"Les vraies valeurs chrétiennes," ajouta Marie avec un sourire.

"D'ailleurs," ajouta Gendry en se dirigeant vers la porte, "j'ai vu Bonnache encore au café ce matin. Il criait qu'il était le véritable patron de la boulangerie et qu'il exigeait qu'on lui serve à crédit. Le curé passait justement par-là..."

"Pauvre Bonnache," soupira Marie. "Malgré tout, je ne peux m'empêcher d'avoir pitié de lui."

"La pitié est une vertu chrétienne," dit Auguste en la prenant dans ses bras. "Mais elle ne doit pas nous enchaîner à son malheur."

"Tu vois," sourit Gendry, "tu commences déjà à parler comme quelqu'un qui pourrait convaincre le curé ! Maintenant, rentre te reposer, Auguste. Demain est un grand jour."

Alors qu'Auguste s'apprêtait à partir, Gendry le retint un instant : "Une dernière chose... Le curé a servi comme aumônier militaire avant d'arriver ici. Il comprend mieux qu'on ne le croit la différence entre les beaux discours des officiers et la réalité des hommes de troupe. Garde ça en tête."

Auguste hocha la tête. Cette conversation avec le curé s'annonçait plus complexe, mais aussi plus prometteuse qu'il ne l'avait imaginé.

Le lendemain matin, Auguste se présenta au presbytère, vêtu de ses meilleurs habits. Il avait pris soin de bien se raser et avait même emprunté une cravate à Eugène, le frère de Marie.

Le curé le reçut dans son bureau, où la lumière du matin filtrait à travers les vitraux. "Asseyez-vous, Bourcier," dit le curé en l'observant attentivement. "Le père de Marie m'a beaucoup parlé de vous hier."

"Je sais que mes idées vous inquiètent, mon père," répondit Auguste avec franchise. "Mais je suis venu vous parler en tant qu'homme qui aime sincèrement Marie, pas en tant que..."

"Révolutionnaire ?" compléta le curé avec un léger sourire. "Agitateur ? C'est ainsi que certains vous décrivent."

"Je préfère dire que je suis un homme qui croit en la justice, mon père. Comme vous le prêchez chaque dimanche. La vraie justice, celle qui protège les faibles, pas celle qui maintient les privilèges."

Le curé se renversa dans son fauteuil, surpris par cette réponse directe mais mesurée.

"Vous savez parler, Bourcier," dit le curé. "Mais parlez-moi de vos intentions concrètes. Comment comptez-vous faire vivre un foyer ? Marie a une situation stable à la boulangerie..."

"Justement, mon père," répondit Auguste. "Je ne veux pas que Marie abandonne son travail. Elle y excelle, elle fait vivre ce commerce, elle aide toute la communauté à travers lui. Mon rôle sera de la soutenir, de l'aider à développer encore la boulangerie."

"Et vos idées... disons, progressistes ? Ne craignez-vous pas qu'elles nuisent à l'entreprise ?"

"Mon père, aux fonderies Chappée comme pendant les battages, j'ai toujours cherché le progrès dans l'ordre, pas dans le chaos. Je veux améliorer les choses, pas les détruire."

Le curé se leva, marcha jusqu'à son crucifix. "Gendry m'a parlé de votre travail pendant les battages. Comment vous avez appris aux hommes à utiliser les machines sans danger, comment vous les avez organisés sans violence..."

"C'est possible de changer les choses progressivement, mon père. Sans révolution, sans désordre. Juste avec du bon sens et du respect pour chacun."

Il se retourna vers Auguste : "Parlons franchement, Bourcier. Je sais que vous êtes athée. Comment comptez-vous gérer cela avec Marie, qui est une fidèle de notre paroisse ?"

"Mon père," répondit Auguste avec sincérité, "je ne partage peut-être pas la foi de Marie, mais je la respecte. Je ne l'empêcherai jamais de pratiquer sa religion. Et nos enfants seront libres de choisir leur voie."

"Vos enfants..." Le curé hocha la tête. "Vous y avez déjà réfléchi ?"

"Bien sûr. Je veux qu'ils grandissent dans l'amour et le respect. Qu'ils apprennent à penser par eux-mêmes, mais aussi à respecter les traditions qui ont de la valeur. Pas les privilèges injustes, mais les vraies valeurs : le travail, l'honnêteté, la générosité..."

"Comme le pain que Marie donne aux pauvres ?" suggéra le curé.

"Exactement, mon père. Ces gestes-là valent tous les sermons, n'est-ce pas ?"

Le curé sourit légèrement. "Vous êtes habile, Bourcier. Vous savez toucher les points sensibles."

"Je suis simplement sincère, mon père. J'ai vu trop de mensonges dans ma vie pour ne pas valoriser la vérité. C'est d'ailleurs pour ça que je ne peux pas vous promettre de devenir un fidèle de l'Église - ce serait hypocrite de ma part."

"Je préfère cette franchise à la fausse dévotion de certains," admit le curé. "Ceux qui s'agenouillent le dimanche et malmènent leurs semblables le reste de la semaine..."

Il y eut un silence. Au loin, on entendait les cloches de l'église sonner.

"Une dernière question, Bourcier. Si je bénis votre mariage, que direz-vous aux Béron Brochardière ?"

"Que voulez-vous dire, mon père ?"

"Ils ne vont pas apprécier ma décision. Ils pourraient chercher à se venger, à vous faire renvoyer, à créer des difficultés à la boulangerie..."

"Mon père," répondit Auguste calmement, "j'ai appris une chose aux fonderies : la meilleure protection contre les puissants, c'est de faire son travail honnêtement. Les Béron-Brochardière ont besoin de la boulangerie plus que nous n'avons besoin d'eux."

"En effet," acquiesça le curé. "La boulangerie... Elle nourrit le village, fournit le pain bénit, aide les pauvres... Ce serait un péché de la laisser tomber aux mains d'un homme qui ne peut même pas se tenir droit à la messe."

Il s'interrompit, comme surpris par sa propre franchise.

"Mon père," dit doucement Auguste, "je sais que votre position n'est pas facile. Les Béron Brochardière sont les patrons traditionnels de la paroisse. Mais n'est-ce pas aussi le rôle de l'Église de protéger les plus faibles ? De défendre la vraie vertu plutôt que les apparences ?"

"Vous parlez comme Gendry," sourit le curé. "Lui aussi a appris à voir au-delà des apparences, au Mexique."

"Il m'a raconté, mon père. Comment les beaux discours sur la civilisation cachaient des intérêts bien moins nobles. Comment certains prêtres avaient choisi de défendre les puissants plutôt que les humbles..."

"Et d'autres qui ont choisi leur conscience plutôt que leur confort," compléta le curé en le regardant fixement.

"Oui," dit le curé après un moment de réflexion. "Il y a des moments où un homme d'Église doit choisir entre ce qui est facile et ce qui est juste. J'ai été aumônier militaire, vous savez. J'ai vu des hommes mourir en me demandant si leur sacrifice servait vraiment Dieu ou seulement les intérêts des puissants..."

Il se leva, marcha jusqu'à la fenêtre. De là, on voyait la boulangerie où Marie travaillait déjà. "Regardez," dit-il en montrant la boutique. "Chaque matin, votre Marie est la première levée dans le village. Elle fait du bon pain, honnêtement, aide les pauvres sans faire de bruit. Et on voudrait que je la marie à un homme qui passe ses journées au café ?"

"Alors, mon père ?" demanda Auguste, le cœur battant.

"Alors, Bourcier, je vais vous dire ce que je vais faire. Je vais bénir votre mariage, pas parce que vous êtes un modèle de piété - vous ne l'êtes pas - mais parce que vous êtes un homme droit qui fera le bonheur de Marie. Et ça, c'est aussi servir Dieu à sa manière."

"Mais j'y mets quelques conditions," poursuivit le curé en se rasseyant à son bureau. "D'abord, vous laisserez Marie libre de pratiquer sa foi. Je sais que vous l'avez déjà promis, mais je veux que ce soit bien clair." "Bien sûr, mon père."

"Ensuite, la boulangerie continuera à fournir le pain bénit et à aider les pauvres de la paroisse. C'est une tradition que Marie a maintenue malgré... les difficultés actuelles."

Auguste hocha la tête : "Ce sera fait, mon père. La générosité de Marie est une des raisons pour lesquelles je l'aime."

"Et enfin," le curé eut un léger sourire, "quand vous aurez des enfants, ils seront baptisés dans cette église. Pour le reste de leur éducation religieuse, ce sera à vous et Marie d'en décider."

"C'est raisonnable, mon père."

"Quant aux Béron-Brochardière..." Le curé soupira. "Je leur expliquerai que ma conscience ne me permet pas de célébrer un mariage où l'un des époux n'est manifestement pas... en état de comprendre la sainteté du sacrement."

"Une dernière chose," ajouta le curé. "Je sais que vous avez des idées... progressistes. Je ne vous demande pas de les abandonner. Mais peut-être pourriez-vous les exprimer avec... disons, plus de diplomatie dans le village ?"

"Je comprends, mon père," répondit Auguste. "Je peux être discret sans être hypocrite."

"Exactement. Et puis, les actions parlent souvent plus fort que les paroles. Une boulangerie bien gérée qui aide les pauvres fait plus pour la justice que tous les discours enflammés."

Le curé se leva, signifiant que l'entretien touchait à sa fin. "Allez dire à Marie que je publierai les bans dimanche prochain. Et Bourcier..."

"Oui, mon père ?"

"Vous êtes un homme intelligent. Vous comprenez que ma position n'est pas facile. Les Béron-Brochardière ne seront pas contents, mais ils devront accepter. Après tout, même eux ne peuvent pas s'opposer à la décision d'un prêtre en matière de sacrement..."

"Je comprends, mon père. Et je vous remercie de votre... sagesse."

Une dernière chose," dit le curé alors qu'Auguste s'apprêtait à sortir. "Je vais faire en sorte que le mariage ait lieu rapidement. Plus vite ce sera fait, moins les Béron-Brochardière auront le temps de... créer des difficultés."

"Vous pensez qu'ils pourraient essayer d'empêcher le mariage ?"

"Je les connais bien, Bourcier. Monsieur Béron-Brochardière est un homme orgueilleux. Il n'acceptera pas facilement que sa solution pour 'sauver' la boulangerie soit rejetée. Et Bonnache... dans ses moments de lucidité, il peut être dangereux."

"Vous craignez quelque chose en particulier, mon père ?"

"Disons que j'ai entendu des choses au confessionnal... Des rumeurs sur des dettes de jeu importantes, des créanciers qui s'impatientent. Monsieur cherche désespérément une solution et le mariage de son frère avec Marie en était une."

"Je veillerai sur Marie," promit Auguste.

"Je n'en doute pas. Et maintenant, allez lui annoncer la bonne nouvelle. Mais restez vigilants, tous les deux.

Auguste sortit du presbytère le cœur léger malgré les derniers avertissements du curé. Dans la rue, il croisa Bonnache qui, déjà ivre malgré l'heure matinale, le regarda avec des yeux pleins de haine.

"Toi !" cria Bonnache en titubant vers lui. "Tu crois que tu vas me voler ma boulangerie ? Ma position ?"

"Votre boulangerie ?" répondit calmement Auguste. "Celle que Marie fait tourner pendant que vous êtes au café ?"

"Insolent ! Je suis un Béron-Brochardière ! Tu n'es qu'un valet, un rien du tout..."

"Un rien du tout qui sait travailler sans boire, Monsieur Maurice."

Des passants s'arrêtaient, observant la scène. Bonnache, humilié, voulut se jeter sur Auguste mais trébucha lamentablement.

"Voilà," dit Auguste en l'aidant à se relever malgré son agressivité, "le prétendant que votre famille voulait imposer à Marie. Les gens jugent par eux-mêmes, Monsieur Maurice.

"Sale... sale révolutionnaire !" bégaya Bonnache en essayant de se dégager. "Tu te crois malin ? Mon frère ne laissera pas faire ça... Il a des relations, lui... des moyens de pression..."

"Vos menaces sont aussi instables que votre démarche, Monsieur Maurice," répondit Auguste toujours calme. "Maintenant, si vous permettez, je dois aller annoncer à ma fiancée que le curé bénira notre mariage."

"Le curé ?" Bonnache eut un rire amer. "Ce traître ! Lui qui nous doit tout... Mais vous verrez, tous... vous verrez..."

Il s'éloigna en titubant, continuant à marmonner des menaces. Quelques villageois qui avaient assisté à la scène s'approchèrent d'Auguste.

"Méfiez-vous," dit l'un d'eux à voix basse. "Bonnache est peut-être un ivrogne, mais le bourgeois, lui, a encore du pouvoir. Et de la rancune."

"Je sais," répondit Auguste. "Mais nous avons le droit pour nous maintenant. Et le soutien du curé."

"Le soutien du curé..." cracha Bonnache qui revenait sur ses pas. "Attendez que mon frère apprenne ça. Il saura lui rappeler qui paie pour l'entretien de l'église !"

"Qui payait, vous voulez dire," répondit calmement Auguste. "Car depuis un moment, c'est plutôt la boulangerie qui aide la paroisse, n'est-ce pas ?"

Cette remarque fit mouche. Quelques villageois hochèrent la tête, approuvant silencieusement. Tout le monde savait que les Béron-Brochardière ne faisaient plus que des promesses creuses à l'église.

"Et puis," ajouta Auguste, "un curé qui refuse de marier un homme constamment ivre ne fait que son devoir. Que dirait votre famille si le scandale éclatait publiquement ?"

Bonnache pâlit sous l'effet de la colère ou de l'alcool : "Des menaces ? Toi, un valet, tu oses me menacer ?"

"Ce ne sont pas des menaces, Monsieur Maurice. Juste des faits. Maintenant, si vous voulez bien m'excuser, Marie m'attend."

Il laissa Bonnache vacillant au milieu de la rue, ses menaces se perdant dans le vent.

"Et toi," hurla soudain Bonnache à une femme qui passait, "que regardes-tu ? Tu es comme les autres, hein ? Vous pensez tous que je ne vaux rien ! Mais je suis un Béron Brochardière !"

La femme s'écarta précipitamment, effrayée par sa violence. Auguste s'arrêta, prêt à intervenir si nécessaire.

"Un Béron-Brochardière !" continua Bonnache en riant de façon hystérique. "Tu sais ce que ça vaut aujourd'hui ? Rien ! Même pas un verre à crédit au café... Même pas le respect d'une servante..."

Des larmes coulaient maintenant sur ses joues. Auguste fut frappé par la misère de cet homme, ce mélange de morgue aristocratique et de déchéance absolue.

"Monsieur Maurice," dit-il doucement, "venez, je vais vous raccompagner..."

"Ne me touche pas !" hurla Bonnache. "Je n'ai pas besoin de ta pitié ! Je vais... je vais voir mon frère. Il saura quoi faire. Il a toujours su..."

Il partit en titubant vers le château, laissant derrière lui un silence gêné. Les villageois se dispersèrent lentement, murmurant entre eux.

En arrivant à la boulangerie, Auguste trouva Marie qui l'attendait anxieusement.

"Alors ?" demanda-t-elle, le visage tendu.

"Le curé accepte de nous marier," répondit Auguste avec un sourire. "Mais j'ai croisé Bonnache en sortant du presbytère. Il était... dans un état terrible."

"Je l'ai vu passer," dit Marie en baissant la voix. "Il criait des menaces, parlait d'aller voir son frère..."

"Le curé nous a prévenus qu'il faudrait être prudents. Les Béron-Brochardière ne vont pas accepter facilement leur défaite."

"Je sais," soupira Marie. "Le bourgeois est venu hier soir, très tard. Il voulait me 'raisonner', comme il dit. M'expliquer que le mariage avec son frère était la seule solution 'honorable'..."

"Que lui as-tu répondu ?"

"Que l'honneur n'avait rien à voir avec un mariage forcé. Et que la boulangerie se portait très bien sans l'intervention des Béron-Brochardière."

"Il n'a pas dû apprécier...

"J'ai quand même peur," avoua Marie. "Cette homme peut être dangereux quand il se sent acculé. Et Bonnache, dans ses crises..."

"Écoute," dit Auguste en baissant la voix, "j'ai réfléchi. Une fois mariés, nous ne pourrons pas rester ici. Les Béron-Brochardière nous rendront la vie impossible."

"Tu penses à Laval ?" demanda Marie. "J'y ai des contacts, tu sais. Des fournisseurs de farine qui m'apprécient, qui connaissent mon travail..."

"Exactement. La ville se développe, il y a des opportunités. Je pourrais trouver du travail dans une des nouvelles usines et toi..."

"Je pourrais tenir un commerce, compléta Marie avec une lueur d'espoir dans les yeux. "Loin des Béron-Brochardière, loin de leurs manigances..."

" Et à Laval, personne ne se souciera que je sois un ancien ouvrier des fonderies ou que tu sois une femme qui dirige son commerce."

"C'est risqué..." murmura Marie. "Mon argent ne suffira jamais. Mais tu as raison. Ici, ils ne nous laisseront jamais en paix."

"À Laval," poursuivit Auguste, "il y a un quartier en pleine expansion près de la gare. Les ouvriers du chemin de fer, les nouveaux ateliers... ils auront tous besoin de pain."

"J'ai entendu dire qu'ils construisent aussi des logements neufs dans ce quartier," ajouta Marie. "Ce serait l'endroit idéal pour recommencer."

"Et puis," dit Auguste en souriant, "tu pourrais enfin réaliser tes projets. Les nouvelles recettes dont tu parles souvent, la formation des apprentis..."

"Sans avoir à demander la permission à qui que ce soit," compléta Marie, les yeux brillants. "Sans devoir justifier chaque décision, chaque innovation..."

"Exactement. Mais pour l'instant, il faut être prudent. Ne parlons de ce projet à personne, même pas à ta famille. Les murs ont des oreilles et si les Béron-Brochardière apprenaient que nous prévoyons de partir..."

"Ils pourraient essayer de nous en empêcher," acquiesça Marie. "Surtout s'ils découvrent l'argent que j'ai mis de côté. Ils le considéreraient comme un vol."

"Il faudra faire les choses dans l'ordre," dit Auguste en réfléchissant. "D'abord le mariage, rapidement comme le suggère le curé. Ensuite, nous préparerons notre départ en secret."

"J'ai déjà quelques économies cachées chez mes parents," dit Marie.

"En attendant, il faut continuer comme si de rien n'était. Toi à la boulangerie, moi aux écuries. Ne donnons aucune raison aux Béron-Brochardière de se méfier."

"Le plus dur sera de ne rien dire à mes parents," soupira Marie. "Surtout à mon père qui nous a tant aidés..."

"Nous leur expliquerons plus tard. Ton père comprendra, il sait mieux que quiconque comment les puissants peuvent se venger quand ils se sentent humiliés. Il l'a vu au Mexique."

À ce moment, ils entendirent des pas qui approchaient de la boulangerie. Marie retourna rapidement à son comptoir tandis qu'Auguste faisait mine d'examiner le pétrin mécanique.

C'était le majordome du château qui entrait dans la boulangerie, l'air préoccupé.

"Mademoiselle Marie," dit-il à voix basse, "je dois vous prévenir. Monsieur est dans une colère noire. Bonnache lui a raconté pour le mariage, pour le curé..."

"Nous nous y attendions," répondit Marie calmement.

"Ce n'est pas tout," poursuivit le majordome en jetant un regard inquiet vers la rue. "J'ai surpris une conversation. Monsieur a demandé à voir les livres de comptes de la boulangerie. Il veut faire un 'audit complet', comme il dit."

Auguste et Marie échangèrent un regard alarmé. Les livres de comptes...

"Il a aussi envoyé un télégramme à Laval," ajouta le majordome. "À un cabinet d'experts comptables, je crois. Ils doivent venir la semaine prochaine."

"La semaine prochaine..." murmura Marie. "Juste avant notre mariage..."

"Soyez prudents, tous les deux," dit le majordome en se dirigeant vers la sortie. "Monsieur n'est pas homme à accepter la défaite facilement. Et Bonnache... il parle de 'reprendre ce qui lui appartient'..."

"Nous nous marierons ici, à Montjean," décida Auguste. "Le curé local ne dépend pas des Béron-Brochardière. Et une fois mariés, nous pourrons toujours partir vers Laval si nécessaire."

"Tu as raison," acquiesça Marie. "Ici, nous sommes déjà loin de leur influence directe. Et puis, les gens nous connaissent maintenant, ils nous apprécient..."

"C'est le plus sage," dit Auguste. "Se marier rapidement ici, puis voir comment les choses évoluent. Si les Béron-Brochardière continuent leurs manœuvres, nous aurons toujours la possibilité de partir vers Laval plus tard."

"Et la boulangerie de Montjean marche bien," ajouta Marie. "Les clients sont fidèles, le pain se vend bien..."

"Le plus sage," dit Auguste, "c'est de nous marier rapidement ici à Montjean, puis de partir pour Laval dès que possible. Je ne veux pas que nous restions sous l'emprise des Béron Brochardière plus longtemps que nécessaire."

"Tu as raison," acquiesça Marie. "J'ai des contacts à Laval, la ville se développe, il y aura du travail pour toi dans les nouvelles usines."

"Ici, même à Montjean, nous ne serons jamais vraiment libres. Les Béron-Brochardière ont trop d'influence dans la région. Leurs relations, leur nom..."

"À Laval, nous pourrons recommencer," dit Marie avec espoir. "Une nouvelle vie, sans avoir à rendre des comptes à personne."

"Et moi je trouverai du travail dans une des nouvelles manufactures. La ville grandit, il y a des opportunités pour ceux qui veulent travailler."

Ils furent interrompus par l'arrivée d'un message du presbytère : le curé voulait les voir pour organiser la cérémonie.

"Une fois à Laval," continua Auguste alors qu'ils se dirigeaient vers le presbytère, "nous serons libres de construire notre avenir. Une vraie vie, loin des bourgeois ruinés qui s'accrochent à leurs privilèges."

"Il faudra être discrets dans nos préparatifs," dit Marie. "Si les Béron-Brochardière apprennent que nous prévoyons de partir..."

"Ne t'inquiète pas. Nous nous marions d'abord et ensuite seulement nous parlerons de nos projets. Pour l'instant, tout le monde doit penser que nous restons dans la région."

"Même mes parents ?"

"Même tes parents, pour l'instant. Ton père comprendra quand nous lui expliquerons. Il sait mieux que quiconque comment les puissants peuvent être rancuniers."

Ils arrivèrent au presbytère où le curé les attendait pour discuter des détails de la cérémonie. Dans son bureau, l'homme d'Église les accueillit avec un sourire bienveillant.

"Ah, mes enfants," dit-il. "J'ai pensé que nous pourrions célébrer le mariage dès la semaine prochaine. Plus vite ce sera fait, mieux ce sera pour tout le monde, n'est-ce pas ?"

"Ah oui," dit le curé en consultant son registre. "Il y a la question des bans. La loi exige deux publications, deux dimanches consécutifs avant le mariage."

"Deux semaines alors," calcula Auguste, une pointe d'inquiétude dans la voix.

"Oui, c'est le minimum légal," confirma le curé. "Je publierai les premiers bans ce dimanche. Cela nous mène au samedi dans quinze jours pour la cérémonie."

"C'est long," murmura Marie. "Les Béron-Brochardière auront le temps de..."

"Ne vous inquiétez pas," la rassura le curé. "Une fois les bans publiés, le mariage est officiellement annoncé. Même les Béron-Brochardière devront respecter cela. Et puis, deux semaines vous permettront de préparer convenablement la cérémonie."

"Une cérémonie simple," insista Marie. "Juste la famille proche..."

"Et quelques amis sûrs," ajouta Auguste en pensant à ses camarades des battages qui pourraient les aider si nécessaire.

"Bien," dit le curé en notant dans son registre. "Première publication dimanche prochain, seconde le dimanche suivant et mariage le samedi d'après. Cela nous mène au 30 mai"

"Les bans seront publiés les dimanches 14 et 20 mai 1893."

"Le mois de Marie," sourit doucement la future mariée. "C'est un bon présage."

"En effet, ma fille," acquiesça le curé. "Et le temps devrait être clément à cette période."

"Trois semaines à tenir," murmura Auguste, faisant rapidement le calcul. "Il faudra être prudents d'ici là."

"Ces trois semaines permettront aussi à vos familles de s'organiser," dit le curé d'un ton pratique. "Pour les tenues, le repas..."

"Ce sera très simple," insista Marie. "Une messe le matin, un repas en famille..."

"Et pas de festivités qui attireraient trop l'attention," compléta Auguste, pensant aux Béron Brochardière.

"Je comprends," dit le curé en les regardant avec bienveillance. "La discrétion est sans doute la meilleure option. Maintenant, parlons des papiers nécessaires..."

"Pour les papiers," poursuivit le curé, "il me faut vos extraits de naissance à tous les deux, bien sûr. Auguste, vous avez le vôtre ?"

"Oui, mon père. Je l'ai fait venir de ma paroisse natale quand... quand j'ai quitté ma famille."

Un silence gêné suivit cette évocation. Tous savaient qu'Auguste avait été chassé par son père à cause de ses idées.

"Et pour vous, Marie, ce sera plus simple puisque vous êtes née ici. J'ai tout dans mes registres. Il me faudra aussi l'autorisation écrite de vos parents, même si vous êtes majeure - c'est la coutume."

"Ils la donneront volontiers," assura Marie.

"Bien. Et puis il y a la question du certificat de non-engagement militaire pour Auguste..."

"Je l'ai aussi, mon père. Avec ma libération définitive de l'armée."

"Parfait. Vous êtes bien organisés, c'est bien. Plus les papiers seront en règle, moins il y aura de possibilités de... complications."

"Il y a aussi la question des témoins," dit le curé. "Il en faut deux pour chacun d'entre vous."

"Pour moi," dit Marie, "ce sera mon père et mon frère Eugène."

"Et pour moi..." Auguste hésita un instant. Sans famille présente, le choix était plus délicat. "Je pensais demander à Legendre, qui m'a connu pendant les battages et peut-être au père Gendry, si vous acceptez, Marie ?"

"Bien sûr," sourit Marie. "Mon père sera honoré d'être ton témoin aussi."

"Des témoins respectables, c'est important," approuva le curé. "Surtout dans votre situation... Avec les Béron-Brochardière qui pourraient chercher la moindre faille..."

"Y a-t-il autre chose à prévoir, mon père ?" demanda Marie.

"Oui, il faudra venir tous les deux pour la confession avant le mariage. Et puis nous devrons parler de la cérémonie elle-même, des lectures que vous souhaitez, des cantiques..."

"Une cérémonie simple," rappela Marie. "Mais digne."

"Une dernière chose," ajouta le curé en baissant la voix. "J'ai entendu dire que vous comptiez partir pour Laval après le mariage..."

Marie et Auguste échangèrent un regard surpris. Ils croyaient avoir gardé leurs projets secrets.

"Les nouvelles voyagent vite dans nos campagnes," sourit le curé avec indulgence. "Ne vous inquiétez pas, je comprends votre désir de prendre un nouveau départ, loin de certaines... influences. C'est peut-être plus sage, en effet."

"Mon père," commença Auguste, "nous ne voulions pas..."

"Je ne vous juge pas," l'interrompit le curé. "Au contraire. Une ville comme Laval offre plus d'opportunités pour un jeune couple travailleur. Et puis..." Il hésita un instant. "Les Béron Brochardière ont moins d'influence là-bas. Leurs créanciers, en revanche, y sont nombreux..." "Vous savez beaucoup de choses, mon père," dit doucement Marie.

"Un curé entend bien des confidences, ma fille. Et parfois, le silence est la meilleure façon d'aider ceux qui cherchent à vivre honnêtement."

D'ici là, soyez prudents. Les Béron-Brochardière ne doivent pas soupçonner vos projets de départ."

"Bien sûr, mon père," acquiesça Marie. "Nous continuerons notre travail comme si de rien n'était."

"Et puis," ajouta le curé, "il y a cette réception qu'ils organisent bientôt pour des industriels de Laval... Il vaut mieux qu'ils ne sachent pas que vous aussi, vous regardez vers Laval."

"Vous pensez qu'ils pourraient essayer d'empêcher notre départ ?" demanda Auguste.

"Les bourgeois ruinés sont parfois plus dangereux que les bourgeois puissants, mon fils. Leur orgueil est tout ce qui leur reste... Et l'idée que leurs employés puissent réussir là où eux ont échoué..."

"Nous serons discrets," promit Marie. "Personne ne saura nos projets avant que tout ne soit prêt."

"Bien," conclut le curé en se levant. "Revenez me voir dans quelques jours pour parler des détails de la cérémonie. D'ici là, que Dieu vous garde..."

En sortant du presbytère, Auguste et Marie marchèrent un moment en silence, absorbés par leurs pensées.

"Le curé nous aide plus que je ne l'aurais imaginé," dit enfin Auguste...."

"Oui," répondit Marie. "Et il comprend pourquoi nous devons partir. Il voit plus de choses qu'il n'y paraît..."

"Trois semaines," murmura Auguste. "Il faut tenir trois semaines, continuer à travailler normalement, ne rien laisser paraître..."

"Le plus dur sera de ne rien dire à mes parents," soupira Marie. "Surtout à mon père qui nous a tant aidés."

"Nous leur expliquerons tout après le mariage. Ton père comprendra, il sait ce que c'est que de devoir partir pour recommencer ailleurs."

"Tu n'as pas peur ?" demanda Marie alors qu'ils s'éloignaient. "De tout recommencer à zéro à Laval ?"

"J'ai l'habitude de recommencer," répondit Auguste avec un léger sourire. "Les fonderies, l'armée, les battages... Et puis cette fois, ce sera différent. Nous serons ensemble."

"Et nous aurons un peu d'avance," ajouta Marie. "J'ai des économies..."

"L'important est de tenir jusqu'au mariage sans éveiller les soupçons. Continuer notre travail, supporter les provocations de Bonnache..."

"Ce matin encore, il est venu à la boulangerie," dit Marie en baissant la voix. "Il était déjà ivre, il criait que j'étais une ingrate, que sa famille m'avait tout donné..."

"Et pendant ce temps, monsieur reçoit des industriels de Laval, cherche des investisseurs pour sauver leur fortune..."

"S'ils savaient que nous aussi, nous regardons vers Laval..." Marie s'interrompit, inquiète. "Auguste, crois-tu qu'ils pourraient nous retrouver là-bas ?"

"Laval est une grande ville," la rassura Auguste. "Et les Béron-Brochardière n'y sont plus ce qu'ils étaient. J'ai entendu dire que leurs créanciers y sont nombreux, qu'ils évitent même d'y aller..."

"C'est vrai," acquiesça Marie. "Ce bourgeois refuse toujours d'accompagner Bonnache quand il doit aller à Laval. Il envoie toujours quelqu'un d'autre..."

"Et puis nous serons mariés, installés dans notre propre commerce. Que pourraient-ils faire ? Leur influence s'arrête aux limites de leurs anciennes terres."

Ils arrivèrent devant la boulangerie. Quelques clients attendaient déjà.

"Je dois y retourner," dit Marie. "Les gens comptent sur leur pain..."

"Et moi aux écuries. Ne nous voyons pas trop ces prochains jours, évitons d'attirer l'attention. Le temps passera vite jusqu'au mariage."

"Trois semaines," murmura Marie. "Trois semaines et nous serons libres de partir..."

"Trois semaines," répéta Auguste en serrant brièvement sa main. "Et une nouvelle vie commencera."

Un matin, alors qu'il avait préparé les attelages, les enfants du maître se mirent à jouer dessus. Un peu plus tard, monsieur Béron-Brochardière arriva, puis en observant les cuirs, il grogna :

"Auguste, dans quel état est cette voiture, vous êtes vraiment un souillon, je veux la voir irréprochable sinon gare à vous."

 "Mais monsieur, ce sont vos gosses qui ont sali la..."

"Mes enfants, mes enfants," interrompit le bourgeois, "mais c'est les voyous qui ont des gosses. Pour le moment, occupez-vous de nettoyer la voiture et dépêchez-vous."

Auguste ravala sa colère et se mit à nettoyer la voiture, essuyant les traces de boue laissées par les enfants. Cette humiliation quotidienne devenait de plus en plus difficile à supporter à mesure que la date du mariage approchait.

"Des gosses..." marmonna-t-il en frottant le cuir. "Les gens bien ont des enfants, les voyous ont des gosses..."

Il repensa à sa future vie à Laval, où il ne serait plus obligé de courber l'échine devant ces gens méprisants qui se croyaient tout permis. Où ses propres enfants, un jour, ne seraient pas traités de "gosses".

Monsieur revint une heure plus tard, accompagné de ses "enfants" qui continuaient leurs jeux sans se soucier des nouvelles traces qu'ils laissaient.

"Ah, Bourcier," dit-il avec un sourire méprisant. "J'espère que la prochaine fois, vous entretiendrez mieux les voitures. Un domestique doit savoir anticiper..."

Auguste serra les dents, pensant aux deux semaines qui restaient avant le mariage. Deux semaines à supporter ces humiliations, puis il serait libre.

Le soir, en retrouvant Marie discrètement derrière la boulangerie, Auguste lui raconta l'incident.

"Encore deux semaines à supporter ça," dit-il amèrement. "Leurs enfants peuvent tout faire, tout salir et nous devons nous excuser d'exister."

"Je sais," répondit doucement Marie. "Ce matin, la bourgeoise est venue à la boulangerie. Elle m'a fait refaire trois fois sa commande parce que, selon elle, les croissants n'étaient pas assez dorés..."

"Ils se vengent déjà," constata Auguste. "Ils savent qu'ils ne peuvent pas empêcher le mariage, alors ils nous font payer leur humiliation comme ils peuvent."

"Heureusement que personne ne sait pour Laval," murmura Marie. "S'ils apprenaient que nous prévoyons de partir..."

"Patience," dit Auguste en lui prenant la main. "Dans deux semaines nous serons mariés et peu après, nous serons loin de leur mépris. À Laval, nous ne serons jugés que sur notre travail, pas sur notre naissance."

"J'ai peur qu'ils ne découvrent nos plans," avoua Marie. "Ce matin, pendant que la femme du bourgeois me faisait recommencer ses croissants, elle posait des questions... Si nous allions vivre aux écuries après le mariage, si j'allais continuer à la boulangerie..."

"Que lui as-tu répondu ?"

"Que nous n'avions pas encore décidé, que nous verrions après le mariage. Mais elle insistait, comme si elle se doutait de quelque chose."

"Il faut redoubler de prudence," dit Auguste. "Les domestiques aussi doivent nous surveiller et leur rapporter nos faits et gestes."

"Même le facteur," ajouta Marie. "J'ai remarqué qu'il regardait attentivement les adresses sur mon courrier. Et hier, quand j'ai reçu une lettre de Laval..."

"De la boulangerie près de la gare ?"

"Oui. J'ai fait semblant que c'était une facture de farine, mais j'ai vu son regard..."

"Encore deux semaines," répéta Auguste. "Juste deux semaines à jouer la comédie."

"Ce qui m'inquiète le plus," dit Marie en baissant encore la voix, "c'est la réception qu'ils préparent pour les industriels de Laval. Elle aura lieu juste avant notre mariage."

"Tu crois qu'ils pourraient apprendre quelque chose ?"

"Je ne sais pas, mais ils voudront sûrement visiter la boulangerie. Le bourgeois aime montrer qu'il possède un 'établissement moderne'. Et avec Bonnache qui boit de plus en plus..."

"Il pourrait parler plus qu'il ne faut," comprit Auguste. "Dans ses moments d'ivresse, il dit tout ce qui lui passe par la tête."

"Et puis, j'ai peur qu'il ne fasse une scène. Il devient de plus en plus instable à mesure que le mariage approche."

"Une fois mariés," dit Auguste, "nous partirons pour Laval. Je trouverai du travail dans une des nouvelles usines. La ville se développe, il y a des opportunités pour ceux qui veulent travailler..."

"Oui," acquiesça Marie. "Et moi, je chercherai une place dans une boulangerie, en attendant de voir..."

"L'important est que nous soyons ensemble, loin d'ici, libres de construire notre vie."

"Et puis à Laval," continua Auguste, "personne ne nous connaît. Nous ne serons plus 'le valet insolent' et 'la boulangère qui se croit au-dessus de sa condition'..."

"Juste un couple qui cherche à travailler honnêtement," compléta Marie. "Sans toutes ces histoires de rang social, de convenances..."

"La ville grandit, les nouvelles usines embauchent. Le curé m'a parlé d'une manufacture qui cherche des ouvriers qualifiés..."

"Tu as déjà des contacts ?" s'inquiéta Marie. "Il ne faut pas que ça se sache..."

"Non, rien de précis encore. J'attendrai que nous soyons mariés pour faire des démarches. Pour l'instant, je me contente d'écouter les nouvelles qui circulent, les conversations au café..."

"Sois prudent avec ça aussi," dit Marie. "Bonnache fréquente tous les cafés du coin. S'il t'entendait parler de Laval..."

"Ne t'inquiète pas. Je sais me montrer discret quand il le faut. Deux semaines à tenir, c'est tout..."

Auguste sortit une lettre de sa poche. "J'ai écrit à ma sœur," dit-il doucement. "Pour lui annoncer notre mariage."

"Ta sœur ? Je croyais que tu avais coupé tous les ponts avec ta famille..."

"Pas avec Marie. Elle a toujours été différente des autres. Même quand mon père m'a chassé, elle continuait à m'écrire en secret."

"Tu penses qu'elle viendra ?"

"Je ne sais pas. Ce serait difficile pour elle... Mon père lui ferait payer cher cette 'trahison'. Mais je voulais qu'elle sache au moins. Qu'elle sache que j'ai trouvé le bonheur, que je vais me marier avec une femme extraordinaire..."

Marie prit la main d'Auguste, émue par cette confidence. "C'est dur d'être séparé de sa famille..."

" Ma sœur Marie comprendra aussi pourquoi nous partons à Laval après le mariage. Elle sait ce que c'est que de vivre sous la coupe de gens qui vous méprisent. Mon père la traite comme il traite les domestiques, juste parce qu'elle est une fille..."

"Les experts comptables arrivent demain," dit Marie avec inquiétude. "Le majordome m'a prévenue. Ils vont examiner tous les livres de comptes..."

"Au moins, il n'y a rien à trouver," la rassura Auguste. "Tu as toujours tenu les comptes honnêtement. C'est juste une manœuvre d'intimidation de leur part."

"Oui, mais Bonnache ne cesse de répéter que je cache quelque chose. Et le bourgeois semble le croire... Cette vérification juste avant notre mariage, ce n'est pas un hasard."

"Ils cherchent un prétexte pour créer des problèmes," acquiesça Auguste. "S'ils pouvaient trouver la moindre irrégularité..."

"Et avec la réception des industriels la semaine prochaine... Je sens qu'ils préparent quelque chose."

"Tiens bon," dit doucement Auguste. "Laisse-les vérifier. Ils ne trouveront rien. Et dans deux semaines, nous serons mariés, libres de partir..."

"J'ai rangé tous les livres de comptes," dit Marie. "Tout est en ordre, chaque sou est justifié. Mais j'ai peur de leurs questions... Ces experts comptables viennent de Laval, s'ils parlent avec les industriels pendant la réception..."

"Tu crois qu'ils pourraient découvrir nos projets de départ ?"

"Je ne sais pas... Mais ils vont forcément me poser des questions sur la gestion, sur l'avenir de la boulangerie. Comment leur cacher que je ne serai plus là dans quelques semaines ?"

"Dis-leur simplement que tu attends ton mariage pour faire des projets. Ce n'est pas un mensonge après tout."

"Et Bonnache qui rôde sans cesse..." ajouta Marie. "Ce matin encore, il est venu, plus ivre que jamais, criant que j'avais volé sa boulangerie, que je complotais contre sa famille..."

"Le bourgeois essaie peut-être de le pousser à bout," réfléchit Auguste. "Un scandale pendant la vérification des comptes leur donnerait un prétexte pour..."

"Pour empêcher le mariage ?" s'inquiéta Marie.

"Ou au moins pour nous créer des problèmes. Nous devons être plus prudents que jamais."

"Cette semaine va être décisive," murmura Marie. "Les experts comptables demain, la réception des industriels dans quelques jours, puis notre mariage... J'ai l'impression que tout peut basculer à chaque instant."

"Tu veux que je sois présent quand les experts viendront ?" proposa Auguste.

"Non, ça paraîtrait suspect. Tu dois rester aux écuries, faire comme si tout était normal. Le bourgeois surveille sûrement tes moindres gestes."

"C'est vrai. Ce matin encore, il est venu inspecter les attelages trois fois en une heure. Il cherche la moindre faute..."

Plus tard, alors qu'Auguste préparait les chevaux pour la promenade quotidienne du bourgeois, celui-ci arriva aux écuries, accompagné de Bonnache qui titubait déjà malgré l'heure matinale.

"Alors Bourcier," lança le bourgeois avec son sourire mauvais, "j'espère que l'attelage sera prêt pour nos visiteurs de demain. Ces messieurs de Laval sont très... regardants sur la qualité du service."

"Tout sera parfait, monsieur," répondit Auguste en gardant son calme.

"Ces gens-là," intervint Bonnache d'une voix pâteuse, "ils vont remettre de l'ordre ici... Ils vont montrer à certains qu'on ne se moque pas des Béron-Brochardière..."

Le bourgeois posa une main sur l'épaule de son frère : "Patience, Maurice. Demain, tout rentrera dans l'ordre. Les experts, l'huissier, les gendarmes... chacun retrouvera sa place." La menace était à peine voilée. Auguste continua son travail en silence, mais son cœur battait plus vite.

Le bourgeois examina longuement les chevaux, cherchant visiblement la moindre faute.

"Ces nouveaux chevaux," dit-il finalement, "ils ne me semblent pas assez brillants. Vous négligez leur pansage, Bourcier."

"Je les brosse deux fois par jour, monsieur, comme vous l'avez demandé."

"Eh bien, ce n'est pas suffisant. Ces messieurs de Laval doivent voir que les Béron Brochardière savent encore tenir leur rang... Même si certains employés semblent l'oublier."

Bonnache ricana : "Ils se croient tout permis... La boulangère qui fait sa fière, le valet qui veut l'épouser..."

"Mais demain," reprit le bourgeois d'un ton doucereux, "nous aurons une petite conversation avec ces messieurs de Laval. Une conversation très... instructive."

Auguste sentit la colère monter en lui, mais continua son travail sans rien dire. Le majordome, qui passait par là, ralentit pour écouter discrètement.

"Ces messieurs de Laval," poursuivit le bourgeois, "sont très intéressés par vos relations avec un certain Paul Brousse. Un dangereux agitateur, paraît-il..."

Auguste se raidit. Comment avaient-ils appris pour sa correspondance avec Brousse ?

"Oui," continua le bourgeois avec satisfaction, "nous avons nos sources. Des lettres qui parlent de 'possibilisme', d'organisation ouvrière... Des idées très dangereuses, n'est-ce pas ?"

Bonnache ricana : "Un valet qui correspond avec des révolutionnaires ! Et qui veut épouser notre boulangère !"

"L'officier de gendarmerie qui vient demain," reprit le bourgeois, "s'intéresse beaucoup aux disciples de Brousse. Ces gens qui s'infiltrent dans les campagnes, qui organisent les ouvriers en secret..."

Auguste comprit que la menace était encore plus sérieuse qu'il ne le pensait. Ses liens avec Brousse pouvaient lui valoir de sérieux ennuis avec les autorités.

Le majordome s'éloigna rapidement. Il fallait absolument prévenir les anciens du Mexique. Eux qui avaient connu les vraies luttes comprendraient le danger que représentait cette accusation de lien avec Brousse.

"Vous savez," poursuivit le bourgeois en baissant la voix, "ces messieurs de la gendarmerie sont très préoccupés par les idées de Brousse depuis les événements de la Commune. Un homme qui prône la résistance organisée, qui parle de transformer la société de l'intérieur..."

"Je ne fais que mon travail, monsieur," répondit calmement Auguste.

"Votre travail ?" Le bourgeois eut un rire méprisant. "Écrire des lettres sur l'organisation des ouvriers ? Tenir des réunions secrètes ? Former des réseaux de résistance ?"

"Ces lettres..." intervint Bonnache en titubant, "mon frère les a vues ! Des preuves ! Des preuves qu'il conspire !"

Auguste comprit que quelqu'un avait dû intercepter sa correspondance. Les Béron Brochardière avaient probablement des complices à la poste.

"D'ailleurs," poursuivit le bourgeois en sortant un papier de sa poche, "cette lettre est particulièrement intéressante. Vous y parlez de la façon dont les ouvriers s'organisent dans toute la région. Les ardoisiers de Renazé, les filatures de Laval, les fonderies..."

Auguste reconnut une copie de sa dernière lettre à Brousse. Celle où il décrivait les réseaux de résistance, les codes secrets, la façon dont les travailleurs communiquaient entre eux.

"Une véritable organisation clandestine," savoura le bourgeois. "L'officier de gendarmerie sera très intéressé. Très intéressé..."

Bonnache ricana à nouveau : "Un complot ! Je l'ai toujours dit ! Ces gens-là complotent contre nous !"

"Et savez-vous le plus amusant, Bourcier ?" Le bourgeois agita le papier. "Cette lettre mentionne aussi une certaine... double comptabilité à la boulangerie. Des fonds cachés pour protéger l'entreprise, dites-vous ?"

Auguste sentit son sang se glacer. Non seulement ils avaient découvert ses liens avec Brousse, mais aussi les précautions prises par Marie...

"Alors voilà ce qui va se passer demain," dit le bourgeois d'un ton doucereux. "Ces messieurs de Laval arriveront avec leurs experts comptables. Ils examineront les livres de la boulangerie. Et pendant ce temps, l'officier de gendarmerie s'intéressera de près à vos activités... politiques."

"Une perquisition !" s'exclama Bonnache avec une joie mauvaise. "On va tout fouiller !"

"En effet, mon frère. Ces messieurs ont un mandat en bonne et due forme. Pour la boulangerie... et pour les écuries où loge notre cher Bourcier."

Auguste comprit avec horreur qu'ils allaient trouver son carnet, ses notes sur l'organisation des ouvriers, peut-être même d'autres lettres de Brousse...

"À moins que..." Le bourgeois laissa sa phrase en suspens, observant Auguste avec un sourire cruel.

"À moins que quoi, monsieur ?" demanda Auguste, s'efforçant de garder son calme.

"À moins que vous ne décidiez de quitter le domaine. Ce soir. Sans faire d'histoires. En laissant Marie à sa place..."

"Et si je refuse ?" demanda Auguste, la mâchoire serrée.

"Alors demain," répondit le bourgeois, "non seulement les gendarmes trouveront vos écrits séditieux, vos lettres à ce dangereux agitateur qu'est Brousse, mais en plus..." Il eut un sourire mauvais. "En plus, ils découvriront que vous avez entraîné une jeune femme innocente dans vos complots. La pauvre Marie, manipulée par un révolutionnaire..."

"Manipulée ?" Auguste serrait les poings. "Elle gère la boulangerie mieux que..."

"Que mon frère ?" coupa le bourgeois. "Attention, Bourcier. N'aggravez pas votre cas. Demain, soit nous trouvons votre chambre vide, soit les gendarmes trouvent de quoi vous envoyer en prison pour un bon moment. Et Marie avec vous."

Bonnache ricanait toujours : "En prison ! Comme les communards ! C'est là qu'ils finissent tous, ces rouges !"

Auguste comprit qu'il était pris au piège. Rester signifiait risquer non seulement son arrestation, mais aussi celle de Marie. Partir...

Auguste réfléchit rapidement. S'ils voulaient le faire partir, c'était surtout pour empêcher le mariage. Mais il connaissait quelqu'un à Cossé-le-Vivien... Le frère de Marie, Eugène, lui avait parlé d'un travail là-bas.

"Très bien," dit-il calmement. "Je partirai ce soir."

Le bourgeois parut presque déçu de cette capitulation rapide. "Sage décision, Bourcier. Très sage..."

"Je peux au moins prendre mes affaires ?"

"Sous surveillance," répondit le bourgeois. "Le régisseur vous accompagnera."

Auguste hocha la tête. Intérieurement, il souriait presque. Ils croyaient avoir gagné, mais Cossé-le-Vivien n'était qu'à une heure de marche. Il pourrait facilement revenir pour le mariage. Et une fois mariés, lui et Marie seraient libres de partir pour Laval.

Le plus important était de protéger ses papiers, ses lettres de Brousse, son carnet... Il devait les faire sortir discrètement avant la perquisition de demain.

"Je partirai après avoir fini de panser les chevaux," dit Auguste. "Si monsieur le permet..."

"Bien sûr, bien sûr," répondit le bourgeois avec un sourire satisfait. "Finissez votre travail. Le régisseur vous surveillera."

Une fois le bourgeois et Bonnache partis, Auguste continua son travail comme si de rien n'était. Il savait que le majordome n'était pas loin, écoutant tout.

En effet, dès que possible, le vieil homme s'approcha sous prétexte de vérifier les harnais. "Cossé-le-Vivien," murmura Auguste en brossant un cheval. "Dites à Marie que je vais chez son frère Eugène. Ce n'est qu'à une heure de marche..."

"Je comprends," répondit tout bas le majordome. "Et vos papiers ?"

"Dans ma chambre, sous une latte du plancher. Il faut les récupérer avant la perquisition de demain."

"Je m'en occupe. La petite Rosalie, la sœur de Marie, vient souvent jouer près des écuries. Elle pourra les prendre sans éveiller les soupçons..."

Le majordome s'éloigna discrètement tandis que le régisseur surveillait Auguste d'un œil méfiant.

Plus tard dans l'après-midi, la petite Rosalie vint effectivement jouer près des écuries, comme elle le faisait souvent. Auguste la vit se faufiler dans sa chambre pendant que le régisseur était distrait par l'arrivée d'une charrette.

Quelques minutes plus tard, la fillette ressortit en sautillant, serrant sa poupée contre elle. Auguste savait que ses papiers étaient maintenant en sécurité, cachés dans les vêtements de la poupée.

Le soir venu, il rassembla ses quelques affaires sous l'œil vigilant du régisseur. Le bourgeois vint assister à son départ, savourant sa victoire apparente.

"Bon voyage, Bourcier," dit-il avec un sourire suffisant. "Et surtout, ne revenez pas par ici..."

"Non, monsieur," répondit Auguste docilement. "Je vais chercher du travail... ailleurs."

Il prit la route dans la lumière déclinante du soir, sentant leurs regards dans son dos. Mais au lieu de prendre la route de Laval comme ils s'y attendaient sûrement, il se dirigea vers Cossé-Le-Vivien, où Eugène l'attendait.

"Ah oui, la machine à vapeur des Geslin," avait dit Eugène quand il avait parlé d'une place pour Auguste. "Ils ont un marteau-pilon à vapeur pour leur forge. Ils cherchent justement quelqu'un qui s'y connaît en machines."

En marchant vers Cossé-le-Vivien, Auguste pensait à cette opportunité. Les Geslin avaient une bonne réputation, leur forge était moderne. Avec son expérience des fonderies Chappée, il pourrait facilement conduire leur marteau-pilon à vapeur.

De plus, ce n'était qu'à une heure de marche de Montjean. Une fois le mariage célébré, lui et Marie pourraient s'installer là en attendant de partir pour Laval. Les Béron-Brochardière ne s'attendaient sûrement pas à ça.

"Ils croient m'avoir chassé," pensait-il en marchant dans la nuit. "Ils pensent que je vais partir loin, que j'abandonnerai Marie... Ils ne comprennent pas qu'un ouvrier qualifié peut toujours trouver du travail, surtout avec les nouvelles machines à vapeur..."

Il arriva chez Eugène tard dans la soirée. Le frère de Marie l'attendait.

"Réfléchis," dit Eugène. "Pourquoi font-ils venir ces experts comptables ? Ce n'est pas pour fermer la boulangerie, ils en ont trop besoin. C'est Marie qui la fait tourner, sans elle..."

"Ils veulent autre chose," comprit Auguste. "L'argent..."

"Exactement. Ils sont ruinés, ils ont besoin d'argent rapidement. S'ils trouvent un prétexte pour accuser Marie de malversation..."

"Ils pourraient lui prendre ses économies," compléta Auguste. "La forcer à 'rembourser' des sommes imaginaires..."

"Et la garder ensuite pour faire tourner la boulangerie, mais sans la payer, ou presque. Une forme de chantage : soit elle accepte leurs conditions, soit ils portent plainte..."

"Les experts comptables, l'huissier, les gendarmes... Tout ça pour faire pression sur elle," murmura Auguste. "Me chasser n'était qu'une première étape."

"Mais ils ne s'attendaient pas à ce que tu trouves du travail si près," sourit Eugène. "Chez les Geslin en plus, leurs concurrents pour la forge..."

"Et une fois mariés," ajouta Auguste, "ils ne pourront plus faire pression sur Marie. Une femme mariée dépend de son mari, pas de son patron..."

"Et puis," ajouta Eugène, "ils ne se doutent pas que Marie a déjà tout prévu pour quitter la boulangerie après le mariage. Ils croient la tenir avec son travail..."

"Exactement," acquiesça Auguste. "Ils pensent qu'elle est prisonnière de sa position, qu'elle ne peut pas partir."

"Alors que nous savons tous qu'une fois mariés, vous partirez pour Laval. La boulangerie, ils se débrouilleront avec..."

"Mais en attendant," dit Auguste, "il faut tenir jusqu'au mariage. Si demain, avec leurs experts et leur huissier, ils trouvent un prétexte pour l'arrêter..."

"Ne t'inquiète pas pour demain," dit Eugène. "Le village ne les laissera pas faire. Et puis, les Geslin ont de l'influence aussi. Si tu es embauché chez eux..."

"Les Béron-Brochardière jouent leur dernière carte," réfléchit Auguste. "Ils sont aux abois, ils ont besoin d'argent rapidement..."

"Mais ils vont perdre sur tous les tableaux," sourit Eugène. "L'argent, la boulangerie et même leur autorité sur le village..."

"Il y a autre chose," dit Eugène plus sérieusement. "Marie m'a parlé des engagements de la boulangerie. Elle ne peut pas partir tout de suite après le mariage comme prévu..."

"Comment ça ?" demanda Auguste, inquiet.

"Les commandes pour l'hiver. Elle a déjà accepté des contrats jusqu'en décembre. Le pain pour l'hospice, pour l'école... Elle ne peut pas laisser tomber ces gens-là."

Auguste réfléchit un moment. "Elle a raison. On ne peut pas partir comme des voleurs, en laissant tout le monde sans pain pour l'hiver."

"Donc il faut tenir jusqu'en décembre. Toi ici chez les Geslin, elle là-bas à la boulangerie... Ce ne sera pas facile."

"Une heure de marche, ce n'est rien," dit Auguste. "Et puis, une fois mariés, les Béron Brochardière ne pourront plus nous empêcher de nous voir. Je ne serai plus leur domestique."

"Et en décembre," ajouta Eugène, "quand tous les engagements seront honorés, vous pourrez partir la tête haute. Personne ne pourra dire que Marie a abandonné ses responsabilités."

"Sans compter qu'en décembre," ajouta Eugène, "la plupart des clients auront payé leurs dettes de l'année. Marie ne partira pas en laissant des ardoises impayées derrière elle."

"Elle pense à tout," dit Auguste avec fierté. "Même dans cette situation, elle veut faire les choses correctement."

"C'est pour ça que les gens du village la soutiennent. Ils savent qu'elle est honnête, qu'elle ne les laissera pas tomber."

"Et d'ici décembre," réfléchit Auguste, "je peux me faire une bonne place chez les Geslin. Avec un salaire d'ouvrier qualifié, on pourra mettre de l'argent de côté pour notre installation à Laval."

"Sans compter que l'expérience du marteau-pilon te servira là-bas. Les usines de Laval se modernisent, elles cherchent des hommes qui connaissent les machines à vapeur."

"Les Béron-Brochardière croient nous avoir séparés," sourit Auguste. "Ils ne comprennent pas qu'ils nous ont donné l'occasion de mieux préparer notre départ..."

"Et pendant ces quelques mois," poursuivit Eugène, "Marie pourra former discrètement quelqu'un pour la remplacer à la boulangerie. Elle ne veut pas laisser le village sans boulanger compétent."

"Elle a quelqu'un en vue ?" demanda Auguste.

"Oui, la fille des Leblanc. Elle travaille déjà à la boulangerie depuis un moment, elle connaît le métier. Marie dit qu'elle est douée, qu'elle apprend vite."

"Encore une chose à cacher aux Béron-Brochardière," dit Auguste. "S'ils savaient que Marie prépare déjà son remplacement..."

"Ils ne voient rien," répondit Eugène. "Ils sont trop occupés à compter leur argent qui fond, à essayer de sauver les apparences... Ils ne remarquent même pas ce qui se passe sous leur nez."

"D'ailleurs, pour demain..." commença Auguste.

"Ne t'inquiète pas pour demain. Va voir les Geslin de bonne heure. Montre-leur ce que tu sais faire avec leur marteau-pilon. Pendant ce temps, le village s'occupera des experts comptables et de leur huissier..."

"Les Geslin ouvrent tôt ?" demanda Auguste.

"À six heures. Le père Geslin est très fier de son marteau-pilon. Il a obtenu un brevet pour des améliorations qu'il y a apportées. C'est un homme qui comprend l'importance du progrès technique."

"Un brevet ?" s'intéressa Auguste. "Il a modifié la machine ?"

"Oui, il a inventé un système pour mieux contrôler la force des frappes. Mais il cherche quelqu'un qui comprenne vraiment la vapeur pour le faire fonctionner correctement. Ses ouvriers sont de bons forgerons, mais les machines modernes..."

"Aux fonderies Chappée, j'ai appris à régler les pressions au plus fin. Un marteau-pilon, c'est comme un instrument de précision quand on sait s'en servir."

"C'est exactement ce qu'il cherche," confirma Eugène. "Quelqu'un qui comprenne à la fois la mécanique et le travail du métal. Et avec un brevet à exploiter, il se moque bien des pressions des Béron-Brochardière."

"D'ailleurs," ajouta Eugène, "le père Geslin est en concurrence avec des forges de Laval. Son invention marche bien, il reçoit des commandes de plus en plus importantes. Il cherchait justement à embaucher quelqu'un qui pourrait former d'autres ouvriers à la conduite du marteau-pilon."

"Former des ouvriers..." répéta Auguste pensivement. "Comme je le faisais pendant les battages..."

"Exactement. Et tu sais comment expliquer les choses simplement, comment faire comprendre les machines aux gens. Le père Geslin apprécie ce genre de compétences."

"Et avec son brevet, il doit vouloir protéger ses secrets de fabrication. Il lui faut quelqu'un de confiance."

"C'est pour ça que je lui ai parlé de toi. Je lui ai dit que tu avais l'expérience des fonderies, mais aussi que tu étais un homme droit, honnête. Et puis, bientôt marié à ma sœur... ça compte, les liens de famille, dans le pays."

Auguste comprit que cette opportunité était encore meilleure qu'il ne l'avait imaginé. Un travail qualifié, la confiance d'un patron innovant...

"Le père Geslin a aussi des projets d'expansion," poursuivit Eugène. "Avec son brevet, il pense déjà à installer un deuxième marteau-pilon. Il a des commandes de Laval qu'il ne peut pas honorer faute d'ouvriers qualifiés..."

"C'est intéressant," dit Auguste. "Un travail qualifié à Laval, avec un patron qui me fait confiance..."

"Et en attendant, tu apprends tous les secrets de son invention. Le père Geslin est comme ça : quand il fait confiance à quelqu'un, il partage son savoir. Pas comme les Béron-Brochardière qui traitent leurs ouvriers comme des domestiques..."

"Ils m'ont chassé en pensant me punir," sourit Auguste. "Ils m'ont peut-être rendu service sans le savoir."

L'histoire du brevet, c'est important," ajouta Eugène. "Le père Geslin a eu des propositions de rachat des grosses forges de Laval, mais il a refusé. Il veut garder son indépendance, développer son invention à sa façon."

"Un peu comme Brousse et ses idées sur le possibilisme," réfléchit Auguste. "Transformer les choses de l'intérieur, pas à pas..."

"Exactement. Le père Geslin comprend que le progrès ne doit pas écraser les hommes. Son marteau-pilon, il l'a conçu pour aider les forgerons, pas pour les remplacer."

"Contrairement aux Béron-Brochardière qui ne voient dans les machines qu'un moyen de faire plus d'argent, sans se soucier des ouvriers..."

"J'ai l'impression que je vais bien m'entendre avec lui," sourit Auguste.

Le lendemain matin, alors que l'aube commençait à peine à poindre, Marie ouvrit la boulangerie comme d'habitude. Elle savait que cette journée serait décisive. Les experts-comptables de Laval allaient arriver et avec eux l'huissier et les gendarmes que les Béron Brochardière avaient convoqués.

Elle venait de mettre la première fournée au four quand elle entendit des voix dans la rue. Par la fenêtre, elle aperçut plusieurs silhouettes qui approchaient : le bourgeois, Bonnache, deux hommes en costume qu'elle ne connaissait pas - probablement les experts-comptables - et deux gendarmes.

Mais il y avait aussi du mouvement inhabituel dans le village. Des femmes se rassemblaient devant la boulangerie, leur panier à pain à la main. Le père Gendry était là aussi, sa médaille du Mexique bien visible sur sa veste. Et un peu plus loin, elle aperçut le majordome qui observait la scène.

Le bourgeois entra le premier, suivi de son cortège.

"Mademoiselle," dit-il avec une politesse glaciale, "ces messieurs sont venus examiner la comptabilité de l'établissement. Nous avons des raisons de penser que certaines... irrégularités doivent être clarifiées."

Pendant ce temps, à Cossé-le-Vivien, Auguste se présentait à la forge des Geslin. Le père Geslin, un homme robuste d'une cinquantaine d'années, le regardait manœuvrer son marteau-pilon avec un intérêt croissant.

"Vous avez une belle machine," dit Auguste en réglant délicatement la pression. "Et votre système de contrôle des frappes est vraiment ingénieux..."

À la boulangerie, Marie fit face au groupe avec un calme qui surprit le bourgeois. Elle sortit ses livres de comptes, les posa sur le comptoir.

"Messieurs," dit-elle d'une voix posée, "voici tous les registres depuis que je gère l'établissement. Chaque sou est comptabilisé, chaque transaction notée."

Les experts-comptables s'installèrent à une table, commençant leur examen minutieux. Mais ils n'étaient pas seuls : les femmes du village continuaient d'entrer, prétextant venir chercher leur pain. Certaines s'attardaient, commentant à voix haute la qualité du pain de Marie, l'honnêteté de ses prix, sa générosité envers les plus pauvres.

Pendant ce temps, à la forge des Geslin, Auguste démontrait sa maîtrise du marteau-pilon. Il venait de réaliser une pièce particulièrement délicate, ajustant la force des frappes avec précision.

"Impressionnant," dit le père Geslin en examinant le résultat. "La plupart des ouvriers frappent trop fort, gâchent le métal. Vous, vous sentez la machine..."

"C'est comme un instrument de musique," répondit Auguste. "Il faut l'écouter, comprendre son rythme. Aux fonderies Chappée, j'ai appris à lire la vapeur comme d'autres lisent un livre."

À la boulangerie, les experts-comptables fronçaient les sourcils devant certains chiffres.

"Ces dons de pain aux indigents," dit l'un d'eux, "ils sont nombreux..."

"La charité chrétienne," intervint soudain une voix depuis la porte. C'était le curé qui venait d'entrer. "Mademoiselle Marie suit les préceptes de l'Église. N'est-ce pas ce que nous devrions tous faire ?"

Monsieur Béron-Brochardière se crispa légèrement. Le curé n'était pas censé être là.

À la forge, le père Geslin montrait à Auguste les plans de son invention.

"Voyez," expliquait-il, "ce système permet de contrôler la force du coup jusqu'au dernier moment. Plus besoin de calculer la hauteur de chute, la machine s'adapte..."

"Je comprends," dit Auguste en étudiant les dessins. "C'est comme les régulateurs des machines à vapeur, mais appliqué au marteau. Vous avez trouvé comment dialoguer avec la force..."

Le vieux forgeron sourit : "Exactement ! C'est ça que les grosses forges de Laval ne comprennent pas. Elles veulent juste de la puissance brute. Moi, je cherche la précision, le contrôle..."

À la boulangerie, la tension montait. Les experts-comptables avaient commencé à interroger Marie sur certaines transactions.

"Ces achats de farine," dit l'un d'eux, "pourquoi les quantités varient-elles autant d'un mois à l'autre ?"

"Les fêtes," répondit une voix depuis la foule qui s'était massée dans la boutique. C'était la femme du boulanger de Cossé-le-Vivien, une amie de Marie. "Les mariages, les communions... On ne peut pas prévoir exactement combien de pain il faudra. Marie sait gérer ça, elle..."

Les experts échangèrent un regard. La présence de cette foule attentive rendait leur travail délicat.

À la forge, Auguste venait de réaliser une autre démonstration avec le marteau-pilon. Les ouvriers s'étaient rassemblés pour observer sa technique.

"Vous voyez," expliquait-il, "quand la vapeur siffle de cette façon, c'est qu'elle est prête. Il faut la laisser parler, ne pas la brusquer..."

Le père Geslin observait avec satisfaction ses ouvriers qui écoutaient attentivement. C'était exactement ce qu'il cherchait : quelqu'un capable non seulement d'utiliser la machine, mais aussi de transmettre son savoir.

Les experts-comptables continuaient leur examen quand Bonnache, qui n'avait pas encore dessaoulé de la veille, intervint brusquement :

"Et l'argent de la caisse ? Où est-il ? Elle cache tout, cette... cette..."

"L'argent est à la banque," répondit calmement Marie en sortant les relevés bancaires. "Comme il se doit pour une gestion responsable."

Monsieur Béron-Brochardière serra les dents. Cette organisation méticuleuse n'était pas ce qu'il espérait trouver. À ce moment, la femme du notaire entra dans la boulangerie.

"Ah, Marie," dit-elle d'une voix forte, "je venais justement régler ma note du mois. Toujours si précise dans vos comptes... Mon mari dit souvent que vous devriez donner des leçons de gestion à certains de nos notables..."

Le bourgeois pâlit légèrement. La femme du notaire savait parfaitement ce qu'elle faisait - son mari gérait les dettes croissantes des Béron-Brochardière.

L'un des experts-comptables leva la tête de ses registres : "Ces versements mensuels à l'hospice..."

"Le pain pour les malades," intervint une sœur qui venait d'entrer. "Mademoiselle Marie nous fait un prix spécial et parfois même..."

"C'est dans les livres," coupa Marie doucement. "Chaque pain est compté, chaque réduction notée."

Les gendarmes commençaient à s'impatienter. Ils étaient venus pour une perquisition, pas pour assister à un défilé de témoignages sur les vertus de la boulangère.

"Messieurs," dit soudain le curé qui était resté silencieux jusque-là, "peut-être devrions-nous parler des dons à la paroisse ? J'ai ici le registre des..."

"Ce ne sera pas nécessaire," interrompit précipitamment le bourgeois. Il ne tenait pas à ce qu'on examine publiquement la diminution des dons de sa famille à l'église.

Un des experts-comptables se pencha vers son collègue : "Je ne vois rien d'irrégulier. Au contraire, cette comptabilité est remarquablement tenue..."

Bonnache, qui s'était resservi plusieurs verres depuis son arrivée, explosa soudain :

"Elle cache tout ! L'argent, les bénéfices... C'est MA boulangerie!"

"Maurice," dit fermement le bourgeois, "tais-toi."

Mais Bonnache était lancé : "Et ce pain qu'elle donne aux pauvres ? C'est mon pain ! Mon blé ! Ma..."

"Votre blé ?" intervint une voix rocailleuse. C'était le père Gendry. "Le blé vient de nos champs et nous savons bien qui paie régulièrement et qui..."

Il laissa sa phrase en suspens, mais tout le monde comprit l'allusion aux dettes des Béron Brochardière envers les paysans.

L'atmosphère devenait de plus en plus tendue. La boulangerie était maintenant pleine de villageois, tous venus apparemment pour acheter leur pain, mais leurs regards hostiles envers monsieur Béron-Brochardière et son groupe en disaient long.

"Ces comptes," dit enfin l'expert-comptable principal en refermant le dernier registre, "sont parfaitement en ordre. Je dirais même qu'ils pourraient servir de modèle pour..."

"Il doit y avoir autre chose !" cria Bonnache. "Les bénéfices ! Où sont les vrais bénéfices ?"

Marie sortit alors un dernier livre : "Voici le détail des bénéfices, mois par mois. Comme vous pouvez le voir, une partie est réinvestie dans l'entreprise, notamment pour moderniser le fournil, une autre sert à payer les salaires et les fournisseurs et le reste..."

"Le reste est versé à la famille Béron-Brochardière," compléta l'expert-comptable. "Tout est noté, justifié..."

Monsieur Béron-Brochardière comprenait que la situation lui échappait. Non seulement ils ne trouvaient aucune irrégularité, mais cette inspection tournait à l'étalage public de la bonne gestion de Marie, contrastant cruellement avec...

"Et les améliorations du fournil ?" poursuivit l'expert-comptable en examinant un registre. "Le pétrin mécanique, les nouveaux fours... Tout a été financé par les bénéfices réinvestis ?"

"Oui," répondit Marie. "J'ai les factures, les plans de financement..."

"Exemplaire," murmura l'expert à son collègue. "Une gestion moderne, rigoureuse..."

C'en était trop pour Bonnache qui, dans un accès de rage alcoolique, balaya les registres du comptoir.

"Des mensonges ! Tout ça, ce sont des mensonges ! Elle complote avec ce... ce valet, ce Bourcier !"

À la mention d'Auguste, un murmure parcourut l'assemblée. Le père Gendry fit un pas en avant, sa médaille du Mexique brillant sur sa poitrine.

"Auguste Bourcier ?" dit-il d'une voix forte. "Un homme capable, qui comprend les machines modernes. Comme ce pétrin mécanique qui fait maintenant la réputation de votre boulangerie, Monsieur le bourgeois..."

Monsieur sentait la situation lui échapper complètement. L'inspection qui devait compromettre Marie se transformait en démonstration publique de ses compétences.

"Ces messieurs de la gendarmerie," intervint-il, tentant de reprendre la main, "ne sont pas venus pour admirer des livres de comptes. Il y a des questions plus graves... Des activités suspectes..."

"Des activités ?" intervint le curé. "Vous voulez parler des distributions de pain aux nécessiteux ? Des leçons de lecture que Mademoiselle Marie donne aux enfants du village le dimanche après la messe ?"

"Non," s'emporta le bourgeois, "je parle de réunions secrètes, de correspondances séditieuses..."

"Ah," dit tranquillement le père Gendry, "vous voulez dire comme les réunions du conseil municipal où l'on parle des dettes de certaines familles ? Ou les lettres des créanciers de Laval ?"

Monsieur blêmit. Le vieux soldat touchait un point sensible.

À ce moment, l'expert-comptable se leva :

"Messieurs," dit-il en s'adressant aux gendarmes, "je ne vois absolument rien qui justifie notre présence ici. Au contraire, cette inspection révèle une gestion exemplaire qui pourrait servir de modèle à bien des commerces de Laval."

"Mais les lettres !" protesta le bourgeois. "Les lettres compromettantes de Bourcier..."

"Les lettres ?" intervint soudain le majordome qui était resté silencieux jusque-là. "Vous voulez parler de celles que Monsieur Maurice déchire régulièrement quand ses créanciers..." "Silence !" rugit le bourgeois.

Mais le mal était fait. Les villageois échangeaient des regards entendus, des sourires à peine dissimulés.

Bonnache, comprenant confusément que quelque chose lui échappait, tenta de se redresser avec dignité :

"Je suis... je suis le patron ici ! Cette boulangerie m'appartient !"

"Le patron ?" murmura une voix dans la foule. "C'est pour ça qu'il faut le porter jusqu'au café tous les soirs ?"

Des rires étouffés parcoururent l'assemblée. Monsieur comprit que la situation était perdue.

Le soir même, le majordome apporta discrètement des nouvelles à Marie pendant qu'elle fermait la boulangerie.

"Monsieur est furieux," dit-il à voix basse. "Mais il est aussi inquiet. Les experts-comptables viennent de Laval... Là où se trouvent ses plus gros créanciers. Et leur rapport sera officiel." "Que va-t-il faire maintenant ?" demanda Marie.

"Il mise tout sur la réception des industriels la semaine prochaine. C'est sa dernière chance d'obtenir des investissements. Il veut leur montrer une propriété prospère, moderne..."

"Avec un frère ivrogne et des dettes partout," murmura Marie.

"Justement. Il va avoir besoin de vous plus que jamais. La boulangerie est le seul établissement vraiment rentable du domaine... Il ne peut pas se permettre de vous créer des problèmes maintenant."

Marie hocha la tête. La journée avait montré que les Béron-Brochardière étaient plus faibles qu'ils ne le pensaient. Leurs menaces ne faisaient plus peur à personne.

"Comment va Auguste ?" demanda-t-elle.

"Très bien. Le père Geslin est enchanté. Il parle déjà d'installer un deuxième marteau-pilon..."

La semaine qui suivit l'inspection fut fébrile au château. Monsieur Béron-Brochardière faisait nettoyer, astiquer, réparer tout ce qui pouvait l'être, s'efforçant de masquer les signes de déclin de la propriété. Il avait même fait repeindre la façade de la boulangerie, signe de l'importance qu'il accordait à cette visite.

"Les industriels de Laval arriveront jeudi," expliqua le majordome à Marie. "Monsieur compte beaucoup sur la visite de la boulangerie. Il veut montrer que les Béron-Brochardière savent être modernes, qu'ils investissent dans les nouvelles technologies..."

"Et Bonnache ?" demanda Marie, inquiète.

"Le médecin lui donne des calmants depuis trois jours. Monsieur espère qu'il tiendra pendant la visite. Mais..."

Le jour de la réception arriva. Dès le matin, des voitures élégantes commencèrent à arriver au château. Marie remarqua que certains des industriels jetaient des regards intéressés vers la boulangerie.

Monsieur avait tout orchestré : la visite commencerait par le château, puis les écuries et enfin la boulangerie - la "fierté du domaine" comme il disait maintenant.

Vers midi, le groupe approcha de la boulangerie. Marie vit d'abord entrer le bourgeois, accompagné de cinq hommes en redingote - les industriels de Laval. Bonnache suivait, inhabituellement sobre mais le teint cireux.

"Messieurs," annonça le bourgeois avec emphase, "voici notre boulangerie moderne. Un établissement qui allie tradition et progrès..."

L'un des industriels, un certain Monsieur Delaunay qui semblait être le leader du groupe, examina le pétrin mécanique avec intérêt.

"Impressionnant," dit-il. "Cette machine, c'est un modèle Rolland-Gosselin, n'est-ce pas ? Nous en avons vu de similaires à l'exposition de Paris..."

"Exactement," intervint soudain Bonnache, désireux de montrer ses connaissances. "C'est moi qui... qui ai choisi ce modèle..."

Mais un autre industriel, plus âgé, l'interrompit : "Je croyais que c'était Mademoiselle Marie qui avait modernisé l'établissement ? On nous en a parlé à Laval..."

Monsieur se crispa légèrement. "Oui, bien sûr... Mademoiselle Marie nous aide à gérer..."

"Nous aide ?" Le vieux industriel sourit. "Allons, monsieur Béron-Brochardière, soyons francs. Nous avons lu le rapport des experts-comptables. Cette jeune femme fait bien plus qu'aider..."

"En effet," intervint un troisième industriel en consultant un carnet, "vos experts-comptables ont été très... éloquents dans leur rapport. Une gestion exemplaire, des investissements judicieux, une clientèle fidèle..."

Monsieur s'efforça de sourire : "Oui, nous sommes très satisfaits de..."

"La question," coupa Monsieur Delaunay, "est de savoir pourquoi une entreprise aussi bien gérée a besoin d'investisseurs extérieurs."

Un silence gêné s'installa. Marie, qui surveillait discrètement sa fournée tout en écoutant, vit Bonnache commencer à s'agiter nerveusement.

"Les temps changent," répondit monsieur Béron-Brochardière avec une assurance forcée. "Nous voulons développer, moderniser encore plus..."

"Moderniser ?" Le vieux industriel examina le fournil. "Tout me semble déjà remarquablement moderne ici. Mademoiselle," dit-il en se tournant vers Marie, "pourriez-vous nous expliquer votre système de gestion ?"

Avant que monsieur Béron-Brochardière puisse intervenir, Marie commença à expliquer calmement son organisation, les innovations qu'elle avait introduites, sa vision de l'avenir de la boulangerie.

Les industriels écoutaient attentivement, prenant des notes. L'un d'eux demanda :

"Et ces nouveaux fours que vous projetez d'installer... Vous avez déjà établi un plan de financement ?"

"Oui, monsieur," répondit Marie en sortant un dossier soigneusement préparé. "Voici les devis, les calculs de rentabilité..."

"Très professionnel," murmura Monsieur Delaunay en feuilletant les documents. "Monsieur, vous avez là un véritable trésor."

"Je... oui, bien sûr," balbutia le bourgeois, voyant la situation lui échapper. "Mon frère supervise tout cela..."

C'était une erreur. Bonnache, qui luttait visiblement contre les effets des calmants et son besoin d'alcool, intervint maladroitement :

"C'est MA boulangerie ! Je suis un véritable industriel, moi aussi ! D'ailleurs, j'ai des projets... des grands projets..."

"Des projets ?" demanda poliment un industriel.

"Oui ! Par exemple... par exemple..." Bonnache chercha ses mots, son regard devenant trouble. "Je vais installer des machines partout ! Des grosses machines ! Comme à Paris !"

Les industriels échangèrent des regards entendus. Le bourgeois, mortifié, essaya de rediriger la conversation :

"Messieurs, si nous passions au salon pour discuter..."

"Un instant," dit Monsieur Delaunay. "Mademoiselle Marie, votre gestion est remarquable. Ces livraisons régulières à l'hospice, aux écoles... Vous avez su créer un véritable service pour la communauté."

Marie acquiesça modestement : "Nous avons des engagements envers nos clients. La boulangerie doit d'abord servir les besoins du village."

Monsieur s'agita, mal à l'aise. Cette conversation ne prenait pas la direction qu'il espérait.

"Justement," intervint le vieux industriel, "parlons de ces engagements. J'ai cru comprendre que vous aviez des contrats jusqu'à la fin de l'année ?"

"Oui, monsieur," répondit Marie. "Pour l'hospice, les écoles et plusieurs institutions. Nous assurons leur approvisionnement en pain jusqu'en décembre."

"Voilà qui est responsable," approuva Monsieur Delaunay. "Trop d'établissements négligent leurs obligations envers la communauté..."

Bonnache, qui s'était affaissé sur une chaise, marmonna quelque chose d'incompréhensible. Les calmants commençaient visiblement à perdre leur effet.

"Messieurs," intervint précipitamment le bourgeois, "peut-être pourrions-nous maintenant discuter des possibilités d'investissement..."

"Des investissements ?" Le vieux industriel haussa un sourcil. "Dans une entreprise qui fonctionne déjà parfaitement ? Je ne vois pas..."

"Mais enfin," protesta le bourgeois, "une entreprise moderne a toujours besoin de capitaux pour..."

"Pour quoi ?" coupa sèchement Monsieur Delaunay. "Pour renflouer les dettes du domaine ? Nous ne sommes pas naïfs, Monsieur. Nous avons nos informations."

Bonnache se redressa soudain, le visage rouge : "Des dettes ? Qui parle de dettes ?

"Justement," intervint le vieux industriel en sortant une liasse de papiers de sa serviette. "J'ai ici plusieurs reconnaissances de dettes signées de votre main au Café du Commerce de Laval. Des sommes... importantes."

Monsieur blêmit. Il ne s'attendait pas à ce que ces industriels aient déjà enquêté sur leur situation.

"Ce qui nous intéresse," poursuivit Monsieur Delaunay en ignorant Bonnache qui s'agitait de plus en plus, "c'est de comprendre comment cette boulangerie peut être aussi bien gérée alors que le reste du domaine..."

"La réponse est devant vous," dit le vieux industriel en désignant Marie. "Mademoiselle, vos méthodes de gestion sont exactement ce que nous cherchons à promouvoir dans nos propres entreprises. Rigueur, innovation mesurée, respect des engagements..."

"Une excellente gestionnaire," compléta froidement Monsieur Delaunay. "Qui maintient votre entreprise à flot pendant que vous..."

Il laissa sa phrase en suspens, mais son regard vers la bouteille qui dépassait de la poche de Bonnache était éloquent.

"Monsieur Béron-Brochardière," dit le vieux industriel en se tournant vers le maître des lieux, "nous allons être francs. Nous ne sommes pas venus pour investir dans votre domaine." "Mais alors..." balbutia le bourgeois.

"Nous sommes venus voir de nos propres yeux cette fameuse boulangerie dont tout Laval parle. Une entreprise moderne, bien gérée, qui prouve qu'on peut allier progrès technique et responsabilité sociale."

"Responsabilité sociale ?" s'étrangla le bourgeois. "Mais enfin, nous sommes une famille bourgeoise ! Pas des..."

"Des entrepreneurs modernes ?" suggéra Monsieur Delaunay avec ironie. "C'est pourtant ce que vous prétendiez être en nous invitant."

Bonnache, qui avait réussi à sortir sa bouteille, tenta d'en boire une gorgée. Monsieur la lui arracha brutalement des mains.

"Maurice, je t'en prie !"

"Rends-moi ça !" cria Bonnache. "Je suis le patron ici ! Le patron de la boulangerie ! Je peux boire si je veux !"

Les industriels observaient la scène avec un mélange de pitié et de dégoût. Le vieux monsieur se tourna vers Marie :

"Ma chère enfant, je comprends mieux pourquoi vous tenez tant à honorer vos engagements jusqu'en décembre. Vous avez le sens des responsabilités."

"Les gens comptent sur leur pain," répondit simplement Marie. "On ne peut pas les abandonner du jour au lendemain."

Cette remarque sembla frapper les industriels. Ils échangèrent des regards entendus.

"Monsieur Béron-Brochardière," dit finalement Monsieur Delaunay, "nous ne mettrons pas un sou dans votre domaine. Mais nous retiendrons la leçon de cette visite. Le progrès n'est pas qu'une question de machines - c'est aussi une question de gestion humaine."

La réception s'acheva dans une atmosphère tendue. Dès que les industriels furent partis, monsieur s'effondra sur une chaise, l'air défait.

Quelques jours plus tard, tandis que les préparatifs du mariage s'accéléraient, Auguste travaillait au marteau-pilon des Geslin quand il reçut la visite du père Gendry.

"Les bans ont été publiés," annonça le vieux soldat avec un sourire. "Plus que deux semaines avant le grand jour. Et les Béron-Brochardière n'ont plus rien à dire, leur dernière carte a échoué avec les industriels."

Auguste hocha la tête tout en réglant délicatement la pression de sa machine. "Marie m'a écrit pour me raconter. Comment va-t-elle ?"

"Bien. Elle prépare tout pour le mariage, tout en continuant à gérer la boulangerie comme si de rien n'était. Une vraie force de la nature, ma fille..."

Dans les jours qui suivirent, tout le village semblait s'être mobilisé pour les préparatifs du mariage. Les femmes aidaient à confectionner la robe de Marie, tandis que les hommes organisaient discrètement la célébration.

Un soir, alors que Marie fermait la boulangerie, sa mère Léonie vint la rejoindre, portant un paquet soigneusement enveloppé.

"C'est ma robe de mariée," dit-elle doucement. "Je l'ai gardée toutes ces années. Avec quelques modifications..."

Marie défit le paquet avec émotion. La robe était simple mais élégante, en lin blanc avec des dentelles délicates.

"Les femmes du village ont voulu participer," poursuivit Léonie. "La dentelle vient de la femme du notaire, le voile de Madame Legendre..."

Pendant ce temps, à la forge des Geslin, Auguste recevait lui aussi des soutiens inattendus. Les ouvriers s'étaient cotisés pour lui offrir un costume neuf.

"Un forgeron doit se marier dignement," avait dit le père Geslin en lui remettant le paquet. "Et puis, ça embêtera les Béron-Brochardière de voir un ouvrier aussi élégant qu'eux..."

Le curé, de son côté, préparait la cérémonie avec un soin particulier. Il avait choisi les plus beaux cantiques et demandé à ce que l'église soit décorée de fleurs fraîches.

"Une belle cérémonie," dit-il au père Gendry, "c'est aussi une façon de montrer que l'Église sait reconnaître la vraie valeur des gens."

Les préparatifs devaient cependant rester discrets. Le bourgeois, humilié par l'échec de la réception des industriels, était devenu plus amer que jamais. Quant à Bonnache, il alternait entre crises de rage et périodes d'abattement profond.

"Le plus dur," confia Marie à sa mère alors qu'elles essayaient la robe, "c'est de faire comme si tout allait continuer normalement à la boulangerie. Les clients demandent des commandes pour après décembre..."

"Tu as formé la petite Leblanc," répondit Léonie. "Elle sera prête à prendre la relève. Les gens comprendront..."

Au fil des jours, les préparatifs s'organisaient avec une discrétion efficace. Le majordome, qui gardait un œil sur tout ce qui se passait au château, rapportait que les Béron-Brochardière semblaient s'être résignés, trop occupés à gérer les retombées de leur échec avec les industriels.

Dans la cuisine des Gendry, les femmes du village se relayaient pour préparer le repas de noces. L'une apportait des œufs, l'autre des légumes de son jardin. La femme du boucher avait promis un beau rôti.

"Ce sera simple mais bon," déclara Léonie en surveillant la préparation des conserves. "Comme notre Marie."

Le père Gendry, lui, s'occupait d'une partie plus délicate : le vin. Il avait mobilisé ses anciens camarades du Mexique pour dénicher quelques bonnes bouteilles.

"Pas du Vouvray comme chez les Béron-Brochardière," dit-il avec un clin d'œil, "mais du bon vin de pays qui réchauffe le cœur."

À la forge des Geslin, Auguste travaillait en supplément pour compenser ses futures absences. Le père Geslin lui avait accordé quelques jours pour le mariage.

"Trois jours de congés payés," avait-il précisé. "C'est comme ça que je vois l'industrie moderne, moi. Des ouvriers respectés qui peuvent vivre dignement."

La petite Rosalie, la plus jeune sœur de Marie, prenait son rôle de porteuse de fleurs très au sérieux. On la voyait s'exercer dans le jardin, marchant gravement avec un panier de pétales.

"Et pour la musique," annonça le père Gendry un soir, "j'ai une surprise. Les fils Leblanc viendront avec leurs violons. Ils ont même appris de nouveaux morceaux pour l'occasion."

Marie partageait son temps entre la gestion de la boulangerie et les préparatifs, veillant à ce que rien ne trahisse leurs projets futurs. Elle formait discrètement la jeune Leblanc, lui transmettant peu à peu tous les secrets du métier.

"Tu comprends," lui expliquait-elle, "le pain, c'est comme une promesse qu'on fait aux gens. Il faut toujours la tenir."

Un soir, alors que Marie vérifiait une dernière fois sa robe, sa mère vint s'asseoir près d'elle.

"Tu sais," dit Léonie doucement, "j'ai compris pour Laval. Ne dis rien... une mère sent ces choses-là."

"Maman..." commença Marie, inquiète.

"Non, laisse-moi finir," dit doucement Léonie. "Je comprends pourquoi tu ne nous as rien dit. Partir, nous connaissons... Depuis qu'on a perdu la ferme de Méral..."

Sa voix trembla légèrement. La perte de la ferme familiale était encore une blessure vive.

"C'est là-bas que tu es née," poursuivit-elle. "Toi et tes frères... On avait une belle vie, même si ce n'était pas facile tous les jours. Et puis..."

"Je me souviens encore du verger," murmura Marie. "Les pommiers au printemps..."

"Ton père n'a plus été le même après ça. Perdre sa terre... Mais il s'est relevé. Comme au Mexique, il dit toujours qu'un homme doit savoir recommencer."

Elle prit les mains de sa fille dans les siennes : "Alors quand j'ai compris pour Laval... J'ai pensé que c'était peut-être un signe. Notre famille a toujours su repartir, construire autre chose quand il le fallait."

"Tu n'es pas fâchée alors ?"

"Fâchée ? Ma fille, nous avons perdu une ferme, mais toi tu as su te construire une place avec ton travail. Et maintenant, avec Auguste, vous allez bâtir votre propre vie. C'est le cours des choses..."

"Tu sais," continua Léonie en lissant distraitement la robe de mariée, "quand nous avons perdu la ferme de Méral, j'ai cru que ton père ne s'en remettrait jamais. Cette terre, c'était toute sa vie. Il y mettait tant de fierté..."

"Je me rappelle," dit Marie doucement. "Il se levait avant l'aube pour s'occuper des bêtes. Et le soir, il vérifiait toujours que les barrières étaient bien fermées..."

"Oui, il aimait faire les choses comme il faut. Comme toi avec ta boulangerie..." Léonie sourit tristement. "La vie est étrange parfois. Lui qui était si fier d'être propriétaire, devenir métayer..."

"Mais il n'a jamais baissé les bras," dit Marie.

"Non, jamais. Il disait toujours que le Mexique lui avait appris ça : on peut tout perdre sauf sa dignité. Et maintenant, te voir partir à Laval... C'est comme si notre famille continuait son chemin, différemment."

"J'ai peur parfois," avoua Marie. "Laisser la boulangerie, recommencer ailleurs..."

"La peur, je connais," répondit Léonie. "Quand nous avons dû quitter Méral... J'étais terrifiée. Les enfants encore petits, l'incertitude... Mais ton père disait : 'Ce n'est pas la terre qui fait l'homme, c'est ce qu'il en fait.'"

"Comme Auguste avec ses machines," sourit Marie. "Il dit toujours que ce n'est pas l'outil qui compte, mais la main qui le guide."

"C'est vrai," acquiesça Léonie. "Auguste me fait parfois penser à ton père quand il était jeune. Cette même façon de regarder vers l'avant, de vouloir construire quelque chose..."

Elle se leva pour ranger quelques affaires, puis reprit : "À Méral, ton père avait aussi des projets. Il voulait moderniser la ferme, acheter de nouvelles machines. Mais les dettes sont arrivées plus vite que les améliorations."

"Je me souviens de la vente," murmura Marie. "Tous ces gens qui regardaient nos meubles, nos bêtes... Comme si notre vie entière était étalée devant eux."

"Ce jour-là," dit Léonie en s'asseyant près de sa fille, "j'ai compris quelque chose d'important. Une maison, une ferme, ce ne sont que des murs. Ce qui compte, c'est ce qu'on porte en soi."

Elle marqua une pause, ses yeux perdus dans ses souvenirs. "À Méral, nous avions peut-être une ferme, mais nous n'étions pas propriétaires, toujours à la merci des mauvaises années, des créanciers... Comme les Béron-Brochardière maintenant, finalement. Sauf qu'eux n'ont pas su voir venir les changements."

"C'est pour ça que papa a tenu à ce que nous sachions tous lire et écrire ?" demanda Marie.

"Oui. Il disait toujours que la terre peut nous être enlevée, mais pas ce qu'on a dans la tête. C'est pour ça qu'il était si fier quand tu as commencé à tenir les comptes de la boulangerie. Tu avais pris le meilleur de Méral : le sens du travail bien fait, l'attention aux détails..."

"Le grand châtaignier," dit soudain Marie. "Celui qui était près de la maison... Je rêve encore parfois de son ombre l'été, quand on prenait le goûter dessous."

"Ah, ce châtaignier..." sourit Léonie. "Ton père disait qu'il était là bien avant nous et qu'il y serait encore longtemps après. Ça le rendait humble, tu vois. Il disait que la terre nous survit toujours..."

"Ce qui me manque le plus de Méral," dit doucement Marie, "c'est peut-être l'odeur du pain que tu cuisais dans le vieux four. C'est là que j'ai commencé à aimer la boulange..."

Léonie sourit tendrement : "Je me rappelle. Tu te levais tôt pour m'aider à pétrir la pâte. Tu disais déjà que chaque fournée devait être parfaite."

"Le four était capricieux," se souvint Marie. "Il fallait bien connaître ses humeurs, comme dit Auguste pour ses machines."

"Ton père avait construit ce four lui-même," dit Léonie en essuyant une larme. "Avec les pierres du champ du haut. Il disait qu'un bon four, c'est comme une bonne terre : il faut savoir l'écouter."

Elle prit la main de sa fille : "Tu sais, quand tu as commencé à la boulangerie des Béron Brochardière, j'ai revu cette petite fille de Méral qui rêvait devant le four. Mais tu as fait tellement plus... Tu as transformé cette boutique, tu as créé quelque chose qui t'appartient vraiment."

"Même si je dois la quitter..." murmura Marie.

"Ma fille, ce que tu as appris là-bas, dans notre vieux four de Méral, personne ne pourra te l'enlever. Pas plus que ce que tu as créé à la boulangerie. Tu pars plus riche que tu ne l'imagines, riche de tout ce savoir, de toute cette expérience."

Elle serra sa fille dans ses bras : "Et puis, qui sait ? Peut-être qu'un jour, à Laval, tu auras ta propre boulangerie. Pas une boulangerie qu'on te confie, mais une que tu auras bâtie toi-même, comme ton père avait bâti son four..."

Par cette matinée de noces, une lumière singulière baignait la place de Montjean. Auguste, occupé à ajuster sa cravate, aperçut par la fenêtre une voiture attelée. Son cœur tressaillit lorsqu'il reconnut sa sœur Marie qui en descendait, accompagnée d'un inconnu.

Il dévala précipitamment l'escalier pour l'accueillir.

« Auguste ! » s'exclama-t-elle en se jetant dans ses bras. « Quel bonheur de te revoir ! Pourquoi ce long silence ? »

« Je ne voulais point t'alarmer sans raison », répondit-il avec un sourire forcé. « Tu vois bien que je suis toujours là. »

« Cesse donc ces enfantillages », le réprimanda-t-elle avant de se tourner vers son compagnon. « Je te présente mon époux, Julien Sourdrille. »

C'était un homme de haute stature, fort mince, au visage rond et aux joues vermeilles, arborant la mine réjouie de ceux qui savourent l'existence. Les deux hommes échangèrent une poignée de main chaleureuse.

« Marie mariée... » murmura Auguste en secouant la tête, stupéfait. « Je n'aurais jamais cru que cela arriverait si promptement. »

« Vous êtes de Brécé, n'est-ce pas ? » s'enquit-il auprès de Julien, se remémorant les lettres de sa sœur.

« En effet, nous résidons au Pâtis avec mes parents, en attendant notre propre demeure. »

« Auguste ! » La voix de Marie Gendry le rappela à la réalité. « La mairie nous attend ! »

La cérémonie se déroula dans la simplicité et la dignité. Ce 30 mai 1893, à huit heures trente précises, devant Monsieur de Monti de Rezé, maire de Montjean, Auguste Bourcier et Marie Gendry furent unis par les liens du mariage.

L'après-midi, tandis que les convives festoyaient, Auguste, en conversation avec Julien et d'autres invités, fit une révélation inattendue : « J'ai changé de nom. »

« Comment ? » s'étonna son épouse.

« Oui, une erreur s'est glissée dans la transcription de mon patronyme. Ils ont écrit Boursier au lieu de Bourcier. La prononciation demeure identique, mais c'est comme si une page se tournait, comme une rupture avec le passé. »

J'ai connu des hommes qui changeaient leur nom pour oublier qui ils étaient. Mais toi, c'est différent. Tu changes ton nom pour affirmer qui tu es devenu. »

Cette remarque de Julien frappa Auguste comme une vérité qu'il n'avait pas encore entrevue. Il leva les yeux vers son beau-frère, surpris de trouver en lui une telle perspicacité.

Marie, qui avait écouté l'échange en silence, posa sa main sur le bras d'Auguste. « Alors, c'est ainsi que je deviendrai Madame Boursier », dit-elle doucement, acceptant ce changement comme une promesse d'avenir.

« Oui », répondit Auguste, sentant le poids de cette décision s'alléger. « C'est comme si le destin lui-même avait choisi de tracer une nouvelle route. Un simple trait de plume qui change tout et pourtant... »

« Et pourtant, tu restes mon frère », compléta Marie avec un sourire tendre. « Que tu sois Bourcier ou Boursier, tu resteras toujours l'homme qui m'a protégée quand nous étions enfants. »

Les cloches de l'église se mirent à sonner au loin, comme pour sceller ces paroles. Le soleil de mai traversait les fenêtres, dessinant sur le sol des figures mouvantes. Dans cette lumière dorée, Auguste sentit qu'il venait de franchir plus qu'un simple seuil de mairie : c'était une nouvelle vie qui commençait véritablement, sous un nom qui était à la fois le sien et différent, comme une seconde naissance.

Plus tard, Auguste demanda :

"Tu chasses souvent près de Brécé ?"

"Disons que je 'passe' régulièrement par les bois du comte," répondit Julien avec un sourire malicieux. "Pour le commerce des bestiaux, bien sûr..."

Il but une gorgée de vin avant de poursuivre : "Tu sais, le braconnage, c'est comme ton travail avec les machines. Il faut savoir observer, comprendre les habitudes, les mouvements..."

"C'est vrai," acquiesça Auguste. "Avec le marteau-pilon, il faut sentir le métal, comme toi tu dois sentir la forêt."

"Exactement ! Tiens, l'autre jour, j'avais repéré un lièvre... Malin comme pas deux, ce bougre-là. Il avait sa routine, comme ta machine. Il fallait comprendre son rythme..."

Les hommes autour de la table s'étaient rapprochés pour écouter. Le père Gendry, qui avait lui aussi quelques histoires de braconnage dans sa jeunesse, souriait dans sa moustache.

"Et le comte ?" demanda quelqu'un. "Il ne surveille pas ses terres ?"

"Oh si," rit Julien. "Mais vois-tu, quand je viens acheter ses bêtes, je prends toujours le temps d'étudier les habitudes de ses gardes aussi. C'est comme Auguste avec sa vapeur, il faut savoir lire les signes."

"D'ailleurs," poursuivit Julien en baissant la voix, "quand je ne suis pas aux champs, je connais tous les bons coins dans les bois du comte. Faut bien mettre un peu de gibier dans la marmite..."

"Tu observes tout ça pendant tes 'promenades' nocturnes ?" sourit Auguste.

"Exactement ! Je connais chaque buisson, chaque trace. C'est comme toi avec tes machines - faut savoir lire les signes. Quand le vent souffle de l'est, quand la lune est basse..."

Il but une gorgée de vin : "Et puis, ça met un peu de piment dans la vie de paysan. Le comte a beau avoir des gardes, ils ne connaissent pas la forêt comme nous."

"La différence," rit Auguste, "c'est que mes machines ne risquent pas de me faire courir dans la nuit avec les gardes aux trousses !"

Julien montra à nouveau son oreille : "Ce renard-là m'a donné une sacrée leçon. J'étais tellement content de l'avoir eu que je n'ai pas vérifié s'il était vraiment mort. Je paradais au café avec ma prise autour du cou quand..."

Les hommes autour de la table éclatèrent de rire en imaginant la scène.

"Tu sais," dit Julien en regardant les convives qui dansaient, "quand ta sœur m'a parlé de toi la première fois, je ne comprenais pas trop. Un gars qui quitte sa terre pour aller travailler dans les machines..."

"Et maintenant ?" demanda Auguste.

"Maintenant je comprends. On est pareils au fond. Moi, je lis la forêt, toi tu lis la vapeur. Chacun cherche sa liberté à sa façon."

Il se pencha un peu plus près : "Et puis, entre nous, ce n'est pas facile tous les jours d'être métayer. Le propriétaire qui regarde tout ce qu'on fait, qui compte chaque gerbe... Au moins, avec ton marteau-pilon, t'as que la machine à écouter, pas un noble qui te surveille."

"C'est vrai," acquiesça Auguste. "Le père Geslin me fait confiance. Il sait que je comprends sa machine."

"Marie me disait que tu donnais des leçons aux autres ouvriers ?"

"Oui, je leur explique comment fonctionne la vapeur, comment sentir la force du marteau. Un peu comme toi quand tu apprends à tes gars à repérer les traces dans les bois..."

Julien eut un petit rire : "La différence, c'est que mes 'leçons', faut pas trop en parler au garde champêtre !"

Les nouveaux mariés s'étaient installés dans une petite maison près de Cossé-le-Vivien. Chaque matin, ils partaient chacun de leur côté : Auguste vers la forge des Geslin, Marie vers sa boulangerie.

"C'est étrange," dit Marie en posant les tasses sur la table, "de n'être ici que quelques nuits par semaine. Je dois encore souvent dormir à la boulangerie pour les fournées du matin..."

"Je sais," répondit doucement Auguste. "Mais ces moments ensemble n'en sont que plus précieux."

"Les premières fournées doivent être prêtes si tôt," expliqua Marie. "Et avec l'hospice, les écoles... Je ne peux pas me permettre de faire une heure de route chaque matin."

"Ne t'inquiète pas," la rassura Auguste. "Ce n'est que pour quelques mois. Et puis, je comprends. Moi aussi je dois parfois rester tard à la forge quand le père Geslin a des commandes urgentes."

Marie but une gorgée de café : "La petite Leblanc commence à venir plus tôt le matin. Je lui apprends à sentir quand la pâte est prête, quand le four est à la bonne température..."

"Comme le père Geslin fait avec ses ouvriers pour le marteau-pilon. C'est tout un art de transmettre son savoir..."

"Oui, mais il faut être prudent. Si les Béron-Brochardière se doutaient que je la forme pour me remplacer..."

"Hier soir," dit Marie, "Bonnache est venu à la boulangerie tard dans la nuit. Il criait qu'une femme mariée ne devrait pas dormir seule dans son établissement..."

Auguste serra les poings, mais Marie posa sa main sur la sienne.

"Ne t'inquiète pas. Le majordome l'a ramené au château. Il veille toujours, tu sais."

"Quand même," soupira Auguste, "te savoir seule là-bas certaines nuits..."
"Je ne suis pas vraiment seule. La petite Leblanc dort souvent dans la chambre à côté maintenant. Et puis les voisins gardent un œil sur la boulangerie. Depuis le mariage, c'est comme si tout le village nous protégeait."

"C'est vrai," sourit Auguste. "Même à la forge, les ouvriers me demandent toujours de tes nouvelles. Le père Geslin dit que c'est la première fois qu'il voit ses hommes s'intéresser autant à une boulangerie."

Marie rit doucement : "Et toi ? Les nuits où je ne suis pas là..."

"Je travaille sur mes carnets, je note mes observations sur le marteau-pilon. Le père Geslin m'a donné des idées pour améliorer encore le système. Et puis je pense à décembre, à notre nouvelle vie à Laval..."

"Le temps passe vite finalement," dit Marie en regardant le calendrier accroché au mur.
"Voilà déjà septembre qui arrive..."

"Encore trois mois," calcula Auguste. "Les contrats de l'hospice et des écoles se terminent quand exactement ?"

"Le 26 décembre, le lendemain de Noel. J'ai déjà prévenu la petite Leblanc qu'elle devra gérer seule après. Elle est prête, je crois. Elle a le don."

"Ton père nous prêtera sa charrette ?" demanda Auguste.

"Oui, il l'a promis. On partira à l'aube, juste après la dernière livraison à l'hospice. Le temps d'arriver à Laval..."

Auguste hocha la tête : "D'ici là, il faut continuer comme si de rien n'était. Les Béron-Brochardière ne doivent se douter de rien jusqu'au dernier moment."

"Trois mois..." murmura Marie. "Parfois ça me semble si long et parfois si court. Mais au moins, personne ne pourra dire que nous avons abandonné nos responsabilités."

Le 26 décembre 1893 arriva, ce jour qui marquait aussi la naissance de Mao Zedong, fondateur de la république populaire de Chine. C'était un matin glacial et brumeux. Bien avant l'aube, Marie effectua sa dernière fournée dans le fournil qui avait été sa vie pendant tant d'années. Chaque geste était empreint d'une émotion particulière : le dernier pétrissage, la dernière cuisson, la dernière livraison à l'hospice...

La petite Leblanc l'observait, les yeux brillants de larmes contenues. Elle savait que c'était le grand jour, même si rien n'avait été dit ouvertement.

"Tu te souviens de tout ?" demanda doucement Marie en enfournant les derniers pains.

"Oui, madame. La température du four, les temps de levée, les contrats..."

"Et surtout..."

"Toujours garder les prix justes pour le village et ne jamais refuser du pain à ceux qui ont faim," récita la jeune fille.
Dans la cour, on entendait déjà le père Gendry qui préparait sa charrette. Auguste devait les rejoindre au carrefour des quatre chemins, pour éviter d'attirer l'attention.

Marie regarda une dernière fois son fournil, le pétrin mécanique qui ronronnait doucement, les murs imprégnés de farine...

Marie sortit discrètement, emportant juste un petit baluchon avec ses effets personnels. Le reste de leurs affaires avait déjà été envoyé à Laval au fil des semaines précédentes.

Dans la brume glacée, le père Gendry attendait sur son siège, les rênes à la main. Sa charrette était vide, ils ne voulaient rien qui puisse éveiller les soupçons au village.

"C'est l'heure," dit-il simplement quand Marie monta à côté de lui.

Au moment où ils s'apprêtaient à partir, la petite Leblanc sortit en courant de la boulangerie.

"Madame... Le pain de l'hospice..."

"Il est prêt, sur la table. N'oublie pas, il faut le livrer avant..."

"Je sais," coupa doucement la jeune fille. "Je m'occupe de tout. Partez tranquille."

La charrette s'ébranla sans bruit sur la route encore endormie. Marie ne se retourna pas vers la boulangerie - certains adieux sont plus faciles quand on ne les prolonge pas.

Au carrefour des quatre chemins, une silhouette attendait dans la brume. Auguste.

Auguste monta à son tour dans la charrette. Il revenait de la forge des Geslin où il avait laissé une lettre d'explication au patron, avec ses dernières notes sur le marteau-pilon.

Le père Gendry fit claquer doucement les rênes. La route vers Laval serait longue, surtout par ce froid de décembre.

"Les Béron-Brochardière ne se douteront de rien avant l'ouverture de la boulangerie," murmura Marie, blottie contre Auguste. "Et quand ils découvriront..."

"Nous serons loin," compléta Auguste. "Et la petite Leblanc saura tenir tête."

Le père Gendry, qui était resté silencieux jusque-là, parla enfin : "Vous savez, quand je suis revenu du Mexique, je n'avais rien non plus. Juste l'envie de construire quelque chose et ma Léonie qui me faisait confiance."

La charrette avançait lentement dans la brume. Au loin, le clocher de Montjean disparaissait peu à peu dans la grisaille hivernale.

Le jour se levait à peine quand ils passèrent près de Cossé-le-Vivien. La route était déserte, seule la fumée des premières cheminées témoignait du réveil des fermes.

"On s'arrêtera à Quelaines pour faire reposer le cheval," dit le père Gendry. "J'ai de la famille là-bas, ils nous attendront avec du café chaud."

Marie somnolait contre l'épaule d'Auguste, épuisée par sa dernière nuit de travail. Lui regardait défiler le paysage, ce pays qu'il avait appris à connaître depuis son arrivée aux écuries des Béron-Brochardière.
"C'est drôle," dit-il doucement pour ne pas réveiller Marie, "quand je suis arrivé ici, je pensais juste trouver du travail. Et finalement..."

"C'est souvent comme ça," répondit le père Gendry. "Au Mexique aussi, je croyais partir pour la gloire et l'aventure. J'ai trouvé autre chose - la vraie valeur des choses, des gens..."

La charrette continuait son chemin dans le petit matin glacé. Vers Laval, vers une nouvelle vie.

À Quelaines, la famille du père Gendry les accueillit discrètement. Dans la cuisine chaude, ils purent se réchauffer autour d'un bol de café pendant que le cheval se reposait.

"Vous arriverez à Laval pour midi," dit le cousin du père Gendry. "Le marché sera en pleine effervescence, personne ne fera attention à vous."

Marie regardait par la fenêtre le jour qui se levait vraiment maintenant. "Je me demande comment réagira monsieur quand il découvrira..."

"Il ne pourra rien faire," dit Auguste. "La petite Leblanc connaît son métier, la boulangerie continuera de tourner. Et nous, nous serons loin."

Le père Gendry se leva : "Il faut repartir si on veut profiter du marché pour se fondre dans la foule."

Sur la route, ils croisèrent des charrettes de paysans qui se rendaient justement au marché de Laval. Le père Gendry en connaissait certains, échangeait un signe de tête, comme si leur voyage n'avait rien d'extraordinaire.

Au loin, les premiers toits de Laval commençaient à se dessiner dans la brume hivernale. La ville semblait plus grande, plus imposante que dans leurs souvenirs. Les cheminées des nouvelles manufactures fumaient déjà et on entendait le sifflement des trains qui arrivaient en gare.

"Regardez tout ce monde," murmura Marie alors qu'ils approchaient des faubourgs. Des charrettes, des marchands, des ouvriers se pressaient vers le centre-ville.

"C'est jour de grand marché," expliqua le père Gendry. "Entre Noël et le Nouvel An, les gens viennent de tous les villages alentour."

Auguste serra la main de Marie : "Ici, nous ne serons plus 'le valet' et 'la boulangère des Béron-Brochardière'. Juste nous-mêmes."

La charrette suivait maintenant le flot des véhicules qui entraient en ville. Le père Gendry connaissait bien les rues, évitant les grandes artères pour prendre des chemins moins fréquentés.

La charrette ralentit alors que le soleil déclinait, colorant de rouge les eaux de la Mayenne. La ville était plus grande que tout ce que Marie avait connu, avec ses ponts de pierre, ses rues pavées et surtout, le long des berges, les imposantes filatures dont les murs semblaient toucher le ciel.

"Tu ne regrettes pas la boulangerie ?" demanda Auguste à Marie.

Elle sourit, ce sourire qui l'avait conquis dès le premier jour. "La seule chose que je regrette, c'est de ne pas être partie plus tôt avec toi."

Le père Gendry guidait la charrette vers le quartier de la gare, où un ancien camarade du Mexique leur avait trouvé un logement. Les rues étaient animées malgré l'heure tardive - Laval vivait au rythme de ses usines, de ses commerces, de ses trains qui sifflaient au loin.

"C'est là," dit-il en arrêtant son cheval devant une petite maison aux volets gris. "La veuve Renard vous attend. Une brave femme qui ne pose pas de questions."

Auguste et Marie descendirent de la charrette, leurs quelques affaires à la main. Le père Gendry les regarda un moment, ému :

"Mes enfants..." commença-t-il avant que sa voix ne se brise légèrement. "Montjean n'est pas si loin, vous savez. Et puis, les trains permettent de voyager facilement maintenant..."

"Merci, papa," murmura Marie en l'embrassant. "Pour tout."

Le vieux soldat hocha la tête, reprit ses rênes. Il devait rentrer avant la nuit pour que son absence ne soit pas remarquée.

C'était une petite pièce sous les toits, mais elle avait une fenêtre qui donnait sur la rivière et les filatures Chauvin où Auguste devait commencer dès le lendemain.

"Ce n'est pas grand," dit-il en posant leurs bagages, "mais c'est provisoire. Dès que j'aurai ma première paye..."

Marie l'interrompit d'un baiser. "C'est parfait. C'est chez nous."

Tout proche, une sorte de pension grouillait de vie. Des ouvriers et leurs familles occupaient chaque étage et les escaliers résonnaient constamment de pas et de voix. Dans la cuisine commune au rez-de-chaussée, Madame Lelièvre régnait sur un monde de marmites fumantes et d'odeurs mêlées.

"Vous arrivez juste pour le souper," les accueillit-elle. "J'ai fait une potée. Ça vous remettra de votre voyage."

Autour de la grande table, ils firent la connaissance de leurs voisins. Il y avait là les Moreau, lui fileur et elle rattacheuse, avec leurs trois enfants ; le père Duval, un ancien contremaître devenu trop vieux pour le travail mais que la veuve gardait par charité ; et les sœurs Pelletier, toutes deux employées à la filature.

"Vous venez pour les Chauvin ?" demanda François Moreau à Auguste. "Ils embauchent beaucoup en ce moment. La ville grandit, les commandes affluent..."

"Vous filez du lin, du chanvre ou du coton ?" demanda Auguste.

"Le filage du lin et du chanvre est en décroissance," expliqua François Moreau. "On ne file plus que du coton maintenant."

"C'est plus rentable," ajouta le père Duval. "Le coton arrive de Liverpool et les tissus repartent vers Paris. Les vieilles familles comme les Chauvin ont dû s'adapter ou disparaître."

"Les machines ont changé aussi," poursuivit François. "Plus rapides, plus précises. Un monde différent des vieux métiers à tisser le lin..."

"Et les conditions de travail ?" demanda Marie qui avait remarqué plusieurs très jeunes ouvriers dans les rues.

Un silence passa autour de la table. Ce fut la plus jeune des sœurs Pelletier qui répondit :

"Douze heures par jour, parfois plus. La poussière de coton ou de lin est partout, pire que votre poussière de fer à Port-Brillet. Mais au moins, les machines sont neuves et le patron parle de construire une crèche pour les enfants des ouvrières."

"Une crèche ?" Marie s'anima. "Je pourrais peut-être y travailler ? J'aime les enfants..."

" "Et les logements ?" demanda Marie. "Il y en aura d'autres ?"

"Le patron fait construire des cités ouvrières près de l'usine," expliqua François Moreau. "Des petites maisons avec un bout de jardin. Mais pour l'instant, il n'y en a pas assez pour tout le monde."

"Et puis il faut être bien vu," ajouta sa femme. "Les meilleurs logements vont aux ouvriers qualifiés, ceux qui connaissent vraiment les machines..."

Auguste échangea un regard avec Marie. Ses années aux fonderies Chappée et son expérience avec le marteau-pilon des Geslin pourraient lui être utile.

"En attendant," dit chaleureusement Madame Lelièvre en reservant de la potée, "vous êtes ici chez vous. La vie n'est pas toujours facile dans les filatures, mais on se serre les coudes."

"C'est vrai," approuva le père Duval. "J'ai vu cette ville grandir depuis trente ans. Les gens arrivent de partout - comme vous. Chacun apporte son histoire, son savoir-faire..."

Marie écoutait attentivement ces conversations, découvrant ce nouveau monde si différent de sa boulangerie. Ici, personne ne se souciait des titres de noblesse ou des anciennes hiérarchies. Seul le travail comptait.

Plus tard, dans leur chambre, Marie défaisait leurs bagages pendant qu'Auguste observait la ville depuis la fenêtre. Les filatures se dressaient dans la nuit, leurs fenêtres éclairées lui rappelant les hauts fourneaux de Port-Brillet. Mais son regard était différent maintenant. Trois ans d'expérience dans le monde ouvrier lui avaient appris à voir au-delà des façades.

"À quoi penses-tu ?" demanda Marie.

"Je reconnais les signes," répondit-il. "Les enfants qui sortent des ateliers, la poussière qui imprègne tout, la façon dont les contremaîtres surveillent les portes. C'est toujours la même chose, que ce soit l'ardoise à Renazé ou le fer à Port-Brillet, mais cette fois "

"Cette fois ?"

"Cette fois, nous sommes deux pour les mener."

Elle s'approcha, regarda par-dessus son épaule ce qu'il écrivait. C'était le début d'une nouvelle page :

Dans son carnet, il commença à noter ses observations, comme il l'avait fait dans les carrières puis à la fonderie :

"Laval, le 26 décembre 1893. Les filatures ressemblent à toutes les usines que j'ai connues : mêmes injustices sous des formes différentes. Mais cette fois, je ne suis plus le jeune idéaliste de Renazé ni le solitaire de Port-Brillet. J'ai appris, j'ai vu comment s'organiser, comment résister intelligemment. Aujourd'hui commence une nouvelle vie. Non plus comme celui qui se bat seul, mais comme un homme qui construit avec celle qu'il aime. Les filatures nous attendent, avec leurs défis et leurs promesses. Nous sommes prêts."

Au loin, la cloche de la filature Chauvin sonna le changement d'équipe. Demain, Auguste rejoindrait ce flot d'ouvriers. Mais cette fois, il ne serait plus seul dans ses combats. Cette fois, il avait un foyer où rentrer, une main à serrer dans les moments difficiles.

La nuit était douce sur Laval et dans leur petite chambre sous les toits, Auguste et Marie commençaient à écrire leur histoire.

Le premier matin à la filature Chauvin, Auguste et Marie descendirent ensemble prendre leur café dans la cuisine commune de la pension. D'autres ouvriers et ouvrières avalaient rapidement leur pain avant de partir, leurs visages encore marqués par le sommeil.

"Les chaudières, c'est aux sous-sols," dit François Moreau qui accompagnait le couple. "C'est dur, mais au moins tu ne respires pas la poussière de coton. Et toi, Marie, tu seras avec ma femme aux métiers à filer."

La filature se dressait comme une forteresse de briques rouges au bord de la Mayenne. Des centaines d'ouvriers convergeaient vers ses portes dans la brume matinale. Le bruit des machines, même à travers les murs épais, faisait trembler l'air.

Auguste suivit le contremaître, un certain Leblanc, vers les sous-sols. L'odeur du charbon et la chaleur intense le frappèrent immédiatement. Les chaudières étaient des monstres d'acier qui rugissaient jour et nuit, alimentant en vapeur les machines des étages supérieurs.

"Il faut maintenir la pression constante," expliqua Leblanc. "Trop basse, les machines ralentissent. Trop haute..." Il fit un geste éloquent. "On a perdu deux hommes l'année dernière quand une chaudière a explosé."

"Comme à la fonderie," acquiesça Auguste. "J'ai travaillé sur des systèmes similaires chez Chappée."

Le regard de Leblanc changea légèrement - il avait affaire à quelqu'un qui connaissait déjà les machines. Mais Auguste gardait pour lui son autre expérience, celle de l'organisation ouvrière. Ses yeux exercés repéraient déjà les signes : les conversations furtives entre ouvriers, les regards entendus, la méfiance envers les contremaîtres.

Dans les étages supérieurs, il savait que Marie découvrait le travail aux métiers à filer. Il lui avait dit avant de partir : "Observe tout, comme je l'ai appris à Renazé. Les conditions de travail, les cadences, les amendes. Tout peut servir plus tard."

L'après-midi même, il commença à noter dans son carnet les similitudes et les différences avec ses expériences précédentes : la surveillance constante comme à Port-Brillet, les amendes injustes comme à Renazé, mais aussi cette nouvelle forme d'exploitation propre aux filatures - la poussière de coton, les cadences infernales des métiers.

Le travail était épuisant. Pelleter le charbon heure après heure, surveiller les manomètres, réguler les vannes. La chaleur était infernale et la sueur se mêlait à la poussière de charbon sur sa peau.

"La vapeur des chaudières est la même partout," dit-il à ses compagnons pendant la pause. "Que ce soit pour faire tourner un marteau-pilon ou des métiers à filer, elle peut être dangereuse si on la force trop."

Il reconnaissait les mêmes problèmes qu'à Port-Brillet : la direction qui poussait les machines au-delà de leurs limites, les ouvriers forcés de prendre des risques. Mais il savait maintenant comment observer discrètement, comment noter les incidents sans éveiller les soupçons.

Auguste observait attentivement les cadrans des manomètres. Aux fonderies Chappée, il avait appris à lire ces instruments comme d'autres lisaient un livre. La vapeur avait son langage, ses humeurs qu'il fallait savoir interpréter.

"Celle-là," dit-il en montrant une des chaudières à Leblanc, "elle siffle différemment des autres."

Le contremaître haussa un sourcil : "Comment ça ?"

"Écoutez... Il y a une vibration dans le son. Ça pourrait être un joint qui commence à fatiguer."

Leblanc le regarda avec un intérêt nouveau. "Tu t'y connais vraiment alors ? La plupart des gars ici se contentent de pelleter du charbon..."

"J'ai travaillé sur les machines à vapeur," répondit Auguste en ajustant une vanne avec précision. "Chaque chaudière a sa voix. Il faut savoir l'écouter."

La sueur ruisselait sur son visage noirci par la poussière de charbon, mais ses gestes restaient précis, mesurés. Dans cet enfer de vapeur et d'acier, il se sentait presque chez lui.

T'as raison pour le joint," dit Leblanc après avoir examiné la chaudière de plus près. "Faudra le changer à la prochaine maintenance. Comment t'as appris tout ça ?"

"Aux fonderies Chappée," répondit Auguste tout en pelletant du charbon. "Et puis chez les Geslin, avec leur marteau-pilon. La vapeur, c'est toujours la même, qu'elle serve à forger ou à faire tourner les métiers."

Vers midi, la cloche sonna la pause. Les hommes des chaudières remontèrent des sous-sols, le visage noir de charbon. Dans la cour, ils mangeaient rapidement leur gamelle, profitant de l'air frais.

"Le plus dur," expliqua un ancien à Auguste, "c'est de garder la pression stable quand ils changent le rythme des métiers là-haut. Faut anticiper, sentir venir les changements..."

Auguste hocha la tête. Il comprenait. La vapeur qui montait aux étages supérieurs devait alimenter des dizaines de machines différentes. C'était comme un immense corps dont les chaudières étaient le cœur.

Pendant ce temps, aux étages, Marie découvrait le monde des métiers à filer. La poussière de coton flottait partout, transformant l'air en un brouillard blanc. Les femmes travaillaient en silence, leurs gestes précis et rapides pour rattacher les fils cassés, surveiller les bobines, nettoyer les machines sans jamais les arrêter.

"On s'habitue," lui dit Jeanne Moreau en lui montrant les gestes. "Mais couvre tes cheveux correctement, sinon le coton s'y met et tu ne peux plus t'en débarrasser."

À midi, les ouvriers des chaudières remontaient pour une brève pause. Auguste retrouva Marie dans la cour. Son visage était couvert de poussière blanche, le sien de suie noire. Ils se sourirent, reconnaissant dans les yeux de l'autre la même fatigue, le même courage.

"Comment sont les chaudières ?" demanda-t-elle.

"Chaudes," répondit-il simplement. "Et les métiers ?"

"Rapides. Il faut toujours courir après les fils qui cassent."

Le soir, dans leur petite chambre sous les toits, ils pansaient leurs blessures. Les mains d'Auguste étaient couvertes d'ampoules à cause de la pelle, celles de Marie étaient égratignées par les fils. Mais ils étaient ensemble et c'était tout ce qui comptait.

Dans son carnet, Auguste écrivit :

"Premier jour aux filatures Chauvin. Les chaudières sont des bêtes affamées qui dévorent le charbon et la sueur des hommes. Au-dessus, les femmes dansent avec les fils de coton dans un ballet sans fin. Marie est courageuse; elle ne se plaint pas, même si je vois la fatigue dans ses yeux. Nous sommes revenus au monde ouvrier, mais cette fois côte à côte. Est-ce plus facile ? Non. Mais au moins, nous portons le fardeau ensemble."

Les semaines passèrent à la filature Chauvin, chacune semblable à la précédente dans son implacable routine. Auguste avait appris à connaître le caractère de chaque chaudière : la numéro trois qui cognait quand la pression montait trop vite, la cinq qui demandait plus de charbon les jours humides.

Un matin de juillet particulièrement étouffant, alors qu'il pelletait le charbon avec ses compagnons des sous-sols, un cri déchira l'air, venant des étages supérieurs. Les hommes se figèrent, la pelle en l'air.

"Continue à charger," ordonna Leblanc. "Les machines ne doivent pas s'arrêter."

Mais Auguste avait déjà lâché sa pelle. Ce cri... il avait reconnu la voix de Marie.

Il gravit les escaliers quatre à quatre, le cœur battant. Dans la salle des métiers, un attroupement s'était formé. Marie était là, tenant sa main droite contre elle, le sang gouttant sur le plancher. "Le fil a cassé," expliqua Jeanne Moreau qui la soutenait. "Elle a voulu le rattacher trop vite..."

Le contremaître des métiers s'approcha. "Emmenez-la à l'infirmerie. Et que quelqu'un nettoie ce sang, il va tacher le coton."

À l'infirmerie, pendant que la soigneuse bandait la main de Marie, d'autres ouvrières leur racontèrent que les accidents étaient de plus en plus fréquents. Les cadences avaient augmenté, mais pas les salaires.

"Ils veulent plus de production," dit une vieille fileuse. "Alors on court plus vite, on fait moins attention..."

"Et les enfants..." ajouta une autre. "Vous avez vu le petit Joseph hier ? Douze ans à peine et il travaille déjà aux bobines."

Auguste serrait les poings. Les mêmes problèmes qu'à Port-Brillet, la même exploitation, mais cette fois, c'était sa femme qui saignait. Pourtant sa réaction fut différente de celle qu'il aurait eue trois ans plus tôt. Au lieu de la colère impulsive de ses débuts, il sortit son carnet et documenta précisément l'accident, comme il l'avait fait dans les ardoisières.

"La direction dira que c'est de ta faute," expliqua-t-il à Marie le soir. "C'est toujours comme ça. À Renazé, à Port-Brillet, ici... Ils rejettent toujours la responsabilité sur l'ouvrier. Mais cette fois, nous savons comment nous défendre."

Dans les conversations à la pension, il écoutait plus qu'il ne parlait, repérant ceux qui pourraient devenir des alliés, comme il l'avait appris lors de la création du syndicat des ardoisiers.

"Il faut faire quelque chose," dit-il.

Les femmes échangèrent des regards inquiets. "La dernière fois qu'on a protesté," murmura Jeanne, "ils ont renvoyé toute l'équipe. Et avec les nouvelles machines qui arrivent..."

"Quelles nouvelles machines ?"

"Des métiers automatiques. Un seul ouvrier peut en surveiller quatre à la fois. Ils disent que c'est le progrès..."

Auguste hocha la tête. Il avait déjà vécu ça à Port-Brillet. "Et ils vont essayer de vous diviser," dit-il. "Proposer des primes à ceux qui acceptent en premier, menacer les autres. J'ai vu cette tactique avant."

Le soir, à la pension, Marie essayait maladroitement de manger de la main gauche. Sa droite, bandée, reposait sur la table.

"Ne retourne pas aux chaudières," dit-elle soudain. "J'ai entendu les contremaîtres parler. Ils veulent augmenter la pression pour faire tourner les nouvelles machines plus vite. C'est trop dangereux."

"Et toi ?"

"Je retournerai aux métiers dès que ma main sera guérie. Nous avons besoin de l'argent." Auguste sortit son carnet, mais cette fois, ce n'était pas pour écrire ses observations habituelles. Il commença à noter des noms; ceux qui seraient prêts à se réunir, à parler des conditions de travail, des salaires, des enfants aux bobines...

"Tu recommences," dit doucement Marie.

"Cette fois, c'est différent." Il prit sa main valide dans la sienne. "Cette fois, je ne me bats pas pour des idées. Je me bats pour toi, pour nous, pour tous ceux qui saignent dans la poussière de coton."

Dans la nuit, les chaudières continuaient leur grondement sourd. Demain, ils retourneraient tous les deux à la filature. Lui aux sous-sols brûlants, elle aux métiers voraces. Mais quelque chose avait changé. La colère d'Auguste n'était plus celle du jeune idéaliste de Port-Brillet. C'était la colère froide et réfléchie d'un homme qui a vu sa femme saigner.

Les réunions commencèrent discrètement, le dimanche après la messe, dans l'arrière-salle du café Bonneau. Les ouvriers venaient par petits groupes pour ne pas attirer l'attention. Auguste reconnaissait cette prudence, il l'avait vue à Port-Brillet. Mais ici, à Laval, les enjeux étaient différents.

"Les nouvelles machines arrivent la semaine prochaine," annonça François Moreau lors d'une de ces réunions. "Ils prévoient de renvoyer un tiers des fileuses."

"Et d'augmenter la pression des chaudières," ajouta Auguste. "Ils veulent plus de vapeur pour faire tourner ces machines plus vite."

La main de Marie, à peine guérie, portait encore les marques de son accident. Elle prit la parole, surprenant l'assemblée :

"Ce n'est pas que les renvois," dit-elle. "J'ai vu les nouveaux contrats. Ils veulent nous faire signer que nous acceptons de surveiller quatre métiers au lieu de deux, pour le même salaire."

Un murmure parcourut la salle. Les femmes surtout semblaient inquiètes. Beaucoup étaient veuves ou avaient des maris malades - elles ne pouvaient pas se permettre de perdre leur emploi.

"Et les enfants ?" demanda une mère. "Avec ces nouvelles machines, ils vont en vouloir encore plus. Ils sont petits, ils peuvent se glisser dessous pour ramasser les fils..."

Auguste sentit la colère monter en lui, mais différente de celle qu'il avait connue à Port-Brillet. Plus froide, plus calculée.

"Il nous faut de l'organisation," dit-il. "Pas de violence, pas de destruction. Mais une résistance coordonnée."

"Comment ?" demanda quelqu'un.

"D'abord, personne ne signe les nouveaux contrats. Pas individuellement. Ils veulent négocier un par un, pour nous diviser," expliqua-t-il en levant le doigt. "Ensuite une caisse de solidarité, pas de grève sans réserves. Il faut pouvoir tenir."

Marie, qui avait écouté ses récits de luttes passées, comprenait maintenant leur importance. "Et des délégués par atelier," ajouta-t-elle. "Comme tu l'avais fait avec les fonceurs."
Il sortit son carnet, commença à expliquer son plan. Les chaudiéristes maintiendraient la pression juste assez basse pour que les machines tournent plus lentement. Les fileuses signaleraient systématiquement le moindre défaut dans le coton produit. Tout serait fait dans les règles, mais avec une minutie qui ralentirait la production.

"Et s'ils nous renvoient ?" La question venait d'une jeune fileuse.

"C'est là qu'intervient la caisse de solidarité," expliqua Marie. "Chacun met ce qu'il peut. Pour aider ceux qui seront touchés en premier."

Les premières semaines furent tendues. Les nouvelles machines arrivèrent, rutilantes et menaçantes. Les contremaîtres passaient dans les rangs, contrat à la main, promettant des primes à ceux qui signeraient les premiers.

Aux chaudières, Auguste et ses compagnons jouaient un jeu dangereux avec la pression. Trop basse et c'était le renvoi immédiat, trop haute et c'était le risque d'explosion.

Marie, de son côté, organisait les femmes. Elles se relayaient aux machines, se couvraient mutuellement pour les pauses, partageaient leur pain quand l'une d'elles était sanctionnée.

Un soir, alors qu'ils rentraient à la pension, ils croisèrent le directeur de la filature qui sortait de sa voiture. Il reconnut Auguste.

"On m'a parlé de vous," dit-il. "L'ancien de chez Chappée. Pourquoi avoir tout quitté pour venir pelleter du charbon ?"

"Pour rester libre de mes convictions, monsieur."

"Les convictions ne font pas tourner les machines, Boursier. Ni ne remplissent les ventres."

"Non, monsieur. Mais elles nourrissent l'âme. Et une ouvrière avec une âme libre travaille mieux qu'une esclave terrorisée."

Le directeur le regarda longuement. "Faites attention, Boursier. La filature n'est pas une fonderie. Le coton est plus fragile que le fer... et les accidents arrivent si vite."

Cette nuit-là, dans leur chambre sous les toits, Auguste et Marie parlèrent longtemps. La menace était à peine voilée, mais ils ne pouvaient plus reculer. Trop de gens comptaient sur eux.

"Cette fois," dit Marie en posant sa tête sur l'épaule de son mari, "nous ne sommes pas seuls dans la bataille."

"Les erreurs de Port-Brillet et les succès de Renazé m'ont appris quelque chose d'essentiel," expliqua Auguste lors d'une réunion secrète. "Il ne faut pas se précipiter. La direction attend que nous fassions une erreur, que nous réagissions violemment."

Il savait maintenant comment documenter chaque incident, constituer des dossiers solides. Son carnet se remplissait méthodiquement : dates, noms, faits précis. Ce n'était plus le journal passionné de ses débuts, mais un outil de lutte organisée.

"À Renazé," expliqua-t-il, "nous avions créé un syndicat officiel. Ici, c'est différent. Les filatures sont plus surveillées. Mais nous pouvons utiliser les mêmes principes : solidarité, organisation, discipline."

Sa relation avec Marie donnait une nouvelle dimension à son combat. Elle n'était pas seulement sa femme, mais une alliée qui comprenait le monde ouvrier. À eux deux, ils couvraient l'usine : lui aux chaudières, elle aux métiers, observant, organisant, préparant.

Quand la crise éclata avec l'accident de la courroie, ce n'était plus le jeune idéaliste de Renazé qui réagit, mais un homme d'expérience qui savait exactement quoi faire.

La crise éclata un mardi matin. Les nouvelles machines tournaient depuis deux semaines, mais la production n'atteignait pas les objectifs fixés par la direction. Le directeur convoqua tous les contremaîtres pour une réunion extraordinaire.

Dans les sous-sols, près des chaudières, Auguste et ses compagnons entendaient les pas précipités au-dessus de leurs têtes. Soudain, Leblanc descendit, le visage grave.

"Ordre de monter la pression," annonça-t-il. "Ils veulent plus de vapeur pour les nouvelles machines."

"C'est dangereux," protesta Auguste. "Les manomètres sont déjà dans le rouge."

"Ce sont les ordres. Si vous refusez, d'autres le feront."

Aux étages supérieurs, la situation n'était pas meilleure. Les contremaîtres avaient augmenté la vitesse des métiers, forçant les fileuses à courir d'une machine à l'autre. Marie vit deux femmes s'évanouir en moins d'une heure, terrassées par la chaleur et l'épuisement.

"Ils veulent nous briser," murmura Jeanne Marseau en essuyant la sueur de son front. "Nous forcer à accepter les nouveaux contrats."

C'est alors que le drame survint. Dans un craquement sinistre, une courroie de transmission céda sous la pression accrue. Le câble d'acier fouetta l'air comme un serpent furieux, balayant tout sur son passage. Des cris retentirent, suivis du bruit sourd des corps tombant au sol.

"Marie!" hurla Auguste depuis les sous-sols, reconnaissant les cris.

Il se précipita vers les escaliers, mais Leblanc tenta de le retenir : "Les chaudières ! On ne peut pas les laisser sans surveillance !"

"Au diable les chaudières !"

Quand il atteignit l'atelier, le chaos régnait. Trois fileuses gisaient au sol, dont la petite sœur de Jeanne Marseau, à peine quinze ans. Marie était penchée sur elles, tentant d'arrêter le sang avec son tablier.

"Ce n'est pas un accident," dit-elle à Auguste quand il s'agenouilla près d'elle. "Ils savaient que ça arriverait. Ils nous ont poussés jusqu'à la rupture."

Le directeur arriva, accompagné de ses contremaîtres. "Évacuez l'atelier," ordonna-t-il. "La production reprendra dès que les machines seront réparées."

"Reprendre ?" La voix d'Auguste trancha l'air comme une lame. "Après ça ?"

"Les accidents sont regrettables, mais..."

"Ce n'était pas un accident !" La voix de Marie s'éleva, forte et claire. "C'était de la négligence criminelle. Vous avez forcé les machines au-delà de leurs limites."

D'autres voix s'élevèrent, d'abord timides, puis de plus en plus fortes. Les fileuses, les rattacheuses, même certains contremaîtres joignaient leurs protestations.

"Silence !" tonna le directeur. "Ceux qui ne sont pas satisfaits peuvent partir. Il y a assez de gens qui attendent du travail dehors."

"Alors nous partons tous," dit Auguste. Il se tourna vers les ouvriers. "Qui est avec nous ?"

Un à un, les ouvriers posèrent leurs outils. Les fileuses s'écartèrent des métiers. Même aux chaudières, les hommes cessèrent d'alimenter les feux.

"Vous ne tiendrez pas une semaine," cracha le directeur.

"Nous verrons," répondit Marie. "Nous avons appris à nous serrer les coudes."

"J'ai vu des accidents comme celui-ci à Port-Brillet," dit Auguste à l'assemblée des ouvriers. "La direction va essayer de minimiser, de diviser les témoignages. Nous devons tous noter exactement ce qui s'est passé, comme nous le faisions à Renazé."

Son expérience antérieure se révéla précieuse dans l'organisation de la grève. Il savait comment gérer la caisse de solidarité, comment maintenir le moral des grévistes. Les leçons apprises dans les ardoisières et à la fonderie prenaient tout leur sens.

"La différence cette fois," expliqua-t-il à Marie, "c'est que nous ne luttons pas seulement contre les machines ou les conditions de travail. Nous luttons pour un changement plus profond."

Ce soir-là, la filature Chauvin était silencieuse pour la première fois depuis des années. Dans la cour, les ouvriers se rassemblaient, organisant des tours de garde pour empêcher l'entrée des briseurs de grève.

Auguste écrivit dans son carnet : "La bataille que nous n'avions pas cherchée est venue à nous. Cette fois, ce n'est pas pour des idées que nous nous battons, mais pour des vies. Les leurs, les nôtres, celles de tous ceux qui viendront après nous."

Marie, pansant les blessées dans la pension transformée en infirmerie improvisée, savait que les jours à venir seraient durs. Mais quelque chose avait changé. Cette fois, ils n'étaient pas des agitateurs isolés. Ils étaient une force unie, soudée par le sang versé sur le plancher de la filature.

Les premiers jours de grève furent les plus difficiles. La direction avait fait venir des hommes de main qui patrouillaient autour de la filature, matraques à la ceinture. Des affiches placardées sur les murs de la ville promettaient du travail aux briseurs de grève, avec prime à la signature.

La pension Madame Lelièvre était devenue le quartier général des grévistes. Dans la grande cuisine, on partageait le peu qu'on avait. Les femmes organisaient des soupes populaires, pendant que les hommes montaient la garde à tour de rôle.

"Combien de temps tiendrons-nous ?" demanda un soir François Moreau, comptant les maigres pièces de la caisse de solidarité.

"Le temps qu'il faudra," répondit Marie, qui revenait de l'hôpital où la petite Pelletier luttait encore pour sa vie. "Ils ont cru nous briser avec leurs machines, mais ils nous ont rendus plus forts."

Auguste passait ses journées à coordonner le mouvement. Il avait écrit aux journaux, aux syndicats de la région, même à Paul Brousse. Les filatures de Rennes et du Mans avaient promis leur soutien. Même à Port-Brillet, les ouvriers de la fonderie Chappée avaient fait une collecte.

Un matin, le directeur fit afficher un nouvel avis : les grévistes avaient quarante-huit heures pour reprendre le travail, sinon ils seraient tous remplacés. Les logements de la filature seraient vidés de force.

"Ils veulent nous affamer," dit quelqu'un.

"Alors nous mangerons de la colère," répondit Marie, qui organisait déjà un système de rotation pour que les familles puissent s'abriter dans les chambres disponibles de la pension.

Les enfants des ouvriers furent envoyés chez des parents à la campagne. La petite Louise Moreau pleura en partant : "Je veux rester me battre avec vous !"

"Tu te bats déjà," lui dit Auguste. "En restant en vie, en grandissant forte, tu nous donnes une raison de continuer."

Le dixième jour, les premières victoires arrivèrent. Paul Brousse avait bien travaillé, des articles dans les journaux dénonçaient les conditions de travail à la filature. Des députés socialistes interpellaient le gouvernement. La pression montait.

Le directeur tenta une nouvelle tactique. Il fit venir Auguste dans son bureau.

"Soyez raisonnable, Boursier. Je peux vous offrir un poste de contremaître. Vous et votre femme, vous auriez un vrai logement, un bon salaire..."

"Et les autres ?" demanda Auguste. "Les fileuses qui risquent leur vie sur vos machines ? Les enfants aux bobines ?"

"Le progrès a un prix..."

"J'ai déjà refusé une telle offre à Port-Brillet," répondit-il. "Je sais maintenant que le vrai pouvoir n'est pas dans les titres, mais dans l'unité des ouvriers."

En sortant du bureau, il trouva Marie qui l'attendait dans la cour. Elle n'eut pas besoin de demander comment s'était passé l'entretien.

"Ils essaieront de nous diviser," dit-elle simplement.

"Ils n'y arriveront pas. Pas cette fois."

Ce soir-là, une nouvelle réunion se tint à la pension. Les visages étaient tirés par la fatigue et l'inquiétude, mais la détermination restait intacte.

"Les médecins disent que la petite Pelletier va s'en sortir," annonça Jeanne. Un murmure de soulagement parcourut l'assemblée.

"Mais elle ne pourra plus jamais travailler aux machines," ajouta quelqu'un.

"Elle n'aura pas à le faire," répondit Auguste. "Parce que nous ne laisserons plus d'enfants travailler dans cette filature. Plus jamais."

"La grève n'est pas une fin en soi," expliqua Auguste lors d'une réunion à la pension. "À Renazé, nous avons créé un syndicat. À Port-Brillet, j'ai appris que parfois, il faut savoir négocier. Ici, nous devons faire les deux."

Dans son carnet, plus tard, il écrivit : "La faim tenaille les ventres, mais la dignité nourrit les âmes. C'est différent de Port-Brillet. Là-bas, nous nous battions pour des idées. Ici, nous nous battons pour nos vies, pour nos enfants. Et c'est peut-être ça, la vraie révolution."

Les contacts qu'il avait noués au fil des années s'avérèrent précieux. Les ardoisiers de Renazé envoyèrent leur soutien, les ouvriers de Port-Brillet aussi. Son réseau de solidarité s'étendait maintenant à toute la région.

La résolution vint d'une manière inattendue. Un matin, alors que la grève entrait dans sa troisième semaine, une délégation arriva de Paris. Des inspecteurs du travail, accompagnés d'un représentant du ministère.

Auguste était prêt. Son carnet contenait tous les détails nécessaires : accidents documentés, témoignages recueillis, conditions de travail précisément décrites.

"Les articles dans les journaux ont fait du bruit," expliqua l'un d'eux à Auguste. "Surtout l'histoire de la petite Pelletier. L'opinion publique s'émeut des enfants dans les filatures."

Les inspecteurs passèrent la journée à examiner les machines, à interroger les ouvriers. Marie les conduisit à l'hôpital, où la jeune blessée témoigna depuis son lit. Son bras mutilé en disait plus long que tous les discours.

"Comment osez-vous intervenir ?" protesta le directeur. "Cette filature est une propriété privée !"

"Qui emploie des enfants illégalement," répondit sèchement l'inspecteur. "Qui fait travailler des femmes dans des conditions dangereuses. Qui force ses ouvriers au-delà des limites légales."

Le soir même, les propriétaires de la filature arrivèrent de Paris. De vrais industriels en redingote, pas de simples administrateurs. La réunion dura toute la nuit.

Au matin, le directeur fut limogé. Son remplaçant, un homme plus jeune venu de Lyon, convoqua immédiatement les représentants des ouvriers.

"Nous devons moderniser," dit-il, "mais pas sur le dos des ouvriers. J'ai vu comment ça se passe dans d'autres filatures. Les machines bien entretenues, les ouvriers bien traités, produisent mieux."

Les négociations durèrent trois jours. Auguste et Marie y participèrent, aux côtés d'autres délégués élus par les ouvriers. Chaque point était débattu, chaque concession arrachée de haute lutte.

Auguste utilisa toute son expérience. Il savait quelles concessions demander en premier, comment formuler les revendications, comment s'assurer que les promesses seraient tenues.

"J'ai vu trop d'accords non respectés," expliqua-t-il aux délégués. "Cette fois, nous devons obtenir des garanties écrites, comme nous l'avions fait à Renazé

Finalement, un accord fut trouvé :

- Plus d'enfants aux machines

- Deux équipes de huit heures au lieu de douze heures

- Une infirmerie permanente

- Des salaires augmentés de 15%

- Un conseil d'atelier avec des représentants élus

"C'est une victoire," dit François Moreau quand les termes furent annoncés aux grévistes.

"C'est un début," corrigea Marie. "Maintenant, il faut veiller à ce que les promesses soient tenues."

"La victoire n'est jamais définitive," rappela Auguste. "À Renazé, après la création du syndicat, il fallait rester vigilant. À Port-Brillet, j'ai compris que les machines ne sont pas le vrai problème - c'est la façon dont on les utilise contre les ouvriers."

La reprise du travail se fit progressivement. Les chaudières furent révisées, les machines réparées correctement. De nouvelles normes de sécurité furent mises en place.

"C'est différent de mes luttes précédentes," dit-il à Marie un soir. "À Renazé, j'étais jeune et idéaliste. À Port-Brillet, j'étais seul face à Chappée. Ici, nous avons créé quelque chose de plus fort : une vraie solidarité entre tous les ouvriers, hommes et femmes."

Auguste retrouva son poste aux chaudières Dans son nouveau rôle aux chaudières, il formait les jeunes différemment, leur transmettant non seulement le savoir technique appris à Port-Brillet, mais aussi la conscience ouvrière développée à Renazé.

Marie, comme déléguée d'atelier, appliquait les leçons qu'Auguste lui avait racontées : maintenir l'unité entre les ouvrières, documenter les problèmes, construire une solidarité durable.

Un soir, alors qu'ils rentraient à la pension, ils croisèrent la petite Pelletier qui sortait de l'hôpital. Son bras était toujours en écharpe, mais elle souriait.

"Je vais apprendre à lire," annonça-t-elle fièrement. "L'école du soir accepte les blessés du travail maintenant."

Dans son carnet, ce soir-là, Auguste écrivit : "Nous n'avons pas changé le monde. Pas encore. Mais nous avons changé notre monde, notre petit coin de filature. Marie dit que c'est comme le pain : on le fait monter petit à petit, avec de la patience et de la chaleur. Et surtout, on le partage."

Plus tard dans la nuit, alors que la ville dormait et que seul le grondement lointain des machines troublait le silence, Marie se tourna vers lui :

"Tu sais ce qu'on devrait faire maintenant ?"

"Quoi donc ?"

"Avoir un enfant. Un enfant qui grandira dans un monde un peu meilleur que celui qu'on a connu."

Auguste sourit dans l'obscurité. Sa main trouva celle de sa femme, encore marquée par le travail mais toujours forte, toujours prête à se battre pour ce qui est juste.

Après la grève aux filatures Chauvin, les choses changèrent pour le couple.

Marie entendit parler d'une opportunité dans le quartier d'Avesnières. Les filatures Duchemin cherchaient du personnel expérimenté.

"C'est de notre côté de la Mayenne," dit-elle un soir à Auguste. "Les conditions sont meilleures et la paye aussi."

"Tu veux quitter Chauvin ?" demanda Auguste, surpris. "Après tout ce qu'on a obtenu ?"

"Justement," répondit-elle. "Maintenant que les choses sont en place ici, je peux aller là où on a encore besoin de changement. Les Duchemin ont une réputation plus correcte, mais il y a encore beaucoup à faire."

C'était vrai. Les filatures Duchemin étaient plus modernes, mieux gérées. Mais elles n'avaient pas connu la même révolution sociale que Chauvin après la grève.

Le 1 janvier 1895, Marie commença son travail à Avesnières. La marche au bord de la Mayenne chaque matin lui donnait l'impression de passer dans un autre monde. Les bâtiments étaient plus neufs, les machines plus récentes, mais les regards des ouvrières portaient la même fatigue.

"Tu pourrais venir aussi," suggéra-t-elle à Auguste. "Ils cherchent toujours des hommes pour les chaudières."

Mais Auguste secoua la tête. "Non. Ce qu'on a construit à Chauvin est encore fragile. Il faut quelqu'un pour veiller à ce que les promesses soient tenues. Et travailler dans les filatures, je ne ferais pas cela toute ma vie"

Ils se séparaient donc chaque matin, chacun partant de son côté de la rivière. Mais le soir, ils se retrouvaient, échangeant leurs expériences, leurs observations, leurs espoirs.

"Les femmes chez Duchemin sont différentes," raconta Marie. "Plus éduquées pour certaines. Elles lisent les journaux, discutent politique. Mais elles ont peur de parler trop fort."

Dans son carnet, Auguste nota : "Marie a trouvé sa propre voie. Ce n'est plus la jeune boulangère qui défiait Bonnache, ni même la fileuse qui menait la grève à mes côtés. Elle est devenue autre chose - une femme qui choisit ses batailles, qui avance à sa manière vers le progrès."

Aux filatures Duchemin, Marie apporta avec elle l'expérience de Chauvin, mais aussi une nouvelle sagesse. Elle commença doucement, observant d'abord, apprenant les habitudes de la maison, les caractères de chacune.

Les métiers étaient plus modernes, les courroies mieux protégées, la poussière de coton moins dense grâce à un système de ventilation plus efficace. Mais sous cette apparence de modernité, les vieux problèmes persistaient.

"On nous paie à la pièce," lui confia une ouvrière nommée Eugénie. "Alors on court, on court... Même quand les doigts sont trop fatigués pour être sûrs."

Marie reconnaissait ce système ; celui qui poussait les femmes à prendre des risques, à négliger leur sécurité pour quelques sous de plus. Elle commença à noter discrètement les accidents, même mineurs, dans un petit carnet similaire à celui d'Auguste.

Les contremaîtres la repérèrent vite. "La femme de Boursier," murmuraient-ils. "Celle qui a mené la grève chez Chauvin." Mais ils ne pouvaient rien lui reprocher. Son travail était impeccable, son comportement irréprochable.

Le soir, elle partageait ses observations avec Auguste :

"Les Duchemin ne sont pas comme la direction de Chauvin. Ils ont de l'instruction, ils lisent les mêmes livres que toi. Mais ils ont cette façon de nous traiter... comme si nous étions des machines un peu plus compliquées que les autres."

"C'est parfois pire," répondit Auguste. "Les patrons qui se croient éclairés pensent qu'un bon salaire suffit à tout justifier."

Marie commença par de petites choses. Elle apprit aux nouvelles à protéger leurs cheveux correctement, à faire les gestes qui préservaient leurs forces. Elle parlait de ce qu'elle avait vu à Chauvin, non pas pour inciter à la révolte, mais pour éveiller les consciences.

"Vous savez lire ?" demanda-t-elle un jour à un groupe de jeunes fileuses pendant la pause.

Certaines hochèrent la tête, d'autres baissèrent les yeux.

"Je pourrais vous apprendre," proposa-t-elle. "Pendant la pause du midi. Ça aide, de pouvoir lire les instructions sur les machines, les avis de la direction..."

Les leçons commencèrent discrètement, dans un coin de l'atelier. Marie utilisait les journaux comme supports de lecture, choisissant particulièrement les articles qui parlaient des conditions ouvrières, des lois sur le travail.

"Ce n'est pas de l'agitation," expliqua-t-elle un jour à un contremaître soupçonneux. "C'est de l'éducation. Des ouvrières qui savent lire font moins d'erreurs, comprennent mieux les consignes."

L'argument était imparable. Les Duchemin eux-mêmes, quand ils en entendirent parler, y virent une initiative intéressante. Une ouvrière instruite n'était-elle pas plus efficace ?

Mais Marie savait ce qu'elle faisait. Chaque femme qui apprenait à lire était une femme qui pourrait un jour comprendre ses droits, les défendre. C'était une révolution silencieuse, plus subtile que les grèves et les confrontations.

"Tu es devenue diplomate," la taquina Auguste un soir.

"J'ai appris que le progrès prend parfois des chemins détournés," répondit-elle. "À Chauvin, il fallait crier. Ici, il faut murmurer. Mais le résultat sera le même : des femmes qui se tiennent debout."

Dans son petit carnet, de plus en plus rempli, elle notait chaque petite victoire : une ouvrière qui osait demander une pause, une autre qui refusait de travailler sur une machine dangereuse, un groupe qui s'organisait pour partager les tâches les plus dures.

La révolution à Duchemin ne se ferait pas dans le bruit et la colère. Elle se construisait jour après jour, lettre après lettre, conscience après conscience.

Les mois passèrent aux filatures Duchemin et les graines plantées par Marie commençaient à germer. Les leçons de lecture avaient créé des liens solides entre les ouvrières. Pendant qu'elles déchiffraient les journaux, elles parlaient aussi de leurs vies, de leurs conditions, de leurs espoirs.

Un matin d'hiver, alors que les vitres de l'atelier étaient voilées de givre, un incident survint. Une des nouvelles machines, mal réglée, s'était mise à vibrer dangereusement. Autrefois, les femmes auraient continué à travailler, par peur de perdre leur salaire.

Mais cette fois, Eugénie, qui avait appris à lire les règlements de sécurité grâce à Marie, se leva :

"Article 12," dit-elle clairement. "Une machine présentant un danger doit être arrêtée immédiatement."

Le contremaître voulut protester, mais d'autres voix s'élevèrent, citant les textes, les règlements. Ces femmes qu'on croyait dociles connaissaient maintenant leurs droits.

Marie observait la scène en silence. Elle n'avait pas besoin d'intervenir - ses "élèves" se défendaient toutes seules.

Le soir, elle raconta l'incident à Auguste :

"Ce n'était pas comme à Chauvin," dit-elle. "Pas de cris, pas de menaces. Juste des femmes qui savent ce qu'elles valent, qui connaissent leurs droits."

"C'est peut-être plus dangereux pour eux," répondit Auguste avec un sourire. "Une grève, ils savent gérer. Mais des ouvrières éduquées..."

Les changements continuaient, subtils mais profonds. Les femmes commençaient à s'organiser entre elles, créant des systèmes d'entraide. Quand l'une était malade, les autres couvraient son travail. Quand une machine était dangereuse, elles se relayaient pour limiter les risques.

Monsieur Duchemin lui-même finit par remarquer la différence. La production n'avait pas baissé - au contraire. Mais quelque chose avait changé dans l'attitude des ouvrières.

"Vos leçons de lecture," dit-il un jour à Marie, "elles semblent avoir des effets... inattendus."

"Les femmes qui comprennent leur travail le font mieux, monsieur," répondit-elle simplement.

Il la regarda longuement. "Vous êtes plus dangereuse que votre mari, madame Boursier. Lui, au moins, on le voyait venir."

"Je ne suis pas dangereuse, monsieur. Je veux juste que ces femmes puissent travailler dans la dignité. C'est meilleur pour tout le monde, même pour vos profits."

Cette conversation marqua un tournant. Peu à peu, des améliorations furent apportées : des pauses plus régulières, des protections supplémentaires sur les machines, même une petite bibliothèque dans la salle de repos.

"Tu as réussi là où nous avions échoué à Chauvin," dit Auguste un soir. "Sans une seule menace de grève."

"Non," répondit Marie. "Chauvin était nécessaire. Il fallait cette bataille pour nous apprendre à en mener d'autres, différemment. Les femmes ici savent ce qui s'est passé là-bas. Elles savent qu'elles peuvent se battre si nécessaire. C'est pour ça qu'elles n'ont pas besoin de le faire."

Dans son carnet, elle ajoutait chaque soir de nouvelles observations. Ce n'étaient plus des comptes d'accidents ou des listes de revendications. C'étaient des histoires de femmes qui apprenaient à se tenir debout, à parler, à exister.

La révolution silencieuse continuait, aussi sûrement que le fil se transformait en tissu sous leurs doigts experts.

Pendant que Marie menait sa révolution silencieuse chez Duchemin, Auguste connaissait ses propres batailles aux chaudières. Le travail était dur, mais ce n'était pas la chaleur ou la fatigue qui pesaient le plus - c'était les regards, les remarques, cette hostilité sourde envers "l'étranger".

"Eh, le Breton !" La voix de Gustave, son collègue de journée, trancha l'air chaud des sous-sols. "Toi qui viens voler notre boulot, continue à alimenter la machine. Moi, je vais me reposer, je suis trop fatigué."

Auguste serra les dents. Depuis des semaines, il supportait les provocations de Gustave, un homme au visage perpétuellement rougi par l'alcool. Il redressait toujours le dos un peu plus quand on l'appelait "le Breton", fier de ses origines, mais la patience avait des limites.

"Tu rigoles ?" répliqua-t-il, plantant sa pelle dans le tas de charbon. "Si tu crois que je vais trimer tout seul, tu te mets le doigt dans l'œil. On est payé à la tâche, je ne vais pas travailler comme un dingue pour te voir te reposer. Déjà que je mets deux pelletées pour toi une, je commence à en avoir assez de travailler avec un ivrogne comme toi."

Le visage de Gustave se durcit, ses sourcils se froncèrent dangereusement. "Sale Breton, tu m'as traité d'ivrogne ?"

"Regarde ta sale tête toute rouge ! Bien sûr, ivrogne, tu n'arrêtes pas de boire !"

Tout se passa très vite. Le clic de l'opinel qui s'ouvre, l'éclair de la lame dans la lumière des chaudières. Mais Auguste n'avait pas survécu à la fonderie Chappée et aux grèves de Chauvin pour se laisser poignarder dans un sous-sol. D'un mouvement vif, il para le coup avec sa pelle, puis frappa sèchement la main armée. Le couteau tomba avec un bruit métallique sur le sol de pierre.

Dans la seconde suivante, il avait plaqué Gustave contre le mur, le manche de sa pelle pressé contre sa gorge. "Maintenant, si jamais j'entends encore tes remontrances sur ma route, je t'éclate la cervelle, tu as compris ?"

Le contremaître, attiré par le bruit, ne chercha même pas à comprendre. Les bagarres étaient interdites, point final. Les deux hommes furent mis à la porte sur-le-champ.

"Ils nous traitent comme du bétail," dit Auguste à Marie ce soir-là, "mais ils attendent qu'on se batte entre nous comme des chiens."

"Tu trouveras autre chose," répondit-elle. "Pour les hommes courageux, le travail ne manque pas."

En effet, dès le lendemain, en ce mois de mai 1895, Auguste avait trouvé un nouveau poste dans une autre usine. Le travail était tout aussi dur, mais au moins, il n'aurait plus à supporter les provocations de Gustave.

Dans son carnet, ce soir-là, il écrivit : "Ils veulent nous diviser - Bretons contre Mayennais, ouvriers contre ouvriers. C'est toujours la même histoire. À Port-Brillet, à Chauvin, ici... Pendant qu'on se bat entre nous, on oublie qui sont les vrais responsables de notre misère."

Le nouveau poste d'Auguste était aux forges Molé, plus petites que les grandes filatures mais tout aussi affamées de bras solides. Là aussi, il y avait des chaudières à nourrir, des feux à entretenir. Mais quelque chose était différent.

"Tu viens de Port-Brillet ?" lui demanda le chef d'atelier, un ancien nommé Marcel, quand il se présenta. "J'ai travaillé chez Chappée dans ma jeunesse. Ces Bretons-là, ils savent ce que c'est que le fer et le feu."

C'était la première fois qu'on mentionnait ses origines sans mépris. Marcel, qui avait connu la dureté des fonderies bretonnes, savait que la valeur d'un homme ne se mesurait pas à son accent mais à la force de son travail.

Aux forges Molé, on fabriquait des outils - pelles, pioches, socs de charrue. Un travail plus proche de celui qu'Auguste avait connu à Port-Brillet que les filatures avec leur poussière de coton.

"Ici, c'est pas comme chez les grands patrons," expliqua Marcel. "Le père, il a commencé comme forgeron. Il connaît le métier, il sait ce que c'est que d'avoir les mains dans le feu."

Les journées étaient longues, mais le travail avait un sens. Chaque outil qui sortait des forges irait dans les mains d'un paysan, d'un ouvrier, de quelqu'un qui, comme eux, gagnait sa vie à la sueur de son front.

Un jour, alors qu'ils prenaient leur pause près des chaudières, Marcel lui demanda :

"On dit que t'as mené la grève chez Chauvin ?"

Auguste se raidit, prêt à se défendre. Mais le vieux contremaître sourit :

"T'inquiète pas. Ici, on n'a pas besoin de grève. Quand quelque chose ne va pas, on en parle directement au père Molé. Il n'écoute pas toujours, mais au moins il écoute."

C'était vrai. Auguste découvrait une autre façon de travailler, plus humaine peut-être. Pas parfaite ; le travail restait dur, dangereux parfois - mais il y avait un respect mutuel qui manquait dans les grandes usines.

Le soir, quand il retrouvait Marie, il pouvait parler de sa journée sans la colère qui l'habitait avant. Elle lui racontait ses petites victoires chez Duchemin, il lui parlait des outils qu'il avait aidé à forger.

"C'est étrange," dit-il un soir. "À Port-Brillet, je rêvais de changer le monde. À Chauvin, on s'est battus pour nos droits. Et maintenant..."

"Maintenant ?"

"Maintenant je comprends peut-être que le changement vient aussi des petites choses. Une forge où les hommes se respectent, des femmes qui apprennent à lire... C'est comme ça qu'on construit un monde meilleur, pas seulement avec des grandes batailles."

Dans son carnet, il nota : "Les forges Molé ne feront pas la une des journaux. Il n'y aura pas de grèves héroïques, pas de grandes victoires ouvrières. Mais chaque jour, des hommes y travaillent dans la dignité, créant des outils qui serviront à d'autres travailleurs. C'est peut-être ça aussi, la révolution."

Un soir, après une journée aux forges, Auguste trouva Marie inhabituellement silencieuse. Elle préparait le souper, mais ses gestes semblaient plus lents, comme chargés d'une nouvelle qui attendait le bon moment pour être partagée.

"Tu penses à ton père ?" demanda-t-elle doucement. "Il se fait vieux et toujours aucune nouvelle..."

"Je me demande parfois si je suis vraiment leur fils," répondit Auguste avec amertume. "Cette ferme, cette vie qu'il voulait pour moi..."

"Et ses petits-enfants ?" La voix de Marie avait une note étrange. "Il n'en a pas encore..."

"À moins que Marie soit enceinte, mais..." Auguste s'interrompit soudain, remarquant le regard de sa femme. "Attends... Tu ne me cacherais pas quelque chose ? Tu ne serais pas..."

Un sourire illumina le visage de Marie. "Mais si, mon grand haricot tout mince. J'en suis à peu près sûre."

Auguste resta un moment immobile, assimilant la nouvelle. Puis, d'un bond, il fut près d'elle.

"Doucement," rit-elle alors qu'il voulait la serrer dans ses bras. "Je suis fragile maintenant."

"Ne t'inquiète pas," murmura-t-il, l'enlaçant avec précaution. "Je vais prendre soin de toi."

Mais déjà, une ombre passait sur son visage. "Si seulement nous avions cette ferme... Tout serait plus facile pour nous. Travailler pour soi-même, être son propre patron... C'est mon but. Je ne suis pas fait pour courber le dos et faire des tâches sans réfléchir."

Marie posa une main sur son bras. Elle connaissait ce rêve, cette aspiration profonde qui n'avait jamais vraiment quitté Auguste malgré les années. Le fils du fermier vivait toujours en lui, sous l'écorce de l'ouvrier.

"Notre enfant grandira peut-être sous d'autres cieux," dit-elle doucement. "Mais il grandira libre de choisir sa vie, comme nous l'avons fait."

Dans la petite chambre sous les toits, le vent du soir apportait les odeurs mêlées du fer et du coton, les bruits de la ville ouvrière qui s'endormait. Leur enfant naîtrait dans ce monde-là, entre les forges et les filatures. Mais peut-être qu'un jour, comme son père avant lui, il choisirait son propre chemin.

Les semaines qui suivirent furent remplies de projets et de rêves pour l'enfant à venir. Le soir, après le travail, Auguste et Marie parlaient de l'avenir tout en préparant le petit logement pour accueillir le nouveau venu.

"Un garçon ou une fille, qu'est-ce que tu préférerais ?" demanda un soir Marie, caressant son ventre qui commençait à peine à s'arrondir.

Auguste, qui réparait une vieille commode trouvée aux puces pour en faire un berceau, leva les yeux de son ouvrage : "Peu importe, du moment qu'il ou elle soit libre de choisir sa vie."

"Pas de forge ou de filature alors ?"

"Pas si je peux l'éviter." Il s'assit près d'elle. "Je veux qu'il ait de l'instruction, comme nous en avons eu. Mais plus encore. Qu'il puisse étudier aussi loin que ses capacités le mèneront."

Marie sourit. "Et s'il voulait devenir curé ?"

"Même ça," rit Auguste. "Du moment que c'est son choix, pas celui des autres."

Mais les soirs n'étaient pas tous emplis de rires et de projets. Parfois, la réalité de leur situation les rattrapait. Le loyer de leur petite chambre prenait une bonne partie de leurs salaires et un enfant coûterait cher.

"J'ai fait des calculs," dit un soir Auguste, son carnet ouvert devant lui. "Si on met de côté chaque semaine, peut-être que dans quelques années..."

"Tu penses toujours à une ferme ?"

"Pas forcément la même que celle de mon père. Quelque chose de plus modeste, pour commencer. Un bout de terre à nous, où notre enfant pourrait grandir au grand air, pas dans la poussière des usines."

Il sortit de sa poche une coupure de journal soigneusement pliée. Une annonce pour des terres à vendre dans la Sarthe, pas trop loin de Laval.

"C'est moins cher que par chez nous," expliqua-t-il. "La terre est moins bonne, mais avec les nouvelles méthodes..."

Marie prit le journal, lut l'annonce. Elle connaissait assez son mari pour savoir que ce n'était pas qu'un rêve vague. Auguste avait toujours cette façon méthodique de construire l'avenir, pas à pas.

"Et en attendant ?" demanda-t-elle.

"En attendant, on travaille, on économise. Je pourrais peut-être prendre des heures supplémentaires aux forges. Le père Molé paie bien les heures de nuit..."

"Pas question," coupa Marie. "Je ne veux pas d'un père épuisé pour notre enfant. On trouvera un autre moyen."

Elle réfléchit un moment. "Tu sais, chez Duchemin, j'ai entendu parler d'une prime pour les ouvriers qui forment les nouveaux. Avec ce que j'ai appris à Chauvin..."

Auguste la regarda avec fierté. Sa femme avait cette force tranquille qui ne cédait jamais au désespoir. Elle aussi construisait l'avenir, à sa manière.

Dans son carnet, ce soir-là, il écrivit : "Notre enfant naîtra dans le monde des usines, mais il grandira avec l'espoir d'autre chose. Marie dit que c'est comme une graine - il faut d'abord l'arroser avec la sueur de notre travail avant qu'elle ne donne ses fruits. Soit. Nous avons appris la patience."

C'est par une lettre de Marie, sa sœur, qu'Auguste apprit les nouvelles du Chêne Creux. L'enveloppe arriva un soir d'automne, alors que Marie entrait dans son quatrième mois de grossesse.

"Mon cher frère,

Je dois t'annoncer quelque chose d'important. Père est malade. Rien de grave encore, dit le médecin, mais ses bronches le font souffrir et il ne peut plus travailler comme avant. Ange fait ce qu'il peut pour maintenir la ferme, mais ce n'est pas facile.

Père ne le dit pas, mais je sais qu'il pense à toi. L'autre jour, en regardant les nouvelles machines agricoles dans le journal, il a dit : 'Auguste avait raison, il faut vivre avec son temps.' C'est la première fois qu'il prononçait ton nom depuis ton départ.

Je suis moi-même enceinte de trois mois. Julien est aux anges. Père a souri quand je lui ai annoncé la nouvelle, son premier petit-enfant... enfin, si tu ne nous as pas devancés ?"

Auguste dut s'y reprendre à plusieurs fois pour lire la lettre à Marie, sa voix se brisant sur certains mots. Elle posa sa main sur son bras :

"Tu devrais y aller."

"Pour quoi faire ?"

"Pour lui dire que son deuxième petit-enfant arrive aussi."

Auguste secoua la tête. "Il m'a chassé. Il a brûlé mes livres, il..."

"Il vieillit," coupa doucement Marie. "Et il est malade. Parfois, la fierté doit savoir plier."

"Comme toi avec le père Meunier pour notre mariage ?"

Elle sourit. "Exactement. Et regarde où nous en sommes maintenant."

Cette nuit-là, Auguste ne dormit pas. Il sortit son carnet, commença plusieurs lettres qu'il déchira aussitôt. Comment dire à un père les mots qui n'avaient jamais été prononcés ? Comment construire un pont par-dessus tant d'années de silence ?

Auguste regarda sa femme avec tendresse. Elle avait cette sagesse simple qui lui avait tant manqué pendant ses années de révolte. Cette capacité à voir au-delà des blessures, vers les possibilités de guérison.

Les mois d'hiver s'écoulaient, marqués par le rythme immuable des usines. Le ventre de Marie s'arrondissait, modifiant sa façon de travailler aux métiers Duchemin. Les autres fileuses la protégeaient instinctivement, prenant les tâches les plus pénibles sans qu'elle ait besoin de le demander.

"Tu devrais ralentir," lui disait souvent Eugénie, voyant son amie s'essouffler plus vite qu'avant.

"Je dois tenir jusqu'au bout," répondait Marie. "Chaque jour de travail compte pour le petit."

Elle avait calculé : il lui fallait travailler jusqu'à la dernière limite pour avoir droit aux quelques semaines de repos après l'accouchement. Les lois sur le travail des femmes existaient, mais elles restaient souvent lettre morte dans les ateliers.

Auguste, de son côté, multipliait les heures aux forges Molé. Le travail était dur, mais le père Molé payait correctement les heures supplémentaires. Chaque sou gagné allait dans une boîte en fer blanc que Marie gardait précieusement - leurs économies pour l'avenir.

Les soirs étaient courts mais précieux. Auguste massait les pieds gonflés de sa femme pendant qu'elle raccommodait des layettes données par les voisines. Ils parlaient de l'enfant à venir, imaginaient son visage, son caractère.

"Il bouge beaucoup," disait Marie en guidant la main d'Auguste sur son ventre. "Surtout quand les métiers tournent vite - on dirait qu'il danse au rythme des machines."

"Pourvu qu'il n'ait pas le rythme des filatures dans le sang," répondait Auguste. "Je veux qu'il connaisse d'autres musiques."

Le froid mordant rendait le travail plus difficile. Aux forges, la chaleur des feux était un bienfait, mais le contraste avec l'air glacé à la sortie devenait dangereux. Des hommes tombaient malades, la toux des fondeurs résonnait dans les ateliers.

Pour Marie, le froid était plus sournois. L'humidité nécessaire au travail du coton transformait l'atelier en une chambre de brume glacée. Son état la rendait plus sensible aux courants d'air, mais elle serrait les dents, s'enveloppant dans un vieux châle tricoté par sa mère.

Un matin, le contremaître la trouva plus pâle que d'habitude :

"Madame Boursier," dit-il, utilisant pour la première fois leur nouveau nom, "il y a du travail au tri des bobines. C'est assis et il fait plus chaud."

C'était sa façon de la protéger sans avoir l'air de faire une faveur. Dans les usines, la compassion devait rester discrète.

Le soir, en rentrant à leur chambre sous les toits, ils faisaient leurs comptes. Les économies grandissaient lentement, mais sûrement. Pas assez encore pour la ferme dont rêvait Auguste, mais assez pour accueillir dignement leur enfant.

"Regarde," dit un soir Marie en sortant un petit paquet de sous leur lit. C'était une couverture qu'elle avait tricotée pendant ses pauses, un point après l'autre, avec de la laine récupérée des rebuts de l'usine. Bleue comme les bleus de travail des ouvriers, douce comme leurs espoirs pour l'avenir.

Dans son carnet ce soir-là, Auguste écrivit : "Notre enfant naîtra dans le monde des usines, enveloppé dans une couverture faite de leurs restes. Mais chaque point de cette couverture porte les rêves de sa mère, chaque sou dans notre boîte porte la sueur de nos efforts. Ce n'est peut-être pas la vie dont nous rêvions pour lui, mais c'est une vie gagnée avec fierté."

Aux filatures Duchemin, les femmes avaient leurs propres secrets, transmis à voix basse entre les métiers à tisser. Marie, dont le ventre s'arrondissait de jour en jour, travaillait maintenant aux côtés de Julienne, une ouvrière plus âgée qui l'avait prise sous son aile.

"Tu me fais pitié," lui dit un jour Julienne, la voyant s'appuyer contre un métier pour reprendre son souffle. "Travailler quand on est enceinte, c'est vraiment un calvaire. Je l'ai connu avant toi, je sais de quoi je parle. Heureusement que ta grossesse arrive bientôt à terme."

"Ça pour sûr, je ne voudrais pas en faire un deuxième dans ces conditions," répondit Marie, essuyant la sueur de son front. "Mais en proportion, je préfère maintenant car je suis moins malade qu'au début."

"Je me rappelle t'avoir relevée auprès de la machine," dit Julienne, baissant la voix. "J'ai eu tellement peur ce jour-là."

Puis, s'assurant que personne n'écoutait, elle ajouta : "Écoute-moi bien. Après l'accouchement, allaite le bébé le plus longtemps possible. Pendant ce temps-là, tu ne retomberas pas enceinte. Moi, ça n'a pas loupé, je me suis retrouvée presque aussitôt enceinte. Heureusement, maintenant tout a changé pour les femmes et depuis que j'ai mon appareil, je suis tranquille."

"Ton appareil ?" Marie était intriguée. "De quoi parles-tu ?"

"Je ne peux rien te dire, c'est un secret."

"Mais pourquoi ? Tu n'as pas confiance en moi ?"

Julienne regarda autour d'elle avant de murmurer : "Parce que ces appareils sont interdits par l'église. Si le curé l'apprend, tu peux être excommuniée."

Marie eut un petit rire amer. "Tu parles, cela me ferait une belle jambe. Tu sais, si on écoutait les curés, on ne ferait plus rien."

"C'est vrai," acquiesça Julienne. "Les femmes de notre génération sont bien différentes de nos mères, tout change peu à peu." Elle hésita un moment. "Bon, tu es mon amie, je vais t'expliquer. Mon appareil, c'est juste un embout en étain avec une sorte de poire en caoutchouc. Après que tu as fait la chose, tu mets de l'eau avec un peu d'eau de javel dans la poire et tu te laves intérieurement."

"Et ça marche à tous les coups ?" demanda Marie, Marie, Marie, curieuse malgré elle.

Julienne se mit à rire doucement. "Tu peux parler de coups si tu veux. Moi, j'aime mieux dire 'faire la chose' ou 'faire mon devoir conjugal' car ce n'est pas vraiment du plaisir pour moi. C'est plutôt une corvée supplémentaire, mais j'ai tellement peur que mon mari aille voir ailleurs que je cède à toutes ses tentatives. Je dis souvent que je suis trop fatiguée. En tout cas, si ça t'intéresse, je pourrais peut-être en avoir un."

"Je vais réfléchir," dit Marie, pensive.

Ces conversations entre femmes, ces secrets partagés, c'était aussi ça, la vie à l'usine. Une solidarité discrète mais essentielle, des savoirs transmis à l'abri des regards des hommes et des curés. Une autre forme de résistance, plus intime mais tout aussi importante que les luttes syndicales d'Auguste.

Le quartier d'Avesnières avait sa personnalité propre, différente du reste de Laval. Les maisons des tisserands s'alignaient le long des rues étroites, reconnaissables à leurs fenêtres hautes qui laissaient entrer la lumière nécessaire au travail du fil. Le soir, quand les sirènes de l'usine Duchemin annonçaient la fin de la journée, c'était comme une marée humaine qui se déversait dans les rues.

Un dimanche, alors que le ventre de Marie s'arrondissait de six mois, Auguste lui proposa une promenade :

"Viens avec moi le long du chemin de halage. On verra peut-être les péniches qui viennent d'Angers."

Le chemin longeait la Mayenne, offrant une échappée au rythme des usines. Ils trouvèrent deux chalands amarrés, leurs flancs bas sur l'eau sombre. Des hommes aux visages burinés déchargeaient des ardoises venues de Trélazé, leur dos courbé sous le poids des charges. Plus loin, d'autres ouvriers empilaient des caisses de toile des filatures locales, destinées à descendre le fleuve vers Angers.

"C'est la fin d'une époque," dit Auguste, observant les haleurs qui tiraient les péniches à la force de leurs bras. "Bientôt le chemin de fer transportera tout. Je l'ai vu à Port-Brillet - les locomotives à vapeur peuvent tout déplacer bien plus vite, pourvu qu'il y ait une voie."

Marie regardait les hommes qui tiraient les lourdes cordes. "Pour ces haleurs, ce n'est pas une vie. On dirait de l'esclavage."

"Le monde change," murmura Auguste. "Mais parfois je me demande si c'est toujours pour le mieux."

Leur vie à eux aussi changeait. Le travail d'Auguste aux forges Molé s'était stabilisé, apportant une régularité dans leurs revenus qu'ils n'avaient jamais connue. Ils avaient pu quitter leur chambre sous les toits pour louer une petite pièce rue de l'huisserie.

Ce n'était pas un château - deux pièces au rez-de-chaussée, une cuisine minuscule, des murs qui gardaient l'humidité - mais c'était chez eux. Marie y avait apporté des rideaux cousus pendant ses pauses à l'usine, Auguste avait réparé les volets. Pour la première fois depuis leur mariage, ils avaient un véritable foyer.

Le soir, assis devant leur porte comme le faisaient leurs voisins, ils regardaient la vie du quartier. Les enfants jouaient dans la rue, les femmes échangeaient les nouvelles, les hommes discutaient politique. C'était une autre forme de communauté que celle des usines, plus douce, plus humaine.

"C'est ici que notre enfant grandira," dit Marie en caressant son ventre. "Entre le fleuve et les usines."

"Pour l'instant," répondit Auguste. Dans sa poche, il gardait toujours les annonces de terres à vendre. Mais le rêve de la ferme semblait moins urgent maintenant qu'ils avaient trouvé leur place dans ce quartier ouvrier qui, malgré sa dureté, savait aussi être accueillant.

Dans leur petite maison de la rue de l'huisserie, Marie préparait l'arrivée de l'enfant. Le berceau qu'Auguste avait fabriqué avec des planches récupérées attendait dans un coin de la chambre, déjà garni des langes que les voisines avaient apportés. La solidarité du quartier s'exprimait dans ces petits gestes : une couverture tricotée ici, des brassières là, des conseils de mères expérimentées.

La femme du boulanger, dont la boutique faisait l'angle de la rue, gardait toujours de côté un pain un peu brûlé ou mal tourné pour Marie. "Pour les envies de la future maman," disait-elle avec un clin d'œil. Le quartier veillait sur ses femmes enceintes comme un corps vivant protège ses plus vulnérables.

Les soirées d'hiver s'allongeaient dans leur cuisine. Malgré la fatigue de la journée à l'usine Duchemin, Marie s'attardait à préparer des soupes chaudes qu'elle partageait souvent avec les voisines. Les femmes se rassemblaient autour de la table, parlant accouchements et enfants pendant que leurs maris étaient encore à l'usine ou aux forges.

"Tu verras," lui dit un soir la mère Martin, qui avait déjà mis six enfants au monde, "les bébés d'Avesnières sont solides. C'est le bruit des métiers qui les berce avant même qu'ils naissent."

Les bruits, justement... La maison était située à mi-chemin entre l'usine Duchemin et les forges. Du matin au soir, la symphonie industrielle de Laval les accompagnait : le halètement des machines à vapeur, le martèlement des forges, les sirènes qui rythmaient la journée de travail.

"Notre enfant naîtra au rythme des usines," dit un soir Marie, "comme nous vivons au rythme des machines."

"Pas pour toujours," répondit Auguste en posant sa main sur son ventre. Mais sa voix avait perdu son ancienne amertume. Le quartier d'Avesnières leur avait appris quelque chose d'important : on pouvait être ouvrier sans perdre sa dignité, on pouvait vivre au rythme des usines sans y perdre son âme.

Les femmes de la rue avaient leurs propres traditions pour prédire le sexe de l'enfant. La façon dont Marie portait son ventre, la forme de son visage, même la manière dont elle avait envie de certains aliments - tout était signe et présage.

"Ce sera un garçon," affirmait la mère Martin. "Tu le portes haut, comme j'ai porté tous mes fils."

"Une fille," contredisait la femme du boulanger. "Regarde comme elle a le visage clair malgré le travail."

Auguste écoutait ces prédictions avec un sourire. Dans son carnet, il notait : "Ces femmes ont une science que ni les livres ni les machines ne peuvent remplacer. Elles se transmettent la vie de main en main, de génération en génération. Notre enfant naîtra peut-être dans le monde des usines, mais il naîtra aussi dans cette sagesse ancestrale qui survit même au milieu des machines."

Le soir, quand les bruits de l'usine s'atténuaient enfin, ils aimaient s'asseoir sur le pas de leur porte. Le quartier prenait alors une autre vie : les enfants jouaient aux billes dans la poussière, les vieux racontaient des histoires du temps où il n'y avait pas encore d'usines à Laval et l'odeur du pain chaud de la boulangerie se mêlait aux dernières fumées des cheminées d'usine.

Le mois de mars s'annonçait précocement doux cette année-là. Marie avait travaillé jusqu'au dernier moment possible à l'usine Duchemin, malgré les protestations d'Auguste. Les lois sur le repos des femmes enceintes existaient sur le papier, mais chaque journée de salaire comptait.

La sage-femme du quartier, Madame Renard, passait régulièrement les voir. C'était une femme corpulente aux mains usées par une vie de travail, mais dont les yeux gardaient une douceur rassurante. Elle avait mis au monde la moitié des enfants d'Avesnières et connaissait tous les secrets du quartier.

"Le petit sera là avant les jonquilles," prédisait-elle en palpant le ventre de Marie. "Et il a l'air bien décidé, celui-là. Je le sens qui pousse déjà."

Auguste avait arrangé ses horaires aux forges Molé pour être plus présent. Le père Molé, qui avait lui-même six enfants, s'était montré compréhensif :

"Un homme doit être là quand son enfant arrive," avait-il dit. "Les forges attendront bien quelques jours."

Les voisines se relayaient pour tenir compagnie à Marie. Elles apportaient leur ouvrage - tricot, raccommodage - et les heures passaient en conversations où se mêlaient conseils pratiques et histoires du quartier.

"Tu verras," disait la mère Martin, "les premières douleurs, c'est comme le coup de sirène de l'usine. Ça te prend d'un coup et après, faut suivre le rythme."

Les nuits étaient plus difficiles. Marie trouvait difficilement le sommeil, l'enfant semblant plus actif quand tout se taisait. Auguste lui lisait alors des passages de son carnet, ces observations qu'il avait accumulées depuis leur arrivée à Laval.

"Notre enfant connaît déjà l'histoire de nos luttes," disait Marie en souriant. "Il les a écoutées pendant des mois."

Un soir de juin 1895, alors que les dernières fumées des usines se dissipaient dans le ciel, Marie sentit les premières contractions. Elles étaient encore faibles, espacées, mais elle reconnut les signes que toutes les femmes du quartier lui avaient décrits.

"Va chercher Madame Renard," dit-elle calmement à Auguste. "Mais d'abord, aide-moi à préparer de l'eau chaude. Cette nuit sera longue."

Dans la rue, les voisines s'étaient déjà passé le mot. Les femmes savaient ces choses-là - elles sentaient quand une des leurs entrait en travail. Bientôt, des lumières s'allumèrent aux fenêtres. Dans les maisons des tisserands, on commença à préparer du linge propre, des tisanes, tout ce qui serait nécessaire.

"Une nouvelle vie va commencer dans le quartier," murmura la femme du boulanger en mettant une fournée spéciale de pain à cuire. "Il faut que tout soit prêt pour l'accueillir."

Auguste, sur le chemin pour chercher la sage-femme, sentit son cœur battre plus fort que les marteaux des forges. Dans quelques heures, leur enfant naîtrait - un Boursier qui verrait le jour dans ce quartier ouvrier, entre les murs qui avaient entendu tant d'autres premiers cris.

La nuit fut longue, comme l'avait prédit Marie. Madame Renard dirigeait tout avec l'autorité tranquille de l'expérience, donnant ses ordres à voix basse. Les voisines se relayaient pour apporter de l'eau chaude, des linges propres, pendant qu'Auguste attendait dans la cuisine, chassé de la chambre par la sage-femme.

"Les hommes n'ont rien à faire dans ces moments-là," avait-elle déclaré. "Sauf prier, si tu sais encore le faire."

Les heures passaient, marquées par les cris de plus en plus rapprochés de Marie. Dans la rue, les femmes du quartier veillaient, comme elles l'avaient fait pour tant d'autres naissances. Le boulanger avait même retardé sa première fournée, attendant de pouvoir annoncer la nouvelle avec l'odeur du pain frais.

C'est au moment où la sirène de l'usine Duchemin annonçait cinq heures du matin que le premier cri retentit - un cri vigoureux qui fit sourire Madame Renard.

"Un garçon !" annonça-t-elle en ouvrant la porte de la chambre. "Et un costaud !"

Auguste se précipita vers le lit où Marie, épuisée mais rayonnante, tenait contre elle un petit paquet emmailloté dans la couverture bleue qu'elle avait tricotée.

"Regarde," murmura-t-elle, "il a tes yeux."

Le bébé était robuste, avec déjà une touffe de cheveux noirs et des poings serrés comme s'il voulait déjà se battre contre le monde.

"Comment l'appellerez-vous ?" demanda la sage-femme en finissant ses derniers soins. "Auguste," répondit Marie en regardant son mari. "Auguste Boursier, comme son père."

"Deux Auguste Boursier dans le quartier," rit Madame Renard. "Ça promet !"

La nouvelle se répandit rapidement dans Avesnières. Le boulanger sortit une fournée spéciale, distribuant des petits pains encore chauds aux ouvriers qui partaient à l'usine. "Pour fêter le petit Auguste !" criait-il.

Dans la chambre, pendant que les femmes s'affairaient autour de Marie, Auguste père regardait Auguste fils avec émerveillement. Dans son carnet, plus tard, il écrirait :

"Il est né au son de la sirène d'usine, mon fils, comme si le monde ouvrier le réclamait déjà. Mais il est né dans une maison à nous, entouré par la chaleur d'un quartier entier. Il porte mon nom - pas celui que mon père m'a donné, mais celui que j'ai choisi. Auguste Boursier, deuxième du nom. Puisse-t-il porter ce nom avec autant de fierté que de liberté."

Marie s'était endormie, épuisée mais sereine. Le petit Auguste, lui, observait le monde de ses yeux grands ouverts, comme s'il voulait déjà tout comprendre, tout mémoriser.

"Il a l'air aussi curieux que toi," murmura la mère Martin qui était restée aider. "Ça fera peut-être un autre rebelle."

Auguste sourit. Son fils naissait dans un monde différent de celui qu'il avait connu au Chêne Creux. Un monde plus dur peut-être, mais aussi plus ouvert aux changements, aux possibilités. Un monde où un Boursier pourrait tracer son propre chemin.

Les premières semaines avec le petit Auguste transformèrent leur modeste maison de la rue de l'huisserie. Marie, qui avait obtenu quinze jours de repos de l'usine Duchemin - sans salaire, bien sûr -, apprenait à connaître ce fils qui semblait déjà avoir son caractère bien trempé.

"Il ne pleure pas, il proteste," disait en riant la mère Martin qui passait chaque jour voir comment se portait la jeune maman. "On dirait déjà qu'il veut négocier ses heures de tétée."

Auguste père avait écrit deux lettres le jour même de la naissance : une à sa sœur Marie, une à ses parents au Chêne Creux. La première réponse vint de sa sœur :

"Mon cher frère,

Quelle joie d'apprendre la naissance du petit Auguste ! Mon propre fils, qui naîtra dans quelques semaines, aura donc un cousin presque du même âge. Même si nos enfants portent des noms différents, ils sont de la même lignée de têtes dures et de cœurs droits.

J'ai annoncé la nouvelle à Père. Il était dans son fauteuil près de la fenêtre, regardant la pluie tomber sur les champs du Chêne Creux. Quand je lui ai dit que son petit-fils s'appelait Auguste Boursier, il est resté longtemps silencieux. Puis il a dit quelque chose qui m'a surprise : 'Au moins, celui-là saura d'où il vient et où il va.' Je crois qu'il commence à comprendre, à sa manière..."

Les voisines se relayaient pour aider Marie, apportant des plats chauds, gardant le petit pendant qu'elle se reposait. Le quartier d'Avesnières avait ses traditions pour les nouvelles mères : des soupes spéciales pour faire monter le lait, des tisanes aux herbes cueillies le long de la Mayenne.

Auguste père passait ses pauses de midi à la maison, pressé de voir son fils. Le petit semblait le reconnaître déjà, ses yeux suivant les mouvements de son père avec une intensité surprenante pour un nourrisson.

"Il observe tout," remarquait Marie. "Comme toi quand tu prenais des notes dans ton carnet à la fonderie."

D'ailleurs, le carnet d'Auguste s'était enrichi de nouvelles pages, non plus sur les luttes ouvrières, mais sur les premiers jours de son fils :

"7 août : Premier sourire aujourd'hui. Marie dit que c'est juste un réflexe, mais je sais ce que j'ai vu. Il souriait en entendant la sirène de l'usine - peut-être reconnaît-il déjà les sons qui ont bercé sa vie avant sa naissance.

10 août : Ses poings sont toujours serrés, comme s'il voulait retenir quelque chose. La mère Martin dit que c'est normal chez les nouveau-nés, mais je me demande : que serrent ces petits poings ? Nos espoirs ? Nos rêves ? L'avenir que nous n'avons pas encore construit ?

12 août : Premier bain aujourd'hui. Il n'a pas pleuré, juste regardé autour de lui avec ces yeux qui semblent tout absorber. Marie dit qu'il a mon regard quand j'écoute les histoires des anciens de la forge."

Le retour à l'usine Duchemin fut plus difficile que Marie ne l'avait imaginé. Non pas à cause du travail - ses mains retrouvèrent vite les gestes familiers des métiers à filer - mais à cause de la séparation d'avec le petit Auguste.

Heureusement, le quartier d'Avesnières avait son système bien rodé. La mère Leblanc, une ancienne fileuse trop âgée maintenant pour le travail d'usine, gardait les enfants des ouvrières dans sa maison de la rue des Tisserands. Pour quelques sous par semaine, elle veillait sur une demi-douzaine de petits.

"Ne t'inquiète pas," dit-elle à Marie le premier matin. "Ton Auguste est en bonnes mains. Et puis, de sa fenêtre, il voit l'usine où travaille sa mère."

Les journées prirent un nouveau rythme. Marie se levait avant l'aube pour allaiter le petit avant de partir à l'usine. Auguste père, qui commençait plus tard aux forges, s'occupait du bébé jusqu'à ce que la mère Leblanc vienne le chercher.

"C'est comme ça qu'on fait chez nous," expliquait la vieille femme aux voisines étonnées de voir un père s'occuper ainsi de son enfant. "Les hommes doivent aussi apprendre à bercer, sinon comment comprendraient-ils ce que c'est que d'élever un enfant ?"

À midi, Marie courait chez la mère Leblanc pour nourrir le petit. Ces moments étaient précieux, volés entre deux coups de sirène. Le bébé semblait comprendre l'urgence - il tétait vigoureusement, ses petits poings agrippant la chemise de sa mère comme s'il voulait la retenir.

"Il grandit bien," remarquait la mère Leblanc. "Il a déjà l'appétit d'un ouvrier !"

Les soirs étaient des moments de retrouvailles. Auguste père rentrait des forges, noir de suie mais les yeux brillants de retrouver son fils. Le petit semblait reconnaître le pas de son père dans l'escalier - il s'agitait dans son berceau dès qu'il l'entendait.

"Il aime l'odeur du fer," disait Marie en voyant le bébé se blottir contre la chemise de travail de son père. "Entre le coton et le fer, il est bien un enfant d'Avesnières."

L'argent était plus serré que jamais. Le salaire de Marie était diminué à cause des pauses d'allaitement et il fallait payer la mère Leblanc. Mais ils s'en sortaient, comme tous les ouvriers du quartier.

"On met moins de côté pour la ferme," dit un soir Auguste en faisant les comptes. "Mais notre fils est plus important que nos vieux rêves."

Marie le regarda bercer le petit : "Les rêves changent, ils ne meurent pas. Peut-être qu'un jour, ce sera lui qui réalisera ce que nous n'avons pas pu faire."

Dans son carnet, Auguste nota : "Le petit Auguste a trois mois maintenant. Ses yeux suivent les mouvements des ombres sur le mur - les ombres des cheminées d'usine, les ombres des métiers à tisser des voisins. Il naît dans ce monde de machines et de labeur, mais aussi dans un monde de solidarité et d'entraide. Quand je le vois sourire à la mère Leblanc, rire aux grimaces des enfants plus grands, je me dis que peut-être, nous lui offrons quelque chose que même une ferme ne pourrait pas donner : une communauté."

Les mois passaient et le petit Auguste grandissait au rythme du quartier d'Avesnières. À six mois, il se tenait déjà assis tout seul, observant avec curiosité le va-et-vient des voisins depuis la cour de la mère Leblanc.

La vieille femme avait organisé son petit monde avec l'efficacité d'un contremaître d'usine. Les plus grands aidaient avec les plus petits, chacun avait sa place, son rôle. Le petit Auguste était devenu le favori des autres enfants - peut-être à cause de son rire facile ou de cette façon qu'il avait de tendre les bras vers quiconque s'approchait de lui.

"C'est un vrai fils d'ouvrier," disait fièrement la mère Leblanc. "Il sait déjà que la solidarité, ça commence au berceau."

Les premiers pas vinrent plus tôt que prévu. Un soir, alors qu'Auguste père rentrait des forges, le petit se leva du tapis où il jouait et traversa la cuisine en titubant jusqu'à lui. Trois pas mal assurés, mais trois pas quand même.

"Il marche vers le fer et la suie," rit Marie qui préparait la soupe. "Comme son père qui courait vers les forges."

La vie du quartier rythmait ses journées. Le matin, c'était le boulanger qui le saluait en préparant sa première fournée. À midi, il regardait les ouvriers sortir des usines, reconnaissant déjà sa mère dans la foule des filandières. Le soir, les jeux des enfants dans la rue berçaient son sommeil.

Un jour, alors qu'Auguste père le tenait dans ses bras près de la Mayenne, regardant les péniches passer, le petit pointa du doigt les cheminées fumantes et dit distinctement : "Pa-pa."

"Son premier mot," nota Auguste dans son carnet. "Il a associé les cheminées des forges à son père. Je ne sais pas si je dois en être fier ou triste. Mais au moins, il saura d'où il vient."

Le quartier entier participait à son éducation. Les vieux tisserands lui racontaient des histoires de leur métier, même s'il était trop petit pour comprendre. Les femmes qui travaillaient à domicile sur leurs métiers le laissaient jouer avec des bobines de fil vides. Même le facteur s'arrêtait pour lui faire des grimaces.

"Il apprend plus vite que les autres," remarqua un jour la mère Leblanc. "Il veut tout voir, tout toucher, tout comprendre."

"Comme son père," répondit Marie. "Toujours à vouloir savoir le pourquoi des choses."

Auguste, lui, commençait déjà à penser à l'avenir de son fils. Le soir, quand le petit dormait, il sortait parfois de vieux livres qu'il avait gardés de Port-Brillet.

"Il apprendra à lire tôt," disait-il à Marie. "L'instruction, c'est la première des libertés."

"Et l'amour est la première des forces," répondait-elle en regardant leur fils dormir. "Regarde comme il est entouré, comme il grandit confiant dans ce monde qui pourtant n'est pas toujours tendre."

Dans le quartier, on disait déjà en riant qu'il y avait deux Auguste Boursier : le grand qui se battait pour un monde meilleur et le petit qui découvrait ce monde avec des yeux émerveillés.

À un an, le petit Auguste était déjà le roi d'Avesnières. Ses premiers pas assurés le menaient partout dans le quartier, sa curiosité naturelle le poussant à explorer chaque recoin. Les voisins s'étaient habitués à le voir apparaître dans leurs cours, son sourire éclairant son visage barbouillé.

La forge Molé était son endroit préféré. Quand Marie l'emmenait chercher son père en fin de journée, ses yeux s'illuminaient au spectacle des étincelles et du métal rougeoyant. Le père Molé lui-même s'était pris d'affection pour ce petit bonhomme qui n'avait peur ni du bruit ni de la chaleur.

"Celui-là, il a le feu dans le sang," disait-il en le voyant taper avec un petit marteau en bois que son père lui avait fabriqué.

Aux filatures Duchemin, où Marie l'emmenait parfois pendant sa pause déjeuner, il restait fasciné par la danse des métiers. Le bruit assourdissant qui effrayait tant d'autres enfants semblait le bercer. Il tendait ses petites mains vers les fils, comme s'il voulait déjà comprendre leur mystère.

"Un vrai fils du textile," plaisantaient les fileuses en le voyant jouer avec les écheveaux de coton.

Mais c'était la Mayenne qui l'attirait le plus. Dès qu'il le pouvait, il se faufilait vers le chemin de halage. Auguste l'y emmenait souvent le dimanche, lui montrant les péniches qui passaient, lui expliquant d'où venaient les marchandises.

"Tu vois ces ardoises ? Elles viennent de Trélazé, où j'ai travaillé. Et ce coton arrive d'Amérique, il va dans l'usine où travaille ta mère."

Le petit écoutait tout, ses yeux vifs enregistrant chaque détail. Il commençait à former des phrases, mélangeant les mots d'une façon qui faisait rire le quartier :

"Papa forge, Maman file, Auguste regarde tout !"

La mère Leblanc avait pris l'habitude de lui raconter l'histoire du quartier, comme elle le faisait pour tous les enfants dont elle s'occupait. Mais le petit Auguste posait déjà des questions qui la surprenaient :

"Pourquoi le bruit des machines ?" "Pourquoi les hommes noirs de la forge ?" "Pourquoi la rivière bouge toujours ?"

"Celui-là," disait-elle aux autres femmes, "il ne se contente pas de voir, il veut comprendre."

Auguste père notait tout dans son carnet : "Mon fils grandit entre deux mondes - celui des machines qui rythment nos vies et celui de la rivière qui coule sans fin. Il apprend déjà que le travail est notre lot, mais aussi que la liberté existe - dans l'eau qui passe, dans le vent qui souffle sur les cheminées, dans les histoires que racontent les vieux du quartier."

Marie avait sa propre façon de lui enseigner la vie. Elle lui chantait des comptines en travaillant, lui montrait comment le pain lève chez le boulanger, comment les plantes poussent dans les petits jardins ouvriers.

"Il faut qu'il sache," disait-elle à Auguste, "que même dans ce monde de fer et de coton, la vie trouve toujours son chemin.

Le petit Auguste avait bientôt deux ans et sa compréhension du monde qui l'entourait s'affinait chaque jour. Il avait appris à reconnaître les différentes sirènes des usines - celle de Duchemin, plus aiguë, celle des forges Molé, plus grave. Il savait que la première appelait sa mère, la seconde son père.

Un matin d'été, alors que la mère Leblanc l'avait installé dans la cour avec les autres enfants, il observa pour la première fois vraiment les ouvriers qui sortaient de leur nuit de travail. Leurs visages étaient noirs de suie ou blancs de poussière de coton, leurs pas lourds de fatigue.

"Pourquoi tristes ?" demanda-t-il à la vieille femme.

"Ils sont fatigués, mon petit. Le travail est dur."

"Comme papa et maman ?"

"Oui, comme eux. Mais ils travaillent pour que leurs enfants aient une vie meilleure."

Cette notion de "vie meilleure" semblait le préoccuper. Un soir, alors qu'Auguste le portait sur ses épaules le long de la Mayenne, il pointa du doigt les belles maisons sur les hauteurs de la ville :

"Là-haut, pas fatigués ?"

Auguste dut prendre un moment pour répondre. Comment expliquer les inégalités du monde à un enfant de deux ans ?

"Non, mon fils. Ils ne travaillent pas comme nous. Mais tu sais, la vraie richesse n'est pas toujours dans les grandes maisons."

Le petit semblait absorber ces leçons à sa manière. Il avait pris l'habitude de partager son pain avec les autres enfants chez la mère Leblanc, même quand il avait encore faim. Quand on lui demandait pourquoi, il répondait simplement :

"Comme les hommes de la forge qui partagent l'eau."

Marie le surprit un jour à "jouer à l'usine" avec les autres enfants. Il avait organisé un petit atelier avec des bobines vides et des bouts de ficelle, imitant le bruit des machines et donnant des ordres imaginaires :

"Doucement avec le fil ! Attention aux doigts ! Tout le monde mange à midi !"

"Il joue au contremaître gentil," rit la mère Leblanc. "Il a déjà compris qu'on peut commander sans être méchant."

Dans son carnet, Auguste notait : "Mon fils apprend la vie ouvrière avant même de savoir tout parler. Il voit la fatigue, la solidarité, la lutte quotidienne. Mais il voit aussi la fierté dans nos gestes, la dignité dans notre travail. Que retiendra-t-il de tout cela ? Quelle leçon tirera-t-il de ces premières années passées entre les cheminées d'usine et la rivière ?"

La réponse vint peut-être un dimanche, lors d'une promenade familiale. Passant devant les forges silencieuses ce jour-là, le petit Auguste s'arrêta et déclara solennellement :

"Quand grand, je fais maisons pour tous les fatigués."

Marie serra la main de son mari. Leur fils avait peut-être déjà compris l'essentiel : le travail n'est pas une fin en soi, mais un moyen de construire quelque chose de meilleur.

Ce soir-là, Marie rentra de l'usine préoccupée. Après avoir couché le petit Auguste, elle s'assit à la table de la cuisine où son mari écrivait dans son carnet.

"Auguste," dit-elle doucement, "il faut qu'on parle."

Elle lui raconta alors une conversation qu'elle avait eue avec Julienne pendant sa grossesse, hésitant sur certains mots, mais déterminée à partager ce secret de femmes avec son homme.

"Tu comprends," expliqua-t-elle, "je ne veux pas qu'on se retrouve avec un deuxième bébé tout de suite. Le travail à l'usine est déjà assez dur comme ça."

Auguste posa son crayon, écoutant attentivement. Lui qui se battait pour la dignité des ouvriers comprenait que les femmes menaient leurs propres batailles.

"Et qu'est-ce que tu veux faire ?" demanda-t-il simplement.

"Julienne peut me procurer un de ces... appareils. Mais c'est interdit par l'église. Je sais que tu n'es pas croyant, mais moi..."

Elle s'interrompit, tiraillée entre sa foi et son désir de maîtriser son corps, sa vie.

"C'est à toi de décider," dit Auguste. "Ton corps, ton choix. Moi, je te soutiendrai quoi que tu décides."

"Les autres femmes de l'usine en parlent à voix basse," continua-t-elle. "Certaines disent que c'est un péché, d'autres que c'est une libération. La femme du contremaître, elle a déjà huit enfants. Elle peut à peine travailler maintenant et ils vivent dans la misère."

Auguste se rappela les mots de son père sur l'ordre naturel des choses, sur la volonté de Dieu. Mais il pensait aussi aux femmes qu'il voyait à l'usine, leurs corps usés par les grossesses successives, le travail, la fatigue.

"Tu sais," dit-il enfin, "je crois que si Dieu existe, il ne veut pas voir ses enfants souffrir inutilement. Et puis, n'est-ce pas mieux d'avoir moins d'enfants mais de pouvoir leur donner une vie décente ?"

Marie sourit faiblement. "Julienne dit que c'est ça, la vraie révolution des femmes. Pas dans les rues ou les usines, mais dans ces petits choix qu'on fait pour notre corps, notre vie."

"Elle a peut-être raison. Les hommes font la révolution dans les ateliers, les femmes la font dans leur chair."

Le lendemain, Marie glissa discrètement quelques pièces à Julienne. Une semaine plus tard, l'appareil était caché au fond de leur armoire, enveloppé dans un linge propre.

"Je ne sais pas si c'est bien," murmura-t-elle en se couchant ce soir-là.

"C'est juste," répondit Auguste. "Et parfois, la justice est plus importante que les règles des hommes."

Dans son carnet, plus tard, il ajouta : "Les femmes portent un double fardeau - celui du travail et celui de leur corps. Nous, les hommes, nous parlons de liberté, de droits, de justice. Mais la vraie libération commence peut-être par ces petits actes de résistance, ces choix intimes que font nos femmes, nos sœurs, nos mères. Marie est plus courageuse que moi - sa révolution est silencieuse mais profonde.

Les semaines qui suivirent apportèrent un changement subtil mais profond dans la vie de Marie. À l'usine Duchemin, elle partageait maintenant des regards complices avec Julienne et d'autres femmes qui avaient fait le même choix qu'elle.

"C'est comme un cercle secret," lui expliqua un jour Julienne pendant la pause déjeuner. "On se reconnaît entre nous. Pas besoin de mots - on sait qu'on a choisi notre liberté."

Mais cette liberté avait son prix. Le dimanche à l'église, Marie se sentait parfois mal à l'aise pendant le sermon, surtout quand le curé parlait des devoirs conjugaux et de la morale. Elle serrait alors la main du petit Auguste plus fort, comme pour se rassurer qu'elle avait fait le bon choix pour lui aussi.

"Je ne veux pas qu'il grandisse dans la misère," dit-elle un soir à Auguste. "Je veux qu'il ait une vraie chance, pas comme ces familles où les enfants doivent travailler dès qu'ils peuvent marcher parce qu'il y a trop de bouches à nourrir."

Dans le quartier d'Avesnières, d'autres changements se manifestaient. Les femmes semblaient plus assurées, plus libres dans leurs mouvements et leurs paroles. Même à l'usine, elles osaient davantage tenir tête aux contremaîtres.

"C'est drôle," remarqua Marie, "quand on commence à contrôler une partie de sa vie, on veut contrôler le reste aussi."

Un jour, alors que le petit Auguste jouait dans la cour de la mère Leblanc, une scène frappa particulièrement Marie. Une des ouvrières, enceinte de son sixième enfant, pleurait silencieusement dans un coin. Sans un mot, Julienne s'approcha d'elle et lui glissa quelque chose à l'oreille. Le lendemain, la femme semblait différente, comme si un poids avait été levé de ses épaules.

"On se sauve les unes les autres," dit simplement Julienne quand Marie la questionna.

Auguste observait ces changements avec un mélange d'admiration et de respect. Dans son carnet, il nota : "Les femmes ont leur propre révolution. Pas avec des cris et des grèves, mais avec des secrets murmurés, des gestes de solidarité, des choix impossibles transformés en actes de liberté. Marie est différente maintenant - plus forte, plus sûre d'elle. Comme si en prenant le contrôle de son corps, elle avait aussi pris le contrôle de son destin."

Le petit Auguste grandissait au milieu de ces femmes qui avaient choisi leur voie. Sans le savoir, il apprenait une autre forme de résistance, plus subtile mais tout aussi puissante que les luttes ouvrières de son père.

"Regarde nos femmes," dit un jour un vieil ouvrier à Auguste. "Elles changent le monde sans faire de bruit, juste en décidant d'être libres."

Dans les mois qui suivirent, Marie remarqua que les conversations à l'usine Duchemin avaient changé. Les femmes ne parlaient plus seulement des enfants, du ménage ou des difficultés quotidiennes. Une force nouvelle semblait les animer.

"Tu as vu ?" chuchota Julienne un matin. "La Louise du troisième métier a refusé de faire des heures supplémentaires hier. Elle a dit au contremaître qu'elle avait le droit de s'occuper de ses enfants."

"Et qu'est-ce qu'il a dit ?"

"Il a crié, bien sûr. Mais toutes les femmes de l'atelier se sont arrêtées de travailler. Sans un mot. Juste le silence. Il a fini par partir en claquant la porte."

Cette solidarité silencieuse s'étendait au-delà de l'usine. Les femmes d'Avesnières s'organisaient différemment. Elles créèrent un système de garde d'enfants plus élaboré que celui de la mère Leblanc, se relayant les unes les autres selon leurs horaires de travail.

Un soir, Marie trouva le courage de parler à la femme du contremaître, celle aux huit enfants dont le dernier venait de naître :

"Il y a peut-être une solution," lui dit-elle doucement. "Si vous voulez, on peut en parler..."

La semaine suivante, la femme marchait différemment, la tête plus haute. Elle aussi avait rejoint le cercle secret des femmes libres.

Auguste observait ces changements avec un mélange de fierté et d'étonnement. Lors d'une réunion syndicale, il fut surpris d'entendre des revendications nouvelles portées par les ouvrières : des pauses pour l'allaitement, des horaires adaptés pour les mères, une infirmerie pour les enfants.

"Les femmes prennent leur place," dit-il à Marie. "Pas comme on l'imaginait, mais peut-être mieux encore."

Le petit Auguste grandissait au milieu de cette révolution silencieuse. À deux ans passés, il avait déjà compris que les femmes du quartier avaient un pouvoir particulier. Il les observait se réunir, parler à voix basse, s'entraider avec une efficacité que les hommes ne soupçonnaient pas.

Un jour, alors qu'il jouait dans la cour, il demanda à sa mère :

"Pourquoi les dames chuchotent ?"

Marie sourit : "Parce que certains secrets rendent plus fort, mon fils. Et la force n'a pas toujours besoin de faire du bruit."

Dans son carnet, Auguste nota : "Notre fils grandit dans un monde en transformation. Les machines changent, oui, mais les êtres humains aussi. Les femmes de notre quartier ont trouvé leur propre voie vers la liberté. Elles ne demandent pas la permission - elles prennent ce qui leur revient de droit. Marie dit que c'est comme le coton qu'elles filent : fil après fil, elles tissent une nouvelle réalité."

À l'aube du nouveau siècle, alors que le petit Auguste venait avait quatre ans, une nouvelle période de troubles s'annonçait. L'année 1900 apporta avec elle des changements que personne n'avait prévus...

La nouvelle force des femmes d'Avesnières commençait à inquiéter certains. Le curé multipliait les sermons sur les devoirs des épouses, les contremaîtres se plaignaient d'une insubordination grandissante. Mais rien ne semblait pouvoir arrêter ce mouvement silencieux et déterminé.

La rupture avec les forges Molé survint à cause d'une dispute sur les conditions de sécurité. Un nouvel ingénieur avait décidé de modifier les procédures pour augmenter la production, au mépris des risques.

"On va tous finir brûlés vifs," protesta Auguste lors d'une réunion. "Ces nouvelles méthodes sont dangereuses."

"Les ouvriers n'ont pas à discuter les décisions techniques," répondit sèchement l'ingénieur.

"Les ouvriers sont ceux qui risquent leur peau," répliqua Auguste. "Nous ne sommes pas du métal qu'on peut fondre à volonté."

Le lendemain, son renvoi tombait comme un couperet. Le vieux Marcel secoua tristement la tête : "Ta forte tête te perdra, mon gars."

Mais le hasard - ou le destin - conduisit Auguste vers les bois de l'Huisserie, où l'on cherchait des bûcherons. Le travail était dur, mais différent. Au lieu du feu et du métal, c'était maintenant le bois et l'air libre.

"C'est peut-être mieux ainsi," dit-il à Marie. "Au moins, le petit pourra venir me voir sans risquer les flammes de la forge."

Chapitre 13 Le vieux loup du Bois de L'Huisserie

1898, les bois recelaient leurs propres mystères. Un jour, en défrichant une zone épaisse, Auguste découvrit des traces étranges dans le sol - des emplacements circulaires, des douilles rouillées.

"Ce sont les positions des canons," lui expliqua un vieux bûcheron. "De la guerre de 70. Les Prussiens n'ont jamais pris Laval, grâce à ces batteries. La terre garde la mémoire, tu vois."

Mais ce n'était pas tout ce que la forêt gardait. Les soirs d'hiver, quand le jour tombait tôt, des hurlements lointains faisaient frissonner les hommes.

"Les loups," murmura le vieux. "Ils sont encore là, dans les parties les plus profondes du bois. La ville avance, les usines fument, mais eux, ils résistent."

Auguste notait dans son carnet : "Étrange de penser qu'à quelques kilomètres des filatures et des forges, les loups rôdent encore. Comme si deux mondes se côtoyaient - celui des machines qui avance inexorablement et celui de la nature sauvage qui refuse de céder."

Le petit Auguste était fasciné par ces histoires. Quand son père rentrait le soir, sentant la résine et la terre, il réclamait toujours :

"Papa, raconte les loups !"
"Les loups sont comme nous, petit," répondait Auguste. "Ils survivent dans un monde qui change. Ils s'adaptent ou ils disparaissent."

Le travail de bûcheron avait ses propres dangers. Les arbres pouvaient tomber du mauvais côté, les outils glisser et l'hiver, le froid mordait jusqu'aux os. Mais Auguste y trouvait une forme de paix qu'il n'avait pas connue aux forges.

"Ici," dit-il un jour à Marie qui était venue le voir avec le petit, "on lutte contre la nature, pas contre les hommes. C'est plus honnête, d'une certaine façon."

Dans le bois de l'Huisserie, Auguste découvrait un monde régi par des lois différentes de celles des usines. Ici, le temps n'était pas marqué par les sirènes mais par la course du soleil et le travail suivait le rythme des saisons.

Les vieux bûcherons lui apprirent à lire la forêt : comment reconnaître un arbre prêt à être abattu, comment deviner la direction de sa chute en observant son inclinaison naturelle, comment repérer les zones dangereuses où le sol était traître.

"Les arbres ont leur caractère," lui expliquait le père Mathieu, un ancien qui travaillait dans ces bois depuis quarante ans. "Comme les hommes. Certains tombent droit, d'autres se rebellent jusqu'au bout."

Un matin d'hiver particulièrement froid, alors qu'ils travaillaient dans une zone reculée, ils trouvèrent des traces dans la neige fraîche - des empreintes larges et profondes.

"Les loups sont descendus cette nuit," dit le père Mathieu en examinant les traces. "La faim les pousse plus près des zones où nous travaillons."

Les hommes se mirent à travailler en groupe plus serré ce jour-là, leurs haches résonnant dans l'air glacé comme pour tenir à distance les prédateurs invisibles. Auguste comprit alors pourquoi les anciens insistaient pour maintenir des feux allumés toute la journée.

Le soir, quand il rentrait à la maison, le petit Auguste humait ses vêtements qui sentaient la fumée et la résine :

"Papa sent la forêt !" riait-il.

Marie s'inquiétait parfois : "Ces loups... C'est dangereux, non ?"

"Pas autant que les machines des forges," répondait Auguste. "Au moins, avec les loups, on sait à quoi s'attendre."

Un jour, en déblayant une zone pour la coupe, ils mirent au jour d'autres vestiges de la guerre : des fragments d'obus, une gamelle rouillée portant encore des inscriptions en allemand.

"La terre garde tout," dit le père Mathieu. "Les guerres des hommes, les secrets des bêtes. Mais elle finit toujours par les recouvrir."

Dans son carnet, Auguste notait : "La forêt a sa propre mémoire. Les arbres que nous coupons ont vu passer les armées, ont entendu tonner les canons, ont abrité les loups. Et nous, petits hommes avec nos haches, nous tentons d'imposer notre ordre à ce monde plus ancien que nos usines."
Le travail était différent, mais les luttes existaient aussi. Certains marchands de bois voulaient faire abattre trop d'arbres trop vite, sans respecter les cycles de la forêt. Les bûcherons devaient parfois résister, à leur manière.

"On ne peut pas tout couper," expliquait le père Mathieu. "Il faut laisser à la forêt le temps de se refaire. Sinon, elle meurt et nous avec elle."

L'hiver cette année-là fut particulièrement rude. La neige et le froid poussèrent les loups plus près des zones de coupe et les bûcherons commencèrent à perdre des heures de travail à cause de leur présence.

Un matin de février, alors que l'aube peinait à percer la brume glacée, Auguste et le père Mathieu entendirent des cris venant de la zone où travaillaient deux jeunes bûcherons. En arrivant sur place, ils trouvèrent un loup énorme, acculé contre un tas de bois, montrant les crocs aux hommes qui tentaient de le tenir en respect avec leurs haches.

"Pas de gestes brusques," murmura le père Mathieu. "C'est un vieux mâle, probablement chassé de sa meute. Les plus dangereux, ceux-là."

Le loup, sans doute affamé par les rigueurs de l'hiver, ne semblait pas disposé à fuir. Ses yeux jaunes brillaient d'une lueur féroce et sa fourrure grise était hérissée sur son échine.

"Il faut l'abattre," dit un des jeunes. "Il reviendra sinon."

Auguste n'avait jamais tué que pour se nourrir ou se défendre, mais il comprit que cette fois, il n'y avait pas d'autre choix. Le loup solitaire était trop dangereux pour les hommes qui travaillaient dans les bois.

Ce qui suivit resta gravé dans sa mémoire - la rapidité de l'attaque du loup, le choc de la hache, la lutte brève mais violente dans la neige rougie. Quand tout fut fini, les hommes restèrent un moment silencieux devant la dépouille de l'animal.

"Ce n'est pas souvent qu'on en voit un aussi gros," dit le père Mathieu en examinant la bête. "La peau vaudra quelque chose."

"Je peux la garder ?" demanda Auguste.

Les autres acceptèrent - après tout, c'était lui qui avait porté le coup décisif. Il passa la soirée à dépecer soigneusement l'animal, comme son père lui avait appris au Chêne Creux pour les bêtes de la ferme.

Quand il rentra chez lui ce soir-là, portant la lourde peau sur son épaule, le petit Auguste ouvrit de grands yeux émerveillés.

"Un vrai loup, papa ?"

"Un vrai loup, mon fils. Le dernier peut-être que nous verrons par ici. Les bois changent, comme tout le reste."

Marie aida à étendre la peau pour la faire sécher. "Que vas-tu en faire ?"

"La garder," répondit Auguste. "Pour que notre fils se souvienne qu'il y avait des loups dans les bois de son enfance."
Dans son carnet ce soir-là, il écrivit : "J'ai tué un loup aujourd'hui. Une bête magnifique, fière jusqu'au bout. Comme les derniers représentants d'un monde qui s'efface devant nos machines et nos villes. Le petit Auguste grandira dans un monde où les loups ne seront plus que des histoires qu'on raconte le soir. Est-ce un progrès ?

La peau du loup, une fois tannée et préparée, fut accrochée dans leur petite maison de la rue de L'huisserie. Elle attirait l'attention de tous les visiteurs, créant un étrange contraste avec l'environnement ouvrier d'Avesnières.

"Ça me fait penser au Chêne Creux," dit un soir Marie en caressant la fourrure grise. "Cette odeur de forêt, de vie sauvage... C'est si différent de l'odeur du coton et des machines."

Le petit Auguste passait des heures assis près de la peau, inventant des histoires. Il mélangeait dans ses récits enfantins les loups et les machines, les bois sombres et les cheminées fumantes.

"Papa combat les loups comme il combattait les patrons ?" demanda-t-il un jour, avec cette innocence qui fait dire aux enfants des vérités troublantes.

La réputation d'Auguste changea aussi dans le quartier. Les ouvriers le regardaient différemment - tuer un loup n'était pas une mince affaire. Même les contremaîtres des usines semblaient le traiter avec un nouveau respect quand ils le croisaient.

Le père Mathieu lui apprit à lire d'autres signes de la forêt : "Les loups ne sont pas partis, ils se sont juste éloignés. Comme nous tous, ils reculent devant les villes qui grandissent."

Un jour, un marchand proposa à Auguste une belle somme pour la peau. Il refusa :

"Ce n'est pas qu'une peau," expliqua-t-il à Marie. "C'est un morceau d'histoire, un bout de ce monde sauvage qui disparaît. Je veux que notre fils s'en souvienne."

Dans les bois, le travail continuait, mais quelque chose avait changé. Les hommes écoutaient davantage Auguste maintenant, même quand il parlait de protéger certaines zones de la forêt, de couper les arbres avec plus de discernement.

"Tu parles des arbres comme tu parlais des ouvriers," lui dit un jour le père Mathieu. "Comme si tout était lié."

"Parce que tout est lié," répondit Auguste. "Les arbres, les loups, les hommes... Nous appartenons tous à la même histoire."

Dans son carnet, il nota : "Le petit pose sa main sur la fourrure du loup chaque soir avant de dormir. Peut-être sent-il que cette peau est plus qu'un trophée - c'est un témoin de ce que nous perdons pendant que nous construisons notre nouveau monde. Je me demande ce qu'il racontera à ses propres enfants. Y aura-t-il encore des forêts ? Des loups ? Ou seulement des usines et des machines ?"

La peau du loup devint comme un pont entre deux mondes - celui des usines et celui de la forêt, celui du progrès et celui de la nature sauvage. Elle rappelait à Auguste que la vraie force ne vient pas toujours des machines ou des luttes ouvrières, mais parfois de ces moments où l'homme fait face à quelque chose de plus ancien, de plus profond que ses querelles quotidiennes
Un conflit éclata au début du printemps, quand un nouveau marchand de bois obtint les droits de coupe dans une partie ancienne de la forêt. C'était un homme de la ville qui ne voyait dans les arbres que des chiffres sur un registre.

"Il faut tout couper," ordonna-t-il aux bûcherons. "Et vite. Le bois se vend bien en ce moment."

Auguste examina la zone concernée - de vieux chênes centenaires, des arbres qui avaient vu passer les guerres et les loups, qui abritaient une vie foisonnante.

"On ne peut pas tout raser comme ça," protesta-t-il. "Ces arbres maintiennent le sol. Si on les coupe tous d'un coup, les pluies emporteront la terre et rien ne repoussera."

"Je ne vous paie pas pour penser," répliqua le marchand. "Je vous paie pour couper."

Le père Mathieu, qui connaissait la forêt mieux que personne, appuya Auguste : "Il a raison. Cette partie du bois, c'est comme son cœur. La détruire, c'est tuer toute la forêt."

Mais le marchand ne voulait rien entendre. Il avait ses commandes, ses délais, ses profits à faire.

Un matin, voyant les jeunes bûcherons s'attaquer aux premiers chênes, Auguste posa sa hache :

"Je ne participerai pas à ce massacre."

"Alors vous êtes renvoyé," dit le marchand. "Et estimez-vous heureux que je ne vous fasse pas payer pour insubordination."

Les autres bûcherons baissèrent la tête, continuant leur travail. Seul le père Mathieu osa un geste - il tendit sa main calleuse à Auguste :

"Tu as raison, mon gars. Mais parfois avoir raison ne suffit pas."

Ce soir-là, en rentrant chez lui, Auguste regarda longuement la peau du loup accrochée au mur. Elle semblait le narguer - un autre morceau de nature sauvage sacrifié au nom du profit.

"Encore sans travail ?" demanda doucement Marie.

"Encore. Ma forte tête, comme d'habitude."

Le petit Auguste, qui jouait près de la peau du loup, leva les yeux vers son père :

"Tu as défendu les arbres, papa ?"

"Oui, mon fils. Comme le loup défendait sa forêt."

Dans son carnet, il écrivit : "Je perds mes emplois les uns après les autres, mais je garde ma conscience. Peut-être est-ce ça, être un homme libre - pouvoir dire non quand tout le monde dit oui. Même si ça signifie reprendre la route, encore une fois."

Marie ne lui fit aucun reproche. Elle avait appris à connaître cet homme qui ne pouvait pas plier quand son cœur lui dictait de rester droit.

"Tu trouveras autre chose," dit-elle simplement. "Tu trouves toujours."
Le lendemain, en passant près des bois de l'Huisserie, il entendit le fracas des grands arbres qui tombaient. Chaque coup résonnait comme un glas - pour la forêt, pour les loups qui n'y reviendraient plus, pour un monde qui disparaissait sous les coups de la cupidité des hommes.

La recherche d'un nouveau travail conduisit Auguste dans les différents quartiers de Laval. Le printemps s'installait, rendant plus urgent le besoin de trouver un emploi. Les économies s'épuisaient et même si Marie continuait son travail à la filature Duchemin, un seul salaire ne suffisait pas.

Les usines le connaissaient déjà de réputation : "Ah, Boursier... L'homme qui ne peut pas tenir sa langue..." Les portes se fermaient avant même qu'il ne puisse plaider sa cause.

Un soir, alors qu'il rentrait d'une journée infructueuse, il croisa le père Mathieu au marché :

"Les arbres sont tous tombés," lui dit le vieil homme. "Mais tu avais raison - la terre commence déjà à glisser avec les pluies. Le marchand ne comprend pas pourquoi les jeunes pousses ne prennent pas."

"Et les autres bûcherons ?"

"Certains ont été renvoyés aussi. Le travail diminue maintenant que les plus beaux arbres sont partis."

Cette conversation lui pesait encore sur le cœur quand il rentra chez lui. Le petit Auguste jouait toujours près de la peau du loup, inventant des histoires où les arbres parlaient et les loups protégeaient la forêt.

 Auguste découvrit la scierie Bouvier, installée le long de la Mayenne. L'établissement profitait de la force du courant et de sa position stratégique entre les zones forestières et la ville pour transformer les grumes en planches et poutres destinées aux chantiers de la région.

"Tu connais déjà les arbres," lui dit le contremaître en l'embauchant. "Maintenant, il faut apprendre à lire le bois autrement."

Auguste découvrit un nouveau monde de connaissances techniques : les différentes essences, leurs usages spécifiques, l'art du sciage qui devait tenir compte des tensions naturelles du bois. Il apprit que le chêne des forêts qu'il abattait pouvait devenir traverse de chemin de fer ou coffrage pour le béton des nouveaux ponts.

"Le bois," expliquait un vieux scieur, "c'est comme un livre. Il faut savoir lire ses veines, comprendre son histoire. Chaque planche raconte quelque chose."

Cette expérience enrichit sa compréhension des matériaux. Il découvrit comment le bois participait à la modernisation industrielle : les coffrages pour le béton armé, les poteaux télégraphiques, les traverses de chemin de fer. Le bois qu'il sciait servirait peut-être à construire les nouveaux ponts en béton ou à soutenir les galeries des mines.

Dans son carnet, il nota : "Le progrès n'efface pas les anciennes connaissances, il les transforme. Le bois que nous coupons dans la forêt devient partie des nouvelles technologies.
Comme nous, il s'adapte sans perdre sa nature."

Le bois exerçait sur Auguste une fascination croissante. Chaque essence avait ses secrets : le chêne, dense et dur, idéal pour les charpentes et les traverses de chemin de fer ; le peuplier, tendre et léger, parfait pour les coffrages ; le frêne, souple et résistant, recherché pour les manches d'outils.

"C'est vivant, même une fois coupé," expliquait-il souvent à Marie. "Le bois continue de travailler, de respirer. Il faut l'écouter, le comprendre."

À la scierie, il passait ses pauses à observer les menuisiers qui venaient choisir leur bois. Il les écoutait parler de leurs techniques, de leurs outils, de la façon dont ils "lisaient" les planches avant de les travailler. L'un d'eux, le père Mercier, remarqua son intérêt.

"Tu veux apprendre le vrai travail du bois ?" lui demanda un jour le vieil artisan. "Viens dans mon atelier. La menuiserie, c'est autre chose que la scierie. C'est transformer le bois, pas juste le couper."

Dans son carnet, Auguste nota : "La scierie m'a appris à connaître le bois. Maintenant, je veux apprendre à le faire parler."

"Le bois," répondit-il, "c'est différent. Ce n'est pas comme le fer qui se plie sous la force, ou la pierre qu'on taille brutalement. Le bois demande de la patience, de l'écoute. C'est peut-être ça que je dois apprendre maintenant."

Chez Mercier, en 1899, Auguste découvrit un autre rapport au travail. Ici, pas de machines hurlantes ni de cadences imposées. Juste le bruit doux des rabots, le sifflement des scies à main, l'odeur des copeaux frais. Auguste appliquait toujours la même tactique qui avait fait ses preuves : commencer comme manœuvre, observer le travail des autres, apprendre patiemment les gestes, montrer son intérêt. Et quand on s'intéresse vraiment au métier, l'occasion d'apprendre finit toujours par se présenter.

Le vieil artisan, voyant sa curiosité sincère, lui apprit à reconnaître le fil du bois au toucher, à anticiper comment une planche allait se comporter une fois travaillée. Pour Auguste, c'était une nouvelle forme d'intelligence du travail, différente de celle des machines, plus proche de la matière vivante."

"Tu vois," lui disait Mercier en passant sa main calleuse sur une planche, "chaque nœud, chaque veine raconte l'histoire de l'arbre. Les années de sécheresse, les vents dominants, tout est écrit là. Notre travail, c'est de respecter cette histoire tout en créant quelque chose de nouveau."

Cette approche presque philosophique du travail rappelait à Auguste les leçons de ses différents métiers : la patience apprise dans les ardoisières, la précision acquise aux forges, la force maîtrisée du bûcheron. Mais ici, tout se combinait dans un art plus subtil.

Il apprenait aussi comment le travail du bois s'adaptait aux nouvelles technologies. Les coffrages pour le béton armé demandaient une précision particulière, les huisseries modernes exigeaient des ajustements parfaits. Même les nouveaux moyens de transport transformaient le métier, permettant de travailler des bois exotiques venus de loin.

"Le progrès ne tue pas l'artisanat," disait souvent Mercier. "Il le fait évoluer. L'important, c'est de garder le respect de la matière."

De la menuiserie à la maçonnerie, Auguste emporta une leçon essentielle : chaque matériau, qu'il soit bois ou pierre, demande sa propre approche, son propre respect. L'expérience chez Mercier lui avait appris la patience et la précision - des qualités qui se révéleraient précieuses quand il commencerait à travailler sur les chantiers de construction.

C'est d'ailleurs son habileté à réaliser des coffrages en bois qui le fit remarquer sur son premier chantier de maçonnerie. Le bois et la pierre, loin d'être opposés, se complétaient dans la construction moderne, notamment avec l'arrivée du béton armé qui nécessitait des coffrages précis et solides.

Le lendemain matin, il se dirigea vers le chantier du pont. Le travail serait dur, mais il avait l'habitude. Et puis, construire quelque chose qui aiderait les gens à traverser la rivière, ce n'était pas si mal comme façon de gagner sa vie.

Le chantier du nouveau pont sur la Mayenne était un monde en soi. Des dizaines d'hommes s'affairaient dans un ballet complexe de pierre et d'acier. L'ancien pont de bois devait être remplacé par une structure plus moderne, capable de supporter le poids croissant du trafic entre les deux rives.

Auguste découvrit un nouveau type de travail, différent des forges ou de la forêt. Ici, chaque pierre, chaque poutre avait son importance. Le contremaître, un ancien maçon nommé Renaud, était un homme qui connaissait la valeur du travail bien fait.

"Un pont," expliquait-il, "c'est comme une promesse. Si tu triches, si tu bâcles, des gens mourront un jour ou l'autre."

Les journées commençaient tôt, quand la brume matinale flottait encore sur la Mayenne. Les hommes descendaient dans les caissons de fondation, luttant contre l'eau qui s'infiltrait toujours. C'était un travail dangereux - plusieurs ouvriers avaient déjà péri noyés dans ces trous profonds.

Un jour, alors qu'Auguste travaillait dans un caisson, il remarqua une fissure inquiétante dans le boisage qui retenait l'eau.

"Il faut évacuer," cria-t-il aux autres. "Le bois va céder !"

Certains hésitèrent - arrêter le travail signifiait perdre la paye de la journée. Mais Auguste insista, utilisant toute son autorité naturelle pour les faire sortir. À peine le dernier homme était-il remonté que le boisage céda dans un craquement sinistre.

Le contremaître Renaud examina les dégâts : "Tu as sauvé des vies aujourd'hui, Boursier. Comment as-tu su ?"

"Le bois parle quand on sait l'écouter," répondit Auguste. "J'ai appris ça dans la forêt."

Cette expérience changea sa position sur le chantier. Renaud commença à le consulter pour les travaux de boisage, appréciant son œil exercé et son sens du danger.

Le petit Auguste venait parfois avec Marie voir son père travailler. Il restait fasciné par l'énorme structure qui grandissait au-dessus de la rivière.

"C'est comme un grand arbre en pierre, papa !" s'exclamait-il.

Auguste sourit à cette comparaison. Dans son carnet, il nota : "Mon fils a raison, ce pont est comme un arbre de pierre qui relie les deux rives. J'ai détruit des arbres dans la forêt, maintenant j'en construis un nouveau, à ma façon. Peut-être que c'est ça, le vrai progrès : non pas détruire l'ancien monde, mais construire des ponts entre l'ancien et le nouveau."

Le travail était temporaire - une fois le pont terminé, il faudrait chercher autre chose. Mais pour l'instant, Auguste trouvait une certaine paix dans cette tâche. Chaque pierre posée était un pas vers quelque chose de durable, d'utile.

"Tu sais," dit-il un soir à Marie, "quand le pont sera fini, notre fils pourra dire : 'Mon père a aidé à le construire.' C'est différent de la forge ou de la forêt - ça reste, ça sert à tous."

La construction du pont avançait, mais chaque jour apportait son lot de nouveaux défis. L'été approchait et avec lui les orages qui gonflaient la Mayenne, rendant le travail dans les caissons encore plus dangereux.

Un matin particulièrement lourd, alors que les nuages noirs s'amoncelaient au-dessus du chantier, Auguste remarqua que l'eau s'infiltrait plus que d'habitude dans les fondations. Les nouvelles poutres de soutènement, fournies par un marchand qui avait gagné le marché au plus bas prix, montraient des signes de faiblesse.

"Ces bois sont trop verts," dit-il à Renaud. "Ils n'ont pas été séchés correctement. Avec l'humidité, ils vont jouer."

"Je sais," répondit le contremaître en baissant la voix. "Mais les ingénieurs disent qu'il faut tenir les délais. Les élections approchent, le maire veut inaugurer son pont."

Auguste pensa aux hommes qui travaillaient dans les caissons, confiants dans la solidité des étais qui les protégeaient de la rivière. Il pensa aussi à tous ceux qui utiliseraient ce pont dans les années à venir.

"On ne peut pas continuer comme ça," insista-t-il. "Un pont bâti sur des fondations pourries, c'est une catastrophe qui attend son heure."

Mais les travaux continuèrent. Les entrepreneurs venus de Paris pressaient le chantier, parlant de pénalités de retard et de contrats à respecter.

Un après-midi, alors qu'un orage menaçait, Auguste entendit un craquement sinistre venant des fondations. Sans réfléchir, il sauta dans le caisson où travaillaient trois hommes.

"Sortez ! Vite !"

Le dernier homme était à peine sorti quand les poutres cédèrent. Auguste sentit l'eau glacée l'envelopper, puis plus rien.

Il se réveilla à l'hôpital Saint-Julien, Marie et le petit Auguste à son chevet. Il avait une jambe bien abimé et des contusions partout, mais il était vivant.

"Les autres ?" fut sa première question.

"Tous saufs," répondit Marie. "Mais le chantier est arrêté. Les ingénieurs ont été obligés de reconnaître que les bois étaient défectueux."
Le petit Auguste regardait son père avec des yeux inquiets : "Tu as fait comme le loup, papa ? Tu as protégé les autres ?"

Auguste sourit faiblement. "Oui, mon fils. Parfois il faut savoir montrer les crocs, même contre ceux qui se croient plus forts que nous."

Dans les jours qui suivirent, une enquête fut ouverte. Les journaux parlèrent de négligence, de marchés truqués. Le marchand de bois fut mis en cause, ainsi que certains élus qui avaient fermé les yeux.

Dans son carnet, qu'il avait repris dès qu'il put tenir un crayon, Auguste nota : "Un pont ne peut pas être construit sur le mensonge et l'avidité. Comme un arbre, il a besoin de racines saines pour tenir debout. J'ai perdu mon travail, encore une fois, mais cette fois pour avoir empêché d'autres de perdre leur vie."

La convalescence d'Auguste fut longue, la cicatrice fut longue à cicatriser. Sa jambe le faisait souffrir, surtout les jours de pluie et les médecins disaient qu'il boiterait probablement toujours un peu. Mais ce n'était pas la douleur physique qui le tourmentait le plus - c'était l'inaction forcée.

Dans leur petite maison de la rue de L'huisserie, il passait ses journées assis près de la fenêtre, regardant les ouvriers partir aux usines le matin et en revenir le soir.

Marie continuait son travail à la filature Duchemin, partant avant l'aube avec un regard inquiet pour son mari immobilisé. Le petit Auguste restait plus souvent avec son père, la mère Leblanc ayant accepté de garder l'enfant seulement l'après-midi.

"Raconte encore l'histoire du pont, papa," demandait souvent le petit.

Auguste racontait, mais il modifiait l'histoire pour son fils, transformant la corruption et la négligence en conte moral que l'enfant pouvait comprendre. "Parfois," disait-il, "les hommes sont comme des arbres malades - ils peuvent faire tomber tout ce qui s'appuie sur eux."

Des anciens du chantier venaient le voir, apportant des nouvelles. Le pont serait reconstruit, mais pas avant les élections. Le maire avait perdu son pari politique. Le marchand de bois frauduleux avait été arrêté.

Un jour, le contremaître Renaud vint lui rendre visite :

"Tu avais raison pour les bois," dit-il. "J'aurais dû t'écouter plus tôt. Les hommes du chantier parlent de toi, tu sais. Ils disent que tu es comme ces vieux loups solitaires - tu sens le danger avant les autres."

Dans son carnet, qu'il remplissait plus que jamais pendant ces longues journées d'immobilité, il écrivait : "La blessure me rappelle chaque jour que le progrès a un prix. Mais quel progrès construisons-nous si nous bâtissons sur la malhonnêteté ? Ma jambe guérira peut-être mal, mais ma conscience, elle, est intacte."

Le petit Auguste avait sa façon à lui de réconforter son père. Il lui apportait des branches, des feuilles, des cailloux de la Mayenne, comme pour recréer autour de lui un peu de cette nature sauvage qu'il avait perdue.

"Regarde papa," disait-il en disposant ses trésors sur la table, "je t'ai fait une petite forêt." Marie s'inquiétait pour l'avenir : "Que feras-tu quand tu pourras remarcher ?"

"Je trouverai," répondait Auguste. "J'ai toujours trouvé."

Mais dans le silence des nuits d'insomnie, quand la douleur le tenait éveillé, il se demandait si cette fois, son corps meurtri lui permettrait de reprendre le dur labeur qui avait été sa vie jusqu'ici.

C'est lors de la première rentrée du petit Auguste à l'école communale que les Boursier rencontrèrent Monsieur Pavis. L'instituteur était un homme jeune encore, aux yeux vifs derrière de grandes moustaches. Il remarqua tout de suite l'intelligence éveillée du petit et s'intéressa à sa famille.

"Votre fils a une façon particulière de raconter les choses," dit-il à Auguste. "Il mêle les histoires de loups et d'usines d'une manière qui fait réfléchir."

Il s'avéra que Monsieur Pavis n'était pas qu'un simple instituteur. Le soir, après la classe, il participait activement aux mouvements ouvriers, donnant des cours du soir aux adultes, aidant à rédiger des tracts, expliquant les lois sociales.

Ecole publique Avesnières 1905 avec le maitre, Monsieur Pavis et Auguste avec une croix

"L'éducation est la première des libertés," dit-il un jour à Auguste. C'était exactement ce que celui-ci répétait depuis des années.

Cette rencontre ouvrit de nouvelles perspectives. Pendant qu'Auguste se remettait lentement de sa blessure, il commença à aider Monsieur Pavis dans ses cours du soir. Son expérience dans les différents métiers rendait ses explications concrètes, vivantes.

L'école publique avait été créée dans l'ancienne école des frères, bâtiment proche de la basilique Dans leur petite maison de la rue de L'huisserie Auguste et Marie comptaient leurs sous chaque soir. La boîte en fer blanc qui contenait leurs économies pour la ferme se vidait inexorablement.

"On pourrait peut-être prendre dans l'argent de la ferme," suggéra Marie un soir, alors qu'ils se demandaient comment payer le loyer du mois.

Auguste regarda longtemps la boîte avant de répondre : "Ces quelques sous, c'est tout ce qui reste de notre rêve."

Mais ils n'avaient pas le choix. D'abord ce fut pour le loyer, puis pour le pain, puis pour les chaussures du petit Auguste qui avait usé les siennes. Pièce après pièce, leurs économies fondaient comme neige au soleil.

Un soir, en vidant la boîte pour acheter des médicaments, le petit Auguste avait attrapé froid, Marie pleura :

"Cette ferme, c'était notre avenir..."

"Non," répondit doucement Auguste. "Notre avenir, c'est ce que nous construisons maintenant. Cette lutte, c'est aussi pour que notre fils n'ait pas à choisir entre sa dignité et ses rêves."

Dans son carnet, il écrivit : "Nos économies partent comme l'eau de la Mayenne, mais quelque chose de plus précieux se construit. Marie n'est plus la jeune femme qui rêvait d'une vie tranquille à la campagne. Elle est devenue une combattante, comme toutes ces femmes qui découvrent leur force."

Le petit Auguste sentait la tension à la maison. Un jour, il brisa sa tirelire - quelques sous qu'il économisait pour s'acheter des billes.

"Tiens, papa," dit-il en tendant les pièces. "Pour la ferme."

Auguste serra son fils contre lui, la gorge nouée. La peau du loup sur le mur semblait les observer, témoin silencieux de ce sacrifice de leurs rêves sur l'autel de leurs convictions.

L'hiver 1902 s'achevait quand les premières rumeurs de mécontentement commencèrent à circuler dans les filatures. Marie, qui travaillait toujours chez Duchemin, sentait la tension monter jour après jour. Au début de l'année 1903, ce qui n'était qu'un murmure se transforma en grondement...

Les filatures décidèrent de diminuer le prix du tissu de deux à trois centimes par mètre. Pour les ouvriers payés à la pièce, c'était une catastrophe.

Marie fut parmi les premières à se lever contre cette décision. Les années passées à écouter les luttes de son mari, à participer aux cours du soir de Monsieur Pavis, lui avaient donné une conscience aiguë de leurs droits.

"Ce n'est pas juste une question d'argent," expliqua-t-elle aux autres fileuses. "C'est une question de respect. Ils croient qu'on va accepter n'importe quoi ?"
La grève qui suivit fut différente des précédentes. Les femmes s'organisèrent méthodiquement, utilisant leur réseau de solidarité construit au fil des ans. Monsieur Pavis les aida à rédiger leurs revendications, tandis qu'Auguste mettait à profit son expérience des luttes passées.

Dans son carnet, il nota : "Marie est devenue une meneuse, à sa façon. Plus calme que moi peut-être, mais tout aussi déterminée. Quand je la vois organiser les autres femmes, je pense à cette époque où elle apprenait en secret à contrôler son corps et sa vie. La liberté commence toujours par de petits actes de résistance."

Le petit Auguste, maintenant élève de Monsieur Pavis, observait tout cela avec des yeux nouveaux. Un soir, il demanda à son père :

"Les loups aussi, ils font la grève quand on leur prend leur territoire ?"

Auguste regarda la peau sur le mur, témoin silencieux de toutes leurs luttes : "Non, mon fils. Les loups se battent directement. Nous, nous avons appris des façons peut-être plus intelligentes de résister."

Auguste avait trouvé du travail comme maçon, un métier qui convenait mieux à sa jambe qui n'avait jamais complètement guéri. Le travail était moins dur que les forges ou la forêt et sa connaissance du bois acquise dans les caissons du pont lui servait pour les échafaudages.

"Les pierres," disait-il souvent, "c'est comme les hommes. Il faut savoir les placer là où elles sont le plus solides."

Le petit Auguste aimait venir voir son père sur les chantiers après l'école. Il s'asseyait sur un tas de sable, observant les gestes précis des maçons qui montaient les murs, posaient les briques, mélangeaient le mortier.

"Tu construis des maisons maintenant, papa ? C'est mieux que de couper des arbres ?"

"Je construis des abris pour les gens," répondait Auguste. "C'est différent de la forêt ou des forges. Ici, on crée quelque chose qui dure."

La grève de 1903 s'installa dans la durée. Les filatures Duchemin, comme les autres usines de Laval, restaient sourdes aux revendications des ouvriers. Chaque jour de grève creusait un peu plus le trou dans les économies des familles.

Les cours du soir avec Monsieur Pavis continuaient malgré tout. L'instituteur leur apprenait à calculer exactement ce que leur faisait perdre la baisse du prix du tissu.

"Deux centimes par mètre," expliquait-il, craie en main. "Ça paraît peu, mais sur une journée de travail, sur un mois, sur une vie..."

Les femmes de la filature s'organisaient. Elles avaient établi des tours de garde devant l'usine, des caisses de solidarité, des soupes populaires. Marie était de toutes les actions, puisant dans la force qu'elle avait découverte en elle depuis ses premiers actes de résistance.

Les semaines passaient et la grève continuait. Dans les rues de Laval, les femmes marchaient, leurs sabots résonnant sur les pavés comme un rappel de leur détermination. Elles n'avaient plus d'argent, plus de rêves peut-être, mais elles avaient trouvé quelque chose de plus précieux : leur dignité.

Les semaines de grève s'étiraient, transformant peu à peu le quartier d'Avesnières. Les cheminées des filatures ne fumaient plus, mais une autre sorte d'énergie animait les rues. Les femmes s'organisaient comme jamais auparavant.

Devant les filatures Duchemin, Marie et ses compagnes montaient la garde dès l'aube pour empêcher l'entrée des "jaunes", ces ouvriers que la direction faisait venir d'ailleurs pour briser la grève.

"Tu vois," dit Marie un soir à Auguste, "maintenant je comprends ce que tu ressentais à Port-Brillet, quand vous vous battiez pour vos droits. C'est comme si quelque chose se réveillait en nous."

Monsieur Pavis était devenu un pilier de leur résistance. Le soir, dans sa classe, il aidait les femmes à rédiger des tracts, à calculer leurs pertes avec la baisse des tarifs. Il leur apprenait aussi l'histoire des luttes ouvrières, comment d'autres avant eux avaient gagné leurs combats. "La connaissance est une arme," répétait-il. "Plus puissante que toutes les matraques."

La faim commençait à se faire sentir dans les foyers. Les Boursier, comme les autres, vivaient de soupe et de pain. Le petit Auguste ne se plaignait jamais, mais ses parents voyaient bien qu'il se resservait rarement, laissant toujours un peu dans son assiette "pour plus tard".

Un jour, alors que Marie manifestait devant l'usine, les gendarmes chargèrent. Elle rentra avec un bleu à l'épaule et une lueur nouvelle dans les yeux.

"Ils croient nous faire peur," dit-elle en serrant les dents. "Mais chaque coup nous rend plus fortes."

Le soir, dans leur cuisine, ils reçurent la visite d'une déléguée des filatures de Rennes. Les ouvrières s'organisaient au-delà de Laval maintenant. Une sorte de réseau se tissait, comme les fils qu'elles travaillaient autrefois.

"Les patrons ne comprennent pas," expliqua la déléguée. "Ils pensent que nous finirons par plier parce que nous avons faim. Mais la faim, nous la connaissons depuis toujours. Ce qui est nouveau, c'est notre dignité."

Dans son carnet, Auguste notait : "Marie est différente maintenant. Toutes ces femmes sont différentes. Même le petit comprend que quelque chose d'important se joue. Notre fils voit sa mère se battre comme le loup défendait sa forêt - avec courage et fierté. Nos rêves de ferme se sont peut-être envolés, mais nous construisons autre chose : un héritage de lutte et de dignité."

La pression montait des deux côtés. La direction des filatures commençait à s'inquiéter - d'autres usines de la région menaçaient de rejoindre le mouvement. Les autorités parlaient d'envoyer plus de gendarmes.

"Qu'ils viennent," dit simplement Marie. "Nous ne bougerons pas."

Le dénouement de la grève vint d'une façon inattendue. Les femmes de Laval avaient tenu bon pendant des semaines et leur résistance commençait à faire parler jusqu'à Paris. Des journalistes étaient venus, attirés par ces ouvrières qui tenaient tête aux industriels.
Un matin glacial d'automne, alors que Marie et ses compagnes montaient leur garde habituelle devant les filatures Duchemin, un homme élégant descendit d'une voiture.

"L'inspecteur du travail," murmura Monsieur Pavis qui était venu soutenir les grévistes. "Envoyé par le ministère."

L'homme passa plusieurs jours à examiner les livres de compte, les conditions de travail, les nouveaux tarifs. Les femmes continuaient leur garde, mais quelque chose avait changé dans l'atmosphère.

"Les patrons ne peuvent plus cacher leurs magouilles," expliqua Monsieur Pavis. "Les calculs que nous avons faits pendant nos cours du soir montrent clairement l'injustice de la baisse des tarifs."

Marie fut choisie pour faire partie de la délégation qui rencontrerait la direction. Auguste l'aida à préparer son intervention, utilisant toute son expérience des luttes passées.

"Parle avec ton cœur," lui dit-il, "mais frappe avec les chiffres."

La réunion dura des heures. Quand Marie en sortit, son visage était marqué par la fatigue, mais ses yeux brillaient :

"Ils cèdent," annonça-t-elle. "Pas sur tout, mais ils retirent la baisse des tarifs. Et ils s'engagent à ne pas sanctionner les grévistes."

La nouvelle se répandit comme une traînée de poudre dans le quartier d'Avesnières. Les femmes s'embrassaient, pleuraient, riaient. Certaines dansaient même dans la rue.

Le soir, dans leur cuisine, la boîte des économies pour la ferme était vide, mais quelque chose de plus précieux l'avait remplacée : la fierté d'avoir tenu bon, d'avoir gagné.

"Tu sais," dit Marie en regardant la peau du loup sur le mur, "peut-être qu'on n'aura jamais notre ferme. Mais on a gagné autre chose - notre dignité et un avenir meilleur pour notre fils."

Le petit Auguste, qui avait suivi toute la grève avec des yeux d'enfant qui comprend plus qu'on ne le croit, déclara solennellement :

"Quand je serai grand, je serai comme vous. Je défendrai les autres."

Dans son carnet, Auguste écrivit : "Aujourd'hui, nous avons perdu un rêve mais nous en avons gagné un autre. Marie n'est plus la même femme - aucune d'entre elles n'est plus la même. Elles ont découvert leur force, comme les louves qui défendent leur meute. Notre fils grandira en sachant que ses parents n'ont pas plié, qu'ils ont choisi la dignité plutôt que la soumission." Après la grève, la vie reprit son cours, différente mais plus digne.

Marie avait repris son travail à la filature, mais tout était différent maintenant. Les femmes marchaient la tête haute, fortes de leur victoire. Même les contremaîtres les traitaient avec un nouveau respect.

Un soir, alors qu'ils dinaient tous les trois, le petit Auguste demanda :

"Pourquoi on n'a plus d'argent pour la ferme ?"

Marie et Auguste échangèrent un regard.
"Parfois," expliqua Marie, "il faut choisir entre ses rêves et quelque chose de plus important. Nous avons choisi notre dignité et celle de tous les ouvriers."

"Comme le loup qui défend sa meute même s'il doit perdre son territoire ?" demanda le petit, regardant la peau sur le mur.

Auguste sourit. Son fils avait cette façon de toujours ramener leurs luttes à cette histoire de loup qui les accompagnait depuis si longtemps.

"Exactement. Et tu sais quoi ? La maçonnerie, c'est un peu comme construire un nouveau territoire. Chaque mur, chaque maison que je monte, c'est un abri pour quelqu'un."

Dans son carnet, le soir, il nota : "La maçonnerie m'a appris quelque chose de nouveau. Dans les forges, on transformait le métal. Dans la forêt, on abattait les arbres. Sur le pont, on luttait contre l'eau. Mais ici, on bâtit vraiment quelque chose. Chaque pierre posée est une promesse d'avenir. Ce n'est pas la ferme dont nous rêvions, mais c'est une autre façon de laisser notre marque dans le monde."

Le travail de maçon lui apportait une satisfaction différente. Il y avait une fierté particulière à voir s'élever les murs, à savoir que des familles vivraient entre ces pierres qu'il avait posées. Et puis, le métier lui permettait de rester proche des luttes - les maçons avaient leur propre syndicat, leurs propres traditions de résistance.

Le chantier du monastère des Trappistines était différent des autres. Dès le premier jour, le patron réunit ses maçons pour leur expliquer les règles particulières du lieu.

"Vous voyez cette cloche ?" dit-il en montrant une petite clochette de cuivre. "Vous devez la sonner dès que vous apercevez une sœur. Elles n'ont pas le droit de regarder un homme en face, alors ça leur permet de se cacher le visage ou de s'éloigner."

Auguste regarda la clochette avec un sourire qui n'augurait rien de bon. Ses compagnons de chantier, qui commençaient à le connaître, reconnurent cette lueur malicieuse dans ses yeux.

Le premier jour se passa sans incident. Mais dès le deuxième, Auguste commença son petit manège. Dès qu'il apercevait une religieuse, même à l'autre bout du jardin du monastère, il se mettait à sonner la cloche avec un enthousiasme exagéré. Les sœurs, surprises par cette sonnerie frénétique, s'éparpillaient comme des moineaux effarouchés, leurs robes noires tourbillonnant dans leur fuite précipitée.

"Auguste," le réprimanda le chef de chantier, "un coup suffit. Pas besoin de carillonner comme pour la messe de Pâques."

Mais Auguste n'en avait cure. Il prenait un malin plaisir à ce petit jeu. Un jour, voyant une sœur qui jardinait paisiblement à bonne distance, il sonna si fort et si longtemps que la pauvre femme en laissa tomber ses outils de jardinage dans sa hâte de se mettre à l'abri.

"Tu vas nous faire renvoyer," lui dit un collègue, mi- amusé, mi- inquiet.

"Elles ne peuvent pas nous voir, donc elles ne peuvent pas se plaindre," répliqua Auguste avec un clin d'œil.

Dans son carnet, il écrivait : "Peut-être que c'est le vieil esprit de révolte qui ressort autrement. Je ne peux plus me battre contre les patrons comme avant, alors je me bats contre les conventions à ma façon. Ces pauvres sœurs qui doivent se cacher des hommes - n'est-ce pas une autre forme d'oppression ?"

Mais sa plaisanterie finit par lui coûter cher. La Mère Supérieure, excédée par ces sonneries intempestives qui perturbaient la paix du monastère, se plaignit à l'entrepreneur. Auguste fut convoqué.

"Ce n'est pas un cabaret ici, Boursier," dit le patron. "C'est une maison de Dieu."

"Justement," répondit Auguste avec son sourire en coin. "Je sonnais pour la plus grande gloire de Dieu."

Cette réponse ironique fut la goutte d'eau. Le lendemain, Auguste se retrouvait à nouveau sans travail.

"Tu ne changeras donc jamais," soupira Marie quand il rentra plus tôt que prévu.

"Non," répondit-il en riant encore de sa dernière farce. "Mais avoue que c'était drôle de voir ces corbeaux s'envoler à chaque coup de cloche."

Le petit Auguste, qui écoutait l'histoire, demanda : "Mais papa, pourquoi tu fais toujours des bêtises qui te font perdre ton travail ?"

Auguste regarda la peau du loup sur le mur : "Tu sais, mon fils, parfois les loups hurlent juste pour le plaisir de déranger le silence. C'est leur façon de dire qu'ils existent."

Après l'épisode des Trappistines, Auguste trouva du travail chez Lebreton, un charpentier couvreur réputé de Laval. Il commença comme simple manœuvre, portant les ardoises et le matériel sur son dos jusqu'aux échafaudages.

"C'est un métier qui demande du courage," lui dit Lebreton. "Beaucoup préfèrent garder les pieds sur terre."

Mais Auguste n'avait jamais eu peur des hauteurs. Du haut des toits de Laval, il découvrait la ville sous un angle nouveau. Les cheminées des filatures paraissaient moins imposantes vues d'en haut et la Mayenne serpentait comme un ruban d'argent dans le paysage.

Peu à peu, Lebreton lui confia des tâches plus complexes. Auguste apprit à tailler les ardoises, un art qui demandait précision et patience. Chaque ardoise devait être parfaite - trop fine, elle se briserait ; mal taillée, elle laisserait passer l'eau.

"C'est comme un puzzle géant," expliquait-il au petit Auguste qui venait parfois le regarder travailler. "Chaque pièce doit trouver exactement sa place."

Dans son carnet, il notait : "Le travail du couvreur n'a pas changé depuis des siècles. Pendant que le monde en bas se remplit de machines, nous continuons à poser les ardoises une par une, comme l'ont fait nos ancêtres. Il y a quelque chose de rassurant dans cette continuité."

Le danger était omniprésent - un faux pas, une ardoise mal fixée, un coup de vent traître... Marie s'inquiétait chaque fois qu'il partait travailler.

"Au moins, sur les toits, je ne peux pas faire de blagues aux religieuses," plaisantait-il pour la rassurer.
Ce qui fascinait Auguste, c'était la précision nécessaire à ce travail. Chaque geste devait être exact, chaque clouage parfait. Les jours de pluie étaient les plus révélateurs - une ardoise mal posée se trahissait immédiatement par une goutte indiscrète.

"Tu vois," disait-il à son fils, "c'est comme la justice. Si tu fais mal ton travail, quelqu'un en bas aura de l'eau sur la tête."

Mais après une année, malgré sa maîtrise croissante du métier, Auguste commença à ressentir cette inquiétude familière. Le travail, bien que dangereux, devenait répétitif. Ses mains connaissaient trop bien les gestes, son esprit vagabondait pendant qu'il posait les ardoises.

"Tu es fou de partir," lui dit Lebreton quand Auguste annonça son départ. "Tu es devenu un bon couvreur."

"Justement," répondit Auguste. "Je suis devenu bon, alors c'est le moment d'apprendre autre chose."

Dans son carnet, il écrivit : "Peut-être que je suis comme ces oiseaux migrateurs que je vois passer au-dessus des toits. Incapable de rester au même endroit trop longtemps. Marie dit que c'est ma force et ma malédiction - ce besoin constant d'apprendre, de changer, de découvrir. Mais n'est-ce pas mieux que de s'endormir dans la routine ?"

Le hasard - ou le destin - conduisit Auguste vers les marais d'Avesnières, où les Boursin cultivaient leurs légumes depuis des générations. Ces terres fertiles le long de la Mayenne produisaient les meilleurs légumes de Laval et les maraîchers y perpétuaient un savoir ancestral.

"Tu as déjà travaillé la terre ?" lui demanda le vieux Boursin.

"J'ai grandi dans une ferme," répondit Auguste. "La terre, je la connais."

Ce retour au travail de la terre réveilla en lui des souvenirs du Chêne Creux. Mais c'était différent ici. Les parcelles étaient plus petites, le travail plus minutieux. Chaque carré de terre était précieux, chaque plante surveillée comme un enfant.

"C'est pas comme les grandes cultures," expliquait Boursin. "Ici, faut connaître chaque légume, ses besoins, son caractère. C'est un travail d'artiste."

Auguste découvrit un monde nouveau : l'art de faire lever les semis précoces sous les cloches de verre, la science des rotations pour ne pas épuiser la terre, les secrets pour obtenir les primeurs que les bourgeoises de Laval s'arrachaient au marché.

Dans son carnet, il notait : "Je comprends maintenant pourquoi mon père aimait tant la terre. Ce n'est pas juste un travail - c'est une conversation avec la nature, un échange. On donne notre sueur, elle nous rend ses fruits."

Le petit Auguste venait souvent le voir travailler après l'école. Il avait son petit carré où son père lui apprenait à faire pousser des radis.

"C'est comme une usine," observa un jour l'enfant, "mais sans le bruit des machines."

Le travail était dur physiquement, mais Auguste y trouvait une satisfaction profonde. Sa jambe blessée le faisait moins souffrir quand il travaillait dans la terre meuble des marais.
Mais l'hiver vint, gelant la terre et ralentissant le travail. Les Boursin ne gardaient que quelques ouvriers permanents pour entretenir les serres et préparer la saison suivante.

"Il faut que je trouve autre chose pour l'hiver," dit-il à Marie. "Mais je reviendrai au printemps. Ici, je me sens utile."

"Tu as retrouvé un peu de la ferme dont on rêvait," répondit-elle doucement.

"Différemment," dit-il en regardant ses mains terreuses. "Ce n'est pas notre terre, mais au moins je peux la travailler. Et puis, tu as vu comme le petit aime venir ici ?"

Pendant qu'Auguste cherchait du travail pour l'hiver, Marie continuait son travail à la filature Duchemin. Les années l'avaient endurcie sans l'aigrir. Depuis la grande grève de 1903, elle était devenue une figure respectée parmi les ouvrières, celle vers qui on se tournait pour des conseils ou du soutien.

"La mère Boursier", l'appelaient affectueusement les plus jeunes fileuses. À trente-cinq ans, elle avait déjà l'autorité naturelle des femmes qui ont mené des batailles et en sont sorties plus fortes.

Dans l'atelier, son métier à tisser était toujours le mieux entretenu. Ses doigts agiles rattrapaient les fils cassés avec une précision que même les contremaîtres admiraient. Elle formait les nouvelles, leur transmettant non seulement les gestes du métier mais aussi cette fierté ouvrière gagnée de haute lutte.

"Le temps où l'on courbait l'échine est fini," disait-elle aux jeunes. "Maintenant, on travaille debout."

À la maison, elle gérait avec une efficacité tranquille leur budget serré. Les années de vaches maigres lui avaient appris à faire des miracles avec peu. Le petit Auguste ne manquait de rien d'essentiel, même si les extras étaient rares.

Pendant ce temps, Auguste cherchait comment occuper les mois d'hiver. Les chantiers de construction ralentissaient avec le froid et peu de travaux continuaient en extérieur.

"Il y a du travail aux abattoirs," suggéra un ancien compagnon de chantier. "Ce n'est pas agréable, mais ça paie."

"Ou aux tanneries," proposa un autre. "Ils cherchent toujours du monde en hiver."

Auguste nota dans son carnet : "Marie garde le cap pendant que je navigue d'un travail à l'autre. Elle est comme ces phares qui guident les bateaux - solide, fiable, indispensable. Pendant que je cherche encore ma voie, elle a trouvé la sienne et s'y tient avec une force tranquille."

Le soir, quand il rentrait de ses recherches d'emploi, il trouvait toujours une soupe chaude et un foyer ordonné. Marie ne se plaignait jamais de ses changements fréquents de travail, comprenant ce besoin d'apprendre et de bouger qui l'habitait.

"Tu sais," lui dit-elle un soir, "peut-être que c'est mieux ainsi. Toi, tu explores le monde pour nous deux, pendant que je garde notre base solide."
Le petit Auguste grandissait entre ces deux modèles : sa mère, roc inébranlable dans la tempête et son père, éternel chercheur de nouveaux horizons. De l'une, il apprenait la persévérance, de l'autre, la curiosité.

Chapitre 14 : - L'héritage conflictuel

Inventaire (suite) après le décès au chêne Creux ... de Henriette Bour...
Papiers
Mariage sans contrat à ... le 8 avril 1856.
Reprises de M... Boursier

La vie suivait son cours à Laval quand une lettre de Marie, sa sœur, vint bouleverser leur quotidien. Leur père était mourant. Cette nouvelle rouvrit des blessures qu'Auguste croyait cicatrisées depuis longtemps...

"Mon cher frère, Père est très mal. Le médecin dit qu'il ne passera pas la semaine. Il parle de toi dans ses moments de lucidité. Je crois qu'il voudrait te voir une dernière fois. Marie"

Auguste resta longtemps immobile, la lettre froissée dans sa main. Marie comprit sans qu'il ait besoin de parler.

"On doit y aller," dit-elle simplement. "Certaines choses doivent être réglées avant qu'il ne soit trop tard."

La lettre de Marie arriva trop tard. Quand la petite famille atteignit le Chêne Creux, son père était déjà dans son cercueil. La ferme semblait plus silencieuse, plus sombre qu'il ne l'avait jamais vue.

Auguste arriva au Chêne Creux avec Marie et le petit Auguste perché sur ses épaules.

"Il est parti hier soir," dit Ange en accueillant son frère dans la cour. "Il a demandé après toi..."

Marie, leur sœur, s'approcha, les yeux rougis. "Il parlait beaucoup de toi ces derniers temps. Il regrettait... tant de choses."

Sa mère les attendait devant la porte, le visage marqué par le chagrin mais illuminé à leur vue.

"Mes chers enfants !" s'écria-t-elle en s'avançant vers eux. "Comme je suis contente de vous voir tous. Voilà donc ma belle-fille que je voulais tant connaître !" Ses yeux se posèrent sur le petit Auguste. "Et le petit Auguste, comme il est costaud ! Toi, tu as le visage de ta mère, bien rond, mais tu as les cheveux châtain clair comme ton père à ton âge."

Le froid mordant de l'hiver les poussa rapidement à l'intérieur. "Allez, entrez donc vous réchauffer," les pressa la grand-mère. La cuisine du Chêne Creux n'avait pas changé - même odeur de pain et de bois brûlé, mêmes meubles patinés par les années.

Auguste resta immobile devant le cercueil installé dans la grande salle. Son père semblait si petit maintenant, lui qui avait été si imposant dans ses souvenirs. Le visage était paisible, presque souriant, comme si la mort avait effacé toutes les années de disputes et de rancœur.

"Vous avez le temps de prendre un café avant la messe," proposa-t-elle.
"Volontiers," répondit Marie. "Et un verre de lait pour le petit."

"Mon petit, tu veux du sucre dans ton lait ?"

"Oui madame," répondit précipitamment l'enfant.

"Mon petit, il ne faut pas m'appeler madame. Je suis ta grand-mère, appelle-moi grand-mère ou mémé si tu veux, mais pas madame."

Le petit Auguste, perplexe, se tourna vers sa mère : "Maman, hein ce n'est pas ma grand-mère ?"

"Et bien si," expliqua Marie doucement. "C'est ta grand-mère comme ta grand-mère Gendry de Beaulieu. Seulement tu ne l'as jamais vue, c'est tout. C'est la maman de ton père."

"Je te le confirme, c'est ma maman," ajouta Auguste père.

Après le café, Auguste proposa à son fils : "Je vais faire un tour avec le petit. Vas avec la famille, je vous rejoindrai pour la messe."

Marie approuva d'un signe de tête, comprenant ce besoin de moment père-fils.

Auguste emmena son fils découvrir les lieux de son enfance, commentant chaque endroit, chaque souvenir. Près d'un taillis, il s'arrêta devant un arbre majestueux.

"Regarde cet arbre," dit-il en s'arrêtant devant un chêne majestueux qui dominait le taillis. "Le tonnerre est tombé en son cœur, le rendant creux, mais il n'en est pas mort pour autant. C'est le Chêne Creux qui a donné son nom à la ferme."

Le petit Auguste leva les yeux vers les branches noueuses qui s'étendaient comme des bras protecteurs au-dessus d'eux. L'arbre portait ses cicatrices avec fierté - son tronc fendu, ses bourrelets d'écorce, ses branches tordues par les ans.

"Quand j'étais petit," poursuivit Auguste, posant sa main sur l'écorce rugueuse, "c'était mon refuge. Je venais m'y cacher quand je voulais échapper aux ordres de ton grand-père. Dans ce creux, j'ai appris à lire en cachette, j'ai rêvé d'une autre vie. Cet arbre a été frappé, blessé, mais il a continué à grandir, différemment peut-être, mais toujours debout."

Le petit garçon s'approcha du tronc, fasciné par cette cavité qui semblait garder tant de secrets. "On peut vraiment se cacher dedans ?"

"Oui, on peut s'y cacher," répondit Auguste, observant son fils explorer du regard cette cathédrale naturelle. "Mais tu vois, mon petit, ce chêne nous ressemble. On a essayé de le faire entrer dans un moule, de le faire pousser droit comme les autres, mais la foudre en a décidé autrement. Sa blessure est devenue sa force."

Il s'agenouilla près de son fils, touchant l'intérieur lisse du tronc creusé par le temps. "Regarde ces marques à l'intérieur. Ce sont mes initiales: A.B., gravées un soir d'orage, les mêmes que les tiennes."

Le petit Auguste passa ses doigts sur les lettres usées. "Pourquoi tu l'as gravé pendant l'orage, père ?"

"Parce comme cet arbre, je ne pouvais pas grandir en restant dans le moule qu'on voulait m'imposer. Parfois, mon fils, les blessures nous forcent à trouver notre propre chemin."

"Mais l'arbre, lui, il n'est pas parti," observa le petit Auguste avec cette logique simple des enfants.

Auguste sourit, touché par la perspicacité de son fils. "Non, il est resté. Et c'est peut-être ça sa plus grande leçon. Il a été blessé mais il a transformé sa blessure en abri. Pour les oiseaux, les écureuils, pour les petits garçons qui avaient besoin d'un refuge... Il est devenu plus utile avec sa blessure qu'il ne l'était quand il était parfaitement droit."

Il caressa l'écorce rugueuse, sentant sous ses doigts toutes ces années passées. "Tu vois ces nouvelles pousses autour de la cicatrice ? C'est comme ça que l'arbre a répondu au tonnerre. Il n'a pas essayé de refermer sa blessure, il l'a intégrée à sa nouvelle forme."

"Et maintenant," demanda le petit Auguste, "il appartient à qui ?"

"À tous ceux qui ont besoin d'un refuge," répondit son père. "C'est ça la vraie propriété, mon fils. Pas les papiers chez le notaire, mais ce qu'on offre aux autres."

"On ne peut pas y monter aujourd'hui," poursuivit Auguste, "parce que c'est un jour spécial et qu'on est tout propre. Mais je vais te dire un secret : même quand on sera loin d'ici, tu pourras toujours trouver ton propre chêne creux."

"Comment ça, père ?"

"Chaque fois que tu te sentiras perdu ou incompris, cherche un endroit qui te ressemble. Pas forcément un arbre - ça peut être un coin de jardin, une pièce, un livre même. L'important, c'est d'avoir un endroit où tu peux être vraiment toi-même."

Auguste regarda son fils avec surprise. Dans la bouche d'un enfant, cette vérité semblait encore plus claire. "Oui, mon fils. Parfois, il faut du courage pour être soi-même. Comme ce chêne qui n'a pas essayé de cacher sa blessure mais en a fait sa force."

"Dans notre nouvelle maison à Laval," dit le petit Auguste après un moment de réflexion, "j'ai déjà trouvé mon chêne creux. C'est le petit coin sous l'escalier, où maman a mis des coussins."

Auguste sentit son cœur se serrer. Son fils avait déjà compris, instinctivement, ce qui lui avait pris des années à apprendre. "Tu vois, tu as déjà plus de sagesse que moi à ton âge."

Il jeta un dernier regard à l'arbre. Les branches hautes bruissaient doucement dans le vent d'hiver, comme si elles murmuraient leurs propres secrets.

"Il est temps d'y aller," dit Auguste enfin, brisant un silence tendu. "La messe a déjà commencé. Mais avant..."
Il sortit une cravate de sa poche, le tissu vibrant comme une flamme vive.

"Tu changes de cravate, papa ?" demanda le petit, intrigué.

Auguste noua la cravate avec une lenteur presque cérémonielle, ses gestes précis masquant le tumulte en lui. Comment expliquer, en si peu de mots, tout ce que cette couleur représentait ?

Une vie d'exil, de combats et de défiance. Une identité qu'il avait forgée contre les conventions, contre les murs invisibles qu'on lui avait imposés.

"La cravate rouge, c'est pour me rappeler qui je suis," dit-il finalement.

"Et qui t'es, papa ?"

Auguste détourna le regard, son cœur lourd. Cette question, il se la posait chaque jour depuis la lettre de sa mère, annonçant la mort de son père. Il se revit, à vingt-cinq ans, chassé de cette ferme qui avait été son monde. Rejeté pour avoir osé défier les prières mécaniques, les rites figés, l'autorité incontestée du patriarche. Le mot "rouge" résonna dans sa mémoire comme un coup de fouet, une sentence sans appel.

"Dans cette famille, être un rouge, c'était pire qu'une injure. C'était être un traître. Et oui, ton grand-père m'a chassé. Il m'a humilié, brisé mes études, mes rêves, ma jeunesse. Mais tu sais quoi ?"
Il s'agenouilla pour être à la hauteur de son fils, ses yeux brillants de larmes contenues. "Il a fait de moi un autre homme. Il a renforcé ce que j'étais déjà. Je suis devenu plus rouge encore. Et aujourd'hui, je porte cette cravate pour leur montrer qu'ils n'ont pas gagné. Que malgré tout, je reste moi."

Le petit hocha la tête, absorbant les mots avec une gravité surprenante pour son jeune âge.

"Le rouge, mon fils, c'est la couleur du courage," continua Auguste, la voix plus douce. "C'est celle de ceux qui refusent de plier quand ce n'est pas juste. C'est celle des tulipes, qui pousse libre bien rangés."

"Mais à l'église, ils disent qu'il faut être sage et obéir," objecta l'enfant.

Auguste esquissa un sourire triste. "Il y a deux sortes d'obéissance, mon fils. Celle qu'on donne par peur et celle qu'on donne par conviction. Le rouge, c'est la couleur de ceux qui écoutent leur cœur, pas leur peur. C'est aussi la couleur des ouvriers à la filature, de ceux qui se battent pour la justice. Et c'est la couleur de l'espoir. Pas celui qu'on attend les mains jointes, mais celui qu'on construit, jour après jour."

Dans l'église, les cantiques résonnaient sous les voûtes, mais l'absence d'Auguste pesait sur Marie. Mal à l'aise, elle jetait des regards nerveux autour d'elle, coincée entre les membres de la famille, tous figés dans une piété rigide.

Puis, les lourdes portes s'ouvrirent dans un grincement sonore. Les têtes se tournèrent d'un seul mouvement, comme un orchestre bien réglé. Auguste entra, tenant la main de son fils, sa cravate rouge brillant comme un défi sous la lumière des vitraux.

Les murmures fusèrent aussitôt. "C'est le fils Boursier !" "Avec une cravate rouge, un scandale !" "Quel manque de respect !"

Auguste marchait d'un pas assuré, savourant chaque regard outré. Sa démarche était celle d'un homme libre, un homme qui n'avait plus peur des jugements. Arrivé au premier rang, il tendit la main à Marie.

"Viens," dit-il calmement.
Elle hésita, puis se leva sous le regard médusé de la belle-mère, pétrifiée. Le curé, interrompu en plein sermon, ne put que suivre des yeux la petite famille qui quittait l'église dans un silence pesant.

La porte claqua derrière eux. Dehors, le vent frais balayait les murmures étouffés des paroissiens. Auguste, sa cravate rouge toujours fièrement nouée, savait que cet acte résonnerait longtemps dans les mémoires.

Après le scandale de l'église, la famille se retrouva chez le notaire, l'atmosphère encore lourde de l'incident. Auguste, qui avait gardé sa cravate rouge comme un étendard, s'assit face au petit homme chauve qui les accueillit avec une nervosité visible.

Le notaire commença à lire le testament :

"Moi, François Bourcier, sain de corps et d'esprit, je lègue à Julienne Bouyaux, ma femme si elle me survit, l'usufruit de tous mes biens meubles et immeubles..."

Auguste écoutait, son visage se durcissant à chaque mot. Le testament continuait, détaillant les legs à Marie et Ange - mille francs chacun, "en récompense des services rendus". Puis vint la clause qui fit bouillir son sang : en cas de contestation de sa part, il serait privé de la quotité disponible de la succession.

"Si j'ai bien compris," interrompit Auguste, sa voix tremblant de colère contenue, "je dois me taire et me serrer la ceinture, sinon je suis déshérité!"

Auguste se leva brusquement, faisant trembler la chaise et claqua la porte derrière lui.

À la ferme, Marie attendait avec le petit. "Regarde," dit-elle doucement, "ta mère nous a donné un panier de victuailles."

"Tu parles !" explosa Auguste. "C'est pour mieux nous faire avaler la couleuvre. Quand ils m'ont jeté dehors, je n'ai pas eu droit au panier. Le notaire dit que je n'aurai ni sou ni ferme et si je gueule, je suis déshérité !"

Dans un accès de rage, il saisit le panier et se précipita vers sa mère : "Vos provisions, vous pouvez vous les mettre aux fesses ! Je ne veux rien de vous après ce que vous nous avez fait !"

Prenant la main de son fils et attrapant leur sac de voyage, il lança à Marie: "On y va, on a un train à prendre à Rennes."

Avant de partir, il jeta à sa mère : "Vous allez me le payer, je vous le promets."

Le retour à Laval fut silencieux. Marie ne fit aucun commentaire sur l'incident de l'église, comprenant que certaines blessures devaient s'exprimer, même de façon théâtrale.

 Auguste consulta un avoué dans la semaine qui lui confirma ses droits : "On ne peut déshériter totalement un enfant. Vous aurez droit à votre part légale."

"Mais ils n'ont sûrement pas de liquidités," objecta Auguste. "Ils ont tout investi dans du matériel agricole."

"S'ils n'ont pas de liquidités, il faudra qu'ils empruntent ou qu'ils vendent leur bien. C'est la loi ! De toutes façon, il faudra faire estimer la totalité des biens."

Dans son carnet ce soir-là, Auguste écrivit : "La dernière vengeance de mon père aura été de me forcer à me battre encore, même après sa mort. Soit. Je prendrai ce qui me revient de droit, non pas par cupidité, mais parce qu'il est temps que justice soit faite."

La vente de la ferme du Chêne Creux attira une foule considérable. Certains venaient pour acheter, d'autres pour assister à la chute d'une des plus anciennes familles du pays. Ange avait cru être plus malin que tout le monde - dans les jours précédant la vente, il avait discrètement dispersé le matériel le plus récent chez les voisins.

Mais les rancunes ont la vie longue dans les campagnes. Au milieu de la vente, alors que le commissaire-priseur énumérait les lots, une voix s'éleva dans la foule :

"Et la batteuse qui est chez le père Jan, pourquoi n'est-elle pas là ?"

"Et la faucheuse chez les Bêneux !" renchérit un autre.

Le visage d'Ange se décomposa. Des années de secrets et de rancœurs remontaient à la surface, transformant la vente en règlement de comptes public. Le commissaire-priseur, imperturbable, ordonna que tout le matériel soit rapatrié.

Dans son carnet, Auguste nota : "La justice a parfois des chemins détournés. Ceux qui m'ont vu partir les mains vides il y a des années assistent aujourd'hui à ma revanche. Mais cette victoire a un goût amer - elle détruit définitivement ce qui restait de notre famille."

Les cinq mille trois cents francs qu'Auguste obtint de la vente représentaient plus d'argent qu'il n'en avait jamais vu. Mais ce n'était pas tant la somme qui importait que ce qu'elle représentait; la reconnaissance forcée de ses droits, la fin de années d'injustice.

Ange parvint finalement à racheter la ferme, mais le prix fut lourd - non seulement en argent, mais en dignité. Le Chêne Creux ne serait plus jamais le même. Une ligne invisible mais définitive avait été tracée entre les deux branches de la famille.
Dans la diligence qui les ramenait à Laval, Marie demanda doucement :

"Et maintenant ?"

"Maintenant, nous tournons la page," répondit Auguste. "Cette ferme n'est plus rien pour nous. Notre vie est à Laval, avec notre fils."

Le petit Auguste, qui avait assisté à toute la scène sans vraiment la comprendre, demanda :

"On ne reverra plus jamais le grand chêne creux, papa ?"

"Non, mon fils. Certains arbres doivent mourir dans notre mémoire pour que d'autres puissent pousser."

Épilogue : La Transmission

De retour à Laval, l'argent de l'héritage brûlait presque les poches d'Auguste. Pour la première fois de sa vie, il avait les moyens de choisir vraiment son destin. C'est alors qu'il apprit que le vieux Boursin, le maraîcher d'Avesnières chez qui il avait travaillé comme saisonnier, songeait à prendre sa retraite.

"Je ne peux plus m'occuper de toutes mes terres," confia le vieil homme à Auguste. "Et mes fils ne veulent pas reprendre, ils préfèrent le travail en usine."

Les yeux d'Auguste s'illuminèrent en parcourant les carrés de terre fertile. Ici, pas de traditions étouffantes comme au Chêne Creux, juste la promesse de la terre bien travaillée. "Je pourrais vous racheter une partie," proposa-t-il. "Avec la maison attenante."

Boursin le regarda longuement : "Tu as de bonnes mains pour la terre, Auguste. Et puis, tu comprends les légumes - ce ne sont pas des bêtes qu'on force, ce sont des êtres qu'on accompagne."

L'accord se fit progressivement. Boursin ne voulait pas lâcher tout d'un coup - "Comme un arbre qu'on taille doucement" disait-il. La maison d'abord, puis les premiers carrés de terre.

"Maison Boursier-Gendry, Maraîchers Horticulteurs" - l'enseigne fut peinte avec fierté. C'était plus qu'un commerce, c'était la réalisation d'un rêve transformé. Pas la grande ferme du Chêne Creux, mais quelque chose de plus subtil, de plus proche de leurs vraies aspirations.

L'hiver venu, le jardin demandant moins de soins, Auguste dut chercher un autre travail pour compléter leurs revenus. C'est ainsi qu'il se retrouva sur les quais d'Avesnières, où les chalands chargés d'ardoises offraient du travail aux bras solides...

Marie continuait son travail à la filature Duchemin, son salaire restant essentiel pour le foyer. Le soir et les jours de marché, elle aidait à la vente des légumes, développant rapidement une réputation avec sa fameuse baguette qui empêchait les clients de toucher la marchandise.

Le petit Auguste grandissait au milieu des légumes et des fleurs. "C'est mieux qu'une usine," disait-il souvent, "ici ça sent bon et ça pousse."

Dans son carnet, Auguste écrivit : "L'argent du Chêne Creux a servi à créer quelque chose de nouveau, pas à prolonger le passé. Peut-être que c'est ça, la vraie revanche - non pas détruire l'ancien monde, mais en construire un nouveau à notre image."

La peau du loup trouva sa place dans leur nouvelle maison, témoin silencieux de leur parcours. Mais maintenant, quand Auguste la regardait, il y voyait moins le symbole de la lutte que celui de l'adaptation - comme le loup qui trouve un nouveau territoire quand l'ancien devient inhabitable.

Les deux années qui suivirent la grève de 1903 virent leur petit commerce maraîcher prendre racine dans le quartier. Mais le calme n'était qu'apparent.

En ce début d'année 1905, alors que leur jardin commençait à prospérer, une nouvelle vague de contestation secoua les filatures de Laval...
Marie travaillait encore à la filature Duchemin. Le 18 février, une nouvelle grève éclata - cette fois, les ouvriers exigeaient que les patrons n'embauchent que des travailleurs syndiqués.

La réponse de la direction ne se fit pas attendre : la création d'un syndicat jaune, rapidement accusé d'être à la solde du parti nationaliste. La ville de Laval se divisa entre "rouges" et "jaunes".

Auguste retrouvait ses anciennes ardeurs de militant. Aux côtés de Marie, il participait aux manifestations. Les ouvriers se donnaient le bras, formant des chaînes humaines dans les rues d'Avesnières, l'Internationale résonnant entre les murs des filatures :

"Debout ! Les damnés de la terre ! Debout ! Les forçats de la faim !"

Un jour, la manifestation s'arrêta devant la maison de Monsieur Toutain, où se réunissaient les "jaunes". La foule grondait : "À bas le général des jaunes !"

Dans le quartier d'Avesnières, leur quartier maintenant, les chants prenaient une tournure plus locale : "Vive les rouges, vive la grève, à bas les jaunes !"

Les grévistes tentèrent d'entraîner avec eux les ouvriers des autres filatures, mais sans succès. La solidarité avait ses limites - la peur de perdre son travail était souvent plus forte que l'esprit de corps.

Mais Auguste et Marie avaient maintenant quelque chose qu'ils n'avaient pas lors des grèves précédentes : leur terrain maraîcher. Chaque jour, ils distribuaient des légumes aux familles les plus touchées par la grève.

"La terre nourrit ceux qui luttent," disait Auguste en remplissant les paniers.

C'est pendant cette période qu'ils se rapprochèrent davantage de Monsieur Pavis, l'instituteur de leur fils. L'homme partageait leurs convictions et voyait d'un bon œil leur façon de mêler lutte sociale et entraide concrète.

Dans son carnet, Auguste nota : "Notre jardin devient plus qu'un commerce - c'est un lieu de résistance à sa façon. Pendant que les patrons essaient d'affamer les grévistes, nous faisons pousser leur subsistance. La lutte prend des formes nouvelles, plus enracinées."

Marier entrait épuisée des manifestations, mais continuait à travailler la terre avec Auguste avant l'aube. "Les légumes n'attendent pas," disait-elle, "et nos camarades non plus."

La grève de 1905 se termina le 17 mars, sans véritable victoire pour les rouges. Le syndicat jaune s'était imposé, soutenu par la direction et les forces de l'ordre. Mais quelque chose avait changé dans le quartier d'Avesnières.

Les semaines de lutte avaient créé des liens nouveaux entre les habitants. Les familles qui avaient reçu des légumes des Boursier-Gendry pendant la grève commencèrent à venir régulièrement au jardin, non plus comme des assistés mais comme des clients et des amis.

"Tu vois," dit Marie à Auguste, "notre terrain est devenu plus qu'un commerce. C'est un lieu où les gens se retrouvent, discutent."

En effet, les carrés de légumes devinrent un point de ralliement discret pour les ouvriers. On venait acheter des poireaux ou des choux et on restait pour parler des conditions dans les usines, des luttes à mener, des espoirs à construire.
Monsieur Pavis était souvent là, le soir après sa classe. Il avait commencé un petit jardin scolaire, inspiré par les Boursier, où il enseignait aux enfants - dont le petit Auguste - les secrets de la terre et les vertus du travail collectif.

"L'éducation ne se fait pas qu'avec des livres," disait-il. "La terre aussi est une maîtresse d'école."

Marie finit par quitter la filature Duchemin quelques mois plus tard. Ce n'était pas une décision facile - les années de lutte ouvrière avaient forgé son caractère, créé des amitiés profondes. Mais le jardin demandait de plus en plus de travail et surtout, il offrait une autre forme de résistance.

Dans son carnet, Auguste écrivit : "La grève nous a montré quelque chose d'important. La lutte ne se fait pas que dans la rue ou devant les usines. Elle se fait aussi en créant des lieux où les gens peuvent vivre dignement, se nourrir sainement, se parler librement. Notre jardin devient une sorte de territoire libéré."

Le petit Auguste grandissait au milieu de tout cela, absorbant les conversations, comprenant intuitivement que ses parents construisaient quelque chose de différent. Un jour, il demanda à son père :

"Papa, pourquoi les gens viennent parler ici plutôt qu'au café ?"

"Parce qu'ici, mon fils, les mots poussent comme les légumes - librement, naturellement."

La Maison Boursier-Gendry se développa progressivement, au rythme des saisons. Les carrés de légumes s'étendaient maintenant en rangs ordonnés le long de la Mayenne, chacun portant sa richesse : les tomates précoces qu'Auguste avait appris à cultiver sous châssis, les salades tendres que Marie disposait en rangs parfaits, les haricots grimpants qui formaient des allées vertes où les clients aimaient déambuler.

"Ce n'est pas qu'un potager," disait souvent Marie, "c'est une autre façon de vivre."

En effet, leur terrain était devenu un carrefour où se croisaient toutes les classes de Laval. Les ouvrières de la filature venaient chercher leurs légumes après leur journée de travail, s'attardant pour discuter des nouvelles du quartier. Les bourgeoises de la ville haute descendaient aussi, attirées par la qualité des produits, découvrant un monde qu'elles n'auraient jamais approché autrement.

Auguste avait aménagé un coin près de la maison avec quelques bancs rustiques sous une treille de vigne. C'est là que Monsieur Pavis tenait ses "causeries du soir" - des discussions informelles où l'on parlait de tout : politique, éducation, avenir des enfants.

Le petit Auguste, qui n'était plus si petit, aidait maintenant sérieusement au jardin. Il avait hérité du don de son père pour comprendre les plantes et de la patience de sa mère pour expliquer aux clients les vertus de chaque légume.

"Tu vois," lui dit un jour Auguste en montrant un carré de terre fraîchement retourné, "ici, on fait plus que cultiver des légumes. On cultive des idées, des rencontres, des possibles."

Dans son carnet, il notait : "Notre jardin devient ce que le Chêne Creux n'a jamais pu être - un lieu où la tradition ne pèse pas comme une chape de plomb, mais nourrit l'avenir. Chaque légume que nous vendons porte avec lui un peu de notre philosophie : on récolte ce qu'on sème, mais seulement si on prend soin de la terre et des gens."

Les anciens camarades de lutte venaient souvent, pas toujours pour acheter - parfois juste pour respirer un air différent de celui des usines. On parlait encore des combats ouvriers, mais différemment. La terre donnait une autre perspective aux luttes.

"C'est drôle," dit un jour un ancien de la filature, "ici on se sent plus libres qu'aux réunions du syndicat."

Marie avait ajouté des fleurs entre les rangs de légumes - "Pour la beauté," disait-elle, "parce que les ouvriers aussi ont droit à la beauté." Cette touche féminine attirait encore plus de monde, transformant leur terrain en un jardin où se mêlaient l'utile et l'agréable, le nécessaire et le beau.

Un soir, alors que les derniers clients quittaient le jardin, Monsieur Pavis s'attarda.

"Mon cher ami," dit-il à Auguste, "vos idées et vos opinions politiques sont conformes à notre façon de penser que nous exprimons dans un journal local. Vos expériences du travail et votre point de vue politique par rapport aux abus sociaux nous intéressent. J'aimerais que vous écriviez quelques lignes dans notre journal, êtes-vous d'accord ?"

Auguste regarda ses mains terreuses, ces mains qui avaient connu le fer des forges, le bois de la forêt, la pierre des chantiers et maintenant la terre du jardin. Tant d'histoires à raconter, tant de luttes à partager...

" Je ne peux pas me le permettre," répondit Auguste. "Le commerce est encore fragile, nous dépendons de chaque client. Et puis, entre le jardin et mon travail sur les quais, je n'ai guère le temps d'écrire"."

L'instituteur ne se décourageait pas facilement : "Pourquoi n'avez-vous pas essayé de faire un travail plus administratif ?"

Auguste laissa échapper un rire bref : "Je ne suis pas un gratte-papier. Je suis comme un ressort sur pattes, j'ai besoin de bouger, d'action. Je ne suis pas fait pour rester sur le cul d'une chaise toute la journée."

Dans son carnet ce soir-là, il écrivit : "Pavis m'a proposé d'écrire dans son journal. Autrefois, j'aurais sauté sur l'occasion. Mais maintenant, j'ai quelque chose à protéger - pas seulement le commerce, mais ce lieu de liberté que nous avons créé. Peut-être que mon jardin parle plus fort que tous les articles que je pourrais écrire."

Auguste regarda encore une fois la peau du loup qui semblait le regarder avec une nouvelle sagesse. Parfois, le silence est une forme de résistance et la vraie révolution se fait dans le secret de la terre retournée, dans la patience des graines qui germent.

L'hiver, quand le jardin dormait sous le gel, Auguste retrouvait sa vie de journalier. Cette année-là, il trouva du travail sur les quais d'Avesnières, déchargeant les chalands d'ardoises qui remontaient de Trélazé via Angers.

Le spectacle était saisissant : la basilique d'Avesnières se dressait majestueusement en arrière-plan, tandis que plus loin, le château de Laval dominait le vieux pont. Les quais vibraient d'une vie intense. Les bateaux-lavoirs s'alignaient le long de la berge, où les lavandières faisaient bouillir le linge dans leurs grandes cuves de cuivre, leurs rires et leurs cris se mêlant aux bruits du déchargement.

Le travail était payé à la pièce - chaque pile d'ardoises déchargée représentait quelques sous. Les chalands, ces grands bateaux à fond plat, arrivaient chargés à ras bord. Il fallait alors faire des allers-retours incessants sur des planches branlantes, portant les lourdes piles d'ardoises jusqu'au quai.

Auguste, toujours à chercher des solutions plus efficaces, eut une idée qui lui sembla brillante : utiliser une brouette pour transporter plus d'ardoises à la fois. Au début, l'innovation fit merveille. Il déchargeait trois fois plus vite que ses compagnons, s'attirant des regards mi- admiratifs, mi-méfiants.

Mais l'inévitable se produisit. Sur la planche glissante, la brouette dérapa. Dans un fracas de bois et de métal, elle bascula dans la Mayenne, entraînant sa précieuse cargaison d'ardoises dans les eaux troubles.

Le patron, qui n'attendait peut-être que cette occasion, explosa : "Dehors ! Je ne veux plus voir vos idées de modernisation ici !"

Sur le chemin du retour, Auguste ne put s'empêcher de rire de l'ironie de la situation. Une fois de plus, sa volonté d'améliorer les choses lui coûtait son travail. Marie secoua la tête quand il lui raconta :

"Tu ne changeras donc jamais ?"

"Si je changeais," répondit-il, "je ne serais plus moi-même. Et puis, le jardin nous attend au printemps - là au moins, mes idées ne peuvent pas tomber à l'eau."

Un jour de printemps, alors qu'Auguste retournait la terre de son jardin, la silhouette noire du curé d'Avesnières se dessina entre les rangs de légumes. Le soleil faisait briller sa soutane élimée tandis qu'il s'approchait avec cette assurance tranquille des hommes d'église.

"Mon fils," commença-t-il en regardant Auguste qui continuait méthodiquement son travail de bêchage, "je ne vous vois pas souvent à l'église, mais j'y vois régulièrement votre femme avec votre fils." Il s'éclaircit la gorge. "Je viens pour le denier du culte, je crois que vous avez dû l'oublier ?"

Auguste s'arrêta un instant, s'appuyant sur le manche de sa bêche. Un sourire ironique jouait sur ses lèvres alors qu'il regardait le curé de bas en haut.

"Le denier du culte ?" Il planta sa bêche dans la terre meuble. "Curé, si tu veux de l'argent, prends la bêche et travaille. Ce soir, je te paierai !"

Le curé rougit légèrement mais ne perdit pas contenance. Il connaissait la réputation d'Auguste - son anticléricalisme était aussi connu dans le quartier que la qualité de ses légumes. Marie compensait la chose en étant une paroissienne fidèle, emmenant régulièrement le petit Auguste aux offices.

Dans son carnet ce soir-là, Auguste nota : "Le curé est venu chercher sa dîme aujourd'hui. Je lui ai proposé de la gagner à la sueur de son front, comme nous tous. Étrange comme l'Église veut toujours sa part des fruits du travail des autres. Marie me dira que je suis trop dur, mais au moins je lui ai proposé un travail honnête !"

Cette petite confrontation illustrait bien la complexité de leur vie familiale – Marie gardait sa foi et ses pratiques religieuses, tandis qu'Auguste restait fidèle à ses convictions anticléricales. Mais chacun respectait l'espace de l'autre et leur jardin prospérait malgré - ou peut-être grâce à - ces différences.

Le soir, quand Marie apprit l'incident, elle soupira : "Tu aurais pu être plus diplomate..."

"Je lui ai offert du travail," répondit Auguste en riant. "C'est plus charitable que toutes ses prières !"

Le quartier d'Avesnières vivait au rythme de ses habitants. Les cloches de la basilique marquaient les heures, se mêlant aux sirènes des filatures et aux cris des lavandières sur leurs bateaux-lavoirs. Le jardin des Boursier-Gendry était devenu un point de rencontre où se croisaient tous les mondes.

Les matins de marché, l'animation commençait tôt. Les ouvrières passaient prendre leurs légumes avant d'aller à l'usine, pendant que Marie préparait les paniers des bourgeoises qui descendraient plus tard de la ville haute. Auguste connaissait les goûts de chacun :

"Pour Madame Leblanc, les plus belles salades," disait-il à son fils qui l'aidait. "Elle paie bien, mais elle a l'œil. Pour la mère Martin, mets un peu plus de pommes de terre - elle a sept bouches à nourrir."

Les discussions allaient bon train entre les rangs de légumes. On parlait du temps, bien sûr, mais aussi des conditions dans les usines, des nouvelles du quartier, des espoirs et des peines de chacun.

"C'est comme une confession laïque," plaisantait parfois Auguste quand Marie lui rapportait les confidences recueillies.

Les dimanches créaient une curieuse chorégraphie. Pendant que Marie et le petit allaient à la messe, Auguste travaillait ostensiblement dans son jardin, échangeant des saluts avec les paroissiens qui passaient. Certains désapprouvaient, d'autres admiraient secrètement cette indépendance d'esprit.

Le curé avait fini par accepter ce modus vivendi, d'autant que le jardin des Boursier fournissait gratuitement des légumes pour la soupe des pauvres de la paroisse.

"Dieu reconnaîtra les siens," disait-il quand on lui parlait d'Auguste. "Et en attendant, ses carottes sont les meilleures de la ville."

Dans son carnet, Auguste notait : "Notre jardin est devenu une sorte de territoire neutre, où chacun peut venir tel qu'il est. Les dévotes y croisent les syndicalistes, les bourgeoises y discutent avec les ouvrières. La terre ne fait pas de différence entre les mains qui la travaillent ou l'argent qui paie ses fruits."

Les années passaient et le petit Auguste n'était plus si petit. À huit ans maintenant, il partageait son temps entre l'école publique d'Avesnières, où il se montrait élève attentif et le jardin où il apprenait de ses parents un autre type de savoir...

À l'école avec Monsieur Pavis, il était le fils du maraîcher rebelle. À l'église avec sa mère, il était le garçon sage du catéchisme. Dans le jardin, il était l'héritier d'une façon différente de voir le monde. "Papa," demanda-t-il un jour, "pourquoi les gens se disputent sur tout sauf sur nos légumes ?"

"Parce que les légumes, mon fils, ne demandent pas aux gens ce qu'ils pensent avant de les nourrir."

La montée de la Grande Rue était une épreuve pour se rendre sur le marché de la cathédrale de Laval. Cette rue à pic mettait à rude épreuve les bras et les jambes de ceux qui la gravissaient avec leurs charrettes. Auguste et Marie poussaient leur charrette à bras chargée de légumes, leur souffle court se mêlant au grincement des roues sur les pavés.

Marie avait retrouvé avec joie son âme de commerçante. Les marchés de Laval étaient devenus son territoire et les halles son nouveau royaume. Le petit Auguste l'accompagnait souvent quand l'école le permettait, apprenant le métier comme on apprend une langue maternelle.

Mais Marie avait ses principes. De son expérience à la boulangerie, elle avait gardé cette conviction : le client n'a pas à toucher la marchandise. Les premiers temps aux halles, elle enrageait de voir les clients tripoter ses légumes, les retournant dans tous les sens avant de partir sans rien acheter.

"Mes légumes ne sont pas des jouets," grondait-elle, mais en vain.

C'est alors qu'elle eut une idée qui allait faire sa réputation sur les marchés. Elle se procura une fine baguette de bois et dès qu'une main s'approchait trop près de ses étalages, la baguette cinglait l'air avec un sifflement d'avertissement.

"Ne touchez pas à ma marchandise !" Sa voix était ferme mais pas méchante. "Elle est irréprochable. Si vous voulez quelque chose, c'est moi qui vous servirai."

Et elle ajoutait invariablement : "Moins les légumes sont touchés, meilleurs ils sont. Pensez à ceux qui viennent derrière vous."

Au début, certains clients s'offusquèrent de ce traitement. Mais bientôt, la réputation de "la marchande à la baguette" se répandit dans tout Laval. On venait même de la ville haute pour voir cette femme qui osait taper sur les doigts des dames de la bonne société.

"Ta mère fait de l'éducation populaire à sa façon," riait Auguste quand on lui rapportait les histoires du marché.

Dans son carnet, il nota : "Marie a gardé de ses années d'usine ce besoin d'ordre et de discipline. Mais elle l'utilise maintenant pour protéger ce que nous créons. Même sa fameuse baguette est une façon de dire : nos légumes ont de la valeur, ils méritent le respect."

Le petit Auguste observait tout cela avec un mélange d'amusement et de fierté. Il aimait particulièrement quand une cliente hautaine, habituée à faire la loi chez les autres marchands, découvrait que chez les Boursier-Gendry, les règles étaient les mêmes pour tous.

"Les riches ou les pauvres," disait Marie, "tous mangent les mêmes légumes. Alors tous respecteront la même règle."

Les jours de marché prirent leur rythme propre dans la vie des Boursier-Gendry. Bien avant l'aube, la famille s'activait pour charger la charrette. Auguste avait une façon particulière de disposer les légumes : les plus lourds au fond, contre les roues, pour maintenir l'équilibre dans la montée de la Grande Rue.

Le petit Auguste apprenait vite. Sa mère lui avait enseigné l'art subtil de la vente, différent de la culture des légumes qu'il pratiquait avec son père.

"Regarde," lui disait-elle, "chaque client est différent. Les cuisinières des grandes maisons veulent qu'on leur mette les légumes de côté dès l'aube. Les ouvrières cherchent les prix les plus justes. Les dames de la ville haute veulent qu'on leur raconte l'histoire de chaque légume."

Elle lui apprit aussi à reconnaître les bonnes clientes des mauvaises payeuses, à peser juste du premier coup, à rendre la monnaie sans se tromper. Ces mathématiques pratiques valaient bien celles de l'école.

"Pour les poireaux," expliquait-elle, "compte toujours un de plus dans la botte. Le client se sentira favorisé et reviendra."

Sa baguette était devenue légendaire. Certains clients faisaient même semblant de tendre la main vers les légumes juste pour la voir réagir. Elle jouait le jeu avec un sourire, mais la règle restait la règle.

"C'est comme à l'usine," disait-elle parfois à Auguste. "Si tu ne te fais pas respecter dès le début, tu es perdu."

Les autres marchands observaient leur succès avec un mélange d'envie et d'admiration. Les légumes des Boursier-Gendry étaient toujours les plus frais, les plus beaux. Même leurs prix, un peu plus élevés que la moyenne, se justifiaient par cette qualité impeccable.

Dans son carnet, Auguste notait : "Marie a transformé notre commerce comme elle avait transformé les luttes à l'usine - avec cette force tranquille qui ne cède rien sur les principes. Nos légumes ne sont pas juste des marchandises, ce sont des œuvres dont nous sommes fiers."

Le petit Auguste grandissait entre ces deux écoles : celle de son père dans le jardin, où l'on apprenait la patience et le respect de la terre et celle de sa mère au marché, où l'on apprenait la valeur du travail et la fierté du métier bien fait.

"Tu vois," lui dit un jour Marie alors qu'il l'aidait à remballer les invendus, "ce n'est pas parce qu'on vend des légumes qu'on doit se laisser marcher sur les pieds. Ton père se bat avec ses idées, moi je me bats avec ma baguette, mais c'est le même combat pour la dignité."

La vie des Boursier-Gendry se rythmait désormais entre deux mondes : leur jardin d'Avesnières, où ils cultivaient leurs légumes avec patience et les marchés de la ville haute, où Marie avait su imposer sa présence et ses règles...

L'été 1906 fut particulièrement généreux pour le jardin des Boursier-Gendry. Les tomates ployaient sous leur propre poids, les haricots grimpaient le long de leurs rames et les pommiers promettaient une belle récolte. Auguste, assis sur le banc près du puits, regardait avec fierté ce petit coin de terre qu'ils avaient transformé au fil des années.
Le jeune Auguste rentrait de l'école. À douze ans maintenant, il passait plus de temps avec ses livres qu'au jardin et c'était exactement ce que ses parents souhaitaient pour lui.

"Tu sais," dit Auguste à Marie qui revenait du marché, "quand je vois notre fils plongé dans ses études, je me dis que nous avons fait le bon choix. Il ne sera pas obligé de travailler trop jeune comme nous l'avons fait."

Marie posa sa fameuse baguette de marché et sourit. "Il aura le choix de sa vie. C'est le plus bel héritage que nous pouvions lui donner."

La peau du loup, toujours accrochée dans leur maison, avait un peu pâli avec les années, mais elle gardait cette présence qui avait marqué leur parcours. Auguste la regardait parfois, se rappelant ce jour dans la forêt où il avait compris que la force ne suffisait pas - il fallait aussi la sagesse.

Monsieur Pavis, qui passait presque chaque soir, s'arrêta pour sa visite habituelle. "Votre fils a un vrai don pour les sciences," dit-il. "Et une curiosité pour tout ce qui touche à la nature. Mais ce qui me plaît le plus, c'est de le voir défendre les plus petits dans la cour de récréation."

Dans son carnet, le soir, Auguste écrivit ses dernières lignes :

"Notre fils ne grandira pas sur la terre du Chêne Creux, mais il a quelque chose de plus précieux : la liberté de choisir sa voie. Notre jardin n'est pas grand comme une ferme, mais il est devenu ce que nous n'aurions jamais imaginé - un espace de liberté où les idées poussent aussi bien que les légumes.

Nous lui donnons ce que nous n'avons pas eu : le temps d'apprendre, de comprendre, de choisir. Il ne connaîtra pas le travail forcé des enfants dans les usines, ni l'obligation de suivre un chemin tracé d'avance.

Marie avait raison depuis le début : la vraie révolution n'est pas toujours là où on l'attend. Elle peut être dans un simple jardin où les gens se parlent librement, dans une baguette qui enseigne le respect, dans un enfant qui a le droit d'être enfant."

Auguste referma son carnet. La nuit tombait sur le quartier d'Avesnières. Les dernières sirènes des filatures s'étaient tues. Dans leur jardin, les légumes continuaient leur croissance silencieuse, promesse d'un avenir différent.

Le combat n'était pas fini, bien sûr. Il y aurait d'autres luttes, d'autres défis. Mais ils avaient construit quelque chose qui durerait plus longtemps que leurs propres vies - un héritage fait non pas de terre ou d'argent, mais de valeurs et d'espoir.

Leur fils en serait le gardien, à sa manière, avec l'éducation et la liberté qu'ils s'étaient battus pour lui donner. Et peut-être qu'un jour, quand ses propres enfants lui demanderaient l'histoire de la peau du loup sur le mur, il leur raconterait comment ses parents avaient transformé leur exil en victoire, leur défaite en force et un simple jardin en territoire de liberté.

La nuit était tombée sur Laval. Dans leur maison près de la Mayenne, la famille Boursier Gendry s'endormit, bercée par le murmure du fleuve. L'avenir était là, non pas dans la terre de leur jardin, mais dans les livres et l'esprit libre de leur fils.

FIN

Avesnières, 32 rue de l'Huisserie, 1905

Sur cette photo prise derrière le grand portail en bois côté cour, nous voyons la communion du jeune Auguste, entouré de ses parents, Auguste et Marie Boursier. Il est accompagné de sa famille maternelle, les Gendry et des amis ouvriers - certains des filatures, d'autres des différents chantiers où Auguste père a travaillé. Cette photo témoigne de l'ancrage de la famille dans le quartier ouvrier d'Avesnières et des liens de solidarité qui s'y sont tissés." Glossaire :

À la Fonderie

- **Fondeur** : Ouvrier spécialisé dans la fonte des métaux.
- **Haut fourneau** : Installation industrielle pour produire la fonte.
- **Manomètre** : Instrument servant à mesurer la pression des gaz ou des liquides.
- **Mouleur** : Ouvrier fabriquant les moules pour la coulée de métal.

Aux Ardoisières

- **Ardoisier** : Ouvrier travaillant dans les carrières d'ardoise.
- **Chien de garde** : Ancien ardoisier chargé de surveiller les mouvements des pierres.
- **Fendeur** : Ouvrier découpant les blocs en plaques fines.
- **Fonceur** : Ouvrier descendant dans les fosses pour extraire la pierre.
- **Filon, Fil** : Veines naturelles dans la roche exploitée. ☐ **Terril** : Amoncellement de déchets miniers.

Dans les Filatures

- **Bobine** : Support cylindrique permettant d'enrouler le fil.
- **Métier à tisser** : Machine utilisée pour fabriquer des tissus.
- **Rattacheuse** : Ouvrière spécialisée dans le renouement des fils cassés.

Aux Champs

- **Batteuse mécanique** : Machine séparant le grain de la paille.
- **Faux** : Outil manuel pour couper l'herbe ou les céréales.
- **Fléau** : Outil traditionnel servant à battre les céréales.
- **Locomobile** : Machine à vapeur mobile utilisée pour les battages.
- **Manège, Trépigneuse** : Machine agricole actionnée par la force animale.

TERMES DE MENUISERIE ET SCIERIE

- **Grume** : Tronc abattu, ébranché, mais non écorcé.
- **Sciage de long** : Technique consistant à découper le bois dans le sens de la longueur.
- **Coffrage** : Moule en bois utilisé pour couler le béton.
- **Équarrissage** : Action de tailler le bois en formes régulières, à angles droits.
- **Purge** : Élimination des parties défectueuses d'une pièce de bois. ☐ **Traverse** : Pièce de bois utilisée pour les voies ferrées.

TERMES DE MENUISERIE ET TRAVAIL DU BOIS

- **Rabot** : Outil manuel pour aplanir et lisser le bois.
- **Varlope** : Grand rabot destiné aux longues pièces.
- **Établi** : Table de travail robuste utilisée par le menuisier.

- **Fil du bois** : Sens naturel des fibres dans une pièce de bois.
- **Nœud** : Point dur dans le bois, issu de l'attache d'une branche.
- **Aubier** : Partie tendre et claire du bois située sous l'écorce.
- **Cœur** : Partie centrale, plus dense et dure du tronc.
- **Mortaise** : Cavité taillée pour accueillir un tenon.
- **Tenon** : Partie saillante ajustée pour s'emboîter dans une mortaise.
- **Copeau** : Fine lamelle de bois enlevée par un outil.
- **Équerre** : Instrument utilisé pour tracer ou vérifier les angles droits.
- **Trusquin** : Outil servant à tracer des lignes parallèles au bord d'une pièce de bois. ☐ **Grain du bois** : Texture et apparence de la surface du bois.

VOCABULAIRE SOCIAL ET POLITIQUE

- **Briseur de grève** : Ouvrier remplaçant les travailleurs grévistes.
- **Caisse de secours mutuel** : Système collectif d'entraide entre ouvriers.
- **Jaunes** : Terme désignant les ouvriers non-grévistes.
- **Rouges** : Terme désignant les militants ouvriers, souvent socialistes.
- **Syndicat** : Organisation de défense des travailleurs (légalisation en 1884).
- **Possibilisme** : Doctrine privilégiant des réformes progressives plutôt qu'une révolution radicale.

LIEUX PRINCIPAUX
À Laval

- **Avesnières** : Quartier ouvrier connu pour ses filatures.
- **Bois de l'Huisserie** : Forêt située au sud de Laval.
- **Filatures Duchemin** : Principale usine textile de la ville.
- **Forges Molé** : Établissement métallurgique majeur.
- **Marais d'Avesnières** : Zone consacrée au maraîchage.
- **Quais, Pont Vieux, Grande Rue** : Points névralgiques de la ville.

Dans la Région

- **Beaulieu-sur-Oudon** : Village reconnu pour les battages agricoles.
- **Chêne Creux** : Ferme familiale située à Noyal-sur-Vilaine.
- **Cossé-le-Vivien** : Bourg important de la région.
- **La Guerche de Bretagne** : Ville réputée pour ses foires.
- **Méral** : Village des Gendry.
- **Montjean** : Bourg associé au mariage familial.
- **Port-Brillet** : Ville abritant les fonderies Chappée. ☐ **Renazé** : Centre de l'industrie ardoisière.
- **Saint-Aignan-sur-Roë** : Commune rurale notable.
- **Renazé** : Centre ardoisier en Mayenne

MESURES

- **Atmosphère** : Unité de mesure de la pression.
- **Lieue** : Distance approximative équivalente à 4 kilomètres.